普通高等教育新形态教材

市场营销学

（第二版）

主　编
金升辉　汪嘉彬

副主编
赵　悦　卢金标　葛洪英　赵珈瑶

参　编
王昀可　赵　鹤　闫晓雨

SHICHANG YINGXIAOXUE

清华大学出版社
北京

内 容 简 介

本书以能力教育为基本出发点，内容体系全面，案例丰富，具有创新意识。在内容上，注重理论性与实践性、实效性、适用性相结合；在知识的深度与广度上，以本科院校人才培养目标为标准，兼顾知识体系的完整、系统与重点的突出，强化技术应用性。本书结构清晰、严谨，使读者在了解营销的基础理论和知识概况的基础上，将学科发展的前沿理论与传统理论有机结合起来，力求突出新知识、新技术、新方法的应用。本书共 15 章，为了体现技能培养，每章都有引例、案例、复习思考题、案例分析训练等，目的在于培养学生的学习能力、分析能力和创新能力。

本书可供应用型本科院校市场营销专业及其他经管类专业的学生使用。

图书在版编目(CIP)数据

市场营销学 / 金升辉，汪嘉彬主编. —2 版. —北京：清华大学出版社，2023.9（2024.8重印）
普通高等教育新形态教材
ISBN 978-7-302-64674-7

Ⅰ.①市… Ⅱ.①金… ②汪… Ⅲ.①市场营销学－高等学校－教材 Ⅳ.①F713.50

中国国家版本馆 CIP 数据核字(2023)第 177671 号

责任编辑：朱晓瑞
封面设计：汉风唐韵
责任校对：宋玉莲
责任印制：刘海龙

出版发行：清华大学出版社
   网　　址：https://www.tup.com.cn，https://www.wqxuetang.com
   地　　址：北京清华大学学研大厦 A 座　　　　　邮　　编：100084
   社 总 机：010-83470000　　　　　　　　　　邮　　购：010-62786544
   投稿与读者服务：010-62776969，c-service@tup.tsinghua.edu.cn
   质量反馈：010-62772015，zhiliang@tup.tsinghua.edu.cn
印 装 者：三河市君旺印务有限公司
经　　销：全国新华书店
开　　本：185mm×260mm　　印　　张：20　　字　　数：474 千字
版　　次：2018 年 10 月第 1 版　　2023 年 11 月第 2 版　　印　　次：2024 年 8 月第 2 次印刷
定　　价：59.00 元

产品编号：101819-01

前　言

　　市场营销学是一门建立在经济科学和管理科学基础上的应用科学，主要研究企业营销活动的规律，以达到比竞争对手更好地满足消费者需求的目标。随着市场经济的不断发展，市场营销理论、策略在我国企业的管理实践活动中发挥着越来越重要的指导作用。因此，培养具备较强实践能力的优秀市场营销专业人才，也成为全国各大应用型本科院校工商管理类专业的重要任务之一，而编写高质量、高水平的教材，正是对这项工作的重要支持。

　　本书在第一版的基础上，在内容选择上更注重时效性和实践性。对于已经发生变化的法规、政策和事件进行更新，准确反映当前我国经济社会的真实面貌；删除过于陈旧、相关性较弱的案例，增加展现我国企业近年来发展成果的真实案例，引导读者思考问题，关注社会发展；每章最后增加了各种类型习题，以辅助读者及时诊断学习效果。

　　本书共设 15 章，主要内容包括：导论，市场营销管理哲学，市场竞争与合作战略，消费者市场与购买行为，组织市场与购买行为，市场营销环境，市场营销调研与预测，目标市场营销战略，产品组合与产品开发，品牌、商标与包装策略，定价策略，分销渠道策略，促销策略，国际市场营销，市场营销的新领域与新概念。为了体现技能培养，每章都有引例、案例、复习思考题、案例分析训练等，目的在于培养学生的学习能力、分析能力和创新能力。

　　本书在编写过程中，得到成都理工大学 2021—2023 年高等教育人才培养质量和教学改革项目（项目编号：JG2130066）的支持，同时也借鉴和参考了国内外专家学者论著和研究成果，在此一并表示诚挚的感谢！

　　由于编者学识水平有限，书中多有疏漏之处，恳请各位同仁及读者批评指正。

编　者

目　　录

第一章　导论 …………………………………………………………………… 1
　　第一节　市场营销概述 ……………………………………………………… 2
　　第二节　市场营销学的形成和发展 ……………………………………… 10
　　第三节　市场营销学研究的对象、性质和方法 ………………………… 13
　　复习思考题 …………………………………………………………………… 15
　　案例分析训练 ………………………………………………………………… 16
　　在线自测 ……………………………………………………………………… 16

第二章　市场营销管理哲学 ……………………………………………… 17
　　第一节　市场营销管理 ……………………………………………………… 18
　　第二节　市场营销管理哲学的发展历程 ………………………………… 20
　　复习思考题 …………………………………………………………………… 27
　　案例分析训练 ………………………………………………………………… 27
　　在线自测 ……………………………………………………………………… 28

第三章　市场竞争与合作战略 …………………………………………… 29
　　第一节　卖主之间的市场竞争 …………………………………………… 30
　　第二节　竞争者分析 ………………………………………………………… 33
　　第三节　市场竞争战略模式 ……………………………………………… 37
　　第四节　合作战略 …………………………………………………………… 42
　　复习思考题 …………………………………………………………………… 44
　　案例分析训练 ………………………………………………………………… 44
　　在线自测 ……………………………………………………………………… 45

第四章　消费者市场与购买行为 ………………………………………… 46
　　第一节　消费者市场与购买行为模式 …………………………………… 47
　　第二节　影响消费者购买行为的主要因素 ……………………………… 50
　　第三节　消费者购买的决策过程 ………………………………………… 58
　　复习思考题 …………………………………………………………………… 63
　　案例分析训练 ………………………………………………………………… 64

在线自测 ·· 64

第五章　组织市场与购买行为 ························ **65**
　第一节　组织市场及其购买模式 ···················· 66
　第二节　生产者市场与购买行为 ···················· 68
　第三节　中间商市场与购买行为 ···················· 72
　第四节　非营利组织市场与购买行为 ················ 75
　第五节　政府市场与购买行为 ······················ 76
　复习思考题 ·· 77
　案例分析训练 ·· 77
　在线自测 ·· 78

第六章　市场营销环境 ······························ **79**
　第一节　市场营销环境概述 ·························· 80
　第二节　微观市场营销环境 ·························· 82
　第三节　宏观市场营销环境 ·························· 85
　第四节　环境分析与营销对策 ······················ 95
　复习思考题 ·· 99
　案例分析训练 ·· 99
　在线自测 ··· 101

第七章　市场营销调研与预测 ······················ **102**
　第一节　市场营销调研概述 ························· 102
　第二节　市场营销预测 ····························· 110
　复习思考题 ··· 116
　案例分析训练 ······································· 116
　在线自测 ··· 117

第八章　目标市场营销战略 ························ **118**
　第一节　市场细分 ································· 119
　第二节　目标市场选择策略 ························· 125
　第三节　市场定位战略 ····························· 129
　复习思考题 ··· 134
　案例分析训练 ······································· 134
　在线自测 ··· 134

第九章　产品组合与产品开发 ······················ **135**
　第一节　产品与产品组合 ··························· 136

第二节 产品生命周期 ……………………………… 142

第三节 新产品开发 ………………………………… 148

复习思考题 ………………………………………… 156

案例分析训练 ……………………………………… 156

在线自测 …………………………………………… 157

第十章 品牌、商标与包装策略 …………………… **158**

第一节 品牌与商标的基本概念 …………………… 159

第二节 包装策略 …………………………………… 171

复习思考题 ………………………………………… 177

案例分析训练 ……………………………………… 177

在线自测 …………………………………………… 178

第十一章 定价策略 ………………………………… **179**

第一节 企业定价目标及影响定价的主要因素 …… 180

第二节 企业定价的一般方法 ……………………… 184

第三节 定价的基本策略 …………………………… 188

第四节 竞争中的价格调整 ………………………… 195

复习思考题 ………………………………………… 200

案例分析训练 ……………………………………… 200

在线自测 …………………………………………… 200

第十二章 分销渠道策略 …………………………… **201**

第一节 分销渠道概述 ……………………………… 202

第二节 中间商 ……………………………………… 205

第三节 分销渠道决策 ……………………………… 212

第四节 分销渠道管理 ……………………………… 215

复习思考题 ………………………………………… 223

案例分析训练 ……………………………………… 223

在线自测 …………………………………………… 224

第十三章 促销策略 ………………………………… **225**

第一节 促销及促销组合 …………………………… 227

第二节 人员推销 …………………………………… 230

第三节 广告 ………………………………………… 238

第四节 公共关系 …………………………………… 247

第五节 营业推广 …………………………………… 250

复习思考题 ………………………………………… 254

案例分析训练 ··· 254

在线自测 ··· 255

第十四章　国际市场营销 ··· **256**

第一节　国际市场营销概述 ··· 257

第二节　国际市场营销环境 ··· 260

第三节　进入国际市场的战略 ··· 262

第四节　国际市场营销组合策略 ··· 266

复习思考题 ··· 277

案例分析训练 ··· 277

在线自测 ··· 278

第十五章　市场营销的新领域与新概念 ································· **279**

第一节　绿色营销 ··· 280

第二节　整合营销 ··· 285

第三节　关系营销 ··· 288

第四节　体验营销 ··· 291

第五节　网络营销和"互联网＋" ·· 294

第六节　微营销 ··· 301

复习思考题 ··· 308

案例分析训练 ··· 308

在线自测 ··· 310

参考文献 ··· **311**

第一章　导　论

学习目标

1. 区分市场营销的不同理论；
2. 全面理解市场营销及其相关概念；
3. 了解市场营销学科的形成与发展；
4. 了解市场营销学的研究对象和研究方法；
5. 结合实际理解学习市场营销学的重要性。

引例

市场营销创造需求

有一个企业家找了 4 个推销员，让每个人带着木头梳子向寺庙里的和尚推销。第一个推销员回来后说："一把没卖掉。我跟和尚卖梳子，和尚说光头用梳子干什么啊？这样一把没有卖掉。"一会儿第二个推销员回来了，说卖了十来把梳子："我对和尚们说，梳子不仅可用来梳头，而且用它经常刮刮头皮的话有美容的作用，还可以止痒，这样销了十来把。"第三个推销员回来说："你们猜猜我卖了多少把呢？卖了 100 把！我进去看了这个庙，然后我就去找方丈，说看你庙里的香客多虔诚啊，他们每天到这里来，还经常把朋友们也邀到这里来，你得有礼品，比如我手里的梳子，拿来放在各个庙堂的桌上，每个人都可以自己拿着去梳梳头，使他们感到庙里的梳子对他们有好处。这样，梳子成为庙里关心香客的一个道具。"这时，最后一个推销员回来了，说自己销了 1000 把。大家好奇地问："你怎么会销那么多呢？"他说："我直接找了方丈，跟方丈说你这个庙的香火很旺啊，你得想法子来关心这些香客，要有礼品回赠给他们。方丈问用什么礼品呢？我说用我手里的梳子，他说谁要你这个梳子呢？我说这梳子是不同的，木头梳子两边是可以刻字的，把庙里最好的对联可以刻一幅上来，反面呢，我说方丈的书法很好啊，您留几个字，大家将梳子作为一个纪念品保留下来，这样多好啊！于是我卖的梳子就变成了庙里的礼品了。"

资料来源：厉以宁讲卖梳子给和尚营销故事：市场是可以创造的[EB/OL].[2023-02-23]. http：//finance. sina. com. cn/money/bank/bank _ hydt/2018-09-28/doc-ifxeuwwr9026796. shtml.

市场营销学是建立在经济科学、管理科学、行为科学和现代科学技术基础之上的应用学科。今天，它不仅已成为企业在快速变化、激烈竞争的市场中谋求生存与发展的管理利器，而且也是"我们这一代人的一种核心思维方式"，极大地激发了各行各业人们的丰富想象力，在经济和社会的各个领域都得到了广泛应用。面对新经济时代的全面挑战，市场营销的理论与实践都不断加快了创新步伐。越来越多的企业、非营利组织，乃至政府部门，正在以空前的热情，创新、开拓和深化企业营销、行业营销、城市营销，并将其拓展到国家营销等领域，通过深化自身的观念与组织变革、学习和引导顾客（服务对象）的"学习"过程，不断创造新的绩效、新的竞争力和新的辉煌。在这个充满机会和竞争风险的时代，全面、系统地学习和掌握现代市场营销的理论、方法，对于营销人员及经济管理类专业的大学生来说，尤为重要。

第一节　市场营销概述

一、市场营销概念的界定

（一）市场营销的经典定义

市场营销又称市场学、市场行销或行销学，简称"营销"，是指个人或集体通过交易其创造的产品或价值，以获得所需之物，实现双赢或多赢的过程。它有两种含义：一种是作为动词来理解，是指企业的具体活动或行为，这时称为市场营销或市场经营；另一种是作为名词来理解，是指研究企业市场营销活动或行为的学科，称为市场营销学、营销学或市场学等。

市场营销学是一门发展中的新兴学科，在学科发展的不同阶段，营销学家们从不同角度对"市场营销"进行了界定。如"市场营销是一个过程，在这个过程中一个组织对市场进行生产性和盈利性的活动""市场营销是创造和满足顾客的艺术""市场营销是在适当的时间、适当的地方，以适当的价格、适当的信息沟通和促销手段，向适当的消费者提供适当的产品和服务"等。而最有代表性、最能说明学科发展进程的是美国营销协会（American Marketing Association，AMA）分别于 1960 年、1985 年和 2004 年对市场营销所下的三个经典定义。

定义 1（AMA，1960）：市场营销是将货物和劳务从生产者流转到消费者的过程中的一切企业活动。

定义 2（AMA，1985）：市场营销是指通过对货物、劳务和计谋的构想、定价、分销、促销等方面的计划和实施，以实现个人和组织预期目标的交换过程。

定义 3（AMA，2004）：营销是一项有组织的活动，它包括创造"价值"，将"价值"沟通输送给顾客，以及维系、管理公司与顾客间的关系，从而使得公司及其相关者受益的一系列过程。

（二）市场营销的权威定义

除美国营销协会的三个经典定义以外，营销管理学派的代表人物——美国西北大学教授菲利普·科特勒（Philip Kotler）、欧洲关系营销学派的代表人物——格隆罗斯（Gronroos）于 20 世纪 90 年代以来对市场营销所下的定义也被世界各国市场营销界广泛引用，成为两个学术流派的权威定义。

定义 4（格隆罗斯，1990）：营销是在一种利益之下，通过相互交换和承诺，建立、维持、巩固与消费者及其他参与者的关系，实现各方的目的。

定义 5（菲利普·科特勒，2006）：菲利普·科特勒分别从管理和社会的角度对营销进行了界定。从管理的角度界定：营销管理作为艺术和科学的结合，它需要选择目标市场，通过创造、传递和传播优质的顾客价值，获得、保持和发展顾客。从社会的角度界定：营销是个人和集体通过创造，提供出售，并同别人自由交换产品和价值，以获得其所需所欲之物的社会过程。

因此，现代市场营销是以实现企业和利益相关者等各方的利益为目的，为顾客价值进行识别、创造、传递、传播和监督，并将客户关系的维系和管理融入各项工作之中的社会和管理过程。

拓展阅读 1-1
菲利普·科特勒
——现代营销学
之父

二、市场营销及其相关概念

(一) 市场营销的基本含义

自市场营销这门学科产生以来，对其概念的解释也层出不穷，不断在发展和变化。那么，到底什么是市场营销？

科特勒认为："市场营销最简短的解释是：发现还没有被满足的需求并满足它。这是一个整体思维体系，你的成功不是跟着别人干已经干成功的事，而是找到人们想买却只有你能卖的东西。人们经常把市场营销和销售混为一谈。不过彼得·德鲁克的《经营权威》里面一段著名的话说得好：'市场营销的目标是让销售变成多余'——这就是说，如果你真能找到没有被满足的需求并做好满足需求的工作，你就不用在销售上下太多功夫。"

换句话说，市场营销不是像在 50 年前或 100 年前那样仅仅为了把已经生产的产品销售出去；相反，制造产品是为了支持营销。一家公司可以在外面采购其所需的产品，但使其繁荣的却是市场营销的理念和做法。公司其他职能——制造、研发、采购和财务都是为了支持公司在市场的运作而存在的。

可见，真正的营销不在于销售公司所创造的产品，而在于知道该创造些什么产品，在没有生产出任何产品之前，市场营销就已经开始。所以，那种推销员"满天飞"推销积压商品的现象，并不是真正的营销，更不是成功的营销。

本书以科特勒教授社会角度的定义为准，即市场营销是个人和集体通过创造，提供出售，并同别人自由交换产品和价值，以获得其所需所欲之物的社会过程。

从这一定义可以看出，市场营销主要包括以下内容。

(1) 营销是一种创造性的活动行为。它不仅寻找已存在的需求并满足它，而且还要激发和解决顾客并没有提出的需求，使他们热烈响应企业的营销行为。

(2) 营销是一种自愿的交换行为。买卖双方自由交换使各方通过提供某种东西取得回报。交换是构成营销的基础。

(3) 营销是一种满足人们需要的行为。消费者的各种需要和欲望是企业营销工作的出发点。因此，企业必须对市场进行调研，寻求、了解、识别、研究和掌握消费者的需要和欲望，从而确定需求量的大小。

(4) 市场营销是一个系统的管理过程。它不仅包括生产、经营之间的具体经济活动，如收集市场环境信息、进行市场调研、分析市场机会、进行市场细分、选择目标市场、设计开发新产品等；也包括生产过程完成之后，进入销售过程的一系列具体的经济活动，如给产品定价、选择分销渠道、开展促销活动、提供销售服务等；还包括销售过程之后的售后服务、信息反馈等一系列活动。可见，市场营销过程是远远超出流通范围而涉及生产、分配、交换和消费的总循环过程。

（5）营销是一种企业参与社会的纽带。营销是联结企业与社会的纽带，营销工作者在制定营销政策时必须权衡企业利益、顾客需要和社会利益。只有满足社会利益的企业，才能长久地获得经营的成功。

（二）市场营销的相关概念

要正确理解市场营销的定义，还必须弄清与之相关的几个核心概念：需要、欲望和需求，产品、价值和满意，交换、交易和关系，营销和市场营销者。

▶ **1. 需要、欲望和需求**

人类的需要和欲望是市场营销的出发点，有了需要和欲望才能产生相应的需求。

（1）需要。需要是指没有得到某些基本满足时的感受状态。例如，人们为了生存，会产生食物、衣服、房屋等生理需要；人们在满足了生存的基本需要后，又有更高级的需要，如归属感、尊重和自我价值的实现等心理需要。需要是客观存在的，存在于人类自身的生理结构中，取决于人的条件反射，而非社会和营销者所能创造的，人类只能适应它。

（2）欲望。欲望是一种不足之感，求足之愿，是指想得到某种具体满足物或想达到某种目的的愿望。不同背景下，一种需要可以用不同的满足物或满足方式来满足。例如，一个人需要食品，既可以是米饭，也可以是面包。某人创业成功后，想成为社会名流，想受到社会的尊重，这些都是他们的具体欲望。人的需要是有限的，但欲望是无限的。虽然市场营销无法创造人的基本需要，但可以采用各种营销手段来创造人们的欲望，并通过特定的服务或产品来满足这种欲望。

（3）需求。需求是指对于有能力购买并且愿意购买某个具体产品的欲望。只有具有了购买力，欲望才能转化为需求。许多人想购买奔驰轿车，但只有具有支付能力的人才能购买。因此，市场营销者不仅要了解有多少消费者需要某产品，更重要的是要了解他们是否愿意并且有能力购买。

区别需要、欲望和需求使我们明确：市场营销不能创造需要，需要存在于市场营销活动出现之前；市场营销者及社会上的其他因素只能影响人们的欲望，并向人们提供满足需要的各种特定产品，通过提供适合消费者的产品、制定适应消费者支付能力的价格、选择适当的销售渠道来影响需求。

▶ **2. 产品、价值和满意**

人类要靠产品来满足自己的各种需要和欲望，产品也通过让消费者满意来实现自己的价值。

（1）产品。广义地说，任何一个"有形体"的事物或"无形体"的服务和思想，只要它能够满足一个团体或个人的需求和欲望，就可称之为产品。一个产品必须与购买者的欲望相吻合，一个产品越是与消费者的欲望相吻合，其在竞争激烈的市场上的成功率就越高。

值得注意的是，产品只是获得某种服务或利益的载体。顾客购买所需要的产品，是为了享有它们提供的服务、得到某种利益。市场营销人员不仅是在销售产品，更重要的是销售给顾客的服务和利益。如果太重视有形产品而忽略顾客的需求，那么就不能真正把握市场营销的本质，更难以把握顾客需求的变化趋势。

拓展阅读 1-2
没有人比妈妈
知道得更多吗？

（2）价值和满意。这里所指的价值，是指顾客从某一特定产品或服务中获得的一组利益，包括产品价值、形象价值、服务价值和人员价值。价值的大小取决于消费者对产品满足各种需要的能力的评价，即一种产品或服务本身给顾客所带来的满足程度的大小，而不是生产成本。

顾客在做出购买决策时，既要考虑价值，又要考虑成本，即取决于顾客从产品中所获得的利益与所支付成本的比值。

与顾客满意紧密相关的一个概念是顾客让渡价值（customer delivered value），它是指顾客总价值（包括产品价值、形象价值、服务价值和人员价值四个因素）与顾客总成本（包括货币成本、时间成本、精力成本和心理成本四个因素）之差。①销售者必须在顾客总价值和顾客总成本之间估算并考虑它们与竞争者之间的差别。企业的竞争优势在于扩大顾客总价值，减少顾客总成本，八个因素中的任何一个都可能增加企业的市场优势。前者要求强化或扩大应该提供的产品功能、产品服务、人员和形象利益；后者则要求降低价格，简化订购和送货程序，或者提供担保减少顾客风险等。②不同消费者对八个因素的重视程度是不同的，企业应针对不同顾客有针对性地设计营销方案。③对企业而言，扩大顾客总价值，减少顾客总成本，可能会导致企业无利可图。

使顾客满意最基本的方法是企业通过扩大规模、提高质量、降低生产成本，使顾客价值扩大，顾客成本减小。在炎热的夏天或寒冷的冬天，火车加上空调，顾客付费多了，但他们享受到了空调车的舒适、干净等价值，权衡价值与成本，顾客仍然很满意；但到了春天和秋天，火车不需要开空调时，顾客却不满意了，认为应降低乘车费用。一些企业在商品促销中，去掉原商品的外包装，以低价销售吸引顾客，也是根据这样的道理。

拓展阅读 1-3
希尔顿的
微笑服务

▶ 3. 交换、交易和关系

当人们决定以交换的方式来满足需要或欲望时，就存在市场营销了。人们可以通过四种方式获得自己所需要的产品，交换是其中之一：第一种方式是自行生产；第二种方式是强制取得；第三种方式是乞讨；第四种方式是交换。市场营销活动产生于第四种获得产品的方式。有了交换，才相应产生了交易、关系和网络。

（1）交换。交换是指从他人处取得所需之物，并以自己的某种东西作为回报的行为。人们获得满足需要或欲望之物可有多种方式，如自产自用、巧取豪夺、乞讨和交换等。其中，只有交换的方式才能产生市场营销。因此，交换是市场营销的核心概念，市场营销的全部内容都包含在交换的概念之中。

（2）交易。交换应看作一个过程而不是一个事件。如果双方正在进行谈判，并趋于达成协议，这就意味着他们正在进行交换。一旦达成协议，我们就说发生了交易行为。交易是交换活动的基本单元，是由双方之间的价值交换所构成的行为。一次交易包括以下三个内容：①至少有两个有价值的物；②买卖双方均同意的条件；③协议时间和协议地点等。交易基本上有如下两种方式：①现金交换，如用钱买车、食物等；②非现金交换，如以物易物、补偿性交易等。

（3）关系。在现代市场活动中，交换和交易是复杂的，往往涉及制造商、供应商、中间商、顾客，以及社区、广告商、政府、大众传媒等。市场营销活动实际上就是在这样的关系中进行的，能否建立一个和谐、长期、稳定的关系网络，对企业是至关重要的。关系市场营销将使企业比其在交易市场营销中所得到的更多。精明的市场营销者总是试图与其顾客、分销商、经销商、供应商等建立起长期的互信、互利关系，这就需要以公平的价格、优质的产品、良好的服务与对方交易。同时，双方的成员之间还须加强经济技术及社会等各个方面的联系与交往。双方越是增进相互之间的信任和了解，越有利于互相帮助。关系市场营销还可节省交易成本和时间，并由过去逐项、逐次的谈判交易发展成为例行的程序化交易。

▶ **4. 营销和市场营销者**

市场营销离不开营销活动和市场营销者。

（1）营销。营销可以理解为与市场有关的人类经济活动，具体讲，就是企业围绕满足消费者需要，获取最大利润的经济活动。它涉及社会再生产领域的生产、交换、分配、消费各个环节。

（2）市场营销者。市场营销者是指希望从别人那里取得资源并愿意以某种有价之物作为交换的人。市场营销者可以是卖方，也可以是买方。在买卖双方的交换中，如果一方比另一方更主动、更积极地寻求交换，则前者称为市场营销者，后者称为潜在顾客。例如，有几个人同时都想买正在市场上出售的某种奇缺产品时，每个准备购买的人都尽力使自己被卖主选中，这些购买者就是在进行市场营销活动。而在另一种情况下，买卖双方都在积极寻求交换时，我们就把双方都称为营销者，并把这种情况称为相互营销。

三、市场营销职能

按照现代市场营销环境的要求，现代市场营销职能体系应包括商品销售、市场调查研究、生产与供应、创造市场需求和协调平衡公共关系五大职能。

（一）商品销售

商品销售对于企业和社会来说，具有两种基本功能：一是将企业生产的商品推向消费领域；二是从消费者那里获得货币，以便对商品生产中的劳动消耗予以补偿。企业是为了提高人们的生活水平而采用先进生产组织方式进行社会化生产的产物。通过商品销售，让商品变为货币，社会可以为企业补充和追加投入生产要素，而企业也因此获得了生存和发展的条件。商品销售十分重要，企业需要尽最大努力来加强这一职能。

（二）市场调查与研究

企业销售商品的必要外部条件之一是该商品存在市场需求。人们把具备这个条件的商品称为是适销对路的，只有存在市场需求，商品才能销售出去。

理智的生产者和经营者当然不会生产经营那些没有人需要的商品，而是要选择生产那些有人购买的商品。为了有效地实现商品销售，企业营销经理需要经常地研究市场需求。市场调查和研究不仅具有组织商品销售的先导职能，实际上还具有整个企业市场营销的基础职能。

拓展阅读 1-4
汤面分食

（三）生产与供应

企业作为生产经营者需要适应市场需求的变化，经常调整产品生产方向，借以保证生产经营的产品总是适销对路的。这就是说，要争取利用每个时期的市场需求来保持企业销售收入的稳定和增长，争取利用每个生产经营商品的盈利机会。在市场需求经常变动的条件下，企业的这种适应性就来自企业对市场的严密监测，对内部的严格管理，对变化的严阵以待，对机会最大限度地利用。所有这些职能在企业经营管理上笼统地称为生产与供应职能，这个职能的名称实际上是沿用了传统的说法。在现代市场营销理论中，这个职能被称作整体营销。

（四）创造市场需求

不断提高社会生活水平是企业的社会责任之一，这要求企业努力争取更多地满足消费者的需要。消费者普遍存在"潜在需求"，即由于某些原因，消费者在短期内不打算购买商品予以满足的需求。潜在需求实质上就是尚未满足的顾客需求，代表着在提高人们生活水平方面还有不足之处，也是企业可开拓的市场中的"新大陆"。

企业既要满足已经在市场上出现的现实性顾客需求，让每一个愿意购买企业商品的顾客确实买到商品，也要争取那些有潜在需求的顾客，提供他们所需要的商品和服务，创造某些可以让他们买得起、可放心的条件，解除他们的后顾之忧，让他们建立起购买合算、消费合理的信念，从而将其潜在需求转变成为现实需求，前来购买企业的商品。这就是"创造市场需求"。

（五）协调平衡公共关系

企业作为一个社会成员，与顾客和社会其他各个方面都存在客观的联系。改善和发展这些联系既可以改善企业的社会形象，也可以给企业带来市场营销的好处，即增加市场营销的安全性、容易性。按照杰克森的观点，商品销售只是企业与顾客之间营销关系的一部分。事实上，他们之间还可以发展经济的、技术的和社会的联系和交往。通过这些非商品交换型的联系，双方之间就可以增进相互之间的信任和了解，可以发展为相互依赖、相互帮助、同甘共苦的伙伴关系，让企业获得一个忠实的顾客群，还可以将过去交易中的烦琐谈判改变为惯例型交易，节省交易费用。协调平衡公共关系需要正确处理三个关系，即商品生产经营与企业"社会化"的关系、获取利润与满足顾客需要的关系，以及满足个别顾客需要与增进社会福利的关系。

四、市场营销理论

（一）4P 营销理论

4P 营销理论产生于 20 世纪 60 年代的美国，是随着营销组合理论的提出而出现的。1953 年，尼尔·博登(Neil Borden)在美国市场营销学会的就职演说中创了"市场营销组合"(marketing mix)这一术语，其意是指市场需求或多或少地在某种程度上受到所谓"营销变量"或"营销要素"的影响。为了寻求一定的市场反应，企业要对这些要素进行有效的组合，从而满足市场需求，获得最大利润。营销组合实际上有几十个要素(博登提出的市场营销组合原本包括 12 个要素)，杰罗姆·麦卡锡(Jerome McCarthy)于 1960 年在其《基础营销》(*Basic Marketing*)一书中将这些要素一般地概括为 4 类：产品(product)、价格(price)、渠道(place)、促销(promotion)，即 4P。1967 年，菲利普·科特勒在其畅销书《营销管理：分析、规划与控制》(第一版)中进一步确认了以 4P 为核心的营销组合方法。

（1）产品。注重开发的功能，要求产品有独特的卖点，把产品的功能诉求放在第一位。

（2）价格。根据不同的市场定位，制定不同的价格策略，产品的定价依据是企业的品牌战略，注重品牌的含金量。

（3）渠道。企业并不直接面对消费者，而注重经销商的培育和销售网络的建立，企业与消费者的联系是通过分销商进行的。

（4）促销。企业注重以销售行为的改变来刺激消费者，以短期的行为(如让利、买一送一、营销现场气氛等)促进消费的增长，吸引其他品牌的消费者或引导提前消费来促进销售的增长。

（二）4C 营销理论

随着市场竞争日趋激烈，媒介传播速度越来越快，4P 理论越来越受到挑战。1990 年，美国学者罗伯特·劳特朋（Robert Lauterborn）教授提出了与传统的 4P 营销理论相对应的 4C 营销理论。

▶ 1.4C 营销理论的内容

4C 分别指代顾客（customer）、成本（cost）、便利（convenience）和沟通（communication）。

（1）顾客，主要是指顾客的需求。企业必须首先了解和研究顾客，根据顾客的需求来提供产品。同时，企业提供的不仅仅是产品和服务，更重要的是由此产生的客户价值（customer value）。

（2）成本，不单是企业的生产成本，或者说 4P 中的"价格"。它还包括顾客的购买成本，同时也意味着产品定价的理想情况，这就是既低于顾客的心理价格，亦能够让企业有所盈利。此外，这中间的顾客购买成本不仅包括其货币支出，还包括其为此耗费的时间、体力和精力消耗，以及购买风险。

（3）便利，即为顾客提供最大的购物和使用便利。4C 理论强调企业在制定分销策略时，要更多地考虑顾客的方便，而不仅是企业自己的方便。要通过好的售前、售中和售后服务让顾客在购物的同时，也享受到便利。便利是客户价值不可或缺的一部分。

（4）沟通，被用于取代 4P 中对应的"促销"。4C 营销理论认为，企业应通过同顾客进行积极有效的沟通，建立基于共同利益的新型的企业与顾客关系。这不再是企业单向的促销和劝导顾客，而是在双方的沟通中找到能同时实现各自目标的通途。

▶ 2.4C 营销理论的不足

总体来看，4C 营销理论注重以消费者需求为导向，与市场导向的 4P 营销理论相比，4C 营销理论有了很大的进步和发展。但从企业的营销实践和市场发展的趋势看，4C 营销理论依然存在以下不足。

（1）4C 营销理论是顾客导向，而市场经济要求的是竞争导向。中国的企业营销也已经转向为市场竞争导向阶段。顾客导向与市场竞争导向的本质区别是：前者看到的是新的顾客需求；后者不仅看到了需求，还更多地注意到了竞争对手，冷静分析自身在竞争中的优、劣势并采取相应的策略，在竞争中求发展。

（2）4C 营销理论虽然已融入营销策略和行为中，但企业营销又会在新的层次上同一化。不同企业最多是程度上的差距问题，并不能形成营销个性或营销特色，也不能形成营销优势，因而并不能保证企业顾客份额的稳定性、积累性和发展性。

（3）4C 营销理论以顾客需求为导向，但顾客需求有个合理性的问题。顾客总是希望质量好、价格低，特别是对低价的要求是无界限的。如果只看到满足顾客需求的一面，企业必然付出更大的成本，久而久之，必将影响企业的发展。所以从长远看，企业经营要遵循双赢的原则，这是 4C 营销理论需要进一步解决的问题。

（4）4C 营销理论仍然没有体现既能赢得客户，又能长期地拥有客户的关系营销思想。没有解决满足顾客需求的可操作性问题，如提供集成解决方案、快速反应等。

（5）4C 营销理论总体上虽是 4P 营销理论的转化和发展，但被动适应顾客需求的色彩较浓。根据市场的发展，需要从更高层次以更有效的方式在企业与顾客之间建立起有别于传统的新型的主动性关系，如互动关系、双赢关系、关联关系等。

4C营销理论从其出现的那一天起就普遍受到企业的关注，许多企业运用4C营销理论创造了一个又一个奇迹。但是4C营销理论过于强调顾客的地位，而顾客需求的多变性与个性化发展，导致企业不断调整产品结构、工艺流程，不断采购和增加设备，其中的许多设备专属性强，从而使专属成本不断上升，利润空间大幅缩小。另外，企业的宗旨是"生产能卖的东西"，在市场制度尚不健全的国家或地区，就极易产生假、冒、伪、劣的恶性竞争以及"造势大于造实"的推销型企业，从而严重损害消费者的利益。当然，这并不是由4C营销理论本身引发的。

（三）4R营销理论

4R营销理论是由美国学者唐·舒尔茨（Don E. Schultz）在4C营销理论的基础上提出的新营销理论。4R分别指代关联（relevance）、反应（reaction）、关系（relationship）和回报（reward）。4R营销理论认为，随着市场的发展，企业需要从更高层次上以更有效的方式在企业与顾客之间建立起有别于传统的新型的主动性关系。

▶ **1.4R营销理论的操作要点**

4R营销理论以关系营销为核心，重在建立消费者忠诚。它阐述了四个全新的营销组合要素。

（1）紧密联系顾客。企业必须通过某些有效的方式在业务、需求等方面与顾客建立关联，形成一种互助、互求、互需的关系，把顾客与企业联系在一起，减少顾客的流失，以此来提高顾客的忠诚度，赢得长期而稳定的市场。

（2）提高对市场的反应速度。多数公司倾向于说给顾客听，却往往忽略了倾听的重要性。在相互渗透、相互影响的市场中，对企业来说最现实的问题不在于如何制订、实施计划和控制，而在于如何及时地倾听顾客的希望、渴望和需求，并及时做出反应来满足顾客的需求，这样才利于市场的发展。

（3）重视与顾客的互动关系。4R营销理论认为，如今抢占市场的关键已转变为与顾客建立长期而稳固的关系，把交易转变成一种责任，建立起和顾客的互动关系，而沟通是建立这种互动关系的重要手段。

（4）回报是营销的源泉。由于营销目标必须注重产出，注重企业在营销活动中的回报，所以企业要满足客户需求，为客户提供价值，不能做无用的事情。一方面，回报是维持市场关系的必要条件；另一方面，追求回报是营销发展的动力，营销的最终价值在于给企业带来短期或长期的收入能力。

▶ **2.4R营销理论的优势**

4R营销理论是在4P和4C营销理论的基础上产生和发展起来的，它强调一切营销活动必须以为消费者及股东创造价值为目的，表现了明显的理论优势。

（1）4R营销理论的最大特点是以竞争为导向，在新的层次上概括了营销的新框架。4R根据市场不断成熟和竞争日趋激烈的形势，着眼于企业与顾客互动与双赢，不仅积极地适应顾客的需求，而且主动地创造需求，运用优化和系统的思想去整合营销，通过关联、关系、反应等形式与客户形成独特的关系，把企业与客户联系在一起，形成竞争优势。可以说4R营销理论是营销理论的创新与发展，必将对营销实践产生积极而重要的影响。

（2）4R 营销理论体现并落实了关系营销的思想。通过关联、关系和反应，提出了如何建立关系、长期拥有客户、保证长期利益的具体操作方式，这是一个很大的进步。

（3）反应机制为互动与双赢、建立关联提供了基础和保证，同时也延伸和升华了便利性。

（4）"回报"兼容了成本和双赢两方面的内容。追求回报，企业必然实施低成本战略，充分考虑顾客愿意付出的成本，实现成本的最小化，并在此基础上获得更多的顾客份额，形成规模效益。这样，企业为顾客提供价值和追求回报相辅相成、相互促进，客观上达到的是一种双赢的效果。

当然，4R 营销理论同任何理论一样，也有其不足和缺陷。如与顾客建立关联、关系，需要实力基础或某些特殊条件，并不是任何企业都可以轻易就做到的。但不管怎样，4R 营销理论提供了很好的思路，是经营者和营销人员应该了解和掌握的。

第二节　市场营销学的形成和发展

一、市场营销学的学科发展简介

市场营销学是在经济学、行为科学等学科基础上发展起来的。正如营销大师菲利普·科特勒所言：营销学之父为经济学，其母为行为学；哲学和数学为其祖父、祖母。

市场营销学 20 世纪初创立于美国。1902—1905 年，美国的爱德华·D. 琼斯（Edward D. Jones）、西蒙·李特曼（Simon Litman）、乔治·M. 费斯克（Georege M. Fisk）、詹姆斯·E. 海杰蒂（James E. Hageny）分别在密执安大学、加州大学、伊利诺伊大学和俄亥俄大学率先开设了"市场营销"课程；出现了一批被视为当代市场营销研究先驱的人物，其中最著名的有阿切·肖（Arch W. Shaw）、拉尔夫·斯达·巴特勒（Ralph Stam Butler）、约翰·斯威尼（John B. Swinney）、威尔达（L. D. H. Weld）。

市场营销学理论的发展经历了以下五个阶段。

（一）初创阶段（1900—1920 年）

19 世纪末到 20 世纪初，为市场营销学的初创阶段。这一阶段由于工业革命的爆发，主要资本主义国家相继完成了工业革命，生产力迅速增长，使资本主义经济迅速发展，需求膨胀，市场总态势是供不应求的卖方市场。由于各种产业用品和消费品都不愁销路，决定了企业在当时要解决的首要问题是增加产量、降低成本，通过为市场提供更大的产品量而获得更大的利润。在企业的经营管理中，主要侧重内部管理，提高生产组织管理的科学化，使劳动生产率迅速提高，最终导致一些大企业的产品销路出现了问题，于是销售成为决定企业生死存亡的主要因素。因此，经济学界开始着手研究销售问题。1912 年美国哈佛大学教授赫杰特齐（J. E. Hegerty）出版了名为《市场营销学》（Marketing）的、着重研究推销术和广告术的第一本教科书。该书被认为是市场营销学作为一门独立学科的里程碑，为市场营销学后来的发展奠定了基础。

（二）功能研究阶段（1921—1945 年）

在第一次世界大战以后，随着美国经济的发展和国际地位的提高，美国一跃成为世界上消费水平最高的国家。其消费结构发生了变化，蕴藏着大量未被满足的消费需求，引起了营销理论界和实业界的重视，开始注重对市场营销功能的探讨和研究。在这一阶段所编著的市场营销书籍中，市场营销的功能成为很重要的内容。然而，从总体上来看，这一阶段还是将市场营销等同于销售或推销，研究范围局限于流通领域。在这一阶段，市场营销理论研究与企业的市场营销实践研究结合起来，进入了应用研究阶段，并成立了市场营销权威组织——美国市场营销协会。该组织于 1937 年由（美国）全国市场营销学教师协会（1933 年成立）和美国市场营销学会（1930 年成立，由实业界人士组成）合并而成。其成员遍及世界各地，实际上已成为国际性的组织。

（三）现代市场营销学形成和发展阶段（1946—1980 年）

第二次世界大战以后，一方面，由于西方资本主义国家在战时膨胀起来的生产力急需寻找新的出路，竞争日益激烈；另一方面，由于经济的快速发展和买方市场的形成，需求日趋多样化。市场营销研究，从对产品生产出来以后流通过程的研究，发展到从生产前的市场调研和产品创意开始，到销售后的顾客服务和信息反馈为止的营销全过程的研究；从对营销实施过程的研究发展到对市场营销问题的分析、计划、实施、控制等营销管理过程的研究。市场营销学逐步从经济学中独立出来，吸收了行为学、心理学、社会学、管理学等学科的若干理论，形成了自身的理论体系，提出了营销的核心概念——交换。其理论随着营销实践的发展而得到不断发展和完善，并受到世界各国营销理论界和实业界的重视，被世界各国广泛引进和运用。

（四）营销扩展阶段（1981—1990 年）

20 世纪 80 年代以后，营销理论日趋成熟，其在企业中的作用日益显著，市场营销学受到广泛重视。市场营销的运用和研究，由对消费品的营销研究扩展到对生产资料、服务产品、精神产品及资本、价值的营销研究；由对企业等营利性组织的营销活动研究扩展到对一切面向市场的营利性组织、非营利性组织及个人的市场营销活动的研究。

（五）营销创新阶段（1990 年以后）

20 世纪 90 年代以后，欧洲关系营销学派的兴起，打破了美国营销管理学派一统天下的局面，开始对传统的营销管理理论提出了质疑，并开始研究市场营销的新视角、新理论、新体系，形成了不同的营销流派。2000 年以后，营销管理学派与关系营销学派相互渗透、相互融通，形成了以实现多赢为目标、以关系管理为主导、以价值交换为主线的全新的营销学科。

二、市场营销学在我国的传播与发展

市场营销学是一门以市场经济为前提的应用学科。1949 年以前，我国曾一度引进市场营销学。早在 20 世纪 30 年代复旦大学丁馨伯先生就编著出版了有关著作。然而，1949 年以后，我国市场营销学的引进和研究工作中断了 30 年。1978 年以后，重新开始引进、推广和运用市场营销学。市场营销学在我国的引进和发展可分为四个阶段。

（一）引进与吸收阶段（1978—1982 年）

中国共产党十一届三中全会（1978 年）以后，我国开始了改革开放的进程。市场营销学在商品经济发达的国家被视为经济管理类的重要课程，并在指导企业的经营活动、为企业提高经营水平方面起到了重要作用。我国实施改革开放政策以后，市场营销学很快被国内学者所认识，并开始着手引进和研究。通过引进、翻译或编译国外的市场营销学书籍，通过请进来（请国外专家、学者来讲学）、走出去（出国访问、学习），将市场营销学这门学科引进国内。在引进、学习过程中，由于当时国内学者长期处于封闭的计划经济体制下，且来自不同的学科领域（大多来自商品流通研究领域），对学科的发展背景不了解，因此，在学科引进之初，对于学科的命名、性质及一些基本概念等方面的认识均存在一定的分歧。

在学科命名方面，对于学科的英文名"Marketing"，在国内曾一度被译为"市场学""销售学""市场经营学""市场营销学"等不同的名字。

在对学科性质的认识方面，主要分歧在于对市场营销学与商业经济学关系的认识。一部分学者认为，市场营销学主要研究商品的销售问题，与商业经济学同属于商品流通领域的学科，只不过商业经济学侧重于流通经济理论的研究，而市场营销学则侧重于商品流通实践的研究。因此，我国早期研究市场营销学的学者多为从事商业经济学研究的专家和学者。另一部分学者则认为，市场营销学是一门不同于商业经济学的新兴学科，市场营销学以企业的经营活动为研究对象，其研究领域不仅限于流通领域，而是从生产前的市场需求研究开始，从确定企业"生产经营什么"开始；其研究主体也不限于商业企业，而是包括工业企业及一切面向市场进行经营的各类企业。

此外，研究者对于市场、市场营销等市场营销学科的基本概念的界定均存在分歧。

通过多次组织讨论，20世纪80年代中期以后，国内对以上问题才得到统一的认识。

（二）传播与推广阶段（1983—1984年）

1983年以后，在国内开始建立市场营销方面的研究机构，将致力于研究市场营销学的专家、学者组织在一起，共同研究、推广市场营销学这门具有应用价值的学科。

1983年6月在南京成立了我国第一个市场营销方面的研究机构——江苏省市场调查、市场预测和经营决策研究会。1983年12月在广州成立了广东市场营销学会。

这是我国最早的两个市场营销研究机构，为推进江苏、广东两省企业的市场营销观念的确立和市场营销水平的提高做出了贡献。

1984年1月，在中国人民银行总行的支持下，在湖南长沙成立了全国性的市场营销组织——全国高等综合大学、财经院校市场学教学研究会（后更名为中国高等院校市场学研究会），为我国市场营销理论和应用的发展奠定了组织基础。学会的主要成员为各个大专院校从事市场营销教学和研究的人员，也吸引了少数企业界的人士参加。在该学会的组织下，每年以年会的形式研究各个时期市场营销理论和实务的新发展、市场营销教学内容和方法的改革，为国家营销方面的宏观政策提出建议。

此后，各个省市、各个行业、各类市场的市场营销团体纷纷成立，在做好市场营销学术研究、学术交流和应用研究的同时，还通过举办培训班、研讨班和讲座等形式开展了大量的市场营销知识推广和传播工作。各综合大学、财经院校及经济管理干部学院等院校纷纷开始开设"市场营销"课程，一些有条件的院校还开始招收市场营销方向的硕士研究生。

（三）普及与应用阶段（1985—1991年）

1985年以后，我国经济体制改革在各个领域全面开展，各项改革措施相继出台。在商品流通领域取消了统购包销的政策，将商品经营、采购的自主权交给了企业。这样，迫使一些生产企业不仅要注重商品的生产，还必须注重商品的适销对路和商品的销售，企业对掌握和应用市场营销知识的愿望越来越迫切。一些省市的市场营销团体开始组织市场营销理论研究者深入企业，为企业解决市场营销中的困难与问题；一些企业也积极参与市场营销学会的活动，主动向市场营销理论研究者请教，主动邀请市场营销方面的专家、学者到企业去出谋划策，解决企业营销中的问题。

自 1986 年以后，经国家教育委员会批准，我国一些院校开始试点招收市场营销专业（或专门化）本科生。1992 年，当国家教育委员会公布的本科招收目录中首次增添了"市场营销专业"，市场营销专业开始在全国招生，除综合大学、财经院校以外，很多理工院校、医学院校、农林院校及各类专业院校也都纷纷开设了市场营销专业。

1991 年，第二个市场营销方面的全国性组织中国市场学会在北京成立。学会由国内一些大型企业的主要负责人、市场营销理论研究者以及有关政府部门的负责人共同组成，其业务主管单位为中国社会科学院。该学会的主要工作是研究和解决企业市场营销中的有关问题，并为国家制定市场营销方面的宏观政策提出对策建议。中国市场学会的成立，进一步推动了市场营销实践和应用方面的发展。

（四）研究与发展阶段（1992—2000 年）

经过十多年的研究和应用，在早期从事市场营销学研究的老一辈学者的指导和培育下，通过与世界各国营销学界的广泛交流，我国已拥有了一大批高水平的市场营销专家和学者，并开始关注市场营销学发展的国际动向，开始与世界同步研究市场营销学发展中的一些新的前沿性的问题，并承担了一些国家课题的研究，出版了一大批市场营销方面的学术专著。

（五）营销科学化与本土化阶段（2000 年以后）

进入 21 世纪以后，营销的科学化与本土化日益受到我国营销界的重视。清华大学经济管理学院和北京大学光华管理学院联手创办的《营销科学学报》(JMS)的问世，象征着我国营销研究范式进入了一个与国际接轨的科学化的轨道。同时，以中山大学中国营销研究中心的研究者为代表的一批学者针对中国营销问题的研究，使营销研究进入了本土化研究的阶段。

第三节 市场营销学研究的对象、性质和方法

一、市场营销学的研究对象

市场营销学是一门综合性的企业管理科学，其研究对象是企业的市场营销活动，即为了满足人类的需求和欲望而实现的潜在交换活动。它有以下四个基本特征。

（一）市场营销的中心任务是满足社会需要和创造社会需求

如何处理市场营销与市场需求的关系，是市场营销学的核心问题。

传统的市场营销理论认为，需求源于消费者自身心理、生理的各方面的需要，企业以发展和满足市场需求为营销活动的核心。但随着现代市场经济的迅猛发展，市场需求从形式到内容越来越复杂多变，现代企业欲领先市场，不仅要满足市场需求，还应致力于创造市场需求，主动引导市场消费潮流。

（1）开发新产品直接创造市场需求。开发新产品是创造市场需求最直接、最重要的策略。

（2）改变消费环境创造市场需求。影响消费的环境较多，通过改变阻碍、限制需求的环境因素，有效地引导需求、创造需求，开拓市场。

（3）通过消费教育创造市场需求。营销过程就是沟通的过程，通过宣传某种观念、某种生活方式，使消费者在不知不觉中改变价值观念和生活方式，从而改变消费者的需求偏好，创造市场需求。

拓展阅读1-5
Ⅲ级螺纹钢筋市场

（二）市场营销是综合性的经营活动

一提到市场营销，还有不少人把其等同于推销，我国不少企业营销部的任务也只是将企业已经生产出来的产品销售出去，而不能对企业的全部经营活动发挥主导作用。

然而，市场营销的含义是广泛的，它重视销售，更强调企业在对市场进行充分分析和认识的基础上，以市场需求为导向，对从产品设计开始的全过程进行规划。

（三）市场营销方式是6P及其组合

企业市场营销活动往往是对各种营销策略的综合运用。从总体上看，企业的营销活动包含了产品、分销、促销、价格、公共关系、权力营销六大基本营销（6P）策略的组合。而对每一个营销策略来说，又包括若干具体手段，如产品策略中的品牌、包装、特色等。在每一项营销决策中，都体现了几种营销策略在不同层次上的相互融合。

（四）市场营销是用可控的6P适应和改造不可控环境

市场营销和世界上的任何事物一样，其存在和发展离不开环境的影响。相对于企业内部管理机能，营销环境是企业无法控制的。但是，企业可借助科学的营销手段认识和预测环境的变化趋势，并通过组合可控的6P策略来满足需求、创造需求、引导需求。

综合上述内容，市场营销学是企业为了实现利润目标，以顾客的需求为出发点，主动适应环境和改造环境，综合运用营销组合策略，努力满足需求和创造需求的综合性经营活动和管理过程的一门综合性学科。

二、市场营销学的性质

市场营销学的性质概括地说，是研究关于企业整体市场营销管理及其营销规律的学科。

▶ 1. 市场营销是一门综合性、边缘性、交叉性学科

市场营销学是社会学、广告学、心理学、管理学、经济学、哲学等学科相互交叉渗透而形成的。

▶ 2. 市场营销学的外延在不断地向外延伸

随着社会经济的发展，市场营销环境更加复杂，企业在经营过程中，仅靠传统的营销理论和技能是远远不够的，必须把更多学科内容纳入自己的理论框架，如电子商务、企业识别系统（CIS系统）等，这在工业经济时代向知识经济时代转化过程中尤为重要。

▶ 3. 市场营销核心理论决定了这门学科的本质特征

从市场营销的核心内容来看，其涉及的主要方法和策略都是以企业为出发点，围绕着企业如何满足市场需求而展开论述的。所以其研究对象主要是以宏观市场活动为条件和环

境，研究企业微观的市场营销活动。

三、市场营销学的研究方法

市场营销学的研究方法主要包括产品研究法、机构研究法、职能研究法、管理研究法和系统研究法。

（一）产品研究法

产品研究法是针对不同类型产品的特征，分别研究各类产品的市场营销问题，如分别对农产品、纺织品、机电产品、化工产品、建筑材料、食品、医药等不同类型产品的市场营销问题进行研究。这种研究方法的优点在于：可以依据产品特点，详细分析、研究不同产品在市场营销中遇到的特殊问题，针对性强。不足的是，由于市场上产品类型繁多，不可能逐一进行分析；即使对主要产品类型进行分析，也耗时费力，而且不可避免地会造成重复劳动。因此，这种研究方法往往被一些专业学院（如农学院、纺织学院等）采用。

（二）机构研究法

机构研究法主要是研究市场营销渠道系统中的各个层次和各种类型的营销机构的市场营销问题，如零售市场营销、批发市场营销、代理市场营销、经纪市场营销等。

（三）职能研究法

职能研究法是通过分析市场营销过程中的各种职能（如市场调研、开发、销售、促销等）及其实施中的问题，来研究市场营销的方法。

（四）管理研究法

管理研究法也称决策研究法，是从决策管理的角度来研究市场营销问题。即依据目标市场的需要，分析研究企业的外部环境因素、企业自身的资源条件及营销目标，权衡利弊得失，选择最佳的市场营销组合，以扩大销售、提高市场占有率、增加盈利。

（五）系统研究法

系统研究法是用系统分析的方法，将企业看作社会大系统中的一个子系统；同时，将企业中的各部门看作企业中相互影响、相互作用的各个子系统。因此，在企业营销决策中要统筹兼顾与之同处于社会大系统中的各个方面（营销环境因素）的利益，使各个方面达到协调一致、密切配合。同时，要统筹考虑企业中各个子系统的相互配合，从而提高企业的营销效益。

▌复习思考题 ▌

1. Marketing 一词怎样译更好？市场营销学的研究对象是什么？
2. 市场营销的定义为什么会发生历史的演变？
3. 市场营销的相关概念有哪些？试述其含义。
4. 简述各种市场营销理论的内容。
5. 试述市场营销学的形成和发展过程。
6. 市场营销学的主要研究方法有哪些？

案例分析训练

本 田 妙 案

日本横滨本田汽车公司汽车大王——青木勤社长，别出心裁地推出了一个卖小汽车即绿化街道的"本田妙案"。此方案一经推出，即收到意想不到的效果。"本田妙案"是怎样产生的呢？

青木勤社长在每天外出和上下班的途中发现，汽车在行驶过程中排出的大量废气直接污染了城市的环境，不仅污染空气，而且还造成街道旁绿树枯萎。青木勤社长看到自己的产品给环境带来的不利影响，心情非常沉重。他决心解决这个问题，恢复大自然的本来面目。于是，青木勤社长亲自制定了"今后每卖一辆车，就要在街道两侧种一棵纪念树"的经营方针；随后本田公司又将卖车所得的利润一部分转为植树的费用，以减轻越来越多的汽车尾气排放对城市环境的污染。"本田妙案"实施后，汽车一辆辆地开出厂门，街上的树木也一棵棵地栽上，绿化地带也一块块地铺开，消费者心中自然产生了一种强烈的需求愿望，同样是买汽车，为什么不买绿化街道的本田汽车呢？这样，既可以买到需要的产品，又可以美化生活环境，这可真是"有心栽花花不开，无心插柳柳成荫"。

这种别出心裁的"我为你植树"的营销策略，使本田汽车的营销量与"绿"俱增，在汽车行业激烈的市场竞争中一直立于不败之地。

资料来源：邓镝. 营销策划案例分析[M]. 北京：机械工业出版社.

分析与思考：

1. 请分析说明本田汽车公司在利用环境方面有什么特色？

2. 我国大中城市目前也面临着汽车尾气污染的问题，你认为该案例对我国汽车企业的营销有什么启示？

在线自测

扫描封底刮刮卡　获取答题权限

第二章　市场营销管理哲学

1. 列出市场营销管理的任务；
2. 描述市场营销观念的演变过程；
3. 区分新旧市场营销观念的不同。

引例

鸿星尔克捐资 5 000 万元，彰显企业责任担当

河南遭遇强降雨后，众多企业纷纷慷慨解囊。2021 年 7 月 21 日，鸿星尔克因低调捐出 5 000 万元物资但并未高调宣传，被网友"心疼"而登上热搜。

据悉，2020 年，鸿星尔克营收为 28.43 亿元，安踏营收为 355.1 亿元，李宁为 144.57 亿元，特步国际营收 81.72 亿元，361°营收 51.27 亿元。相较于同行，鸿星尔克并不富裕，然而，支援救灾它却不甘人后，慷慨捐出 5 000 万元物资。而且，鸿星尔克对此并未高调宣传。所以，它被网友所"心疼"。

事实上，早在 2011 年，鸿星尔克就被评为中国最具社会责任感企业。此次慷慨解囊，更彰显出其责任担当，让无数网友为之动容。

登上微博热搜后，鸿星尔克的直播间也火了。然而，鸿星尔克没有趁机疯狂营销，而是多次在直播间强调"理性消费"，并主动承担运费险，给网友留下"反悔"的余地，真诚劝告网友要将钱省下支持有困难的其他人。而网友则"让老板少管闲事"，这样的互动着实让人暖心。

包括鸿星尔克在内，众多民族企业在天灾面前挺身而出，为抢险救灾贡献力量，有的甚至不遗余力。对于这些富有社会责任感的企业，公众自然会给予它们积极的回馈和支持。鸿星尔克爆火的直播间，就是网友们最真诚的告白。

当然，企业的长久发展，终究得靠产品和服务。鸿星尔克等民族企业深知，民众的热情只是暂时的。除了秉持初心、坚守良心，国货唯有不断创新发展，更好地满足消费者的需求，才能在良性循环下走得更久、更远。

资料来源：鸿星尔克捐资 5000 万，彰显企业责任担当［EB/OL］（2021-07-24）［2023-02-15］.https：//baijiahao.baidu.com/s？id=17061560620210403364&wfr=spider&for=pc.

现代市场营销学具有强烈的"管理导向"，即从管理决策的角度研究营销者（企业）的市场营销管理过程、策略与基本方法。市场营销管理哲学作为企业营销活动的基本指导思想，对企业经营成败具有决定性意义。建立能全面贯彻现代市场营销管理哲学、真正面向市场的企业，是摆在管理者面前的一项重要任务。

第一节　市场营销管理

一、市场营销管理的含义

市场营销管理是指企业为实现其目标，创造、建立并保持与目标市场之间的互利交换关系而进行的分析、计划、执行与控制过程。它的基本任务是通过营销调研、计划、执行与控制来管理目标市场的需求水平、时机和构成，以达到企业目标。为了保证营销管理任务的实现，营销管理者必须对目标市场、市场定位、产品开发、定价、分销、信息沟通与促销做出系统决策。

二、市场营销管理的任务

市场营销管理的主要任务是刺激消费者对产品的需求，但不能局限于此，它还帮助公司在实现其营销目标的过程中影响需求水平、需求时间和需求构成。因此，市场营销管理的任务是刺激、创造、适应及影响消费者的需求。市场营销管理的本质是需求管理。

任何市场均可能存在不同的需求状况，市场营销管理的任务是通过不同的市场营销策略来解决不同的需求状况。常见的需求状况及其相应的营销管理任务包括以下几方面。

（一）否定需求与转换性营销

否定需求是指消费者不喜欢、反感甚至躲避某种产品和服务。如近年来许多老年人为预防老年疾病不敢吃甜点心和肥肉，有些旅客因为害怕而不敢乘坐飞机，或因为害怕化纤纺织品中的有毒物质损害身体而不敢购买化纤服装等，都属于否定需求。

针对否定需求，企业可以采用转换性营销策略，将否定需求转化为肯定需求，将负需求转化为正需求。市场营销的任务是寻找顾客厌恶本企业产品或服务的原因，然后采取有针对性的措施，如重新设计产品，提高产品质量，加强售后服务，重塑企业形象等，以改变顾客的态度和信念。例如，宣传老年人适当吃甜食可促进大脑的血液循环，乘坐飞机出事的概率比较小等。

拓展阅读 2-1
把否定需求转变
为肯定需求

（二）无需求与刺激性营销

无需求是指人们对于某种产品或服务没有欲望，从而漠不关心。如老式汽车、旧家具、远离水域的小船、南方地区的皮大衣等。

针对无需求，企业可以采用刺激性营销策略，通过大力促销及其他市场营销措施，努力使产品所能提供的利益与人的自然需要和兴趣联系起来，达到创造需求的目的，将无需求转化为有需求。例如，说服、诱导男性顾客购买耳环作为礼品馈赠他人，在南方建造旱冰场，等等。

（三）潜在需求与开发性营销

潜在需求是指消费者对某些商品服务的需求尚未表现出来，购买力尚未得到实现。例如，一些工薪阶层对高档酒店既向往又惧怕，想去享受，又怕消费不起，因为口袋里钱少。

针对潜在需求，企业可以采用开发性营销策略开发需求，将潜在需求转化为现实需求。其主要方法有：第一，识别和捕捉消费者尚未得到满足的需求，开发和研制新产品；第二，改进和优化市场营销组合策略，如改进整体产品、调整价格、疏通渠道、加强服务、扩大宣传及沟通产销关系等，从而唤起需求，使潜在购买力得以实现；第三，对于众多消费者还不太了解的新产品，要采取强有力的广告宣传，以及示范表演、操作试验、赠送样品、小包装试用等多种特殊的促销方法，帮助人们认识新产品的性能、特点和使用方法，激发潜在需求。

拓展阅读 2-2
长城饭店的
自助餐服务

（四）下降需求与恢复性营销

下降需求是指消费者对某种产品或服务的兴趣逐渐减退，购买量下降。

针对下降需求，企业可以采用恢复性营销策略达到需求复苏的目的，将下降需求转化为充分需求。市场营销的任务是认真研究需求下降的原因，然后对症下药，如开辟新的目标市场，改进产品特色，改进推广方式，制定更加有竞争力的营销策略等，以恢复市场需求。例如，北京一家酒店每年都推出圣诞晚宴，由于年年如此，客人的兴趣淡了，顾客一年比一年少，后来酒店的一位主管提议开发新的销售热点，在 2 月 14 日推出情人节情人套餐以及情人礼品、情人晚会等创新产品，并在报纸上大肆宣传，结果营业额大大超过了圣诞晚宴。

（五）不规则需求与调和性营销

不规则需求是指消费者对某些商品或服务的需求在一年的不同季节、一周的不同日子，甚至一天的不同时点波动很大，时而需求量大，时而需求量小，形成高峰和低谷。季节性强、不易储存的商品以及旅游区的旅馆、文娱游乐场所、餐馆、交通等服务商品都属于不规则需求。

针对不规则需求，企业可以采用调和性营销策略平衡需求，将不规则需求转化为规则需求。其主要方法有：第一，合理储备产品，平仰需求波动；第二，采取分期付款、赊销、季节差价、灵活作价等方法，调整供求关系，使供需在时间上、数量上同步，例如实行淡季价格与旺季价格，冬季养客、夏季盈利；第三，有些商品的需求时多时少，且不易储存，可以采用钟点工等方法，合理调配劳动力，高峰时保证供应，低潮时减少浪费。

（六）充分需求与维持性营销

充分需求是指消费者对某些产品或服务的需求在时间和数量上同企业所期望的需求水平与时间完全一致。

针对充分需求，企业可以采用维持性营销策略，防止需求退却，牢固占领现有市场，保持现有市场的占有率。其主要方法有：第一，调整和强化营销组合策略，保持企业的市场优势，提高产品知名度；第二，提高产品、价格、促销、分销、服务等各方面的竞争能力，防止和抵抗竞争对手抢夺市场；第三，采取有效的应变措施，谨防能够影响、改变市场需求和消费者偏好的腐蚀性力量突然出现，巩固目标市场，维护充分需求，如发放会员卡、优惠券，赠送礼物等，投其所好。

（七）过度需求与增长性营销

过度需求是指消费者对某些产品或服务的需求超过了企业的生产和供应能力，产品供不应求。知名度高、盛销不衰的名牌优质产品和处于销售高峰期的时髦产品，都属于过度需求。

针对过度需求，企业可以采用增长性营销策略，满足或降低需求。其主要方法有：第一，扩大营销，加强生产，增加商品供应；第二，通过提高商品价格、减少服务、限额供应等方法，限制或减少需求；第三，提供替代品和相应的同类产品，转移需求，缓和紧张状况。如对某些名牌紧俏商品提高价格、凭票供应等。

（八）有害需求与反击性营销

有害需求是指消费者对某些产品或服务的购买和消费有损身心健康和人体安全，并危害社会公众利益。精神污染商品、环境污染商品、质量不过关或不合格商品以及假冒伪劣商品等，都属于有害需求。

针对有害需求，企业界要采取反击性营销策略将其消灭，维护消费者和全社会公众的利益。其主要方法有：第一，停止营销。对为追求利润制造有害产品、假冒伪劣产品的企业，可通过法律手段强令停止生产销售，查收、销毁有害产品，将有关责任人员绳之以法，严加惩处；第二，对由于技术、生产、管理等原因造成的有害产品，督促企业加强技术力量，使之注意提高质量，改进管理。

由于顾客是需求的载体，市场营销管理实际上也是顾客关系管理。建立和维系与顾客的互惠关系，是市场营销管理的基本目标。在传统营销中，企业往往更注重新顾客的开发管理，以争夺更高的市场占有率。随着市场环境的变化，越来越多的企业已将营销管理的焦点转移到与有价值的老顾客建立长期互惠关系上，以追求更高的顾客忠诚度。

第二节　市场营销管理哲学的发展历程

市场营销管理哲学是指企业对其营销活动及管理的基本指导思想。它是一种观念、一种态度或一种企业思维方式，任何企业的营销管理都是在特定的指导思想或观念指导下进行的。

一些学者将企业市场营销管理哲学（观念）的演变划分为生产观念、产品观念、推销（销售）观念、市场营销观念和社会营销观念五个阶段。前三个阶段的观念一般称为旧观念，是以企业为中心的营销观念；后两个阶段的观念是新观念，可分别称作以消费者为中心的营销观念和以社会长远利益为中心的营销观念。李维特（Theodore Levitt）曾以推销观念与市场营销观念为代表，比较了新旧观念的差别，如表 2-1 所示。

表 2-1　推销观念和市场营销观念的对比

类型	出发点	中心	方法	目标
推销观念	厂商	产品	推销和促销	通过扩大消费者需求来获取利润
市场营销观念	目标市场	顾客满意	整体营销	通过满足消费者需求来创造利润

一、以企业为中心的营销观念

以企业为中心的市场营销观念，就是以企业利益为根本取向和最高目标来处理营销问题的观念，主要包括生产观念、产品观念和推销观念。

（一）生产观念

生产观念是以产品为中心，以提高效率、增加产量、降低成本为重点的营销观念。在商品经济不发达，产品供不应求的情况下，经营者往往以生产观念指导企业的营销活动。

持生产观念的营销者认为，市场需要我的产品，消费者喜爱那些随时可以买到的、价格低廉的产品。因此，生产观念是一种"以产定销"的观念，表现为重生产轻营销、重数量轻特色。其主要特点为：

（1）企业把主要精力放在产品的生产上，追求高效率、大批量、低成本，产品品种单一，生命周期长。

（2）企业对市场的关注主要表现在关注市场上产品的有无和产品的多少，而不是关注市场上消费者的需求。

（3）企业管理中以生产部门作为主要部门。

生产观念不从消费者需求出发，而是从企业生产出发，是一种重生产、轻营销的指导思想，其具体表现是"我的企业能提供什么，就销售什么"。例如，美国福特汽车公司在20世纪初期制造的汽车供不应求，因此公司并不考虑消费者需求，而是倾力于汽车的大规模生产。公司创始人亨利·福特曾傲慢地宣称："不管顾客需要什么颜色的汽车，我只有一种黑色的。"美国皮尔斯堡面粉公司，从1869年至20世纪20年代，一直运用生产观念指导企业的经营，当时这家公司提出的口号是"本公司旨在制造面粉"。

生产观念在以下两种情况下是合理的、可行的：一是物资短缺条件下，市场产品供不应求时；二是由于产品成本过高而导致产品的市场价格居高不下时。因此，20世纪30年代以前，不少企业都一直以生产观念作为指导。

（二）产品观念

产品观念是以产品的改进为中心，以提高现有产品质量和功能为重点的营销观念。持产品观念的营销者认为，消费者喜欢那些质量优良、功能齐全、具有特色的产品，因此，企业应致力于提高产品的质量，增加产品的功能，不断地改进产品；同时，抱着"皇帝的女儿不愁嫁""酒香不怕巷子深"的想法，认为只要产品好，就不愁没销路，而只有那些质量差的产品才需要推销。例如，"从四楼扔下去仍完好无损"的文件柜；几代人都用不坏的板式家具等。菲利普·科特勒指出，那些以产品观念为指导的组织在"应当朝窗外看的时候，它们却老是朝镜子里面看"。美国哈佛大学的西奥多·莱维特教授指出，产品观念导致"市场营销近视症"，即企业管理者在市场营销中缺乏远见，只注视其产品，认为只要能生产出优质产品，顾客就必然会找上门，而不注重市场需求的变化趋势。

产品观念也是一种"以产定销"的观念，表现为重产品生产轻产品销售，重产品质量轻顾客需求。其主要特点为：

（1）企业把主要精力放在产品的改进和生产上，追求高质量、多功能。

（2）轻视推销，单纯强调以产品本身来吸引顾客，一味排斥其他的促销手段。

（3）企业管理中仍以生产部门为主要部门，但加强了生产过程中的质量控制。

拓展阅读 2-3
爱尔琴钟表公司
为何失宠？

（三）推销观念

推销观念是以产品的生产和销售为中心，以激励销售、促进购买为重点的营销观念。其具体表现为"我卖什么，顾客就买什么"。在产品供过于求的情况下，企业将自觉或不自觉地运用推销观念指导企业营销活动。

持推销观念的营销者认为，本企业的产品需要市场，而消费者在购买中往往表现出一定的惰性和消极性，没有一定的动力去促进，消费者通常不会足量地购买某一组织的产品。因此，企业必须积极地组织推销和促销，促使消费者大量购买，使本企业产品占领市场。

然而，推销观念仍然是一种"以产定销"的营销观念，其主要特点为：

（1）产品不变，企业仍根据自己的条件决定生产方向及生产数量。

（2）加强了推销，注重产品的销售，研究和运用推销和促销方法及技巧。

（3）开始关注顾客，主要是寻找潜在顾客，并研究吸引顾客的方法与手段。

（4）开始设立销售部门，但销售部门仍处于从属的地位。

表2-2是上述三种以企业为中心的营销观的比较情况。

表 2-2　三种以企业为中心的营销观

营销观念	主要观点	营销重点	营销任务	适用条件
生产观念	消费者喜欢能买到的商品；企业能生产什么就销售什么	产品生产	提高效率，降低成本	产品供不应求
产品观念	消费者喜欢质量好、功能强的商品，企业必须致力于产品的改进和提高	产品生产和改进	提高质量，增加功能	产品供求平衡
推销观念	消费者具有惰性，没有外力的推动不会足量购买，企业必须同时注重生产和销售	产品生产和销售	重视生产，加强推销	产品供过于求

二、以消费者为中心的营销观念——市场营销观念

美国西奥多·莱维特（Theodore Levitt）教授在20世纪60年代提出的"顾客导向"概念，不仅是现代市场营销观的精辟概括，也是指导企业营销实践的行动指南。然而，随着营销理论与实践的发展，顾客导向营销观的内涵也在不断发生变化：从以适应需求为目标的单纯市场营销观念，到以提高顾客价值为目标的顾客满意营销观念，再到以为顾客创造价值为目标的创新营销观念，使企业的营销活动越来越贴近顾客。

（一）满足顾客需求——单纯市场营销观念

单纯市场营销观念是单纯以顾客的市场需求为中心，以研究如何满足市场需求为重点的营销观念。其具体表现为"顾客需要什么，我就生产什么"。单纯市场营销观念的确立，标志着企业在营销观念上发生了根本的、转折性的转变，由传统的封闭式的生产管理型企业，转变为现代开放式的经营开拓型企业，为成功营销奠定了基础。

拓展阅读2-4
迪斯尼乐园
的营销观念

市场营销观念认为，实现企业营销目标的关键在于正确地掌握目标市场的需求，并从整体上去满足目标市场的需求。因此，企业必须生产、经营市场所需要的产品，通过满足市场需求获取企业的长期利润。

市场营销观念的基本内容，主要包括以下三个方面。

▶ **1. 注重顾客需求**

市场营销观念要求企业不仅要将顾客的需求作为企业营销的出发点，还要将满足顾客的需求贯穿于企业营销的全过程，渗透企业营销的各部门。不仅要了解和满足顾客的现实需求，还要了解和满足顾客的潜在需求。根据市场需求的变化趋势，调整企业的营销战略，以适应市场的变化，使企业得以生存与发展。

▶ **2. 坚持整体营销**

市场营销观念要求企业在市场营销中，必须以企业营销的总体目标为基础，协调地运用产品、价格、渠道、促销等因素，从各个方面满足顾客的整体需求。

拓展阅读 2-5
本田汽车公司
的整体营销

▶ **3. 谋求长远利益**

市场营销观念要求企业不仅要注重当前的利益，更要重视企业的长远利益。

（二）引导顾客需求——大市场营销观念

大市场营销观念是以市场需求为中心，以引导需求、创造需求为宗旨的营销哲学。自20 世纪 80 年代以来，世界经济的发展进入了一个滞缓发展、缺乏生气的时期。世界各国和各个地区采取封锁政策，贸易保护主义抬头。针对企业在进入贸易保护主义严重的地区进行营销活动时，所面临的各种政治壁垒和公众舆论方面的障碍，菲利普·科特勒提出了大市场营销观念。

大市场营销是指企业为了成功地进入特定市场，并在那里从事业务经营，需要在策略上协调地施用经济的、心理的、政治的和公共关系等手段，以博得各有关方面的支持与合作的活动过程。

大市场营销观念认为，由于贸易保护主义回潮、政府干预加强，企业营销中所面临的问题，已不仅仅是如何满足现有目标市场的需求。企业在市场营销中，首先是设法取得具有影响力的政府官员、立法部门、企业高层决策者等方面的合作与支持；启发和引导特定市场的需求，在该市场的消费者中树立良好的企业信誉和产品形象，以打开市场、进入市场。然后，运用传统的 4P（产品、价格、渠道、促销）组合去满足该市场的需求，进一步巩固市场地位。

（三）注重顾客满意——价值营销观念

随着世界经济的飞速发展，企业竞争日趋激烈，对"顾客导向"的认识也在不断地深化和拓展。企业纷纷从注重满足顾客需求发展到注重顾客满意，以实现顾客忠诚。卡多佐（Cardozo）在 1965 年将顾客满意（customer satisfaction，CS）的概念引入市场营销学的范畴，这一概念在 20 世纪 80 年代末 90 年代初普遍受到重视。"顾客满意"是指顾客将一个产品的可感知的效果（或结果）与他们的期望值相比较后所形成的感觉状态。顾客价值的提高是实现顾客满意的基础，以追求顾客满意为宗旨就形成了价值营销观念。

▶ **1. 顾客价值的界定**

对于价值的含义，经济学界、社会学界、心理学界从自身学科的特征出发，做出了不同的界定。营销学主要研究消费者购买或消费产品时所追求的与产品有关的价值，即顾客价值。

对于顾客价值的内涵，也有着不同的解释。例如：价值就是低价格，即价格便宜价值就高；价值就是顾客在产品或服务中所需要的东西，如安全、快捷、豪华、便宜等；价值就是顾客的付出所能获得的质量，质量越高、功能越强，价值就越大等。

大多数学者认为，营销中的顾客价值主要是指顾客感知价值和顾客让渡价值。

（1）顾客感知价值。实际上，顾客价值往往由顾客感知出来的，而不是由企业客观决定的。顾客感知价值是指顾客感知利得（质量、利益、效用）与感知利失（价格、牺牲）之间的权衡。

感知利得是与使用特定产品相关的实体特征、服务特性和特定使用条件下可能的技术支持。

感知利失包括所有与购买行为相关的成本：购买价格、获得成本、运输、安装、订货处理、维修以及潜在的失效风险。

（2）顾客让渡价值。又称为让客价值，是指顾客总价值（total customer value）与顾客总成本（total customer cost）之间的差额。顾客总价值是指顾客购买某一产品与服务所期望获得的所有利益，它包括产品价值、服务价值、人员价值和形象价值。顾客总成本是指顾客为获得某一产品所耗费的时间、精力以及所支付的货币等，因此顾客总成本包括货币成本、时间成本、精神成本和体力成本。

产品价值是指产品的功能、特性、品质、品牌与式样等所体现的价值。它是决定顾客购买总价值大小的主要因素。产品价值是由顾客需要决定的，在经济发展的不同时期，不同的顾客群对产品价值也会有不同的要求。

服务价值是指企业伴随产品实体的出售或者单独地向顾客提供的各种服务所体现的价值。随着消费者收入水平的提高和消费观念的变化，消费者在选购商品时，不仅重视产品实体价值的高低，还重视产品附加价值的大小。因此，向顾客提供更完善的服务，已成为现代企业竞争的新焦点。

人员价值是指企业员工的经营思想、知识水平、业务能力、工作效率与质量、经营作风、应变能力等所体现的价值。员工直接决定企业为顾客提供的产品与服务的质量，决定顾客购买总价值的大小。因此，高度重视对企业人员综合素质与能力的培养，强化顾客导向的观念，加强对员工日常工作的激励、监督与管理，使其始终保持较高的工作质量与水平就显得尤为重要。

形象价值是指企业及其产品在社会公众中形成的总体形象所体现的价值。其包括：企业的产品、技术、包装、商标、工作场所等所构成的，能为公众感官所把握的有形形象所体现的价值；公司及其员工的职业道德、经营行为、服务态度、工作作风等行为形象所体现的价值；企业的价值观念、经营哲学等理念形象所体现的价值。形象价值对于企业来说是宝贵的无形资产，良好的形象会对企业的产品产生巨大的支持作用，给顾客带来精神上和心理上的满足感、信任感，使顾客的需要获得更高层次和更大限度的满足，从而增加顾客购买的总价值。

顾客总成本不仅包括货币成本，还包括时间成本、精力成本、体力成本等非货币成本。一般情况下，顾客购买时首先要考虑货币成本的大小，因此货币成本是构成顾客总成本大小的基本因素。在货币成本相同或差别不大的情况下，顾客还要考虑购买时所花费的时间、精力、体力等。尤其是随着人们生活水平的提高，后者在很多时候已成为构成顾客总成本的主要因素。

对顾客来说，顾客让渡价值就是企业所提供的使其感到满意的价值。企业要提高顾客让渡价值，一方面要增加顾客购买的总价值；另一方面要降低顾客购买的总成本。

拓展阅读 2-6
麦当劳的顾客
让渡价值

▶ **2. 价值营销的内涵**

价值营销观念将企业的营销过程看作价值的探索、创造和传递过程，并强调运用全面营销的思维方式，从顾客、企业和协作者三方面去考虑营销问题，如图 2-1 所示。

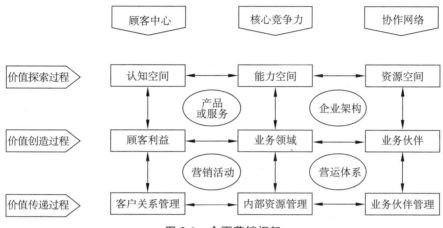

图 2-1 全面营销框架

（1）价值探索过程。营销的起点是一个价值探索过程，在此过程中，通过对顾客的认知空间（顾客的现实和潜在需求）的了解、本企业的能力空间（企业的核心能力）和协作者的资源空间的了解和把握，探索如何发现新的价值机会。

（2）价值创造过程。首先，通过了解顾客的所想、所需、所忧，从顾客的角度重新认识顾客利益并考虑如何去满足新的顾客利益；其次，根据顾客新的价值需求和自身的核心能力进行业务重组，重新定义公司的业务领域，确定产品线、确定品牌定位，使核心能力得到最好的发挥；最后，选择新的价值创造过程中所需要的业务伙伴，以整合利用协作网络中业务伙伴的资源，共同开发，创造新的价值。

（3）价值传递过程。通过客户关系管理、企业内部资源的整合协调管理和协作网络中的业务伙伴的关系管理，从而更有效地传递价值。

三、以社会长远利益为中心的营销观念——社会市场营销观

以消费者为中心的营销观念，以满足消费者需求，提高顾客价值作为企业营销工作的重点，较之以产品为重点的营销观念而言，是观念上的一次飞跃，也是一个全新的观念。然而，随着经济的发展和竞争的日趋激化，企业营销中仅仅考虑顾客是不够的，还必须从市场的角度考虑，树立市场导向营销观。随着市场概念的演变，市场导向营销观也表现出不同的内涵。

社会营销观念产生于 20 世纪 70 年代。进入 20 世纪 60 年代以后，西方国家一些企业打着"以消费者为中心"的幌子，不顾社会整体利益，使一些外表十分精美而内在质量低劣，甚至损害消费者身心健康的产品纷纷上市。企业为了牟取暴利，甚至采用一些蒙骗消

费者的手段，以次充好、以劣充优、掺杂使假，并以虚假广告进行宣传，使消费者上当受骗。这类新产品的不断问世对社会资源造成巨大浪费，社会环境遭到严重的污染，消费者的社会利益受到侵害。

在这种形势下，一方面，以美国为代表的各西方国家消费者利益运动高涨。消费者为了维护自身的利益，纷纷成立了"消费者协会"等组织，以游行、请愿的方式抗议企业对消费者利益的侵害，呼吁政府出面干预企业的不正当行为。为了平息消费者运动，1962 年美国总统肯尼迪发布了《消费者权利法案》，宣称消费者有以下权利：获得安全的产品；取得有关产品的可靠信息；选择产品和劳务；当正当权益遭到侵害时，能以某种方式向官方申诉，以保证得到赔偿。另一方面，市场营销界的学者们也纷纷行动起来，指责市场营销中的缺陷，并提出了一系列新的营销观念。

彼得·德鲁克（Peter F. Drucher）在 20 世纪 70 年代指出："市场营销漂亮话讲了 20 年之后，消费者主义居然变成了一个强大的流行的运动，这就证明没有多少公司真正奉行市场营销观念，消费者运动是市场营销的耻辱。"美国密执安大学的威廉·莱泽（William Lazer）认为：在工业高度发展的世界，企业活动的目的不仅是使利润最大化，而且要考虑取得更好的社会效益，即企业通过营销活动，充分有效地利用人力资源和自然资源，在满足消费者需要、取得合理利润的同时，还要保护环境、减少公害，维持一个健康、和谐的社会环境。

因此，20 世纪 70 年代以后，西方学者提出了"人性观念""明智的消费观念"等一系列新的观念，来修正和代替单纯的市场营销观念。其中最引人注目的是"社会营销观念"。

社会营销观念认为，企业的营销活动不仅要满足消费者的欲望和需求，而且要符合消费者和全社会的长远利益，要变"以消费者为中心"为"以社会为中心"。因此，企业在市场营销中，一方面要满足市场需求；另一方面要发挥企业的优势。同时，还要注重社会利益：确保消费者的身心健康和安全，确保社会资源的合理、有效利用，防止环境污染，保持生态平衡。

一方面企业要搞好市场调查研究，不仅要调查了解市场的现实需求和潜在需求，而且要了解市场需求的满足情况，以避免重复引进、重复生产带来的社会资源的浪费；不仅要调查市场需求，而且要了解企业的营销效果。另一方面企业要注重和竞争对手的优劣势分析，发挥自身的优势来搞好营销。同时注重企业营销的社会利益分析，从全局利益考虑，发展有利于社会利益和人民身心健康的业务，放弃那些高能耗、高污染，有损人民身心健康的业务，为促进经济社会的发展、造福子孙后代做出贡献。

社会营销观念是对市场营销观念、生态营销观念的进一步修正和发展，其特点是：在继续坚持通过满足消费者需求和欲望而获取利润的同时，更加合理地兼顾消费者眼前利益和长远利益的统一，更加周密地考虑满足消费者需求和社会公众利益之间的矛盾，强调绿色环保和可持续发展。它强调企业营销不仅要以消费者为中心，更重要的是要以社会为中心，注重社会利益；不仅要注重企业的微观效益，更要注重全社会的宏观效益。社会营销观念的提出，是企业营销观念的又一大进步。

复习思考题

1. 常见的需求状况及其相应的营销管理任务有哪些？
2. 市场营销管理哲学的形成与发展经历了哪几个阶段？
3. 社会营销观念与其他营销观念有哪些具体的区别？
4. 企业如何转变营销观念，树立新型营销观？

案例分析训练

蚊帐将"寿终正寝"吗？

C 市英华路，大名鼎鼎的王德荣蚊帐商店门可罗雀。"王德荣"在 C 市是个路人皆知的人物。改革开放之初，他以优质蚊帐赢得顾客，从而率先致富。作为全市第一个公开承认自己资产已达百万元的个体户，他一度成了 C 市人茶余饭后的议论中心。

然而，如今走进王德荣蚊帐店，稍事逗留，就会发现这里难得进来一位顾客。作为销售旺季的 6 月份，今年的销售额仅有 40 多万元，与往年 70 多万元的月销售量形成了巨大的落差。而这还是全市蚊帐商店中景况最好的一家，有的蚊帐厂家已濒临倒闭；为了挽救衰败的局势，王德荣使出浑身解数，亮出了一招又一招：开展照图加工业务，顾客想把蚊帐做成什么样子，只需画张图，哪怕只做一张，他也承接；对老弱病残顾客，不仅在店是笑脸相迎，提供优质服务，并负责上门给挂好新买的蚊帐。在蚊帐生产上，他提出 9 个字的指导思想：高档化、装饰化、礼品化。他坚持全部采取上乘进口原材料进行加工，生产出来的蚊帐有五六个款式，10 余个品种，20 多种颜色，围帐、圆帐、方帐，色彩鲜艳，款式新颖，上至 365 元一床的呢绒静电提花围帐，下至 24 元一床的儿童蚊帐，琳琅满目，争奇斗艳。其中有一种圆帐，白天一收起来俨然是一只美丽的花篮。

然而，这仍无补大局。与蚊帐滞销形成鲜明对比的是，今年在 C 市的如意牌驱蚊器却供不应求，来自全国各地的信件、电报、长途电话一个劲儿地催货，更有许多老顾主驻守在 C 市等货，工人们加班加点仍然满足不了需求。同是生产抵御蚊子的工具——电子驱蚊器和蚊帐，这两个厂家却是"一家欢乐一家愁"。王德荣在被问及蚊帐市场前景的展望时说："我想世界上只要还有蚊子，人们对蚊帐的需求恐怕就不会消失。"然而，C 市某公司 10 名刚刚结婚或正在筹备结婚的新人，当被问及"您是否已经或正要为您的新房购置一床漂亮的蚊帐"时，答案却完全是一边倒的"既没买，也不打算买"。一位新娘甚至还反问一句："现在结婚谁还买蚊帐啊？！"

接着，还历数了蚊帐的种种"弊端"：挂蚊帐让本来就小得可怜的居室显得更小，给人以压抑、郁闷感；钻进蚊帐，只能被动地躲避蚊子，人不自由，而蚊子仍然无孔不入，永远处于进攻状态；蚊帐洗涤和收拾起来都很不方便；挂蚊帐无法吹电扇；一床蚊帐 100 多元，只能新鲜三五年，旧了再挂就不好看——有人还拿出一本厚厚的杂志，翻着说："看人家先进国家谁还在卧室里不伦不类地吊一顶蚊帐呀？"难道随着小小电子驱蚊器的问世，蚊帐这种具有悠久历史的居室用品将"寿终正寝"了吗？

资料来源：朱丽华. 营销基础[M]. 上海：同济大学出版社，2010.

分析与思考：

1. 蚊帐，这个"几乎家家户户的必需品"真的没有市场了吗？为什么？

2. 王德荣在被问及蚊帐市场前景的展望时说："我想世界上只要还有蚊子，人们对蚊帐的需求恐怕就不会消失。"这句话反映出了他怎样的市场观念？

3. 你觉得他的这种市场观念的问题出在哪里？

在线自测

扫描封底刮刮卡

获取答题权限

第三章　市场竞争与合作战略

学习目标

1. 区分竞争者的类型；
2. 理解选择市场竞争策略时应把握的原则；
3. 学会识别不同的竞争者；
4. 运用不同的竞争战略。

引例

五招破掉对手优势，抢占市场份额

在 20 年前的杭州啤酒市场，西湖啤酒绝对是这个市场的老大，市场份额超过 80%。与西湖啤酒同在浙江省，钱江啤酒自创建以来，虽然公司一直把抢占省会杭州市场作为品牌的战略目标，但因为屡次贸然发起进攻，都失败而归。在杭州市，它仅仅占据 5% 市场份额。

通过调查发现，西湖啤酒有以下明显的优势。第一是卖点。西湖啤酒的酿酒之水，取之杭州风景名胜的虎跑山中的虎跑泉，经检测虎跑泉泉水中确实有多种矿物元素，属于真正的酿酒好水。第二是品牌优势。虽然开始的时候叫虎跑啤酒，但后来改名为西湖啤酒后，立刻获得了市场的良好反应。西湖啤酒等于是杭州人的门面，更是招待远方朋友最有面子的啤酒品牌。第三是情感优势。西湖啤酒在杭州市场经营几十年，早已经与杭州市民合二为一。第四是渠道优势。西湖啤酒几乎霸占了杭州 90% 以上的销售渠道，无论是大商超还是小卖部，大酒楼还是小排档，如果没有西湖啤酒就会被认为是一件怪事。第五是品牌传播。西湖啤酒与本市媒体一直有紧密的合作，品牌广告几乎霸占了杭州市的主要频道和黄金时间段。

钱江啤酒针对西湖啤酒的五个优势开展一系列工作。第一是破卖点。通过与环保部门和新闻媒体合作，探寻西湖啤酒每年 40 万吨的用水量，是否会给虎跑山风景区带来环境破坏？同时，利用消费者来信方式，展开对西湖啤酒的水源追问，最后西湖啤酒只能有两种回答：一是承认事实，则交给环保部门处罚；二是否认，则交给新闻媒体审判，为何欺骗消费者四十多年？第二是破名称。相比于西湖啤酒，钱江啤酒推出的"中华啤酒"则在名称上力量更强。第三是破情感。西湖啤酒四十多年来一直取悦杭州人，钱江啤酒同样以"中华啤酒"的家国情怀激励消费者。第四是破渠道。西湖啤酒已"霸占"杭州的大小商超和餐饮店，钱江啤酒想强势进入，则不能走常规路线，故选择锁定一些流量比较大的餐饮店，以高于 1 倍的价格进行买断，实在买不断的，可在店内摆放易拉宝和品牌海报。第五是破传播。钱江啤酒公司在传播上则大胆启用率领国足进军日韩世界杯的总教头米卢做形象大使，然后霸屏似的全面占领了杭州市的主流媒体。

经过几个月的努力，钱江啤酒销量节节攀升，年底整体市场销量折算后，市场占有率达到25.5%，而西湖啤酒也因此下降了近20%的市场份额，钱江啤酒破局成功！

资料来源：酒水品牌出奇招，连挫强敌显神威．https://baijiahao.baidu.com/s? id=1676891884184682313&wfr=spider&for=pc。

竞争是市场经济的基本特征。市场竞争所形成的优胜劣汰机制是推动市场经济运行的强制力量，迫使企业不断研究市场，开发新产品，改进生产技术，更新设备，降低经营成本，提高经营效率和管理水平，以获取最佳效益并推动社会进步。在发达的市场经济条件下，任一企业都处于竞争者的重重包围之中，竞争者的一举一动对企业营销策略和效益具有决定性的影响。企业必须认真研究竞争者的优势与劣势、竞争者的战略和策略，明确自己在竞争中的地位，有的放矢地制定竞争战略，才能在激烈的竞争中得以生存和发展。

第一节　卖主之间的市场竞争

一、卖主竞争的市场类型

市场竞争是指不同的利益主体为在市场上争夺有利地位而进行的竞争。它包括买方和卖方之间为争取各自利益而进行的竞争；买方之间为占有商品、争取货源而进行的竞争；卖方之间为争取尽快让渡商品、争夺销售市场的竞争。市场营销学着重研究的是卖方之间的竞争，这类竞争的核心是争取顾客、争夺市场，使本企业产品的销售得以扩大、市场占有率得以提高。在现代市场经济条件下，根据竞争程度的不同，卖主之间的竞争会形成四种类型的市场结构。

（一）完全竞争市场

完全竞争市场又称纯粹竞争市场，是指竞争不受任何阻碍和干扰的市场。这类市场须具备以下条件。

（1）有众多的市场主体，即极大数量的买者和卖者。卖者数量多，每个卖者在市场上占有的份额都很小，个别卖者销售量的变化不影响商品的市场价格；同时，众多买者中的任何一个也无法以自己需求量的变化对市场价格发生作用。

（2）市场客体是同质的，即产品不存在差别，且买者对于具体的卖方是谁没有特别的偏好。这样，不同的卖者之间就能够进行完全平等的竞争。

（3）每个卖主都可以依照自己的意愿自由地进入或退出市场。

（4）信息是充分的，即消费者充分了解产品的市场价格、性能特征和供给状况；生产者充分了解投入品的价格、产成品的价格及生产技术状况。

完全竞争市场是最理想的一种市场类型，因为在这种市场状况下，价格可以充分发挥其调节作用。从整个社会来看，总供给与总需求相等，资源得到了最优配置。但是，完全竞争的市场也有其缺点。例如，无差别的产品使消费者失去了选择的自由；各厂商的平均成本最低不见得就能够使社会成本最低；生产规模都很小的生产者无力进行重大的技术突破。完全竞争市场只是一种理论想象，其意义在于对竞争关系和过程进行典型分析，在现实生活中几乎不存在，只有少数农产品市场比较近似于它。一般来说，竞争最后必然导致垄断的形成。

（二）垄断竞争市场

垄断竞争市场也称为不完全竞争市场，在这种市场中，竞争与垄断因素并存。这类市场须具备以下条件。

（1）市场上有众多的卖主和买主，他们买卖的商品只占市场上买卖的商品总量的一小部分，交易双方能够得到较为充分的市场信息。

（2）产品之间存在着差异，即不同品牌的产品在质量、花色、式样、包装、服务等方面有某些实质性的不同或购买者主观上认为它们有所不同。由于产品差异导致购买者有所偏好，因此卖主对其产品有一定程度的垄断性。这是垄断竞争市场区别于完全竞争市场的根本特征。

（3）新企业进入这一市场较容易，由于同行业企业之间的产品具有替代性，因而竞争激烈。竞争主要表现为非价格竞争，各企业为在市场上取得竞争优势，都十分重视市场营销工作，重视自身产品特色，重视为产品树立良好的市场形象。

这种类型的市场大量存在，尤以日用品行业和服务性行业的产品市场为典型。

（三）寡头垄断市场

寡头垄断市场是指为数不多却占有相当大份额的大企业所构成的市场，也是竞争与垄断的混合物。形成这种市场的主要原因是资源的有限性、技术的先进性、资本的集聚以及规模经济等所形成的排他性。与垄断竞争所不同的是，在寡头垄断市场上，几家大企业生产和销售了整个行业的绝大部分产品。例如，在美国，七大汽车公司的产量占全美汽车产量的99%，八大飞机制造商的产量占了全美飞机产量的86%。由于竞争主要在几家大企业之间进行，企业之间存在相互依存、相互影响的关系。一家企业经济效益的好坏，不仅取决于自己的决策，还要受制于竞争对手的反应。

拓展阅读 3-1
寡头垄断市场的
形式和特点

（四）完全垄断市场

完全垄断市场也称纯粹垄断市场，是指只有一个买主或卖主，因而这唯一的买主或卖主能完全控制价格的市场，可以在法律允许的范围内随意给产品定价，所以这个垄断者又被称为"价格制定者"。这类市场须具备以下条件：

（1）卖方是独此一家，别无分店，而买家则很多；

（2）由于各种条件的限制，如技术专利、专卖权等，使其他卖者无法进入市场；

（3）市场客体是独一无二的，不存在替代品。

事实上，完全垄断这种市场结构也主要是一种理论上的假设。在市场经济条件下，一个行业完全由一家企业控制的状态很难存在，何况垄断行业还有来自竞争品的挑战。例如，铁路运输一般属于垄断事业，但是有公路、水路和航空运输与其竞争；电力供应一般也属于垄断事业，却也有煤气、石油和其他能源与之竞争。在纯粹垄断的情况下，为了保护消费者和用户的利益，国家的法律限制和政府干预通常会多一些。这类市场在现实生活中是不多见的，典型的例子是公用事业，如城市供水、供电、通信等。

二、竞争策略"金三角"

企业选择市场竞争策略的过程，就是企业制定市场竞争的战略、方法和决策的过程，它受到多方面因素的制约和影响。企业只有对这些因素进行全面客观的分析，才能做出适当的决策。

根据现代市场经营决策原理，企业市场竞争策略决策涉及企业自身、顾客和竞争者三方面。这三方面各有其不同的利益和目标，但又相互联系。它们之间的这种矛盾统一的关系被称为策略"金三角"。对于企业来说，其策略的优劣取决于两个基本方面：一方面是本企业策略是否比竞争者的策略更适合目标市场的需要；另一方面是所用策略是否适合企业的资源条件，从而能最有效地发挥企业优势。

成功的市场竞争策略，就是企业采取有效的营销方针和营销手段，使自己在与竞争者有差异的同时，能更好地发挥企业优势，满足顾客需要。因此，企业在选择竞争策略时，应综合考虑顾客、竞争者和企业自身资源条件三个因素，正确判断本企业的经营实力和资源状况，了解顾客需要及其变化态势，了解市场竞争状况和本企业在同行业中的竞争地位，认识竞争对手的市场竞争策略及其走势。只有以此为基础，才能做出最佳的决策。

（一）顾客分析

顾客分析是企业选择市场竞争策略的前提，企业无论采取什么样的竞争策略都必须与目标市场的需要相适应。在市场竞争中，企业的营销方针和营销策略越与目标顾客的需要相吻合，就越具有竞争力。要做到与顾客需要相适应，企业必须开展深入细致的顾客分析，了解影响顾客需求的市场环境因素及其变化，认识顾客需求的特点，根据顾客需求进行市场细分，依据自身的资源条件选定目标市场，针对目标市场的需求设计具体的营销方针和营销策略，提供适合顾客需要的产品和服务，使顾客的需要得到最大限度的满足。

（二）竞争者分析

竞争者分析是企业选择市场策略的基础。从一定意义上说，企业市场竞争策略的优劣是相对于竞争对手而言的。在市场竞争中，如果企业的营销方针和营销策略与竞争对手相同，顾客就难以分辨两者的优劣。因此，成功的竞争策略是使企业的营销方针和营销策略有别于竞争者，比竞争对手更符合顾客的需要。要做到这一点，必须分析竞争对手，了解竞争对手的策略、优势和劣势，判断竞争对手对本企业采取的策略可能做出的反应和对策，以己之长击彼之短，保持在市场竞争中的优势地位。

（三）企业资源分析

企业资源分析是企业选择市场竞争策略的条件。竞争总是在各种因素的优劣较量中进行和发展的，市场竞争策略的实质是运用企业的资源优势，去实现相对于竞争者优势的成效。任何一个企业的资源都是有限的，每个企业都有自己的优势和劣势。利用有限的资源，扬长避短，最大限度地满足顾客需要，实现企业经营目标，是现代市场营销观念的基本要求。企业只有在对内部资源条件和外部竞争环境有全面、深刻的了解，并在对其进行综合分析的基础上，才能做出正确决策。企业资源分析主要包括对企业的生产能力、技术条件、营销能力和财务状况等因素的分析。其中，企业生产能力是指企业生产各种产品的综合能力；技术条件包括企业开发新产品的能力，技术装备和检测手段，产品质量保证体系，职工技术水平等；营销能力包括企业营销机构及其人员素质状况，营销费用与广告费用的承受能力，处理各方面关系的能力，市场占有率，分销渠道状况和销售服务水平等；财务状况包括企业资金，资金来源及其经济性，利润水平，产品的边际成本、边际利润和边际效益等。这些因素都对企业市场竞争策略决策有直接的影响与制约。

可见，顾客分析、竞争者分析和企业资源分析是企业市场竞争策略决策的基本条件。

三、选择市场竞争策略的原则

企业在选择市场竞争策略时应把握以下原则。

（一）发挥优势，突出重点

在现代社会，任何企业都不可能取得全面绝对优势，大企业是"船大抗风浪"，小企业是"船小好掉头"。由于企业内部的资源条件不同，企业所处的环境不同，每一个企业都有自己的优势和劣势。企业制定和运用市场竞争策略的过程，是企业认识优势、发挥优势、巩固优势和发展优势的过程。成功的市场竞争策略意味着能最有效地发挥优势，如果制定的市场营销策略面面俱到、长短不分、没有重点，就会在市场竞争中败下阵来。最佳竞争策略必须把握企业特长，突出重点，扬长避短，使企业优势得以充分发挥。

（二）协调配合，整体作战

军事上有"正合奇胜"的原则，战争中以"正"兵挡敌，以"奇"兵取胜。在制定企业市场竞争策略时，亦可借鉴这一原则。对于企业来说，常规的市场竞争形式可以说是"正"，反映企业特点的特殊的市场竞争策略则是"奇"。没有"正"的协调配合，"奇"的威力就难以发挥出来。"突出重点"，就是以"奇"取胜，但仅用单一的策略效果较差，必须由多种策略协调配合、整体作战，才能取得最佳效果。因此，企业在确定了核心的竞争策略后，还要有其他支援策略作为配合、协同作战，组成整体策略。"正"与"奇"相辅，既有重点，又全面攻防，才能在竞争中立于不败之地。

（三）争取时间，以快取胜

在市场竞争中，时间就是金钱、就是效益、就是财富，当断不断，延误决策时间，将会丧失优势和机会。现代社会生活节奏快，各种经济活动日新月异，市场需求千差万别、瞬息万变，企业只有适应这种快节奏的时代脉搏，对市场需求变化做出快速反应，才能在市场竞争的海洋中应对自如，击波冲浪。因此，企业要对市场需求变化具有高度的敏感性，知己知彼，当机立断，及时做出市场竞争策略决策，快速应变。

（四）灵活机动，以变应变

在市场竞争中，"变"是常态，"不变"则是一种偶然现象，这是由现代市场需求复杂的特性决定的。竞争策略没有固定不变的模式，必须因时制宜，因地制宜，灵活机动，才能取得预期的成效。在制定市场竞争策略时，企业应准确把握目标市场需求的变化，充分了解竞争对手的意图和策略，采取相应的对策，做到随市场需求变化而变化，随竞争对手策略的变化而变化，能变善变，争取市场竞争主动权。

第二节　竞争者分析

许多研究表明，满意的顾客也会转向竞争对手，因此企业只了解顾客是不行的，还必须特别注意自己的竞争对手。了解竞争对手对有效地实施营销计划是很关键的。一个企业必须经常将自己的产品、价格、渠道和促销策略与其接近的对手进行比较。用这种方法就能判断竞争对手的优势和劣势，使企业能发动更为准确的进攻，以及在受到竞争对手攻击时能够及时做出防卫。要对竞争对手进行分析，首先要识别和评估竞争对手，然后选择哪些竞争对手可以攻击，哪些需要规避。

一、竞争者的识别

竞争者的识别似乎简单，但是一个公司面对的实际和潜在的竞争者，往往比第一眼看到的要多得多。一个公司更可能被新的对手或技术打败，而非当前的竞争者。

例如，胶卷业的埃斯特曼·柯达公司，一直担心崛起的竞争者——日本富士公司，但其面临的更大威胁是数码照相机。数码照相机能在电视上展现画面，可转录入软盘，也能擦掉。可见，它对胶卷业的威胁是巨大的。在洗衣粉业，联合利华公司面对来自宝洁和其他洗衣粉制造商日渐加强的竞争十分忧虑。不过，一种超声波洗衣机的研究工作对联合利华的威胁可能更大。如果研究成功，那么用洗衣机洗衣服的时候就不需要用洗衣粉了。

战略制定者应该避免竞争方面的近视，应从一个更为宽广的视角来识别其竞争者。他们不仅需要确认那些以相同渠道走向市场的竞争者，还要考虑那些在每个市场上与企业有交叉的竞争者，他们通向某市场的渠道可能有不同的出发点，却可能最终形成一个直接或间接的威胁。

根据行业和市场情况，可以从行业和市场的角度来识别公司的竞争者。

（一）行业竞争者

行业分析是了解竞争对手的一种有效方法。行业可以被定义为一组提供一种或一类相互密切替代品的公司群。所谓密切替代品是指具有高度需求交叉弹性的产品，如果一种产品的价格升高并引起对另一种产品的需求增大，这两种产品就是密切替代的。

按照迈克尔·波特（Mideal Porter）的说法，有五种力量对行业竞争有影响：新加入者的威胁、替代产品或替代服务的威胁、供应商讨价还价的能力、购买者讨价还价的能力以及行业中现有竞争者之间的抗衡。如果这五种力量能够有机地结合，就可以使企业获得相当诱人的回报。但是，来自五种力量中的任何一个方面的压力都可能限制企业的盈利能力。

每一个行业都有其深层结构，或者说是一系列基本的经济和技术特点，这一深层结构产生了这些竞争力量。对于每一个行业来说，不同的力量对于行业竞争状况所起的作用不同。对于远洋石油运输行业来说，最重要的力量是购买者；而对于钢铁企业来说，最重要的力量是国外竞争者与原料供应者。

虽然许多行业可以在任何给定时间用这些定义来分类，但是竞争的结构会随着时间的变化而变化。例如汽车、黑色电器和白色电器，由于进口渗透的增长，它们的竞争模式在比较短的时间内发生了剧烈的变化。所以企业的决策者应该对行业结构的变化做出最敏锐的反应。

拓展阅读 3-2
奶茶行业的竞争

（二）市场竞争者

除了从行业角度外，还可以从市场观念上来确定竞争者。在市场竞争观念里，竞争者是一些力求满足相同顾客需要的公司。市场竞争观念可以让企业意识到一系列实际和潜在的竞争者。例如，就铁路公司而言，铁路公司把精力都放在彼此之间的相互竞争上，却没有意识到顾客需要的是交通工具。所以，铁路公司应该认识到，它们的竞争对手不仅是其他的铁路公司，还包括飞机公司和汽车公司。所以，营销战略制定者应该能够识别更广泛的、实际的和潜在的竞争者，并且采取更有效的方法来制订市场的长期计划。

识别竞争者是制定战略的一个重要里程碑，也是一个充满不确定和冒险的过程，是管理者可能犯下损失惨重错误的过程。这些错误有以下表现。第一，过分强调目前的或已知的竞争者，而不注重潜在的竞争者；过分强调大的竞争者而忽视小的竞争者，忽视潜在的国际竞争对手。第二，过分强调竞争对手的财物资源、市场地位和战略，而忽视其无形资产，如高级管理团队。第三，设想竞争对手的战略模式是一成不变的，设想这一行业中的所有公司都服从同一法规或对同一机会是公开的。第四，认为战略目标是挫败竞争对手，而不是满足消费者需求和欲望。

二、竞争者的评估

（一）辨别竞争者的战略

公司最直接的竞争者是那些为相同的目标市场推行相同战略的企业。一个企业的战略与另一个企业的战略越像，这两家公司就越可能竞争。在大多数行业，竞争对手都可以划分为追寻不同战略的群体。一个战略群体就是在一个特定目标市场中推行相同战略的一组企业。

例如，在家电业，通用电气、惠普和梅塔格公司都属于同一战略群体，因为这三个公司都属于生产产品线齐全、价位中等、服务良好的家电企业；而 Sub Zero 和 Kitchen Aid 则属于另一个不同的战略群体，它们的产品品种少、品质高、服务水平一流，价格非常昂贵。

一个公司需要辨别与之竞争的那个战略群体，通过对这个战略群体的辨别可以发现一些重要的情况。首先，各战略群体设置的进入障碍的难度不尽相同；其次，如果公司成功地进入一个战略群体，该群体的成员就成了其主要竞争对手。

虽然战略群体内的竞争非常激烈，但是企业也必须关注其他战略群体，不能忽视群体与群体之间存在的对抗。不同的战略群体之间也存在着竞争，其原因如下。

（1）某些战略群体所吸引的顾客群相互之间可能有所交叉。

（2）顾客分辨不出它们提供的商品之间的差异。

（3）每个战略群体可能都想扩大自己的市场细分范围，特别是在它们的规模和实力相当的情况下。

一个公司必须不断地观测竞争者的战略。富有活力的竞争者将随着时间的推移而修订其战略。例如，福特是早期的赢家，因为它使用低成本生产战略；通用汽车超过了福特，因为它满足了市场上对汽车多样化的需求；后来，日本公司取得了领先地位，因为它们供应的汽车省油，而日本下一步的战略是生产可靠性高的汽车，美国的汽车制造商注重质量时，日本汽车商又转移至知觉质量，即汽车及部件更好看和感觉更好。这些事实说明，公司必须警惕顾客需求的变化和竞争者的战略变化，要根据这些变化来调整自己的竞争战略。

（二）判定竞争者的目标

每个竞争对手都有一组目标。竞争者的目标是由多种因素确定的，其中包括规模、历史、目前的经营管理和经济状况。一般来说，每个竞争者都有许多目标，这些目标中的每一个都有不同的权重。这些典型的目标可能包括市场份额增长、技术上领先、服务上领先或在整个市场上占有领导地位。通过深入了解这些目标组合，可以知道竞争者在面对竞争的刺激时会做何反应。例如，一个以市场份额增长为目标的公司，会对价格降低或广告的大量增加做出迅速的具有攻击性的反应；而一个以技术领先为目标的公司就不会做出这样的反应。

通过比较美国与日本的公司，可以很好地说明竞争者的目标明显不同。美国公司多数按最大限度扩大短期利润的模式来经营，因为公司当前经营业绩的好坏是由股东们来判断的，如果股东们对该公司的发展前景失去信心，就会出售股票，这样会使公司资本成本增加，所以美国公司比较重视短期利润；而日本公司则主要按照最大限度扩大市场份额的模式来经营。由于它们从银行获得资金的利率较低，较低的利润收益也会使它们感到满足。所以，日本公司重视的是长期利润。

（三）评估竞争者的优势与劣势

企业能否执行它们的战略并实现其目标取决于每个竞争者的资源和能力。企业需要辨认其每个竞争者的优势与劣势。评估竞争对手的优势与劣势可分为以下三步。

▶ 1. 收集信息

收集每个竞争者业务上最近的关键数据，包括市场份额、销售量、投资回报率、毛利率、现金流量、设备的利用能力等。可以通过对顾客、供应商和中间商进行第一手营销调研来增加对竞争者的了解，也可以通过查找第二手资料、个人经历或传闻来了解有关竞争者的优势和劣势。

▶ 2. 分析评价

根据所得资料综合分析竞争者的优势与劣势。

▶ 3. 优胜基准

以竞争者在管理和营销方面的最好的做法作为基准，然后加以模仿、组合和改进，力争超过竞争者。例如，福特的汽车销售落后于日本和欧洲的汽车。为了超越其竞争者，当时福特的总裁唐·彼得森指示其工程师和设计师，按照客户认为的最重要的400个特征组合成新汽车。例如，萨巴的座位最好，福特就模仿萨巴的座位，不仅是模仿，更重要的是在模仿的基础上加以改进。当新汽车陶罗车完成时，陶罗车已经改进了竞争者汽车的大部分最佳特征。

（四）判断竞争者的反应模式

每个竞争者都有一定的经营哲学、某些内在的文化和某些起主导作用的信念。为了预见竞争者可能做出的反应，需要深入了解每一竞争者的心理状态。在竞争中常见的一些反应类型如下。

▶ 1. 从容型竞争者

一个竞争者对某一特定竞争者的行动没有迅速反应或反应不强烈。从容型竞争者对其竞争对手缺少反应的原因是多方面的：它们可能感到其顾客是忠于它们的；可能正在营业的收获期；可能没有做出反应所需要的资金。

▶ 2. 选择型竞争者

竞争者可能只对某些类型的攻击做出反应，而对其他类型的攻击则无动于衷。例如它对竞争对手削价策略反应强烈，并告诫对手并不能通过削价来取得成功。但是它可能对竞争对手广告费用的增加没有反应，因为它相信这些攻击并不能对自己造成威胁。

▶ 3. 凶狠型竞争者

这类竞争者对其领域中的任何进攻都会做出迅速而强烈的反应。例如，宝洁公司不会让第二个新的清洁剂厂商很容易地进入市场。一旦有新的企业进入市场，宝洁公司就会进行猛烈的攻击。

▶ 4. 随机型竞争者

这类竞争者并不显示可预知的反应模式。无论根据其经济、历史或其他方面的情况，都无法预见竞争者会做什么事。许多小公司多是随机型竞争者。当它们发现竞争的成本太高时，就躲到后面不参与竞争，而当它们能承受竞争时就站在前沿参与竞争。

三、竞争者的攻击与规避

企业通过辨别竞争者的战略、判定竞争者的目标、评估竞争者的优势与劣势、判断竞争者的反应模式，就已经在很大程度上选择了其主要的竞争对手。这些决策界定了企业所属的战略群体。企业可以决定进攻哪些竞争者，什么时候进攻，同样，也可以决定哪些竞争者是需要回避的。

如果这个企业选择进攻，那么战略制定者在一开始就需要决定攻击哪些竞争者。本质上来说，就是在强和弱的竞争者之间、近和远的竞争者之间、良性与恶性的竞争者之间做出选择。

（一）强竞争者与弱竞争者

为了迅速提高自己的市场份额，大多数企业会选择弱小的竞争对手作为攻击的目标。显然，攻击弱小对手的成功率很高，但是，长期在自己明显处于优势的市场中竞争，对企业不一定十分有利。从长远来看，提高企业的战斗能力比市场份额的提高更为重要，因此，企业不能回避强大的对手，而应该采取适当的策略，攻击强竞争者的弱点，以在提高市场份额的同时提高自身能力。

（二）近竞争者与远竞争者

企业之间的竞争有的比较直接，而有的竞争关系并不明显。面对这些竞争者，不同企业采取的态度也不一样。大多数企业会把眼光集中于同类产品的不同品牌之间的竞争，即与和自己生产的产品极其相似的企业进行有限市场的争夺。然而，与近竞争者争夺，特别是彻底"摧毁"邻近对手的结果并不总是令人满意，因为远竞争者可以借此机会变为强大的近竞争者，使企业更难对付。例如，20世纪70年代后期，博士伦积极与其他软性隐形眼镜生产商对抗并且取得了巨大的成功，然而，这导致了许多弱小竞争者将其资产出卖给露华浓、强生等较大的公司，结果使露华浓、强生等公司成了博士伦强大的竞争者。

（三）良性竞争者与恶性竞争者

企业不能把所有的竞争对手都当成有益的。一个行业经常会包括行为端正的良性竞争对手与具有破坏性的恶性竞争对手。一方面，良性竞争者遵守行业规则，依照与成本的合理关系来定价，推动他人降低成本，提高差异化；另一方面，恶性的竞争者则违反规则，它们企图靠花钱购买市场份额而不是靠自己努力去赢得，生产能力过剩但仍继续投资。总的来说，恶性竞争者打破了行业的平衡。一个公司应明智地支持良性竞争者、攻击恶性竞争者。

第三节　市场竞争战略模式

当一个产品的市场步入成熟后，在这个市场里竞争的同行企业便各自维持着一个稳定的市场份额。我们可以根据各企业在目标市场中所处的地位，把它们分为市场领先者、市场挑战者、市场追随者和市场补缺者。市场领先者是市场上实力最强的领头企业，其市场份额在40%以上；市场挑战者的实力次之，其市场份额为20%～40%，这种类型的企业总想夺取更多的市场份额，具有进攻性；市场追随者的市场份额为10%～20%，它只是想维持住已有的市场份额，并且不希望扰乱市场局面；而市场补缺者只占有10%以下的市场份额，它往往是在一个特定的细分市场上提供特定用途的产品或从事专门的服务。

一、市场领先者竞争战略

市场领先者一般是该行业的领先者，占有最大的市场份额。对于市场领先者来说，重要的是巩固自己的领先地位，并保持住现有的市场份额。

处于领先地位的公司，其地位时刻面临若干挑战。首先，当需求发生变化时，公司的投资回报率会下降，从而影响其再投资或维持现有市场地位所需的资金；其次，公司如果不能革新其产品和技术，新产品或替代品生产者就可能获取更多市场份额，动摇领先者的领先地位；最后，市场领先者一般都规模庞大，往往应变能力和管理效率低下，这使其在激烈的竞争中处于不利地位。

因此，市场领先者要根据自身的特点，制定出正确的竞争战略，以维护自己的地位和市场份额。一般来说，市场领先者有三种战略可选择：扩大市场总规模的战略，保持市场份额的战略，扩大市场份额的战略。

（一）扩大市场总规模的战略

扩大市场总规模的战略是市场领先者首先要考虑的，因为在同行业市场上产品结构基本不变时，市场总规模的扩大，对市场领先者最为有利。原因是显然的，市场领先者的巨大影响、品牌知名度、广泛的分销渠道，使得增加的市场有很大一部分比例仍由市场领先者持有。扩大市场总规模，有如下两种方式。

▶ 1. 寻找新用户

每类产品总有潜在的购买力，寻找新用户就是将这种潜在的购买力转化为现实的购买力。这种转化可通过三种策略进行：一是市场开拓策略，即开辟新的细分市场，例如说服男子使用化妆品；二是市场渗透策略，即说服现有市场中那些还未用过产品，或很少使用产品的顾客，来使用本公司的产品或增加使用量，例如说服不使用香水的妇女使用香水；三是地理扩张策略，即把产品销往新市场。

▶ 2. 发现新用途

企业可以通过发现和推广产品的新用途来扩大市场规模。杜邦公司发明尼龙后，不断发现这种产品的新用途，从最初的制作降落伞绳到妇女丝袜，再到用于制作汽车轮胎、地毯等，使其产品用途不断增多，其市场规模也就不断扩大。

拓展阅读 3-3
海尔进军美国市场

（二）保持市场份额的战略

行业中的领先者总会遇到竞争者的挑战、侵扰，这些竞争者力图侵蚀领先者已有的市场份额。为了保持住自己的市场份额，市场领先者可采用适当的防御策略，包括阵地防御、侧翼防御、先发制人的防御、反击式防御、运动防御、收缩防御。

▶ 1. 阵地防御

阵地防御就是在现有市场四周筑起一个牢固的防御工事，防止竞争者的入侵。采取这种防御方式的典型做法是向市场提供较多的产品品种和采用较大的分销覆盖面，并在同行业中尽可能采取低价策略。这种防御是一种被动型防御和静态型防御，如同"二战"时期法国的马奇诺防线一样，最终还是会失败。如果一个企业把它的全部资源用于建立保卫现有产品的"工事"上，是相当危险的。

▶ 2. 侧翼防御

侧翼防御是指市场领先者不仅应该保卫好自身的领域，而且应该在其侧翼或易受攻击处建立防御阵地，不给对手可乘之机。侧翼阵地的防御也应该认真对待，否则建立侧翼防御就毫无价值。通用汽车公司为了应对日本和欧洲汽车生产商的小汽车攻击战，并没有对小汽车产品这一公司侧翼给予足够直视，只是草率地设计"维佳"这种小型汽车，但是美国消费者还是购买欧洲和日本生产商的汽车，因为在他们看来，美国小型汽车设计得太粗糙。

▶ 3. 先发制人的防御

这是一种进攻型防御，即在竞争对手欲发动进攻的领域内，或是在其可能发动进攻的方向上，先发制人，在对手攻击前就将其挫伤，并使其无法再进攻或不敢轻举妄动。例如，日本本田公司以生产高品质的摩托车闻名于世，在它进入轿车生产领域后，仍每年推出多款新型摩托车，每当有竞争对手生产同样品种的摩托车时，本田公司就率先采取降价策略，迫使对手退出竞争领域，此策略使本田公司长久在摩托车市场保持领先地位。

▶ 4. 反击式防御

反击式防御是指在对手发动进攻时，不仅采取单纯防御的办法，还要主动组织进攻，以挫败对手。进攻时，既可攻击对方侧翼，也可迎头攻击，还可采用钳形包抄进攻。一个有效的反攻是侵入攻击者的主要经营领域，逼迫其回师自保，即采用"围魏救赵"之术。例如，日本松下公司一旦发现竞争对手正欲采取新的促销措施或准备降价销售时，马上会增强自己的广告力度或者进行更大幅度的降价，这种反击式防御使松下公司得以在如电视机、录像机、洗衣机等主要家电产品市场占据领先地位。

▶ 5. 运动防御

运动防御是指市场领先者把其经营范围扩展到新的领域中去，将这些领域作为将来进行防守或进攻的阵地。拓宽经营范围可以通过市场拓宽和经营多元化来实现。

▶ 6. 收缩防御

市场领先者因为自己的业务范围太广泛，而使自己的力量太分散时，面对市场竞争者的进攻，应该收缩战线，将力量集中到企业应该保持的业务范围之内。收缩防御并不是放弃企业现有细分市场，而是放弃较弱的领域，把力量重新分配到较强的领域。例如，近几年酱香白酒销量剧增，广受消费者喜爱，很多白酒企业纷纷加入酱香品类，导致酱香白酒的市场竞争愈加激烈。茅台作为酱香白酒的领导品牌，在愈加激烈的竞争环境下及时采取收缩防御策略，先后砍掉200多个品牌，近2 000多个产品，将重心放在核心品牌和品项的打造上。

（三）扩大市场份额的战略

根据研究，市场份额超过40%的企业将得到30%的平均投资回报率，市场份额在10%以下的企业，其投资回报率在9%左右；市场份额有10%的差异，则投资回报率有5%的差异。虽然这份报告有诸多争议，但是仍可看出市场份额对企业的利润影响有多大。因此，市场领先者也十分乐意通过扩大市场份额来增加其利润。但是，欲通过扩大市场份额来取得更多利润，还必须具备一定条件：一是该行业具有较陡的经验曲线，使其扩大市场占有额时，具有成本经济性；二是顾客对高质量的产品，有付出高价的意愿。只有这样，企业才能因为质量提高而获取溢价利润。扩大市场份额主要可采取下列方法。

▶ **1. 产品创新策略**

通过产品创新，市场领先者可以有效地扩大市场份额，保持现有的领先地位。例如，英特尔公司每 6 个月就对其 CPU 产品更新换代，使自己牢牢控制住市场。

▶ **2. 质量策略**

企业不断向市场提供质量超过一般标准的产品，不仅使企业可以获得质量溢价，而且让企业维持住自己质量优异的品牌形象，从而能吸引更多的顾客购买，扩大市场份额。

▶ **3. 多品牌策略**

扩大企业同种产品的品牌系列，采用多品牌营销，是宝洁公司的首创。每一个品牌都针对顾客的差别进行定位，这样就抓住了每一类型的顾客。

▶ **4. 大量广告策略**

这是一种传统的扩大市场份额的办法，企业通过高强度多频度的广告来促使消费者经常保持对自己品牌的印象，增加其对品牌熟悉的程度或产生较强的品牌偏好。

二、市场挑战者竞争战略

市场挑战者作为市场上市场份额仅次于市场领先者的企业，在制定自己的竞争战略时，有自己特殊的地方：一是它必须确定自己的战略目标；二是必须确定自己的竞争对手；三是要选择一个明确的进攻策略。

大多数市场挑战者的战略目标是增加市场份额，以提高盈利率，或者固守已有的市场地位，使自己成为不容易受其他竞争者攻击的对象。市场挑战者的进攻对象有三种：一是市场领先者；二是与自己规模相当但经营不良且财力紧张的公司；三是小公司。在确定了进攻对象后，企业必须在以下四种可能的进攻策略中进行选择：正面进攻、侧翼进攻、包围进攻、绕道进攻。

（一）正面进攻

正面进攻就是从正面向竞争对手发起进攻，攻击对手的真正实力所在。这种进攻的结果取决于谁的实力更强或更有持久力，按照军事信条来说，正面进攻者的火力优势至少应是防守者的 3 倍，这样才有可能夺取深沟壁垒和高地。例如，通用电气公司、施乐公司在与 IBM 公司正面抗衡时，使自己陷入了艰难困苦之中，就是因为忽视了 IBM 公司具有强大的防御能力。

正面进攻惯常的做法是使用价格战。价格战有两种方式：一是进攻者将产品的价格定得比竞争者低，当对手没有相应采取降价措施时，这种方法便奏效了；二是进攻者大量降低自己的生产成本，然后在此基础上降价，运用价格武器进攻对手。事实证明，后一种价格形式更容易成功。

（二）侧翼进攻

侧翼进攻采取的是"集中优势兵力攻击对方的弱点"的战略，竞争对手的正面总是防御得比较完备森严，但是其侧翼与后方必然有弱点，因此侧翼进攻是避其锋芒，直指其"侧"。侧翼进攻包括两个战略方向：地理市场和细分市场，进攻时可从这两个方向开始。

所谓地理市场战略方向，是指向同一地理区域范围内的竞争对手发起进攻，进攻时既可以通过在对手所忽略的地域范围内建立强有力的分销网点，以拦截竞争对手的潜在顾客；也可以通过寻找竞争对手的产品还没有覆盖的市场"空白区"，并在那里组织营销。

细分市场战略方向就是利用对手因产品线的空缺或是营销组合定位的单一而留下的市场空缺，在该空缺市场上迅速用自己的产品加以填补。

侧翼进攻策略体现了营销的目的，即发现需要并为它们服务。

（三）包围进攻

包围进攻就是同时向竞争对手的正面、侧面及其后方发动进攻，具体说就是向市场提供比竞争对手种类更为齐全的产品，使购买者更倾向于购买进攻者自己的产品。日本索尼公司击退控制世界电视机市场的美国公司时，就采用了该战略，即提供的产品品种比任何一家美国公司提供的品种都多，结果完全击败了这些美国公司。

（四）绕道进攻

绕道进攻就是避免任何正面的冲突，绕过对手进攻其没有设防或不可能设防的地方。具体而言，可以通过生产经营与本行业无关联的产品来进攻，也可以通过将现有的产品打入新的地区市场，发展多样化来进行绕道进攻，还可以通过采用新技术生产产品的方式来组织绕道进攻。

拓展阅读 3-4
四季沐歌的成长

三、市场追随者竞争战略

市场追随者的市场份额远远小于市场领先者，但是对于市场追随者而言，能够保持住现有市场份额就足够了。它没有实力与市场领先者抗衡，也不愿与市场挑战者抗衡，它只希望整个市场发展时，自身能同样地从新开发的市场中获益即可。之所以称其为追随者，是因为它一贯模仿、追随市场领先者的产品策略，而不是自己去创新产品，这种策略为其省去大笔产品开发费用。追随者是挑战者的主要进攻目标，因此，市场追随者只有保持其较低的制造成本和高质量的产品与服务才能不被击败，而且有新市场开辟出来时，它也必须进入以保持自己的市场份额不变。

市场追随者有三种追随战略可以选择。

（一）紧追战略

紧追战略是指追随者在尽可能多的细分市场和营销组合中模仿市场领先者的做法，但是并不与市场领先者发生正面冲突，市场追随者要躲在市场领先者的影子里寻求发展。

（二）部分模仿战略

这种战略就是市场追随者部分模仿市场领先者的产品策略，但是在包装、广告、价格等方面又有所不同，尽量使市场领先者和市场挑战者都不觉得市场追随者有侵入的态势。

（三）改进追随战略

实施这种战略，要求企业具有一定的产品创新能力，对于市场领先者的产品，不仅能够模仿制造，而且还能对这些产品加以改进，以使它适合市场领先者所占市场以外的其他市场需求。

四、市场补缺者竞争战略

市场补缺者就是避免与实力强的公司正面竞争，只是关注一个更小的细分市场，对那些大公司无法顾及的小市场进行补缺，从而成为这个小市场的领导者。

（一）理想补缺市场的标准

作为市场补缺者，在竞争中最重要的是要找到一个或多个安全且有利可图的补缺点。评价一个补缺市场是否值得去占领，有如下一些标准。

（1）是否有足够的需求量或购买量，从而可以获利。

（2）是否有成长潜力。

（3）是否有实力强的竞争者不愿经营或是忽视了。

（4）企业是否具有补缺市场所需要的技术，是否有能力为顾客提供合格的产品和服务。

（5）市场补缺者是否已在顾客中建立信誉，在对抗实力强大对手时，是否可以保住自身地位。

市场补缺之所以能盈利，在于市场补缺者能在一个较小的领域内获得较大的市场份额。而能成功的关键在于其实行了分工，专门生产和经营具有特色的、市场需要的产品和服务。

（二）市场补缺者的竞争战略选择

市场补缺者可以通过向下列方向发展，获得竞争优势，从而在补缺市场上获得成功。

（1）为最终用户服务。专门为最终用户提供服务，如保安公司专为各机构提供保安产品、保安人员。

（2）纵向专业化。专门为企业的生产、营销链上的某个环节提供产品和服务，如中央空调清洗公司。

（3）顾客规模专业化。专门为一特定规模的顾客提供服务，许多补缺者都倾向于为小客户、小公司或个体消费者提供服务和产品。

（4）地理区域专业化。专门在营销范围集中的较小地理区域内提供产品和服务，特别是那些相对偏僻、交通不便的区域，更适合补缺者。

（5）产品特色专业化。专门生产某一种具有特色的产品，或独具特色的服务，如专门生产豪华重型摩托车的哈雷公司就是采用了该方法。

（6）定制专业化。专门针对某一个或某一类顾客的需求提供产品或服务，如食品外卖公司根据各个顾客口味提供食品。

（7）服务专业化。专门提供其他公司无法提供的服务。

第四节　合　作　战　略

一、合作战略的概念

合作战略是指合作企业双方或多方为了自身的生存、发展和未来而进行的整体性、长远性、基本性的谋划，并在合作期间实现共赢的一种合作方式。合作战略能有效地分担风险，更有利于企业在激烈竞争的环境中生存，以紧密的合作代替个体对抗是时代发展的主流趋势。例如，20 世纪 90 年代中期，格兰仕与来自欧、美、日的三大跨国公司合作结成战略联盟。格兰仕不花钱将其微波炉制造工厂全部搬到格兰仕工业区，按照协议优势互补、互惠互利，合作生产微波炉关键配件。战略联盟使各方在国际市场实现了共赢，这种共赢合作方式吸引了 200 多家跨国公司来与格兰仕结成战略联盟。

二、合作战略的优点

合作战略是一种有目的、有计划、具有全球视野的合作思想与行为。其具有如下优点。

（1）合作战略可提高企业的知名度，为企业树立实力强大的外部形象，使企业更加有效地吸引消费者和顾客，增加产品销售量，扩大市场占有率。

（2）合作战略可以获得协同效应，即"1＋1＞2"，实现组织间的信息、资源共享，充分利用现有的生产要素和资源优化资源配置，节约成本费用，扩大经营规模，更好地获取规模经济效益。在"合作"内部，分工与协作有利于各企业间优势互补，可以形成更有效的专业化分工，发挥规模效益使产品整体成本降低，从而使"合作"企业实现各自的"低成本"和"专业化"的发展战略。

（3）合作战略可以减少合作企业间不必要的浪费性竞争，维持稳定的竞争格局和态势，并且着眼于把短期的对抗性竞争转化为长期的合作式竞争，使企业在快速变化的市场环境中获取长远的竞争优势。

（4）合作战略可以降低和缓解合作企业的经营风险。现代市场竞争日趋复杂，市场瞬息万变，企业面临的经营风险不断增大，合作企业通过信息沟通、优势互补和风险分摊，提高了成功率，降低了风险损失。

（5）合作战略可以加快企业技术创新步伐。随着知识经济的发展，科技已成为决定竞争能力的关键变量之一。在技术资产贬值速度加快，技术创新的平均投入水平大幅上升的今天，技术创新面临着更高的技术和资金要求，这些已超出了单个企业的能力范围。因此通过联合各企业的技术资金优势，可以加快技术创新的步伐。

（6）合作战略可以有效地突破市场进入障碍。企业不仅可以利用合作伙伴的管理经验和营销渠道，快速进入当地市场，还可以通过合资、特许经营等方式消除地方和他国政府的法规限制。

（7）在实行"合作博弈"的竞争战略时，培养竞争对手不仅可以提高自己的核心能力，还可以用一种"占位策略"遏制竞争对手的扩张意图。合作战略的龙头企业还可以利用品牌优势，形成领导价格。

三、合作战略的分类

（一）共谋战略

共谋战略指的是同一行业的数个企业为了谋取高于正常经济利润的收益而采取共同协议产出和定价决策的行为。它的意义在于通过共同协议限定行业的产量，以使产品价格高于相互竞争状态时的价格，从而使共谋企业共同获得高于正常水平的收益。

（二）战略联盟

战略联盟的概念最早由美国 DEC 公司总裁简·霍普兰德(J. Hopland)和管理学家罗杰·奈

格尔(R. Nigel)提出。他们认为，战略联盟指的是由两个或两个以上有着共同战略利益和对等经营实力的企业(或特定事业和职业部门)，为达到共同拥有市场、共同使用资源等战略目标，通过各种协议、契约而结成的优势互补或优势相长、风险共担、生产要素水平式双向或多向流动的一种松散的合作模式。如与教育机构、培训机构、学校等进行跨界合作，并成立了亲子产业联盟，以拓展亲子游市场。

合作战略的方式多种多样，既包括从事类似活动的联合，也包括从事互补性活动的合作，既包括强强联合也包括强弱联合。合作形式既可以是以合约的方式，也可以是组建新型组织的方式，或者是兼而有之。在范围、形式和时间跨度等方面也是多种多样的。既有同上、下游跨国公司的合作，也有同价值链以外跨国公司的合作；既有在研究开发领域的合作，也有在生产和营销领域的合作；既有战略联盟、合资企业等高级形式，也有合作加工、合作营销等普通形式；既有长期合作，也有短期合作。

┃复习思考题┃

1. 卖主竞争的市场类型有哪些？
2. 试述市场竞争策略的原则。
3. 企业如何选择进攻与规避对象？
4. 市场领先者竞争战略有哪些？
5. 市场追随者竞争战略有哪些？
6. 什么是合作战略，企业实施合作战略有何好处？

┃案例分析训练┃

"六个核桃"竞争战略分析

六个核桃采用养元自创核桃饮品生产工艺，以"安全、好喝、健脑"的内在品质，"经常用脑，多喝六个核桃"的品牌诉求，连续多年居于国内核桃乳饮料领域前列。六个核桃作为植物蛋白饮料，在经营初期是跟随露露，在餐饮和礼品的风行下进入市场。在包装上，六个核桃也采用了蓝色调的苗条罐，整体表现出"跟"的策略。当时在客人就餐过程中，有时会出现一个有趣的现象，就是客人提出要喝露露，服务员递上的是六个核桃，客人一看同为蓝色细罐，再由服务员介绍，便选择尝一尝，尝后口感不错，便不再拒绝。六个核桃在初期就是通过"跟"的策略在露露的市场夹缝中寻找机会。同时，企业除核桃乳产品外，还有核桃八宝粥、核桃杏仁露、苹果醋等产品，旨在降低企业的运营风险。

六个核桃在前期经营中一直面临杏仁露、椰汁等植物蛋白饮料的竞争。为避免在后续经营中一直处于夹缝中生存的境况，六个核桃针对潜在消费者对核桃乳的需求进行洞察，突出核桃的功效。核桃和杏仁在口感口味方面都属于浓滑型的，因而在口感方面寻求突出的差异性存在一定局限，但核桃的产品价值独具一格。现代医学研究表明，核桃中的磷脂对人类脑神经有良好的保健作用，每天早晚吃5~6枚核桃，能够增强记忆力、补血养气。益智健脑的功效是杏仁露与椰汁无法满足的，且作为日常饮料，现阶段少有其他品牌及品类可满足此需求。因此，六个核桃将宣传转向于消费者对益智健脑的需求，凸显核桃乳独特的品类价值，与传统植物蛋白饮料产生竞争差异，逐步创建新的市场。自六个核桃采取新的营销竞争战略后，销量逐年攀升，最终超过老牌植物蛋白饮料露露与椰树的销量。不仅改变了传统植物蛋白饮料市场的原有竞争格局，更是引领这一品类成为中国饮料的活跃品类。其快速的发展势头能够证明六个核桃的益智健脑功能价值逐渐被更多的潜在顾客认同，六个核桃也已成为核桃乳的代名词。

资料来源：六个核桃成功背后故事分析（一）［EB/OL］.（2016-08-16）［2023-03-25］. http：//www. 360doc. com/content/16/0806/22/32402933_581319955. shtml. 有删改

分析与思考：

1. 六个核桃满足了哪类消费者需求？

2. 六个核桃采取了哪些竞争策略？

▎在线自测 ▎

扫描封底刮刮卡 获取答题权限

第四章 消费者市场与购买行为

学习目标

1. 了解消费者市场的含义及特点；
2. 掌握消费者市场购买行为的模式；
3. 掌握影响消费者购买的主要因素；
4. 理解消费者购买决策过程。

引例

小米的营销新思路

小米科技有限责任公司成立于 2010 年 3 月，是一家以智能手机、智能硬件和 IoT 平台为核心的消费电子及智能硬件制造公司。在智能互联网时代，小米的营销新思路是通过给消费者提供远超预期的价值来抓住消费者的内心。

在如今的大背景下，唯有更智能、更精准、更高效的营销方式才能真正被市场接受和认可。当今产品同质化现象严重，市场竞争愈发激烈，只通过广告做营销的效果微乎其微。调查显示，消费者每天接触的广告信息通常多达 1 000 条，而消费者的注意力却在持续下降。那么，在当今的大环境下，品牌究竟如何做才能抓住人心呢？小米用自己十年的坚持给出了答案——为用户提供超预期的价值。

2020 年 8 月 11 日小米重磅推出了透明电视，这是世界上第一款量产的透明电视。整个屏幕看上去就像一块透明玻璃，影像宛若悬浮在空中，给人带来远超预期的震撼效果。而落实到产品细节上，小米为给消费者呈现一款握感好、不占空间的电源插头，就推出了20 余套设计方案；为了符合人体工学，适合单手持握，小米移动电源在设计上精益求精……这种力求超预期的精神贯穿在小米的每一件产品中。此外，与用户的相处方式更是小米超预期营销的一大特色，小米是一家少见的拥有"粉丝文化"的高科技公司，它通过MIUI 社区与米粉建立了牢固的朋友关系。

小米创始人、董事长兼 CEO 雷军在小米内部信中宣布，下一个十年，小米的核心战略升级为"手机 XAIoT"，更强调乘法效应，为消费者提供超预期的智能生活体验。未来，小米仍将坚持以"超预期"的价值获得用户信任，占领用户心智！

小米智能产品已融入万千生活场景。基于此，小米营销实现了个人场景、家庭场景、公众场景的全方位覆盖。在 2021 年 8 月发布的 2021 年第二季度财报中，小米各个层面的数据均有飞速增长，总营收达到了 878 亿元人民币，同比增长 64%，刷新单季最高纪录。

小米智能手机出货量晋升为全球第二，达到 5 290 万部，其中高端智能手机的全球出货量超过 1 200 万部。

资料来源：超预期！抓住消费者的营销新思路［EB/OL］．（2020-08-28）［2023-03-20］．https：//www.chinapp.com/pinpaidongtai/202583．小米公布今年第二季度财报：营收创历史新高，核心战略大爆发！［EB/OL］．（2021-08-25）［2023-03-20］．https：//finance.sina.com.cn/stock/relnews/hk/2021-08-25/doc-ikqciyzm3602531.shtml．引用时有删改

第一节　消费者市场与购买行为模式

一、消费者市场

（一）消费者市场

市场又称消费品市场、最终产品市场或生活资料市场，它是指为满足生活需要而购买产品和服务的一切个人和家庭。消费者市场是市场体系的基础，是市场体系中起决定作用的基础市场。消费者市场作为市场的重要组成部分，有着自身的特点。消费者市场是指所有为了满足个人消费而购买产品和服务的个人和家庭所构成的市场。生活消费是产品和服务流通的终点，消费者市场是现代营销理论研究的主要对象。消费者购买行为是最终消费者，即个人或家庭，为了个人消费而购买产品或服务的行为。

（二）消费者市场特点

▶ 1. 从交易的产品看

它更多地受消费者个人因素诸如文化修养、欣赏习惯、收入水平等方面的影响；产品的花色多样、品种复杂，产品的生命周期短；产品的专业技术性不强，替代品较多，因而产品的价格需求弹性较大，即价格变动对需求量的影响较大。

▶ 2. 从交易的规模和方式看

消费品市场购买者众多，市场分散，成交次数频繁，但交易数量零星。因此，绝大部分商品都是通过中间商销售，以方便消费者购买。

▶ 3. 从购买行为看

消费者的购买行为具有很大程度的可诱导性。这是因为：一是消费者在决定采取购买行为时，不像生产者市场的购买决策那样，常常受产品特征的限制及国家政策和计划的影响，而是具有自发性、冲动性特点；二是消费品市场的购买者大多缺乏相应的产品知识和市场知识，其购买行为属非专业性购买，他们对产品的选择受广告、宣传的影响较大。由于消费者购买行为的可诱导性，生产和经营部门应注意做好商品的宣传广告，引导消费，一方面当好消费者的参谋，另一方面也能有效地引导消费者的购买行为。

▶ 4. 从市场动态看

由于消费者的需求复杂，供求矛盾频繁，加之随着城乡、地区间往来的日益频繁，旅游事业的发展，国际交往的增多，人口的流动性越来越大，购买力的流动性也随之增强。因此，企业要密切注视市场动态，提供适销对路的产品，同时也要注意增设购物网点并在

交通枢纽地区创设规模较大的购物中心，以适应流动购买力的需求。

（1）非盈利性。消费者购买商品是为了获得某种使用价值，满足自身生活消费的需要，而不是为了转手销售去盈利。

（2）非专业性。消费者一般缺乏专门的产品知识和市场知识。消费者在购买商品时，往往容易受厂家和商家的广告宣传、促销方式、商品包装及服务态度的影响。

（3）层次性。由于消费者的收入水平不同、所处社会阶层不同，消费者的需求也会表现出一定的层次性。一般来说，消费者总是先满足最基本的生存需要和安全需要，购买衣、食、住、行等生活必需品，然后才能视情况逐步满足较高层次的需要，购买享受型和发展型商品。

（4）替代性。消费品中除了少数商品不可替代外，大多数商品都可找到替代品或可以互换使用的商品。因此，消费者市场中的商品有较强的替代性。

（5）广泛性。在消费者市场上，不仅购买者众多，而且购买者地域分布广泛，从城市到农村、从国内到国外，消费者市场无处不在。

拓展阅读 4-1
中国消费者的
四大趋势性变化

（6）流行性。消费者需求不仅受消费者内在因素的影响，还会受环境、时尚等外在因素的影响。时代不同，消费者的需求也会随之不同，消费者市场中的商品具有一定的流行性。

（三）消费者市场的购买对象

消费者在市场上购买的商品种类繁多，不同产品之间的性质和用途也不尽相同，按照不同的标准，可以将其进行不同的分类。

▶ **1. 按照消费者购买行为的差异划分**

按照消费者购买行为的差异可以将消费品分为便利品、选购品、特殊品和非渴求品四类。

（1）便利品（又称日用品）。便利品是指消费者日常生活所需、需重复购买的商品，诸如食品、生活日用品等。消费者在购买这类商品时，一般不愿花很多的时间比较价格和质量，而且愿意接受其替代品。便利品又可分为普通日用品、冲动品和应急品三类。普通日用品是一些价值较低，经常使用、经常购买的物品，如肥皂、牙膏等。消费者对这类产品相当熟悉，购买前不需做多少计划，购买时不需花费较大精力和时间进行比较和选择。冲动品是消费者事先没有计划购买，而是在受到刺激时临时决定购买的商品，如某些富有强感官刺激性的糖果、玩具、杂志和风味食品等。研究表明，收入水平的提高会增加消费者特别是年轻消费者的冲动性购买。应急品是消费者在急需情况下才购买的商品。一般说来，这种急需来得突然，并且必须给予满足。

（2）选购品。选购品是指价格较高，消费者购买时愿花较多时间对许多种商品进行比较之后才决定购买的商品，如服装、家电和家具等。选购品一般经久耐用，购买的频率较低，消费者在购买前，对这类商品了解不多，因而在决定购买前总是要对同一类型的产品从价格、款式和质量等方面进行比较。

（3）特殊品。特殊品是指消费者对其有特殊偏好，并愿意花较多时间去购买的商品，如钢琴、轿车和住房等。这类商品的价格大多比较昂贵，但是消费者可以通过这些商品获得特殊的利益，消费者在购买前会对这些商品有一定的认识，偏爱特定的品牌和商标，且不愿接受其替代品。

（4）非渴求品。非渴求品与特殊品相反，经常受到大多数人的冷遇，很少有人问津。这类商品，或者是消费者不知道它们的存在，或者是虽知道它们但不考虑购买。前一种非渴求品，经过厂家的努力，有可能转化为特殊品。

▶ **2. 根据商品是否耐用划分**

根据商品是否耐用可以将商品分为耐用品和非耐用品。

（1）耐用品。耐用品通常可连续使用多年，寿命长，其有形损耗或基本功能丧失较慢。这类产品一般来说比较经济耐用，对于一些追求实用的家庭来说，如果不是因为其功能实在太不符合自己的要求，就不会轻易换掉。

（2）非耐用品。非耐用品通常只能使用一次或几次，寿命短，有形损耗或基本功能丧失较快，如袋装食盐、瓶装啤酒等。由于这类产品有形损耗或基本功能丧失较快，使用者必须经常到零售商店购买。

▶ **3. 根据满足人类需求的层次划分**

根据满足人类需求的层次，可将购买消费对象分为生存品、享受品和发展品。

（1）生存品。生存品包括维持消费者生命所必需的食物、饮料，保持消费者正常体温所必需的衣物，以及供消费者休息以使体力、脑力得到恢复所必需的住房等。

（2）享受品。享受品包括高级食品、饮料、耐用品，比如营养性食品、滋补性药品、高档服装、高级住宅及其他高档生活设施、公认的奢侈品等。还包括工作之余娱乐、旅游、观看艺术表演和体育比赛、欣赏戏剧和音乐所必需具备的设施、条件和服务。

（3）发展品。发展品包括接受教育和专门技能训练，从事科技、文体、社会交往和卫生保健等活动所需要的物质产品、精神产品、设施、条件和服务。

消费品的划分是一个相对的过程，只有很少的商品可能完全符合其中的某一类别。例如，在一定背景下为享受品的东西，在另一背景下可能是生存品或发展品；又如，玩具，对有些购买者（如临时决定看望某个有儿童家庭的造访者）可能是应急品，对有些购买者（如计划看望某个有儿童家庭的造访者）可能是选购品，对有些购买者（如选定某日看望某个特别喜欢某一品牌的有儿童家庭的造访者）可能是特殊品。只有了解消费品分类的相对性，企业才能更有针对性地设计营销策略，以满足消费者的不同需求。

在数字化技术普遍应用的情况下，企业可以较容易地海量获取消费者数据。因而，企业应当合理合法利用消费者数据为消费者创造价值，而不是滥用消费者数据过度营销、盲目引导消费。

二、消费者购买的行为模式

消费者购买行为是指消费者为获取、购买、使用、评估和处置预期能满足其需要的产品和服务所采取的各种行为。通过对消费者行为进行研究，掌握消费者购买行为的规律性，以便有针对性地开展市场营销活动。

分析消费者购买行为一般包括以下七方面的问题：

消费者市场由谁构成（Who）？　　　　　　　　购买者（Occupants）

消费者购买什么（What）？　　　　　　　　　　购买对象（Objects）

消费者为什么购买（Why）？　　　　　　　　　　购买目的（Objectives）

购买活动中有谁参与(Who)？　　　　　购买组织(Organizations)

消费者在什么时间购买该产品(When)？　购买时间(Occasions)

消费者在什么地方购买该产品(Where)？　购买地点(Outlets)

消费者怎样购买(How)？　　　　　　　购买方式(Operations)

上述七个问题都包含以英文字母 O 开头的关键词，西方市场营销学家将这些决策归纳为研究消费者市场的"7O"架构，也称为"6W1H"研究方法。

对于上述七个问题的研究，企业可以通过观察、访问和查询客户数据库等途径来了解消费者买什么、在什么地方和什么时间购买了多少等问题。这些问题是消费者外显的实际购买行为，研究起来相对容易一些。但是要了解消费者购买行为中的"为什么购买"的问题就困难得多，它往往是购买者复杂的内心作用的结果。研究消费者购买行为的理论中最有代表性的是"刺激—反应模式"，如图 4-1 所示。

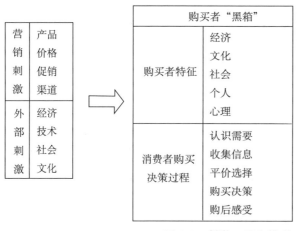

图 4-1　刺激—反应模式

刺激—反应模式(stimulus-response model，S-R 模式)，又称消费者行为模式。这一模式表明：消费者总是会直接或间接地受外部因素的刺激与影响。一类是企业的市场营销组合，即"4P"；另一类是消费者的外部环境，如政治法律环境、经济环境、人口环境等。消费者在受到外部因素刺激后，便进入了消费者心理活动过程，就是人们常说的"黑箱"（由于消费者心理活动过程对企业来说是一种看不见摸不着，即不透明的东西，故称为"黑箱"）。消费者"黑箱"体现在两个方面，一是消费者特征，主要是指影响消费者行为的各种因素，如文化因素、社会因素、个人因素、心理因素等；二是消费者的购买决策过程，即认识需要、收集信息、评价选择、购买决策、购后感受五个阶段。研究消费者行为模式，对企业而言，最重要的是要分析和研究消费者"黑箱"中发生的情况，即了解消费者接受外部因素刺激后的心理活动过程。

第二节　影响消费者购买行为的主要因素

消费者的购买行为受文化因素、社会因素、个体因素和心理因素的强烈影响，如图 4-2所示。这些因素大部分是营销者无法控制的，但必须把它们列入考虑范围。

图 4-2 影响消费者行为的主要因素

一、文化因素

（一）文化

文化是指人类从生活实践中建立起来的价值观念、道德、理想和其他有意义的象征的综合体。每一个人都在一定的社会文化环境中成长，通过家庭和其他主要机构的社会化过程学到和形成了基本的文化观念。文化是决定人类欲望和行为的基本因素，文化的差异会引起消费行为的差异。

（二）亚文化

在每一种文化中，往往还存在着许多在一定范围内具有文化同一性的群体，他们被称为亚文化群，如国籍亚文化群、民族亚文化群、地域亚文化群、青年亚文化群等。亚文化群体的成员不仅具有与主文化共同的价值观念，还具有自己独特的生活方式和行为规范。就消费者购买行为来讲，亚文化的影响更为重要，这种影响甚至是根深蒂固的。对企业市场营销来说，亚文化群体构成了重要的细分市场。

▶ **1. 国籍亚文化群**

国籍亚文化群是指来自某个国家的社会群体。在一些移民组成的国家中，国籍亚文化现象尤为明显。例如，在美国等西方国家的大城市里都有"唐人街"，那里集中体现了中国的国籍文化。但是由于"唐人街"是在美国等国家，总体上受所在国地域文化的影响，所以只能是一种亚文化。

▶ **2. 民族亚文化群**

民族亚文化群是指由于民族信仰或生活方式不同而形成的特定文化群体。例如，我国是一个统一的多民族国家，除了占人口 90% 以上的汉族以外，还有 50 多个少数民族。由于自然环境和社会环境的差异，不同的少数民族形成了不同的亚文化群。这些亚文化群在饮食、服饰、建筑、宗教信仰等方面表现出明显的不同。

▶ **3. 地域亚文化群**

同一个民族，居住在不同的地区，由于各方面的环境背景不同，也会形成不同的地域亚文化。我国汉族人口众多，居住在祖国辽阔的土地上，汉族人都讲汉语，但各地都有各自的方言。我国北方的汉语比较统一，但到了南方，方言就十分复杂。江南人讲吴语，广东人讲粤语，闽南人讲闽南话。各地人在一起，不讲普通话而讲方言，也是无法沟通的。我国各地的饮食文化有着明显差异：陕西和四川人喜欢吃辣，江南人偏爱甜；北方人以面食为主，南方人则以米饭为主等。

对于亚文化现象的重视和研究能够使企业对市场有更为深刻的认识，对于进一步细分市场、有的放矢地开展营销活动具有十分重要的意义。

▶ 4. 青年亚文化群

当今中国市场，关于亚文化的一个典型的案例就是由于网络新媒体传播而产生的青年亚文化，这种亚文化的具体表现形式包括以 ACG（动画、漫画和电子游戏）内容为核心的"二次元"文化，以及国产的网络 IP 等，由此，形成了青年亚文化群。

在中国，网络上的青年消费群体是一个增长迅速的大市场。根据中国电子商务研究中心发布的历年《中国网络零售市场数据监测报告》，网络零售市场交易规模从 2019 年的 10.63 万亿元增加到 2020 年的 11.76 万亿元，年均增长率为 10.9%，仍保持全球第一。新冠疫情发生以来，网络零售市场保持平稳增长势头，2020 年全国网上零售额同比增长 10.9%，实物商品网上零售额同比增长 14.8%，占社会消费品零售额的比重为 24.9%，比 2019 年提高 4.2 个百分点，成为消费市场的"稳定器"。在网络消费市场整体欣欣向荣的背景下，青年消费市场的发展前景备受瞩目。

拓展阅读 4-2
倒奶事件的始末
与付费投票机制

（三）社会阶层

社会阶层是社会学家根据职业、收入来源、教育水平、价值观和居住区域对人们进行的一种社会分类，是按层次排列、具有同质性和持久性的社会群体。社会阶层具有以下特点。

（1）同一阶层的成员具有类似的价值观、兴趣和行为，在消费行为上相互影响并趋于一致。

（2）人们以自己所处的社会阶层来判断各自在社会中所处的地位。

（3）一个人的社会阶层归属不仅受某一变量的制约，而且受职业、收入、教育、价值观和居住区域等多种因素的制约。

（4）人们能够在一生中改变自己的社会阶层归属，既可以迈向高阶层，也可以跌至低阶层，这种升降变化的程度随着所处社会的社会阶层森严程度的不同而不同。

二、社会因素

消费者的购买行为也经常受到一系列社会因素的影响。影响消费者购买行为的社会因素主要包括消费者的相关群体、家庭、角色和地位等。

（一）相关群体

相关群体又称参照群体，是指能够直接或间接影响消费者的消费态度、价值观念和购买行为的个人或集体。一个人的消费习惯、生活方式以及对产品品牌的选择，都在不同程度上受到相关群体的影响。相关群体对消费者购买行为的影响主要表现在：一是示范性，即相关群体为消费者展示了新的消费行为和生活方式；二是仿效性，即相关群体影响着个人的自我观念和态度，相关群体的购买行为会引起人们的仿效欲望，产生仿效行为，从而导致人们产生新的购买行为；三是一致性，即相关群体能产生一种令人遵从的压力，影响人们选择与其一致的产品和与其偏好相同的品牌，促使消费者个人的行为与相关群体趋于一致。相关群体可以按照不同的变量来分类，主要的分类变量有以下两种。

▶ **1. 按照与消费者接触的密切程度可划分为主要群体和次要群体**

主要群体是指与消费者有日常密切接触的群体，如家庭、朋友、邻居、同事、同学等。这类群体对消费者的认识和行为发生重要的影响。次要群体是指与消费者较少发生直接接触的群体，如商场购物时的人流、偶遇的行人、社团组织、专业协会等。与主要群体相比，次要群体对消费者的认知和行为的影响较小。

▶ **2. 按照是否存在较为正式的组织可划分为正式群体和非正式群体**

正式群体是指存在正式组织的群体，如单位同事、同校同学、宗教、专业协会成员等，群体成员都是该组织的成员。非正式群体是指不存在正式组织的群体，如家庭成员、亲戚朋友、各界名人及其追随者等。例如，球星、影星群体尽管与消费者没有什么直接关系，但由于某些消费者崇拜这一群体，将他们的生活方式和消费行为作为自己的参照，因此不可低估这一群体对消费者购买行为的影响。

（二）家庭

家庭是由婚姻、血缘或收养而产生的亲属间的共同生活组织，家庭是社会组织中的基本单位，是消费者最基本的参照群体，对消费者的购买行为有重要影响。

人的一生一般要经历两个家庭，一个是父母的家庭，另一个是自己组成的家庭。消费者购买决策受父母家庭的影响比较间接，受自己现有家庭的影响比较直接。根据家庭权威中心点不同，家庭购买决策类型分为四种类型。

▶ **1. 独裁型**

独裁型是指家庭购买决策权掌握在丈夫、妻子或子女手中。例如，购买家庭日常用品往往由妻子决定。

▶ **2. 协商型**

协商型是指家庭购买决策由家庭成员协商决定。例如，购买住房、汽车等昂贵消费品往往是在全家协商后决定。

▶ **3. 民主集中制型**

民主集中制型是指在参考全家人意见的基础上，由某个家庭成员做出最后购买行为决策。一个人独自做主，全家发表意见，如购买家用电器。

▶ **4. 自治型**

自治型是指家庭成员各自对自己所需产品做出购买决策，如服装等。

家庭购买决策权主要掌握在夫妻手中，夫妻决策权的大小取决于购买商品的种类、双方工资收入、生活习惯、家庭内部劳动分工等各种因素。由于我国独生子女家庭多，子女在家庭购买决策中所起的作用也不容忽视。

（三）角色和地位

角色是指个人在群体、组织及社会中的地位和作用。一个人在一生中会参加许多群体，如家庭、企业以及各类组织。每个人在各群体中的位置可用角色和地位来确定。角色是一个人所期望做的活动内容。如一个男人在家里担任父亲、丈夫、儿子的角色，在公司里担任经理角色。每个角色伴随着一个地位。角色地位是周围的人对一个人的要求或一个人在各种不同场合所起的作用，反映了社会对他的总体评价。

角色和地位对消费者行为的影响是多重的。首先，每一种角色都有与之对应的角色产品需求。人们在购买产品时往往结合自己在社会中所处的地位和所扮演的角色来考虑。其次，角色的转换引起消费者行为上的改变，往往会引起对新产品的需求。例如，某个普通员工被提升为经理后，可能会因为工作需要或收入增加而需要购买便携式计算机、添置一些高档套装及皮鞋等。最后，角色冲突和角色紧张会引起对缓和这些冲突与紧张产品的需求。例如，在现代家庭中，大部分父母都是双职工，由于他们工作繁忙而无暇顾及子女，会对能够加强他们与子女沟通和感情联络的产品及服务产生需求。

拓展阅读 4-3
责任分散效应

三、个人因素

购买者的决策也受个人因素的影响，尤其是年龄与生命周期阶段、职业、经济状况、生活方式、个性及自我观念等的影响。每个人购买产品的主观原因各不相同，有人注重价格，有人更在意品质、样式，这需要企业结合实际情况，针对不同的消费者做出相应的营销策划。

（一）年龄和生命周期阶段

年龄是影响消费者个人购买行为的重要因素之一。不同年龄的消费者对产品种类和式样的需求偏好不同，以至于他们的购买方式也各有特点。例如，人们对服装、饰品和娱乐方式等的喜好就明显同年龄有很大关系。随着时间的推移，家庭会经历各个阶段，消费应根据家庭生命周期来安排。菲利普·科特勒曾将家庭生命周期分为九个阶段。而在我国，结合我国的基本国情，在单身阶段和新婚阶段之间增加了备婚阶段（表 4-1）。

表 4-1　家庭生命周期阶段

家庭生命周期	家庭对产品的需求和消费行为
单身阶段：年轻，单身，恋爱	几乎没有经济负担，新观念的带头人，娱乐导向。大量收入花费在一般厨房用品和家具、食品、社交、娱乐等消费上
备婚阶段：准备步入婚姻	消费最高潮阶段。较多地购置成套家具、耐用消费品、高档时装、装修新房等
新婚阶段：年轻，无子女	经济条件比下阶段要好，继续添置一些生活用品，旅游、娱乐消费较高，并为下一代进行积蓄
满巢阶段一：最年幼的子女不到 6 岁	家庭用品采购的高峰期，流动资产少。喜欢新产品，如广告宣传的产品。多购买婴儿日用品、玩具、儿童服装等
满巢阶段二：最年幼的子女 6 岁以上	经济状况较好。对广告不敏感。购买大包装商品，配套购买。孩子的教育费用增加，多购课外学习读本、乐器等；在我国，近年来孩子课外补习费用持续上升
满巢阶段三：年长的夫妇，带着孩子	经济状况仍然良好。一些子女也有工作，不受广告影响。耐用品购买力强：新颖别致的家具、汽车、旅游用品、非必要用品等
空巢阶段一：年长的夫妇，无子女同住未退休	大都拥有自己的住宅，经济富裕有储蓄，对旅游、娱乐、自我教育尤其感兴趣，愿意施舍和捐献，对新产品无兴趣。多购买度假用品、奢侈品、家用装修用品等

续表

家庭生命周期	家庭对产品的需求和消费行为
空巢阶段二：年老的夫妇，无子女同住，已退休	收入锐减，赋闲在家。多购买医疗器械、医疗保健产品等
鳏寡就业期：独居老人	尚有工作能力，收入仍较可观，养老需求品质较高
鳏寡退休期：独居老人	收入锐减，需要与其他退休群体相仿的医疗用品，特别需要得到关注、情感和安全保障

企业应当关注其目标市场所处的家庭生命周期阶段的特点，并制定相应的营销策略。

（二）职业

一个人的职业也影响其消费模式。例如，以脑力劳动为主的人是书籍、软件等文化用品的主要消费者，这类消费者在购买时具有较高程度的理性，购买决策过程也较全面；以体力劳动为主的消费者购买商品的理性程度则相对较低。以蓝领为主的消费者购买的是工作服、公共汽车票等，购买商品的理性程度相对较低；公司经理会购买昂贵的西服、办理俱乐部会员证、打高尔夫球等。企业甚至可以专门为某一特定的职业群体定制其所需要的产品。

拓展阅读 4-4
年龄对消费
行为的影响

（三）经济状况

一个人的经济状况会影响其对商品的选择。人们的经济状况包括可支配的收入、储蓄和资产、借款能力以及对消费与储蓄的态度等。经济状况对人们的消费需求、支出能力和支出结构等有很大的影响。营销人员在选择营销策略时，应时刻关注不同商品的属性以及消费者的经济能力。

（四）生活方式

生活方式是理解消费者行为的通俗概念，表现为人们的活动、兴趣及思想见解等生活形式，是人们生活、花费时间和金钱的方式的统称。即使社会阶层、文化、职业等相同的消费者，也可能具有不同的生活方式。生活方式对消费者的购买行为产生深刻的影响，营销人员想要拓展产品销路，可以通过掌握各种生活方式的消费者群体的需求偏好来实现。

目前，较为完善的细分生活方式的方法有两种：AIO 模型（activity，interest，opinion）和 VALS 分类方法（values and lifestyles）。AIO 模型通过描述消费者的活动、兴趣和意见来度量生活方式的实际形式，而 VALS 分类方法按照自我导向和资源丰缺两个标准，定义了八个类别的生活方式，将消费者细分为实现者、满足者、信念者、成就者、奋斗者、经历者、工作者和挣扎者，这种细分有助于企业选择目标顾客，进行营销沟通，明确产品定位策略。

（五）个性和自我观念

性格是指一个人特有的心理素质，通常用刚强或懦弱、热情或孤僻、外向或内向、创意或保守等来描述。不同个性的消费者具有不同的购买行为。营销人员在分析某一特定商品的消费者购买行为时，应抓住购买此类商品的消费者的个性特征，满足其个性需求。

与个性密不可分的另一个概念是消费者的自我观念，又称自我形象，即消费者所认识的自己。不同的自我观念也会影响消费者的需求和购买行为。一般情况下，人们总是把购买行为作为表现自我形象的重要方式，并希望符合或增强自我观念。因此，消费者往往愿意购买与自我观念相匹配的商品。对此，营销人员必须首先了解消费者自我观念与其所购商品的关系。

四、心理因素

影响消费者购买行为的心理因素主要有动机、知觉、学习、信念和态度。

（一）动机

动机是指引起人们为满足某种需求而采取行动的驱动力量。动机产生于未满足的某种需求。例如，血液中水分的缺乏会使人或动物产生对水的需求，从而使驱动力处于唤醒状态，促使有机体进行喝水这一行为。可见，动机是一种升华到足够强度的需求。它能够及时引导人们去探求满足需求的目标。美国人本主义心理学家亚伯拉罕·马斯洛(Abraham H. Maslow)认为，人的需求是以层次的形式出现的，按其重要程度的大小，由低级需求逐渐向上发展到高级需求，依次为生理需求、安全需求、社会需求、尊重需求和自我实现需求五个层次；只有低层次需求被满足后，较高层次需求才会出现并要求得到满足。

拓展阅读 4-5
两家粥店

其中最基本的需求是生理需求，即维持个体生存和人类繁衍而产生的需求，包括衣、食、住、行等方面需求。如果生理需求得到较充分的满足，就会出现安全需求，即保护人身、财产安全的需求，如治安、健康、职业保障、各种福利保险、有序的环境等。当人们的生理和安全需求得到相当充分的满足后，就会发生社交需求。这是人在交际方面的社会需求，包括被人欣赏和爱戴，友谊的交往与感情的建立。在这种需求得到满足后，又会产生尊重需求，即希望获得荣誉、受到尊重和敬重、取得一定社会地位的需求，包括独立、自信、名誉、地位和威望等方面的需求。在上述四个层次的需求得到满足以后，人们又会产生自我实现的需求，这是最高层次的需求，是指充分发挥自己的潜能、实现理想和抱负、取得成就的需求。

（二）知觉

知觉是对事物的各种属性和各个部分的整体反映，是人的认识活动的重要环节和基础，也是影响消费者购买行为的一个重要的心理因素。不同的人对同一刺激物会产生不同的知觉，这是因为，知觉是一个有选择的过程，它要经历选择性注意、选择性扭曲和选择性保留三个过程。

（1）选择性注意。一个消费者每天都会接收数以千计的信息，显然，他不可能全部接受这些信息，于是就产生了选择性注意，即购买者不自觉地控制信息的接受过程。一般说来，有两三种信息会引起人们的注意：消费者目前需要的、预期要出现的、刺激强度大的刺激物。

（2）选择性扭曲。有些信息虽然被消费者注意和接收，但其影响作用不一定会与信息发布者原来所预期的相同。因为在消费者对所接收的信息进行加工处理的过程中，往往在客观的基础上加上自己的理解和想法。这就是选择性扭曲，即人们有选择地将某些信息加以扭曲，使之符合自己的意向。在商品购买中，受选择性扭曲的影响，人们往往会忽视所喜爱品牌的缺点和其他品牌的优点。

（3）选择性保留。选择性保留是指人们倾向于保留那些与其态度和信念相符的信息。

由上可知，企业提供同样的营销刺激，不同的消费者会产生截然不同的知觉反应，与企业的预期可能并不一致。因此，企业应当分析消费者特点，使本企业的营销信息被选择成为其知觉对象，形成有利于本企业的知觉过程和知觉效果。

（三）学习

人们要行动就得学习，学习是人的重要的心理特征和行为。对人类学习的研究和对消费者学习的研究由来已久，仁者见仁，智者见智，而学习的含义也没有一个标准的、公认的定义。巴巴拉·索罗门（Barbara Soloman）认为："学习是由经验产生的行为中相对持续不断的变化。"而在心理学中，提到较多的还是如下定义，即学习是指人在生活过程中，因经验而产生的行为或行为潜能比较持久的变化。学习是人类非常复杂的行为，包括以下三方面的含义。

▶ 1. 学习是在生活过程中因经验而产生的

这体现了学习的能动性特点。学习是后天的，是偶然获得的，是在生活中因经验而产生的变化，可以经过有计划的训练而产生。例如，某人通过长时间的练习，学会了骑自行车、打网球、玩网络游戏；消费者学会了如何理性购买等。

▶ 2. 学习伴有行为或行为潜能的改变

学习的发生和结果伴有行为或行为潜能的改变。有些学习，如技能的学习、经验的学习，使人的行为发生了改变；但有些学习却不一定引起消费者外显行为发生改变，而是引起行为潜能发生改变。例如，通过若干年的课堂学习，人们的知识结构发生了改变，世界观、人生观、价值观也发生了改变，但这种改变并没有外显出来，是一种潜移默化的改变，是行为潜能发生改变，在一定的条件下，会使行为发生改变。

▶ 3. 改变是比较持久的

心理学研究认为，消费者进行了学习，行为或行为潜能发生改变，这种改变不是暂时的，而是相对持久的。人喝完酒后容易脸红，吃感冒药后容易出汗，这种改变是短暂的，所以不能称为学习。学习多指身体活动、知识观念等发生了相对持久的改变。

消费者学习是消费者在购买和使用商品活动中不断获取知识、经验和技能，不断完善其购买行为的过程。消费者每天面临大量外部刺激和营销刺激，如新产品的上市、原有产品的促销、大量商店的开张营业、大量商品被淘汰，在这些刺激和经验的作用下，消费者势必开始学习，不断地获取知识，积累经验和技能，不断完善购买行为。

对消费者学习的研究，有利于企业把握消费者学习的特征，了解消费者的行为，改变消费者的行为，为企业营销实践服务。

（四）信念和态度

通过实践和学习，人们获得信念和态度；反过来，信念和态度又会影响人们的购买行为。信念是一个人对某些事物所持的描绘性的想法。信念可能基于真知、观点和信仰，可能有也可能没有情感成分。营销人员关注人们对特定产品和服务的信念的形成，因为这些信念组成了产品和品牌形象的一部分并影响购买行为。如果有些信念不正确或会阻碍购买行为，营销人员就需要发起活动进行更正。

人们对宗教、政治、服装、音乐、食物等几乎所有的东西都持有态度。态度是人们对某个事物或观念所持有的一种评价、感受和倾向。态度使人们喜欢或讨厌、亲近或疏远某一事物。例如，数码相机购买者可能持有一些态度，如"购买最好的产品""日本人生产的电子产品质量最优"等。态度是很难改变的。一个人的所有态度会形成一种模式，要改变一种态度可能需要对其他态度做出艰难调整。因此，企业应将自己的产品同现存的态度相契合，而不是试图改变态度，但也会有例外情况。

通过以上介绍，我们可以识别出许多影响消费者行为的因素。消费者的信念则是文化因素、社会因素、个人因素和心理因素综合作用的结果。

第三节　消费者购买的决策过程

消费者购买决策过程是消费者产生购买需求到发生实际购买行为后使用和处置产品的整个过程。消费者购买决策具有不同的类型，但不同类型的购买决策具有一定的共性和规律性。分析消费者购买决策过程，有利于营销者根据消费者购买决策过程中每一阶段特点的不同，有针对性地采用有效的营销策略，从而提高营销的有效性。

一、消费者购买决策的参与者

消费者消费虽然是以一个家庭为单位，但参与购买决策的通常并非一个家庭的全体成员，许多时候是一个家庭的某个成员或某几个成员，甚至是由几个家庭成员组成的购买决策层，其各自扮演的角色也是有区别的。人们在一项购买决策过程中可能充当以下几个角色。

发起者：首先想到或提议购买某种产品或劳务的人。

影响者：其看法或意见对最终决策具有直接或间接影响的人。

决策者：能够对买不买、买什么、买多少、何时买、何处买等问题做出全部或部分的最后决定的人。

购买者：实际实施采购的人。

使用者：直接消费或使用所购商品或劳务的人。

了解每一购买者在购买决策中扮演的角色，并针对其角色地位与特性采取有针对性的营销策略，就能较好地实现营销目标。

二、消费者购买行为类型

购买决策类型根据消费者的介入程度与产品品牌差异程度将购买行为划分为四种类型，如表 4-2 所示。

表 4-2　消费者购买行为类型

分类角度	消费者介入程度高	消费者介入程度低
产品品牌差异大	复杂的购买行为	寻求多样化的购买行为
产品品牌差异小	减少不协调的购买行为	习惯性的购买行为

（一）复杂的购买行为

复杂的购买行为是指消费者对所购买的产品不熟悉，产品价格较昂贵而且重复购买率比较低，消费者介入程度高，品牌间差异程度大，而且消费者有较多时间进行考虑的情况下做出的购买决策。介入程度指消费者对购买或购买对象的重视关心程度。对不同产品的购买，消费者的介入程度不同，如购买房子、家用轿车等价值较大的大宗商品，消费者的介入程度要高于价值较低的牙膏、洗衣粉等家庭日常用品。同一产品在不同的购买情形下消费者介入的程度也不同。例如，买给自己使用和拿来送礼的产品，所花的时间、精力可能存在较大差别。对于复杂的购买行为，企业要满足消费者对市场信息的收集要求，帮助消费者消除购买风险的疑虑，推出高介入的广告，产品介绍及试销活动，使消费者更多地了解产品的特性与价值、区别于其他品牌的优势，以便消费者能够做出明智的选择。

（二）减少不协调的购买行为

当消费者购买某种产品时介入程度较高，但又无法辨别各种品牌的差异时，对所购买的产品会产生失调感。这是因为消费者对他们购买行为持谨慎态度，在购买一些品牌差异较小的产品时，可能更多地关注产品的品牌价格、购买时间和购买地点等因素，而不是花太多精力去收集不同品牌之间的信息差异并进行比较，而且购买决策迅速，结果产生不协调的感觉。因此，在消费过程中消费者努力收集与产品相关的信息以证明自己所购买的决策是正确的。例如，听到别人赞许该品牌，则表示认同；否则，会做出对立的反应。这其实是消费者购买后的一种心理调节过程，即认知平衡过程。

（三）习惯性的购买行为

消费者购买某种产品不是因为对该产品的偏爱，而是出于习惯。这种购买行为的消费者在购买决策中介入程度较低，并在品牌之间差异性较小的情况下完成。一般情况下，消费者购买的产品价格低廉，经常购买，且对所购买的产品性能、特征及品牌等较为熟悉，不用花太多时间精力来做选择。如某人抽烟，平时在小区的便利店购买香烟，而且经常购买的是某品牌的香烟，但有一次去买烟时该品牌正好缺货，他宁愿随便买一个与该品牌价位差不多的另一品牌的香烟，也不愿意到距离较远的其他店购买原来品牌的香烟。习惯性的购买行为是一种简单的购买行为，在日常生活用品消费中较为常见。形成习惯性的购买决策主要有两个方面的原因：一是减少购买风险；二是简化决策程序。习惯性购买可以大大简化购买程序，尤其减少信息收集方面的工作量。习惯性购买决策一般是长期选择使用某一品牌，但遇到竞争品牌降价或促销时可能会很快转换品牌。对于消费者介入程度低、品牌差异性小的产品，企业可以采用价格策略以及促销策略，尤其加大投放广告宣传很奏效。

（四）寻求多样化的购买行为

消费者对购买行为介入程度低，会因产品的品牌差异大而不断变换品牌，形成多样化的消费喜好。如有的消费者不固定地购买不同品牌的啤酒，可能不是因为对某种品牌啤酒不满意，也可能是厌倦原来品牌或者想尝试新的品牌口味。消费者品牌转换形成的多样化购买行为，迎合了消费者求新求变的消费心理。针对这种购买行为，企业应采取多品牌策略，通过推出新品牌或同一品牌的不同款式、花样以满足不同的消费喜好，还可以采取低价、免试、折扣等促销手段吸引那些寻求多样化消费的顾客群，扩大产品销量。可通过鼓励消费者"尝新"来吸引竞争对手的顾客，零售店或服务场所可通过装修的变化，商品陈列的变化来满足消费者对"多样性"的需求。

三、消费者购买决策过程

消费者在购买产品时，一般是遵循图 4-3 所示的消费者决策程序来进行的：①需求确认；②信息检索、收集；③对可供选择的产品和服务进行评估；④实际购买；⑤购后行为。这五个步骤是消费者从对产品或服务的需求认定直至购买评估的一般过程。该过程是研究消费者如何做出决策的指导原则。但是，必须注意的是，该原则并不意味着消费者的决策都要按照顺序执行该过程的所有阶段。

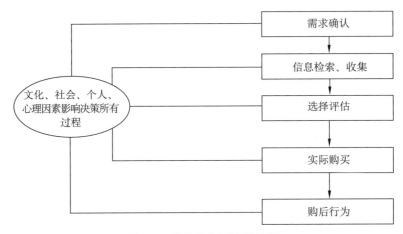

图 4-3 消费者购买决策过程

（一）需求确认

消费者决策过程的第一个阶段是需求确认。当消费者面对实际需求与欲望需求之间的不平衡时，就发生了需求确认。例如，在剧烈运动以后，经常会感觉口渴；新产品的电视商业广告曾经使消费者产生过购买的欲望。实际上，这是消费者在面对内部或外部的刺激时，引发了其对需求的确认。饥饿和口渴都属于内部刺激；新产品例如新型号汽车的颜色、包装设计、朋友提及的品牌名称、电视广告或陌生人使用的古龙水，都被看作外部刺激。

例如，老年消费者也许需要能够向他们提供方便、舒适和安全感的产品和服务。遥控家电、配送服务、机动手推车等都是为提供舒适和方便而设计的；能够在紧急情况下向救护车或警车发送信号的个人用警报器，为老年消费者提供了安全感。

（二）信息检索、收集

当消费者的需求被激发起来以后，他是否会检索、收集信息则取决于多种因素，如果消费者的需求很强烈，而且商品很容易获得，他就会马上采取购买行为，而不去收集信息。否则，消费者就会暂时保留这个愿望。随着这个愿望由弱转强，消费者还会采取两种做法：一种是消费者适度注意，即对该类商品信息比较敏感，但只是被动接受信息，比平时更加关注该产品的广告以及别人的使用评价；另一种是积极地检索、收集信息，如阅读介绍材料、浏览各种广告、向亲朋好友询问，甚至亲自去商场了解。消费者收集多少信息，取决于它的驱策力的强度、已获信息的数量和质量，以及进一步收集信息的难度。

（三）对可供选择的产品和服务进行评估

经过信息检索、收集阶段，消费者逐步缩小了可供选择产品和服务品牌的范围，接下来就是对这些可选品牌进行评价。尽管没有一个所有消费者都适用的统一评估模式或评估过程，但一般而言，消费者的评价行为涉及如下方面。

▶ 1. 产品属性

产品属性指产品所具有的能够满足消费者需要的特性。如打印机的属性体现在打印速度、清晰度、对纸张要求等方面。在价格不变的情况下，增加产品的属性能提升对顾客的吸引力，但却会增加企业的成本。不过，消费者对产品各种属性的关心程度有所不同，这就是属性权重。消费者被问及如何考虑某一产品时立刻想到的产品属性，就叫作产品的特色属性，但这一属性不一定是最重要的；那些被消费者所遗忘，而一旦被问到，消费者就会想到它的重要性的则为产品的非特色属性。营销人员应更多地关心属性权重，而不是属性特色。

▶ 2. 品牌信念

品牌信念指消费者对某品牌产品属性和利益所形成的认知。消费者的品牌信念是对该品牌的每个属性进行综合评价后形成的总体看法，这种信念可能会与该品牌的实际性能相符合，也可能并不符合实际情况。

▶ 3. 效用要求

效用要求指消费者对某品牌每一属性的效用功能应当达到何种标准的要求。它表明品牌的属性达到什么标准时消费者才会满意。有时，消费者通过精确的计算和逻辑思考进行品牌评价；有时，消费者的购买决策只不过是凭直觉或冲动。如果是理性决策，营销者就必须了解消费者所采用的评估方法，下面用案例进行说明。

假设艾米将其选择组仅局限于四种计算机（A、B、C、D），再假定她主要对以下四种属性感兴趣，即存储能力、图像显示能力、大小与重量以及价格，表4-3显示了她根据这四种属性对每一品牌是如何进行打分的。艾米对品牌A打分如下：在10点的标尺上，储存能力为10，图像显示能力为8，大小与重量为6，价格为4。同样，她也根据这些属性对其他三种品牌计算机分别进行打分。显然，如果某一品牌的计算机在一切标准方面都优于其他品牌，我们就能预测艾米会购买这台计算机。但是，她的品牌选择组是由具有不同属性要求的品牌所组成。如果艾米首要的是存储能力，她就会买A品牌计算机；如果她想要最好的图像显示能力，她就会买B品牌计算机等。

表 4-3 艾米对计算机的品牌信念

计 算 机	存 储 能 力	图像显示能力	大小与重量	价 格
A	10	8	6	4
B	8	9	8	3
C	6	8	10	5
D	4	3	7	8

请注意，对每一属性的评分都是从 0 到 10，10 分表示该属性的最高水平，这样计算机 A 就具有最高的储存能力。尽管消费者一般都希望在每一个属性上都获得高分，但是对价格却以相反的方法加以表示，10 分表示最低价格，因为消费者通常是喜欢低价而非高价产品。

大多数购买者会同时考虑几个属性，但对这些属性却赋予不同的重要性，并以不同的权数表示。如果我们知道艾米分配给四种属性的重要性是存储能力为 40%，图像显示能力是 30%，大小与重量是 20%，价格是 10%。为了找到艾米对每一种计算机所认知的品牌价值，将她认为的权重乘以她对每台计算机的品牌信念，由此得出以下品牌值：

$$计算机 A＝0.4×10＋0.3×8＋0.2×6＋0.1×4＝8.0$$
$$计算机 B＝0.4×8＋0.3×9＋0.2×8＋0.1×3＝7.8$$
$$计算机 C＝0.4×6＋0.3×8＋0.2×10＋0.1×5＝7.3$$
$$计算机 D＝0.4×4＋0.3×3＋0.2×7＋0.1×8＝4.7$$

经过权数分析可知认知价值最高者为 8.0，我们可以推测艾米将选购 A 品牌计算机。如果大多数计算机购买者是通过使用上述期望值计算过程而形成对品牌的偏好，那么计算机生产厂商在了解了这点以后，就可以做许多工作来影响购买者的决策。例如，计算机品牌 C 的营销人员为使人们对其品牌产生更大兴趣，可以运用以下营销策略来影响消费者。

（1）改进现有产品。营销人员可以重新设计其品牌产品，以便为这类购买者提供其所期望的更完善的属性特征，这称为"实际再定位"。

（2）改变品牌信念。营销人员可以设法改变品牌产品在一些重要属性方面的购买者信念。如果购买者低估了品牌 C 的质量，营销人员就应该重点加以介绍，这称为"心理再定位"。

（3）改变对竞争对手品牌的信念。营销人员可以设法改变购买者对竞争对手品牌在各个不同属性上的信念。当购买者认为竞争者品牌产品的质量高于其实际质量时，这样做就有意义。这称为"竞争性反定位"，它经常是通过连续性的比较广告加以表达。

（4）改变重要性权数。营销人员试图说服购买者把他们所重视的属性更多地放在本品牌所具有的杰出属性上。例如，品牌 C 的营销人员可以宣传选购一台具有较强软件适应性的计算机的好处，因为品牌 C 在这一属性上最为优越。

（5）唤起对被忽视属性的注意。营销人员可以设法使购买者重视被忽视的属性。如果品牌 C 是一台便携式计算机，营销人员就可以宣传其便携轻便的好处。

（6）改变购买者的理想品牌标准。营销人员可以试图说服购买者改变其对一种或多种属性上的理想品牌标准。品牌 C 的营销人员可以想办法使购买者确信，有较大存储能力的计算机多半会显得太臃肿，而大小适中的计算机其储存能力则较好。

（四）实际购买

消费者在做出评价后实施购买行动。在购买实施过程中，首先，消费者会考虑购买方式，即店铺购买或非店铺购买。随着社会的发展，各种形式的非店铺购买方式，如邮购、网络销售、电视直销、自动售货机等出现了。越来越多的消费者也日益喜欢并采用这种购物方式。其次，消费者选择商品销售商，即解决"在哪儿买"的问题。最后，消费者还需要考虑购买时间、购买数量和付款方式等问题。因此，营销人员不仅要了解消费者如何选择店铺，还要了解消费者利用非店铺购买方式购物时，对企业信誉和快捷送货及售后服务的要求。

（五）购后行为

在购买活动后，消费者可能会后悔所做出的购买决策，这被称为购后冲突。在下面四种情况下购后冲突很容易出现：①消费者有焦虑倾向；②购买是不可改变的；③购买的物品对消费者很重要；④购买时替代品很多。

无论消费者是否经历购后冲突，多数购买者在购回产品后会使用产品。产品可以是购买者本人使用，也可以是购买单位的其他成员使用。跟踪产品如何被使用可以发现现有产品的新用途、新的使用方法，以及产品在哪些方面需要改进，还可以对广告主题的确定和新产品开发有所帮助。

产品不使用或很少使用也是需要引起注意的问题。如果消费者购买产品后不使用或实际使用比原计划少得多，销售者和消费者都不会感到满意。因此，销售者不仅应试图影响消费者购买决策，同时也应试图影响其使用决策。

产品及其包装物的处理可以发生在产品使用前、使用后或使用过程中。由于消费者对生态问题的日益关注，原材料的稀缺及成本的上升，相关法规的制约，销售经理对这些处理行为的了解变得越来越重要。

购后冲突、产品使用方式和产品处理都有可能影响购买评价过程。对于已购买的产品如何使用、使用频率等因素对企业有着重要的影响，使用方式的变化、新用途的发现、使用频率的提高，可能会给企业带来新的市场机会，也会使企业在开发新产品时获得更多的启发。

消费者使用产品以后，产品包装、旧产品的处置对企业也有重要的影响。特别是随着"绿色营销"观念的兴起，一方面，企业必须生产对环境友善的产品和使用可回收利用的包装，以提高资源利用效率和减少对环境的污染；另一方面，消费者对旧产品的处置方式和处置程度，也是决定购买的一个重要因素，这对新产品的销售有很大影响。

通过研究消费者购买决策过程可以发现，消费者购买的实现是几个阶段共同作用的结果。企业必须善于根据各个阶段的不同情况，制定有效的市场营销策略，以吸引消费者，促使消费者做出有利于企业的购买决策。

▌复习思考题 ▌

1. 消费者市场有哪些特点？
2. 影响消费者购买行为的主要因素有哪些？
3. 个性对消费者行为具有哪些影响？
4. 消费者购买决策的参与者有谁？
5. 我们可以从哪些方面分析消费者的购买行为？
6. 消费者购买决策的一般过程包括哪些步骤？

案例分析训练

消费者留给品牌的时间：只有 20 秒

南澳大学营销研究中心的报告中提道："购物只是分秒钟的事儿，无论线下线上。"说明总有一小部分消费者和一小撮商品与品牌，成功完成良性互动，建立深厚联系。但残酷的事实是，大多数消费者，既不在意，也不会与品牌建立互动，他们只是单纯地"买买买"。南澳大学的这份报告提供了两个极其有趣的数据，与消费者的线上线下邂逅，线下品牌只有 13 秒，线上品牌只有 19 秒，这是基于大量消费者购买行为的研究得出的。

对于大多数品类，消费者心中已有一份可接受的品牌清单，他们无须花费更多时间完成购买决策。让消费完成得如此简单快捷的原因实际上就是惯性和直觉。

惯性，就是消费者曾经买过这个品牌；直觉，就是简单的品牌跳入眼帘。南澳大学研究所称其为"精神可获得性"，也就是能让消费者在精神上快速联想品牌的能力，而这也是通过记忆结构达成的。如某品牌 Logo 上的形象图案，或专属于某产品的广告语等。

想办法增强品牌相关的回忆结构的数量和长度，是品牌的精神可获得性的关键。究竟如何让广告对购买决策产生影响？

在《思考，快与慢》(*Thinking，Fast and Slow*)一书中描述了两种截然不同但是具备同等有效性的人类思考模式：快思考与慢思考。"快思考"是在决策时并没有意识到我们是如何做决定的，甚至没有太多精神付出，不去思考决策，如购买食盐、调料等。"慢思考"是指对一件事情，思考良久，难以做出决策。大多数消费者的购买决策启动的是"快思考"模式。也就是说，我们的大脑在购买决策时默认其为自动和无意识行为，而我们的决策是被品牌在我们脑海中由数量到深度的记忆结构所影响的，包括品牌的广告，当然也有一些其他元素。换句话说，在购物这一行为上，人类在进化之中就将其默认为简单快速决策模式。

品牌其实对消费者而言是可有可无的，这一事实让大多数市场人员感到悲伤。事实上，对大多数消费者来说，购买在很大程度上就是习惯使然、无意识的过程，他们希望尽快结束，因为有更重要的事情要思考，社会资讯和社会事务实在太多。品牌主要抓住消费者购买决策的 20 秒，以讲故事、创意方式，从频次和深度上加深消费者对心中品牌专属的回忆度，让他们能够加速联想到品牌。

资料来源：消费者留给品牌的时间只有 20 秒[EB/OL].［2023-01-20］. https://www.docin.com/p-1213766533.html.

分析与思考：

1. 你如何理解文中的观点？

2. 你认为在快思考模式下，广告主应如何抓住消费者购买决策的 20 秒？

在线自测

扫描封底刮刮卡 　获取答题权限

第五章　组织市场与购买行为

学习目标

1. 解释组织市场、生产者市场、中间商市场的一般概念；
2. 列举各种组织市场的特点；
3. 分析生产者市场、中间商市场购买决策的影响因素。

引例

徐工机械的独特品牌传播之路

在消费者市场上，商品的品牌效应对消费者的购买行为具有非常大的影响。而在组织市场上，由于目标市场规模较小，目标消费者数量较少，往往忽视了品牌形象的打造和传播。与传统的组织市场的品牌营销模式不同，徐工机械走出一条大众化品牌传播之路，这种策略可以用"专业媒体＋大众电视媒体＋大众广播媒体"的三结合战略概括。这种三结合战略的核心价值就是形成品牌传播的"鸟笼效应"：让目标客户在行业内和社会上都能感受到品牌无处不在，进而影响消费者的购买行为。首先，利用专业媒体深塑品牌形象，如专业媒体杂志《中国工程机械》《筑路工程设备》《中国经营报》《财经》等进行专业品牌形象的传播。其次，利用大众电视媒体创造品牌影响力的广度，如央视和凤凰卫视这样的大众媒体，虽然这些大众消费群体与徐工的目标顾客不是十分一致，但其品牌影响的广度大幅度提升。最后，大众广播媒体形成有效覆盖度，利用中国之声等广播媒体，将品牌的知名度和影响力进一步扩大。

如今，"徐工，徐工，祝您成功"的广告语已成为消费者耳熟能详的徐工的品牌形象。在组织市场中，甚至在消费者市场中，都已经形成了很强的影响力。这种深入的品牌影响，势必极大地影响组织市场的消费行为。

资料来源：徐工成功故事品牌宣传活动[EB/OL].［2023-02-15］. https://www.guayunfan.com/baike/226592.html.

与消费者市场不同，组织市场是指工商企业为从事生产、销售等业务活动，以及政府部门和非营利组织为履行职责而购买产品和服务所构成的市场。消费者市场的终端消费者是个人，组织市场的消费者往往是企业法人或非营利组织。具体包括生产者市场、中间商市场、政府或非营利组织市场，它们都具有组织购买、团体消费的特点。与消费者市场相比，组织市场的需求和购买行为有其独有的特征。

第一节　组织市场及其购买模式

组织市场是一个相对于消费者市场的概念，组织市场是指购买商品或服务用于生产性消费，以及转卖、出租，或用于其他非生活性消费的企业或社会团体。总的来说，组织市场包括为生产、消费和加工而购买产品和服务的组织。组织市场购买产品不是为了自身消费，而是用于社会化大生产，这是与消费者市场的根本性区别。组织市场是由以某种组织为购买单位的购买者所构成的市场。

一、组织市场的特点

与消费者市场相比，组织市场具有一些鲜明的特征。

（一）购买者数量少，但购买量很大，购买者在地理区域上相对集中

在消费者市场上，购买者是个人或家庭，购买者数量众多，但购买量很小。而在组织市场上，购买者为企业或其他组织，其数量必然比消费者市场少得多，但每个购买者的购买量都很大。例如，英特尔公司所生产的微处理器的购买者主要是戴尔公司、惠普公司以及联想公司等计算机生产商，买者有限，但每一家的购买数量都相当大。此外，购买者在地理区域上相对集中，这是由产业布局的区域结构所决定的，这有助于降低产品的销售成本，这就要求组织市场的销售人员注意客户的地理分布问题。

（二）需求具有衍生性、缺乏弹性且波动大

产业市场的需求带有派生需求的特点。也就是说，组织购买者对商品或服务的需求，是从消费者市场对生产性产品或服务的需求中衍生而来的。例如，汽车轮胎制造商把汽车轮胎卖给汽车制造商，汽车制造商再把汽车出售给消费者。由此可见，正是由于消费者对汽车的需求，才衍生出汽车制造商对汽车轮胎的需求。

在组织市场上，购买者对产品的需求受价格变化的影响不大，因为购买者不能对其运营方式做太多变动。当价格下降时，组织不会大量采购；而当价格升高时，需要这种产品的厂商也会继续购买以保证生产顺利进行。

组织需求是有波动的需求，而且波动幅度较大。组织对于产品或服务的需求比消费者对产品或服务的需求更容易发生波动。由于组织需求是一种衍生需求，所以消费者需求的少量增加能导致组织购买者需求的大大增加。经济学家称之为加速效应。有时，消费者需求仅上升 10%，却能在下一阶段引起组织市场需求上升 200%；而当消费者需求下降 10%时，可能会令组织市场需求发生雪崩。

（三）专业性的直接采购

组织购买者通常直接从供应商那里购买产品或服务，而非经过中间商环节，对于那些技术复杂、价格昂贵的产品或服务如服务器或飞机等则更是如此。

组织采购是由受过专门训练的采购代表来执行的，他们必须遵守组织的采购规定，如对报价、计划和合同的要求。通常组织里除了采购部门外，其他部门的相关人员（如工程师、产品经理、商业分析师及高级管理人员）也会参与采购决策过程。韦伯斯特（Webster）和温德（Wind）认为，当组织需要购买时，应该先成立一个采购中心（buying center）。这个

采购中心由参与购买决策和购买过程的所有个人和部门组成，从其扮演的角色看，可以划分为五类成员：使用者、影响者、决策者、购买者和监督者（把关人）。

▶ 1. 使用者

使用者就是真正使用所购产品或服务的组织成员。在许多情况下，使用者一般最先提出购买建议，并协助确定所需产品的品种、规格和型号等。

▶ 2. 影响者

影响者是指那些通过提供建议和分享专业知识，来直接或间接影响购买决策的人员，如技术人员就是非常重要的影响者。销售人员需要分辨谁是采购核心中的主要影响者，并说服其相信他们所提供产品或服务的优越性。

▶ 3. 决策者

决策者是在采购核心中做出最后决策的成员。在常规购买中，购买者常常就是决策者，在更复杂的购买中，一般由采购组织的经理们充当决策者。

▶ 4. 购买者

购买者就是负责实施购买行为的人。尽管购买者常常也参与确定和评估各个可供选择的供应商，但是购买者最主要的作用就是处理一些购买中的细节问题。一旦公司做出了购买决策，销售人员就要将精力转移至购买者，与其洽谈一系列细节问题。成功的销售人员应该知道，在这一环节提供周到细致的服务是进行再次交易的关键。

▶ 5. 监督者

监督者控制着进入采购中心的信息。通常，这个控制者是采购代表，他们负责从销售人员那里收集信息和资料，安排展示时间，并在购买决策过程中控制供应商与采购核心的其他成员进行接触。其他监督者还包括技术人员、电话交换机接线员甚至高层管理者的私人秘书等。

综上所述，组织采购过程较为复杂，组织采购经常要经过广泛的商业评估和长时间的谈判，完成一项采购所需要的平均周期为 5 个月。这就对销售人员提出了新的要求。一方面，销售人员经常需要进行多次拜访来收集和提供各种信息，包括客户信息、产品技术资料、服务信息等。例如某通信公司的一个销售主管，在过去的 3 年半时间里，至少每个季度要会见一位客户，从建立关系和收集信息开始，一直到合同复审。到复审阶段，共接受 8 个专业人士的严格审查，在 3 个月的复审期间，为收集更多信息，该销售主管共进行了 7 次面对面的销售访问。此外，还进行了 4 次合同谈判会议。接下来，仅签订合同就持续了 10 个月的时间，最终分别签下 1 500 万元和 2 000 万元的合同，共进行了 15 次销售访问。

另一方面，销售人员必须和客户公司的更多人士建立关系并一起工作。如国际香精香料公司的销售人员在向纳贝斯克食品公司销售一种香精，需和纳贝斯克公司的广告、产品开发、法律咨询、制造、质量控制、售后服务人员打交道，该销售人员还需了解该香精能给纳贝斯克带来的技术、经济效益以及对其客户的好处。

二、组织市场的类型

由于组织市场的购买者购买目的不同，其购买行为特征也必然不同，所以有必要对其进行分类，以进行进一步的分析与比较。一般根据购买者的主体特征将组织市场进行如下划分。

（一）生产者市场

生产者市场是指购买产品或服务用于其他产品或服务，然后销售或租赁给他人以获取利润的单位和个人。组成生产者市场的主要产业有工业、农业、林业、渔业、采矿业、建筑业、运输业、通信业、公共事业、金融业、保险业和服务业等。

（二）中间商市场

中间商市场也称为转卖者市场，是指购买产品用于转售或租赁以获取利润的单位和个人，包括批发商和零售商。

（三）非营利组织市场

非营利组织泛指具有稳定的组织形式和固定的成员，不属于政府机构和私人企业而独立运作，发挥特定社会功能，不以获取利润为目的，而以推进社会公益为宗旨的事业单位与民间团体。非营利组织市场是指为了维持正常运作和履行职能而购买产品和服务的各类非营利组织所构成的市场。

（四）政府市场

政府市场是指为了执行政府职能而购买或租用产品的各级政府部门。政府是特殊的非营利组织。政府通过税收、财政预算掌握了相当部分的国民收入，形成了潜力极大的政府采购市场。而且由于政府购买的总额巨大，其支出的增加和削减往往会对一国的经济发展和产业发展造成极大的影响。

三、组织购买者行为的模式

在试图了解组织购买者行为之前，营销人员应该首先回答几个问题：组织购买者进行哪些类型的购买决策？它们如何选择供应商？由谁来做出决策？组织购买决策过程是什么样的？什么因素可能影响组织的购买决定？

在组织的购买行为模式中，营销刺激影响组织，从而产生某种购买反应。营销刺激包括产品、价格、分销和促销对组织购买者的影响。其他刺激包括组织环境中的主要因素，如经济、军事、政治、文化和竞争等。

在组织内，购买活动包括两大部分：购买中心（由涉及购买决策过程的人组成）和购买决策过程。本章下面三节内容，将根据组织购买者的分类分别讨论不同组织购买类型的行为及购买过程。

第二节　生产者市场与购买行为

一、生产者市场购买行为及类型

（一）生产者市场购买行为

生产者市场购买行为是指生产者作为买方开展采购活动时的一种购买决策过程。

只有了解生产者购买行为特点，掌握生产者购买行为的规律性，这些生产者市场的供货方才能制定出相应的营销组合策略，在满足生产者采购需求的同时，实现企业自身的营销目标。

（二）生产者市场购买行为类型

▶ **1. 全新采购**

生产者第一次采购某种产品或服务，采购者面对新的要求，会尽可能地向供应商索取商品信息。因此，供货企业要向客户提供适用性强且最新的信息，以供客户比较，并尽可能接触各方面的决策人士，以了解其真实的采购意图。

▶ **2. 直接重购**

采购部门根据信誉评价和合作态度等方面的综合考虑，与几个供应商保持长期供货关系，依据长期供应合同，直接重新定购过去采购过的同类产品，每次的采购都依照既定的条款、程序和规格进行，不需要再次评估供应商。这种采购行为是惯例化的。

▶ **3. 修正重购**

采购部门根据需要，修正某些采购品的规格、价格和其他条件。修正供应条件时，通常会邀请新的供应商参与，以有更多的选择机会，以便从中得到更好的服务和采购价格。

二、生产者市场购买过程的参与者

研究生产者市场与购买行为，不仅要了解生产者市场的特点和购买动机，还要了解谁参与购买决策过程。在生产者市场中，企业的"采购中心"通常包括六种成员。

（一）使用者

使用者即具体使用欲购买的某种产品的人员。例如，企业要购买实验室用的计算机，其使用者是实验室的技术人员；要购买打字机，其使用者可能是办公室的秘书。使用者往往是最初提出购买建议的人，他们在计划购买产品的品种、规格中起着重要作用。

（二）影响者

影响者即在企业外部和内部直接或间接影响购买决策的人员。他们通常协助企业的决策者决定购买何种品种、规格等。企业的技术人员是最主要的影响者。

（三）采购者

采购者即企业有组织采购工作的部门和人员。在大型和复杂的采购工作中，采购者还包括那些参加谈判的高级管理人员。

（四）决定者

决定者即有权决定买与不买，决定产品规格、购买数量和供应商的人员。有些购买活动的决定者很明显，而有些则不明显，供应商应当设法弄清谁是决定者，以便有效地促成交易。

（五）批准者

批准者即有权批准决定者或购买者所提供购买方案的人员。

（六）信息控制者

信息控制者即企业外部和内部能够控制市场信息流向采购中心的人员，如企业的购买代理商、技术人员等。

实际上，任何机构的采购中心，其大小和组成都因产品的不同而不同。也就是说，任何产品的采购都必须要求这六种成员参加。因此，产品营销人员必须弄清谁是主要的决策参与者，他们所能影响的决策有哪些，他们的影响程度如何，每一决策参与者所使用的评估标准如何等问题。

三、影响生产者市场购买决策的主要因素

影响生产者购买决策的基本性因素是经济因素，即商品的质量、价格和服务。在不同供应商产品的质量、价格和服务差异较大的情况下，生产者的采购人员会重点审查这些因素，仔细收集和分析资料，理性地选择物美价廉以及服务更好的供应商。但是在不同供应商同时提供大体上都差不多的产品和服务时，采购者在进行选择时就会考虑其他的因素。这时，其他因素就会成为购买者考虑的重点。影响生产者购买决策的主要因素可分为环境因素、组织因素、人际因素和个人因素四大类。

（一）环境因素

环境因素是影响组织购买的宏观环境因素，主要包括经济环境、技术环境、政治法律环境、自然环境、产业环境等，其中最受关注的因素有经济景气状况、市场需求状况、技术变革状况、产业发展前景、政府政策变化等。这些因素影响着生产者市场的整体发展和组织购买行为。如从经济因素看，假设国家宏观经济政策向某一产业倾斜，相关企业就会增加投资，增加生产。再如全球倡导环境保护与低碳发展的理念，使许多企业对具有节能减排功能的设备需求增加，这类产品的生产企业的市场空间增大。外部环境的复杂性和易变性，要求企业要动态掌握各类生产者用户的需求状况，以保证能够及时适应变化的市场需求。

（二）组织因素

组织因素是指生产企业内部的各种因素，每个组织都有其自身战略目标、具体策略、业务流程、组织结构、体系制度等。这些因素将在生产企业组织内部的利益、经营与发展战略等方面影响其购买决策和购买行为。

拓展阅读 5-1
惠普公司的
集中采购

此外，企业内部成员构成也会影响采购决策。例如，一个战略咨询公司大部分员工是受过高等教育的技术人才，他们的理性分析和采购技能要比普通公司更强。

（三）人际因素

人际因素是指组织内部人与人之间的关系。采购中心通常都是由相互影响的参与决策的人组成，其成员的地位作用对于生产企业购买行为会产生重要影响，他们的职位、态度和利益等也会微妙地影响购买行为。企业采购中心一般包括以下重要成员：使用者、决策者、影响者、购买者和信息控制者。有时在采购中心内一个人可以同时担任几个角色，例如购买者同时可以是影响者、使用者，而多个人也可能同时扮演一个角色。供应商的营销人员应当了解每个人在购买决策中扮演的角色是什么、相互之间的关系如何等，利用这些因素制定相应的策略来促成交易。

（四）个人因素

采购中心的每个成员都有自己的理解和偏好。个人因素是指生产者用户内部参与购买过程的相关人员的年龄、教育背景、性格、风险意识等因素对购买行为的影响。与影响消

费者购买行为的个人因素相似，企业采购人员的受教育程度、需求和动机、个性与偏好、价值观、专业等也会影响到购买决策。例如，设备操作人员希望购买价格高而性能好的机器设备，而财务人员则可能希望购买价格低、性能适中的机器设备；受过良好教育的理智型购买者选择供应商时会周密谨慎；个性强硬的采购人员却总是同供应商反复较量。采购者的个人因素常常成为购买决策的直接作用因素。

拓展阅读 5-2
中央空调涨价潮
来势汹涌

四、生产者用户的购买决策过程

生产者用户完整的购买决策过程可以分为八个阶段，但是这八个阶段并非适用于所有购买类型，直接重购和修正重购可能跳过某些阶段，新购则会完整地经历各个阶段。

（一）确认需要

确认需要是指生产者用户认识自己的需要，明确所要解决的问题。认识需要是生产者用户购买决策的起点，它可以由内在刺激和外在刺激引起。例如，企业决定推出一种新产品，需要新设备或原材料来制造；机器发生故障，需要更新或需要新零件；支教的大学毕业生感觉应该用投影仪这样的设备来改进教学；采购人员通过广告、参观产品展销会或接受卖方推销人员介绍后发现了更加理想的产品，从而产生需求。

（二）描述基本需要

通过价值分析确定所需产品的品种、性能、特征、数量和服务。标准化产品容易确定，而非标准化产品须由采购人员和使用者、技术人员或高层管理人员共同确定。卖方营销人员应熟悉这些购买决策的影响者，并认清他们之间的关系和重要程度，及时向买方介绍产品特性，协助买方确定需要。

（三）确定产品性能

在这一阶段，应说明所购产品的品种、性能、特征、数量和服务，写出详细的技术说明书，作为采购人员的采购依据。买方会委派一个专家小组从事这项工作，专家小组经过价值分析后确定产品最佳性能要求，作为采购取舍的标准。卖方也应通过价值分析，向潜在顾客说明自己的产品和价格比其他品牌更理想。

（四）寻找供应商

组织购买者通过工商企业名录、互联网搜索、电话查询、新闻报道、广告、产品目录、产品展览等多种途径寻找可能的供应商，进行初步的筛选，列出合格供应商的名单。

（五）征求建议

邀请供应商提出建议或提出报价单。不同的购买任务所要求的供应建议内容可能会有所不同。对于复杂和花费大的项目，买方会要求每一潜在供应商提出详细的书面建议，经过淘汰，请余下的供应商提出正式供应建议书。直接重购情况下，购买方只需要供应商提供有关价格、交货时间和方式等方面的最新信息。在新购和修正重购情况下，潜在供应商提出的供应建议书则应该更加正式和详尽。

（六）选择和评估供应商

选择和评估供应商是指生产者用户对供应建议书进行分析评价，确定供应商。评价内容包括供应商的产品质量、财务状况、技术可行性、价格、信誉和历史业绩、服务满意程度、交货能力等。生产者用户在做出决定前，还可能与较为中意的供应商谈判，以争取较低的价格和较好的供应条件，供应商的营销人员要制定应对策略以防止对方压价和提出过高要求。

（七）正式订货

正式订货是指生产者用户根据所购产品的技术说明书、需要量、交货时间、退款政策、担保条款、保修条件与供应商签订最后的订单。许多生产者用户愿意采用长期有效合同的形式，而不是定期采购订单。买方若能在需要产品的时候同供应商随时按照条件供货，就可实行"无库存采购计划"，降低或免除库存成本。卖方也愿意接受这种形式，因为可以与买方保持长期的供货关系，增加业务量，抵御新的竞争者。

（八）检查合同履行情况

产品购进使用后，购买者会对供应商的表现进行评估，包括安装、使用、培训和售后服务过程，以决定维持、修正或终止供货关系。评价方法是询问使用者或按照若干标准加权评估等。

第三节　中间商市场与购买行为

中间商市场的购买行为与生产者市场的购买行为有相似的地方，也有一定的区别。相似的方面主要有中间商采购组织也有多人参与决策；其购买过程与生产者市场的购买过程基本相同；环境、组织等因素同样影响其购买行为。两者的区别体现在中间商市场的购买行为中的采购业务类型、采购决策及其参与者等方面。

一、中间商市场购买决策内容

中间商采购商品的目的是将所购商品转卖给他的顾客，为此，中间商必须按照自己顾客的要求来制订采购计划。在购买活动中，中间商要做的决策是：经营范围及花色的决定、商品搭配卖主选择、交易价格与条件的选择。其中，商品搭配是最主要的决策，它决定中间商的市场地位。中间商（批发商和零售商）可从下面四种组合策略中做出选择。

（一）独家搭配

只经销一家制造商的产品品种，以求得较好的供货条件。一般只是规模较小的少数企业采用这类策略。

（二）深度搭配

经销一个产品族，产品来自许多制造商，这给顾客在购买某种商品时提供了较大的选择余地，从而增强对顾客的吸引力。

（三）广泛搭配

经营范围广泛，但商品品种尚未超出行业界限。这种策略使中间商具有一定的经营范围，也使顾客方便购买相关商品。

（四）混合搭配

经销众多的彼此不相关的产品品种系列。这种策略能减少外界环境变化给中间商所带来的经营风险，但要求企业有雄厚的经营实力。

二、中间商市场的购买类型

在采购业务中，中间商要根据不同的购买类型，做出相应的决策。中间商市场的购买类型有以下三种。

（一）新产品采购

中间商根据某种新产品销路的好坏决定是否进货以及如何进货。

（二）选择最佳供应商

若中间商需要经营的产品已经确定，有可能经常要进行最佳供应商的重新选择。导致中间商做出此类购买决策的原因有：一是由于各种局限，中间商不能经营目前所有供应商的产品，只能从中选择一部分供应商的产品以供经营；二是中间商打算提供自有品牌商品，选择可为自己制造品牌产品的最佳生产企业。例如，英国的马狮百货公司从严格选择的供应商那里购进商品，然后打上马狮的品牌印记，以"马狮"的品牌形象销售商品。

（三）寻求较好的供应条件

对于这类决策，中间商并不想更换供货商，只是试图从原有供应商那里获得更为有利条件的购买类型。当同类产品的供应商增多或其他供应商提出了更有吸引力的价格和供货条件时，中间商希望原有供货商改善供货条件，例如更为合适的信贷条件、更为优惠的价格折扣等。

三、影响中间商购买的主要因素

中间商的购买行为同生产者市场一样，也受环境因素、组织因素、人际关系因素、个人因素的影响。但是，供应商必须了解中间商购买决策的过程以及相应的影响因素，以便采取应对措施。

（一）销售业绩是中间商生存的根本

采购是否恰当直接影响中间商利润收益。尤其是新产品，由于没有销售业绩做参考，中间商在采购时更加谨慎，通常采取代销或者试销的方式，直到确信该产品有销路，再大批量购买。

（二）市场预测

市场需求千变万化，良好的销售业绩就需要依靠准确的市场预测，这使得中间商在购买决策中需要具备独到、准确的眼光。对于耐用消费品，如家电，好的销售业绩可能预示着市场需求的饱和。同时，由于中间商是顾客的采购代理，因此采购计划在一定程度上需要按照顾客的需求来制订。例如，采购服装要充分了解季节的更替、流行的趋势、顾客的喜好等。

（三）供应商的交易条件

中间商在购买协议签订时，最希望争取的是优惠的交易条件，如优惠价、折扣价、信贷付款、良好的售后服务等。供应商所提供的条件越优厚，就越有可能吸引更多的中间商订货。

（四）订货数量与库存状况

假若每次订货量较大，可以减少订货工作量和订货费用，并取得较大折扣，但商品库存会相应增加，浪费较多的资源，资金流动缓慢，这时就需要降低或推迟采购计划；假若每次定货量较小，减少了商品库存，加速资金周转，降低经营费用，但订货工作量和订货费用会相应增加，进货价格较高。而供应商提供的"无库存采购"将改变这种现状，吸引众多中间商。

如今，诸多大公司都开始使用计算机的清点存货控制系统，用以记录商品库存、计算经济的订货量、填写和处理订货单等。用于零售的扫描机检查售出的东西有多少，计算机再将这些数据进行更新，甚至小的中间商也使用自己的控制系统打印当天每一种产品的销售情况。拥有了这些信息，中间商就能清楚地了解不同的竞争性产品所产生的利润。如果一种产品卖不动，那么中间商就不会再增加其进货量以及在商店内的货架空间。

（五）采购者个人的购买风格

▶ 1. 忠实型采购者

忠实型采购者是指长期忠实于某一个供应商，始终如一地从某一渠道进货的采购者。这类采购者对供应商是最有利的。因此，供应商应具体分析原因并采取有效措施以保持现有采购者的"忠诚"，并吸引其他采购者加入此队伍中。

▶ 2. 随机型采购者

这类采购者从备选的多个供应者中随机选择符合企业长期利益的货源，而不固定于任何一个。他们对任何一家供应商都没有长期的合作关系和感情基础，喜欢更换、尝试。对于这类采购者，供应商应在保证产品质量的前提下，提供更加优厚的供货条件，并增进情感交流，使之转化为忠实采购者。

▶ 3. 最佳交易型采购者

这类采购者专门选择在一定时间、地点内能给予最佳交易条件的供应商。这类采购者的购买行为理智性强，不太受情感因素支配，关注的焦点是利益因素，一旦发现条件更优越的供应商就会立即转换。因此，对于供应商来说，单纯依靠情感投资来强化联系是难以奏效的，最重要的是密切关注竞争者的动态和市场需求变化，随时调整营销策略和交易条件，以保持自己的地位。

▶ 4. 创造型采购者

创造型采购者是指采购者主动向供应商提出所需要的产品、服务、价格以及一些创造性的想法，希望以此条件成交。这类采购者喜欢创新，在最大的权限内，按照自己的想法来制订采购方案。对于这类采购者，供应商要给予充分尊重，在不损害自己利益的前提下，尽可能地接受他们的意见和想法。

▶ 5. 广告型采购者

广告型采购者是指在每笔交易中都要求供应商补贴广告费的采购者。这类采购者注重产品购进后的销售情况，希望有广告做支持以促进产品销售。供应商应在力所能及的范围内给予满足。

▶ 6. 吝啬型采购者

这类采购者要求供应商在价格上做额外让步，并力争获得最大价格折扣。他们只选择价格最低的供应商，这使得与之交往的供应商需要有足够的耐心和忍让度，以大量的事实和数据来表明自己的让步程度，争取交易成功。

▶ 7. 挑剔型采购者

这类采购者精明能干,注重产品结构搭配,力图实现最佳产品组合。由于采购的产品数量少、品种多,增加了供应商的工作量,因此供应商应避免厌烦情绪,提供细致周到的服务。

第四节 非营利组织市场与购买行为

一、非营利组织市场类型及特点

(一)非营利组织市场类型

非营利组织市场是指为了维持正常运作和履行职能而购买产品和服务的各类非营利组织所构成的市场。按照非营利组织的性质划分,非营利组织可以分为履行国家职能的非营利组织(如政府、军队等)、促进群体交流的非营利组织(如宗教组织、行业协会等)、提供社会服务的非营利组织(如学校、医院等)。

(二)非营利组织的市场特点

▶ 1. 限定总额

非营利组织的采购经费总额是既定的,不能随意突破。例如,政府采购经费的来源主要是财政拨款,拨款不增加,采购经费就不可能增加。

▶ 2. 价格低廉

非营利组织大多数不具有宽裕的经费,因而在采购中要求商品价格低廉,如政府采购用的是纳税人的钱,更会仔细计算,用较少的钱办较多的事。

▶ 3. 保证质量

非营利组织购买商品不是为了转售,也不是使成本最小化,而是维持组织运行和履行组织职能,所购商品的质量和性能必须保证实现这一目的。

▶ 4. 受到控制

为了使有限的资金发挥更大的效用,非营利组织采购人员受到较多的控制,只能按照规定的条件购买,缺乏自主性。

▶ 5. 程序复杂

非营利组织购买过程的参与者多,程序也较为复杂。一般说来,如政府采购要经过许多部门签字盖章,受许多规章制度约束,要准备大量的文件,填写大量的表格,程序复杂,难度较大。

二、非营利组织的采购方式

非营利组织的采购方式主要有以下三种。

(一)公开招标选购

公开招标是指非营利组织通过报刊等媒体登载广告或发出信函,说明拟采购的商品以及品种、规格、数量等,邀请供应商在规定的期限内投标。

（二）议价合约选购

议价合约选购是指非营利组织的采购部门和几个企业接触，最终和其中一个符合条件的厂商签订合同，达成交易。这种方式多用于复杂的工程项目。

（三）日常性采购

日常性采购是指非营利组织的采购部门为了维持日常办公、运转而进行的采购。不公开招标，不签订书面合同，采购金额少，交款和交货方式通常为即期交付。

第五节　政府市场与购买行为

一、政府市场的概念

政府市场是指那些为执行政府的主要职能而采购或租用货物的各级政府单位。也就是说，在一个国家的政府市场上，购买者就是这个国家的各级政府的采购机构。随着我国市场经济体制的确定，各级政府的物资采购将列入统一的采购计划中，实行统一的采购程序，统一的价格，统一的分配，确保商品的质量，并且降低采购费用。

二、政府市场的特点

政府市场在某些方面与生产者市场有相似之处，如购买者数量较少，每次购买量大，同时是理智性购买、直接购买等。但是，政府市场作为一个特殊的需求者，在许多方面又有着自身的特殊性。

（1）政府与社会团体的采购主要是为了行使一定的国家或社会职能，不是谋求盈利，因而其采购什么及采购多少需更多地考虑到全社会的利益。

（2）政府需求同个人需求一样，基本上是一种最终需求，其支出对全社会来讲主要是一种消费，而不是为市场提供中间商品，这使政府可以通过政府支出的变化达到调节经济的目的。

（3）政府采购往往带有指令性计划的性质，尤其是体现在对一些关系国家安全的商品与劳务上，如国防用品、基础类产品等。当然，对于公务物品，政府更多地采用招标或签购合同的方式来完成采购任务。

（4）政府市场的需求相对缺乏弹性。各级政府的需求由于受到预算的约束，在预算期内具有较强的刚性，因而在总量上需求弹性相对较小，即随着政府欲购商品价格的上升或下降，政府部门的货币支出量不会有大的变动。这一点与生产企业完全相反，后者在短期内的实际需求量是缺乏弹性的，但是其货币需求量却是富有弹性的。

三、政府市场的购买行为

政府组织是商品和劳务的主要购买者。政府采购行为的方式主要有以下两种。

（一）公开招标采购

公开招标是指政府的采购机构在报刊上登出广告或发出函件，说明要采购的商品的品种、规格、数量等具体要求，邀请供应商在规定的期限内报价，进行投标。若供应商准备做这笔生意，就要在规定的期限内填写标书，写明可供商品的名称、品种、规格、数量、交货日期、价格等，密封送达政府的采购机构（招标人），这就称为投标。最后由政府的采购机构在规定的日期开标，选择报价最低的、最有利的供应商成交。政府的采购机构采取这种采购方法，不仅不需要与卖方反复磋商，而且还处于比较主动的地位，但供应商的竞争必然会很激烈。

（二）议订合同采购

议订合同采购是指政府的采购机构和一个或几个公司接触，最后只和一个公司协商谈判签订合同，进行交易。政府的某些采购涉及复杂的计划，有较大的风险，在这种情况下，政府往往采取议订合同采购。大公司取得合同后，往往把相当大的部分转包给一些小企业。因此，政府的采购活动往往会产生连锁反应，在生产者市场上产生"引申需求"。

在国外，许多把产品出售给政府的公司，由于种种原因，并未采用营销导向。政府总支出是由选任的官员决定，而不是取决于供应商开发这一市场的营销能力。政府采购政策强调价格，促使供应商致力于旨在降低成本的技术导向方面。当产品的特点被详细具体地规定后，产品差异也就不是营销因素。在公开招标的基础上，广告和人员推销对于赢得招标不可能具有很大影响。国外的某些公司正在建立独立的政府营销部门。例如，洛克韦国际公司、杨达公司和固特异公司等，这些公司估计政府的需要和项目，特别是在特殊产品方面，获取竞争情报，认真、详细地拟订投标方案和加强通信联系，以显示和提高公司声誉。

复习思考题

1. 生产者市场用户的购买过程分析有哪些？
2. 生产者购买过程的参与者有哪些？
3. 影响生产者购买决策的因素是什么？
4. 中间商的购买情况有哪些？
5. 影响中间商采购的因素是什么？
6. 政府市场的购买行为有哪些？

案例分析训练

影响产业市场购买行为的因素有哪些？

红叶超级市场（简称红叶超市）营业面积为 260 平方米，位于居民聚居区的主要街道上，附近有许多商场和同类超级市场。营业额和利润虽然还过得去，但是与同等面积的商场相比，还是觉得不理想。通过询问部分顾客，得知顾客认为店内拥挤杂乱，商品质量差、档次低。听到这种反映，红叶超市经理感到诧异，因为红叶超市的顾客没有同类超市多，他总是看到别的超市人头攒动而本店较为冷清，怎么会拥挤呢？本店的商品都是货真价实的，与别的超市相比怎么会质量差、档次低呢？经过对红叶超市购物环境的分析，发现了真实原因。原来，红叶超市为了充分利用商场的空间，柜台安放过多，过道太狭窄，购物高峰时期就会造成拥挤，顾客不愿入内，即使入内也不易找到所需商品，往往是草草转一圈就很快离去；商场灯光暗淡，货架陈旧，墙壁和屋顶大多没有装修，优质商品放在这种背景下也会显得质量差、档次低。为了提高竞争力，红叶超市的经理痛下决心，拿出一笔资金对商店购物环境进行彻底改造。对商店的地板、墙壁、照明和屋顶都进行了装修：减少了柜台的数量，加宽了走道，仿照别的超市摆放柜台和商品，以方便顾客找到商品。装修一新开业后，立刻见到了效果，头一个星期的销售额和利润比过去增加了70％。可是随后的销售颜和利润又不断下降，半个月后降到了以往的水平。为什么出现这种情况呢？观察发现，有些老顾客不来购物了，增加了一批新顾客，但是新增的顾客没有流失的顾客多。对部分顾客的调查表明，顾客认为购物环境比原来好了，商品档次也提高了，但是商品摆放依然不太合理，同时商品价格也提高了。听到这种反映，红叶超市的经理再次感到诧异，因为一般来说，红叶超市装修后商品的价格并未提高，只是调整了商品结构，减少了部分微利商品，增加了一些正常利润和厚利商品，其价格也与其他超市相同。

分析与思考：

1. 红叶超市原先的购物环境中哪些因素不利于吸引顾客的注意？

2. 红叶超市原先的购物环境导致顾客对其所售商品有着怎样的认识？装修后的购物环境导致顾客怎样的认识？

3. 红叶超市应当怎样改造和安排购物环境，才能增加消费者的注意，并诱导消费者的认知朝着经营者所希望的方向发展？

▌在线自测 ▌

扫描封底刮刮卡　　获取答题权限

第六章　市场营销环境

学习目标

1. 了解市场营销环境的含义；
2. 掌握微观环境的内容、宏观环境的内容；
3. 运用营销环境分析方法进行市场环境分析；
4. 比较不同市场环境下采取营销对策的不同；
5. 评判某种营销对策的使用是否有效。

引例

华为出售荣耀

华为创立于 1987 年，是全球领先的 ICT（信息与通信）基础设施和智能终端提供商，致力于把数字世界带入每个人、每个家庭、每个组织，构建万物互联的智能世界。截至 2023 年 8 月底，华为约有 20.7 万名员工，业务遍及 170 多个国家和地区，服务 30 多亿人口。荣耀品牌创立于 2013 年，曾是华为旗下手机双品牌之一。荣耀以"创新、品质、服务"为核心战略，为全球年轻人提供潮酷的全场景智能化体验，坚持中低端价位，在 7 年间发展成为年出货量超 7 000 万部的互联网手机品牌。

北京时间 2020 年 11 月 17 日，华为发布声明，决定整体出售荣耀业务资产。交割后，华为不占有荣耀任何股份，也不参与其经营管理与决策。

华为为何出售旗下手机品牌荣耀？总的来说，华为出售荣耀出于多方面的考虑，华为在声明中表示：在产业技术要素不可持续获得、消费者业务受到巨大压力的艰难时刻，为让荣耀渠道和供应商能够得以延续，华为决定整体出售荣耀业务资产，收购方为深圳市智信新信息技术有限公司。总体上，华为出售荣耀的原因主要有以下三点：一是可以缓解明后两年华为智能手机业务无"芯"可用的困境；二是保留部分智能手机的优质业务，让华为的基因得以延续；三是优质的荣耀资产可以为华为本体带来现金补充，可以更好地抵御外部不确定性，为华为其他业务的长期发展提供支持。

俗话说："好钢用在刀刃上"。现在华为必须讲究投入产出比，出售荣耀可优化资源布局，有助于走出困境。2021 年 8 月，华为发布 2021 年上半年经营业绩，上半年实现销售收入 3 204 亿元人民币，净利润率 9.8%，整体经营结果符合预期。

资料来源：华为出售荣耀，产业链集体自救[EB/OL].（2020-11-18）[2023-03-20]. https://baijiahao.baidu.com/s? id=1683654634337837311&wfr=spider&for=pc. 引用时有删改

　　任何企业的营销活动都不能脱离周围的环境而孤立进行，因此，其营销活动除了受自身

条件制约外，还要受外部环境的影响。而环境是不断发生变化的，这种变化既会给企业创造新的机遇，也可能给企业带来一定的威胁。企业营销人员应当密切关注营销环境的变化，正确分析影响企业营销活动的各种因素，并及时调整企业的市场营销决策，充分利用有利环境给企业营销带来的机遇，尽量降低环境风险因素造成的损失，使企业的营销活动与市场营销环境相适应。只有善于分析环境、适应环境才有可能在竞争中确保企业立于不败之地。

第一节　市场营销环境概述

一、市场营销环境的概念

菲利普·科特勒指出："市场营销环境就是影响企业的市场和营销活动的不可控制的参与者和影响力。"具体地说，市场营销环境是企业营销职能外部的不可控制的因素和力量，这些因素和力量是影响企业营销活动及其目标实现的外部条件（图 6-1）。

图 6-1　市场营销环境

企业的市场营销环境的内容既广泛又复杂，不同的因素对营销活动各个方面的影响和制约也不尽相同。根据营销环境对企业的市场活动发生影响的方式和程度，可以将企业的市场营销环境划分为微观市场环境和宏观环境两大类。

（一）微观市场营销环境

微观市场营销环境是指与企业紧密相连，直接影响企业营销能力的各种因素。主要包括：企业本身、市场营销渠道（供应者、营销中介）、顾客、竞争者和社会公众。这些微观环境因素直接影响和制约企业的营销活动和营销效果，因此，微观市场营销环境又被称为直接营销环境。

（二）宏观市场营销环境

宏观市场营销环境是指影响整个微观环境和企业的一系列巨大的社会力量，主要包括：人口、经济、自然、政治法律、技术和社会文化等因素。宏观市场营销环境一般以微观市场营销环境为媒介去影响和制约企业的营销活动，在特定的场合，也可直接影响企业的营销活动，又称作间接营销环境。

显然，微观市场营销环境和宏观市场营销环境之间不是并列关系，而是主从关系，微观市场营销环境受制于宏观市场营销环境，微观环境中的所有因素都要受到宏观环境中各种力量因素的影响。

宏观环境因素与微观环境因素共同构成多因素、多层次、动态变化的企业市场营销环境，共同作用于企业营销活动。

二、市场营销环境的特征

（一）客观性

企业的市场营销环境不以营销者意志为转移而客观存在着，对企业营销活动的影响具有强制性和不可控性的特点。如企业不能改变人口因素、政治法律因素、社会文化因素等。但企业可以主动适应环境的变化和要求，制定并不断调整市场营销策略。事物发展与环境的变化关系密切，适者生存，不适者淘汰。企业善于适应环境就能生存和发展，否则，就难免被淘汰。

（二）差异性

不同的国家或地区之间，宏观环境存在广泛的差异，不同的企业，微观环境也千差万别。正因营销环境的差异，企业为适应不同的环境及其变化，必须采用各有特点和针对性的营销策略。环境的差异性也表现为同一环境的变化对不同企业的影响不同。例如，中国加入世界贸易组织，意味着大多数中国企业进入国际市场，进行"国际性较量"，而这一经济环境的变化，对不同行业所造成的冲击并不相同，企业应根据环境变化的趋势和行业的特点，采取相应的营销策略。

（三）多变性

市场营销环境的变化性：一方面是指企业的市场营销环境不是一成不变的，而是不断变化的；另一方面是指这种变化是随时随地的且永无止境的。例如，国家的经济政策在不断调整，新的法律法规不断出台，新的技术层出不穷等。环境的变化可能是企业营销的一种威胁，也有可能是一种机会，虽然企业难以准确无误地预见未来环境的变化，但可以通过设立预警系统，密切关注外界环境的变化并且收集有关信息，追踪不断变化的环境，及时调整营销策略。

（四）相关性

相关性是指各影响因素相互依存、相互作用并相互制约，某一因素的变化会引起其他因素的变化，形成新的营销环境。当然，不同环境因素之间的联系强度不同，有直接联系，有间接联系，所以这种相关影响有强有弱。

三、营销活动与营销环境

市场营销环境是一些企业营销部门无法驾驭的外部因素，不断变化的营销环境将对企业的营销活动产生极大的影响和制约。

市场营销环境通过对企业构成环境威胁或提供市场机会而影响营销活动。首先，市场营销环境的内容随着市场经济的发展而不断变化。20世纪初，西方企业仅将销售市场作为营销环境；20世纪30年代后，将政府、工会、竞争者等与企业有利害关系者也看作环境因素；进入20世纪60年代，又把自然生态、科学技术、社会文化等作为重要的环境因素；20世纪90年代以来，随着政府对经济干预力度的加强，营销学界更加重视对政治、法律环境的研究。环境因素由内向外的扩展，国外营销学者称之为"外界环境化"。其次，市场环境因素经常处于不断变化之中。环境的变化既有环境因素主次地位的互换，也有可控性质的变化，还有矛盾关系的协调。随着我国社会主义市场经济体制的建立与完善，市场营销宏观环境的变化也将日益显著。

第二节　微观市场营销环境

企业营销部门的工作是通过创造顾客价值和满意来吸引顾客并建立与顾客的联系。但是，仅靠营销部门自己的力量是不能完成此项任务的，其成功依赖于企业微观环境中的其他因素——本公司的其他部门、供应商、市场中介、顾客、竞争对手和各种公众因素，这些因素构成了公司的价值传递系统。

一、企业内部环境

企业的营销活动并不只是由营销部门独立完成，在制订营销计划时，营销部门还要兼顾企业的其他部门的意见，如财务、人事、采购、生产、管理等部门，这些部门构成了企业内部的微观环境，如图 6-2 所示。

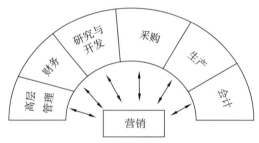

图 6-2　企业内部环境

在企业的微观环境中，企业的内部环境（也称为企业本身）是完成一切营销活动的基础，对企业的生存、营销目标的实现起着至关重要的作用。企业在开展营销活动时，高层管理者负责制定公司的目标、总体战略，营销部门则依据高层管理部门的规划来决策，而营销计划必须经过高层管理部门同意方可实施；财务部门负责筹集和使用实施计划的资金；研发部门设计符合市场需求的产品；采购部门负责供给原材料；生产部门负责按规定的质量和数量制造产品。这些部门对营销部门的计划和行动产生影响。用营销概念来讲，就是所有这些部门都必须"想顾客所想"，并协调一致做到顾客满意。

二、营销渠道企业

（一）供应商

供应商指的是向企业及其竞争者提供生产经营所需资源的企业或个人，包括提供原材料、零配件、设备、能源、劳务及其他用品等。如果没有供应商提供的资源保障，组织就无法正常运转，也就无法提供市场所需的产品，因此供应商是影响企业市场营销环境的重要因素之一。

如今，许多营销者都把供应商看作公司创造和传递顾客价值的合作伙

拓展阅读 6-1
供应商对企业营
销活动的影响

伴。例如，瑞典家具零售商宜家公司不仅仅从它的供应商那里购买货品，它还把供应商纳入为宜家顾客传递风格化和可负担的生活方式的深层过程中。

（二）营销中介

营销中介主要指协助企业促销、销售和经销其产品给最终购买者的机构，包括中间商、物流公司、营销服务机构和财务中介机构。

▶ 1. 中间商

中间商是指协助企业寻找顾客或把产品卖给顾客的公司、企业、个人。中间商一般可分为批发商和零售商两类。选择中间商并与之合作不是一件容易的事情。现在小规模的中间商越来越少，取而代之的是大规模的中间商组织，这些中间商有足够的能力要求企业接受其开出的条件，否则就将企业逐出市场。

▶ 2. 物流公司

物流公司协助企业存储并把货物运送至目的地。它们往往也是营利性组织，以盈利为目的，它们为了大幅度提高自身所获利润，挤压企业的获利空间。因此，企业在与其打交道时，必须综合考虑成本、运输方式、速度和安全性等问题，从而决定运输和存储货物的最佳方式。

▶ 3. 营销服务机构

营销服务机构是协助厂商推出并促销其产品到适当市场的机构，如营销研究公司、广告公司、传播公司等。企业可自设营销服务机构，也可委托外部营销服务机构代理有关业务，并定期评估其绩效，促进提高创造力、质量和服务水平。

▶ 4. 财务中介机构

财务中介机构是协助厂商融资或分担货物购销储运风险的机构，包括银行、信贷公司、保险公司等。财务中介机构不直接从事商业活动，但对工商企业的经营发展至关重要。在市场经济中，企业与财务中介机构关系密切，企业间的财务往来要通过银行结算；企业财产和货物要通过保险取得风险保障；而贷款利率与保险费率的变动也会直接影响企业成本，信贷来源受到限制更会使企业处于困境。

三、顾客

企业的一切营销活动都是以满足顾客的需求为中心的，因此顾客是企业营销活动中重要的环境因素。顾客是企业服务的对象和目标市场，也是营销活动的出发点和归宿。顾客市场一般可以分为六种，如图 6-3 所示。

图 6-3　企业的顾客市场

企业要对上述各类市场顾客的需求特点和购买行为进行分析，以不同的方式提供相应的产品和服务，满足他们不断变化的需求，从而影响企业营销决策的制定和服务能力的形成。

四、竞争者

竞争是商品经济的基本特性，任何一个组织或企业很少能单独为某一顾客市场服务。企业也不能独占市场，在开展业务的过程中必然会面对形形色色的竞争对手。在竞争性的市场上，除来自本行业的竞争外，还有来自代用品生产者、潜在加入者、原材料供应者和购买者等多种力量。企业必须加强对竞争者的研究，只有在满足消费者需求和欲望方面比竞争对手做得更好，才能在顾客心目中强有力地确定其所提供产品的地位，以获取战略优势。

对营销有重要意义的划分方法是从消费需求的角度看，把企业的竞争者分为愿望竞争者、属类竞争者、产品形式竞争者和品牌竞争者。

（一）愿望竞争者

愿望竞争者是指提供不同产品以满足不同需求的竞争者。假设某消费者想买一种交通工具，或者买一台彩色电视机，或者买一台冰箱，因为他目前有这些需要，因此交通工具制造商和电视机、电冰箱制造商就是愿望竞争者。例如，对于交通工具制造商来说，如何促使消费者更多地考虑购买交通工具，而不是首先购买彩电或冰箱，那么在它与电视机、电冰箱制造商之间就存在竞争。

（二）属类竞争者

属类竞争者是指提供能够满足同一种需求的不同产品的竞争者。例如，当人们想休闲娱乐时，可以选择看演唱会、看电视、打游戏、打牌、上网、跳舞等多种方式。这些产品或服务的生产经营者彼此之间就是属类竞争者。所以消费者确定了满足需要的类型之后，可以选择不同的产品来满足同一种类同一层次的需要。

（三）产品形式竞争者

产品形式竞争者是指满足同一需求的同种产品的不同形式之间的竞争者。同一产品，其规格、型号、性能、价格、质量、款式等各方面均有所不同。如选择牛奶饮品，规格有330毫升的、500毫升的、1升的，品种有早餐奶、正餐奶、睡前奶等，口味有原味、草莓味、香蕉味、巧克力味等。消费者需要综合评判后选择自己需要的某一种形式的具体产品。

（四）品牌竞争者

品牌竞争者是指生产相同产品，且规格、型号等也相同或相似的竞争者。品牌竞争者之间的产品相互替代性较高，因而竞争非常激烈，各企业均以培养顾客品牌忠诚度作为争夺顾客的重要手段。比如，同样是原味纯牛奶，有蒙牛、伊利、完达山、辉山、光明等众多品牌相互竞争。

上述不同的竞争对手与企业形成了不同的竞争关系，对组织开展营销活动有着不同的影响，是组织开展营销活动的制约力量。这里还需注意一个问题，就是有些竞争对手是潜在的，这就要求企业在分析竞争对手时，不仅要考虑现有的竞争对手，还要考虑现在不是但将来可能成为竞争对手的潜在竞争者。

五、公众

公众是指对企业实现营销目标的能力有实际或潜在利害关系和影响力的团体或个人。企业对广大公众的态度，会协助或妨碍企业营销活动的正常开展。所有的企业都必须采取积极措施，树立良好的企业形象，力求保持与主要公众之间的良好关系。对市场营销有决定性的公众主要有以下几种。

（一）金融公众

金融公众是指影响企业获得资金能力的金融机构，主要包括银行、投资公司、证券经纪公司、保险公司等。企业可以通过发布年度财务报告，回答关于财务问题的问询，稳健地运用资金，在融资公众中树立信誉。

（二）媒介公众

媒介公众主要是报纸、杂志、广播电台、电视台和网络平台等大众传播媒体。企业必须与媒体组织建立友善关系，争取更多的有利于本企业的新闻、特写乃至社论。

（三）政府公众

政府公众是指负责管理企业营销业务的有关政府机构。企业的发展战略与营销计划，必须和政府的发展计划、产业政策、法律法规保持一致，应注意咨询有关产品安全卫生、广告真实性等法律问题，倡导同业者遵纪守法，向有关部门反映行业的实情，争取立法有利于产业的发展。

（四）社团公众

社团公众包括保护消费者权益的组织、环保组织及其他群众团体等。企业营销活动关系到社会各方面的切身利益，必须密切关注来自社团公众的批评和意见。

（五）社区公众

社区公众是指企业所在地邻近的居民和社区组织。企业必须重视保持与当地公众的良好关系，积极支持社区的重大活动，为社区的发展贡献力量，争取社区公众理解和支持企业的营销活动。

（六）一般公众

一般公众是指上述各种关系公众之外的社会公众。一般公众虽不能有组织地对企业采取行动，但企业形象会影响他们的惠顾。

（七）内部公众

企业的员工，包括高层管理人员和一般职工，都属于内部公众。企业的营销计划需要全体职工的充分理解、支持和具体执行。经常向员工通报有关情况，介绍企业发展计划，发动员工出谋献策，关心职工福利，奖励有功人员，增强内部凝聚力。员工的责任感和满意度必然会传播开来并影响外部公众，从而有利于塑造良好的企业形象。

第三节　宏观市场营销环境

宏观市场营销环境是指对企业营销活动构成间接影响的各种因素和力量，包括人口、经济、自然、政治、法律、科技和文化等因素。宏观市场营销环境的各个要素主要是以间接的形式作用于企业的营销活动，它既可能给企业提供机会，也可能给企业造成威胁。

一、人口环境

市场营销对人口因素极其关注。市场是由具有购买欲望和购买能力的人组成的，有人才能有顾客，而且只要有人就有可能发展成为顾客。人口是影响需求从而形成市场潜在容量的最重要因素之一。因此，人口的分布和结构等因素，就形成了企业市场营销活动的人口环境。著名管理学家德鲁克在他的名著《动荡时代的管理》中曾提出，人口动力可以创造新机会、新市场，且由于各种新政策的需求，会改变企业的信仰和习惯。从人口特征分析中，我们可以把握：①未来消费者的倾向；②可能展现或消退的现实问题；③主要经济变量的变动本质。从影响消费需求的角度看，人口环境分析可以从以下几方面入手。

（一）人口规模和增长速度

一个国家或地区的总人口数量，是衡量市场潜在容量的重要因素。总人口数量越多，潜在的市场规模就越大。人口规模也是影响基本生活消费需求、基础教育需求的决定性因素。在人均购买力水平相当的前提下，人口越多的国家或地区，市场容量必定越大。因此人口规模首先影响市场需求结构。

随着商品化程度的提高，人口规模对市场的影响也会越来越大。人口的增长速度快，也就意味着在一定时期内人口规模增长迅速。虽说较大的人口规模和较快的人口增长速度对企业是一种发展机遇，但过多的人口或过快的人口增长速度也会对资源和环境造成过大压力，反而给企业营销带来威胁。

（二）人口构成

人口构成表现在自然构成和社会构成两方面，前者反映为年龄、性别结构；后者反映为民族、置业、教育程度、家庭等。不同的年龄、性别、民族、置业、教育背景及家庭生命周期的消费者，会产生不同的消费需求和消费方式，从而影响企业的目标市场选择、市场定位和营销组合配置。

▶ 1. 年龄结构

年龄层次不同的人，对市场的需求也是不同的。许多国家尤其是发达国家的人口死亡率普遍下降，平均寿命延长，导致人口老龄化严重。这种人口老龄化趋势，无论对社会还是对企业营销的影响都将是深刻的。在西方发达国家，60 岁以上的人口占总人口的比例达 20％左右，并且这个比例预计会在 2050 年前上升至 33％。从我国第七次全国人口普查数据看，60 岁及以上人口为 26 402 万人，占 18.70％（其中，65 岁

拓展阅读 6-2
中国老年人
消费特征

及以上人口为 19 064 万人，占 13.50％）。与 2010 年相比，60 岁及以上人口的比重上升 5.44 个百分点。人口老龄化程度进一步加深，未来一段时期将持续面临人口长期均衡发展的压力。2021 年 5 月 31 日，中共中央政治局召开会议，会议指出，进一步优化生育政策，实施一对夫妻可以生育三个子女政策及配套支持措施，有利于改善我国人口结构、落实积极应对人口老龄化国家战略、保持我国人力资源禀赋优势。2021 年 8 月 20 日，全国人大常委会会议表决通过了关于修改《人口与计划生育法》的决定，修改后的《人口与计

划生育法》规定，国家提倡适龄婚育、优生优育，一对夫妻可以生育三个子女。但是从"双独二孩"到 2015 年的"单独二孩"，从 2016 年实施"全面二孩"，到 2021 年实施"全面三孩"政策，我国生育政策逐渐放开。我国少儿人口比重回升，生育政策调整取得了积极成效。

由于人口老龄化，一方面市场对摩托车、体育用品等青少年用品的需要日益减少；另一方面，老年人的医疗和保健用品、助听器、眼镜、旅游、娱乐等的市场需要会迅速增加，这就给经营老年人用品的行业如旅游业、旅馆业、娱乐业提供了市场机会。

▶ **2. 民族结构**

人口的民族结构不同，其文化结构也会不同，从而导致不同的消费人群对产品需求各异。各个国家由于所处的历史环境、地理位置不尽相同，表现出来的种族结构也是不同的。我国是一个多民族的国家，不同民族在饮食、居住、服饰、礼仪等方面都有各自的需求特点和风俗习惯，形成了独特的民族市场。因此，企业营销者要重视民族市场的特点，开发适合各民族特性、受其欢迎的产品。

▶ **3. 性别结构**

性别结构有男女之分，不同的性别结构对产品的需求有着明显的差别，反应到市场上就会出现男性用品市场和女性用品市场。在我国市场上，女性通常除了购买自身所需的服装、化妆品等产品外，还负责购买家庭日用品、儿童产品等，所以很多家庭用品和儿童用品也都纳入女性市场，而男性往往是购买大件物品的决策者。

（三）人口地理分布及其流动

▶ **1. 人口的地理分布**

地理分布，是指人口在不同地区的密集程度。人口在地区上的分布关系到市场需求的异同。每个国家或地区人口的分布是不均匀的，地区之间的人口也是经常流动的。比如在我国，南方人喜甜食，北方人喜咸食，西南地区则偏辣味；人口主要集中在东南沿海一带，人口密度也逐渐由东南向西北递减。另外，城市人口集中，尤其是大城市人口密度很大，以"北上广深"为典型代表，与此形成鲜明对比的是农村人口相对分散。

▶ **2. 人口的区域流动**

随着经济的日益发展，除了国家之间、地区之间、城市之间的人口流动外，当前人口流动的现象是：在发达国家，城市人口向农村流动；在发展中国家则是农村人口流向城市。随着交通运输大大发展，城市交通日益拥挤，污染日益严重，人们纷纷从城市迁往郊区，在大城市周围出现了郊区住宅区，而且在郊区住宅区周围出现了郊区的郊区。尤其是在新冠疫情下，越来越多的人在个人计算机、智能手机、宽带接入设备等现代通信设备的辅助下，采用在家办公的方式。城市商业中心区百货商店为了生存和发展，纷纷在郊区购物中心开设分店。对于人口流入地，市场基本需求量增加，消费结构也发生变化，企业营销机会增加；而对于人口流出地，则面临市场萎缩的危险。

（四）家庭规模

家庭规模是指家庭人口的多少，它影响着家庭消费和购买量以及家庭用品的结构等。一个以家长为代表的家庭生活的全过程，也称家庭生命周期，按年龄、婚姻、子女等状况，可划分为以下七个阶段。

（1）未婚期：年轻的单身者。

（2）新婚期：年轻夫妻，没有孩子。

（3）满巢期一：年轻夫妻，有六岁以下的幼童。

（4）满巢期二：年轻夫妻，有六岁和六岁以上的儿童。

（5）满巢期三：年纪较大的夫妻，有已能自立的子女。

（6）空巢期：身边没有孩子的老年夫妻。

（7）孤独期：老人独居。

处于不同阶段的家庭，对产品的需求和构成是有差别的。如新婚夫妇需添置床上用品和各种生活用品，有小孩的家庭需要增置玩具，老年家庭需要增置加保健品。与家庭组成相关的是家庭人数，而家庭平均成员的多少又决定了家庭单位数，即家庭户数的多少。家庭是社会的细胞，也是商品采购和消费的基本单位。一个市场拥有家庭单位和家庭平均成员的多少，以及家庭组成状况等，对市场消费需求的潜量和需求结构，都有十分重要的影响。近年来，我国家庭状况呈现出家庭单位增加、家庭规模小型化的趋势，单亲家庭和单身家庭的比例也在上升，因此家庭生活对日常生活用品和服务的需求也在趋于小型化。

二、经济环境

市场营销的经济环境主要是指社会的购买力。影响购买力水平的因素主要有消费者收入、消费支出、消费者储蓄和信贷等。其中消费者收入是影响社会购买力从而影响企业市场营销的最重要因素。

（一）消费者收入

消费者收入是指消费者个人从各种来源所得的全部收入，包括消费者的个人工资、退休金、红利、租金、赠予等收入。消费者的购买力来自于消费者的收入，但是在日常的生活中，消费者并不是把全部的收入用来购买商品或劳务，购买力只是其中的一部分。由于消费收入并不是全部用于购买商品，对企业营销来说，有必要区分"个人可支配收入"和"个人可任意支配收入"两个不同的收入概念。"个人可支配收入"是指个人收入中扣除税款和非税性负担之后所剩的余额；"个人可任意支配收入"是指在可支配收入中减掉用于购买生活必需品的支出和固定支出后所剩余的部分。其中，个人可任意支配收入的多少是消费者需求变化的最活跃因素，这部分收入越多，消费购买力越强，企业的市场机会就越多。

（二）消费者支出

消费者支出主要指消费者支出模式和消费结构。居民的个人收入和消费之间存在函数关系。对此，德国统计学家恩斯特·恩格尔（Ernst Engel）曾对比利时不同收入水平的家庭进行调查，并于1895年发表了《比利时工人家庭的日常支出：过去和现在》一文，分析收入增加影响消费支出构成的状况，指出随着消费者收入的变化，消费者支出模式也会发生相应的变化，即消费支出构成的比率依照收入的增加而变化。在将支出项目按食物、衣服、房租、燃料、教育、卫生、娱乐等费用分类后，发现收入增加时各项支出比率的变化情况为：食物费所占比率趋向减少，教育、卫生与休闲支出比率迅速上升，这便是恩格尔定律。食物费占总支出的比率，称为恩格尔系数。一般认为，恩格尔系数越大，生活水平越低；反之，恩格尔系数越小，生活水平越高。因此各个国家的恩格尔系数并无可比性。

拓展阅读 6-3
消费结构水平
的五个阶段

研究表明，消费者支出模式与消费结构，不仅与消费者收入有关，而且受以下因素影响：①家庭生命周期所处的阶段；②家庭所在地址与消费品生产、供应状况；③城市化水平；④商品化水平；⑤劳务社会化水平；⑥食物价格指数与消费品价格指数变动是否一致等。近年来，我国消费者的支出中，有越来越多的资金投向了储蓄、证券投资等方面，用于为今后子女上学、购买住房及大件用品做准备。在消费收入一定时，这种支出会使得一定时期内购买力下降，从而在一定程度上影响企业的销售量。因此，企业的市场营销人员只有对某一地区的消费者收入和支出做全面了解，才能正确指导企业的市场营销活动。

（三）消费者储蓄与信贷

消费者储蓄和信贷是影响消费者现时购买力和潜在购买力的重要因素。储蓄是指城乡居民将可任意支配收入的一部分储存待用。储蓄的形式，可以是银行存款，可以是购买债券，也可以是手持现金。较高的储蓄率会推迟现实的消费支出，加大潜在的购买力。我国人均收入水平虽不高，但储蓄率相当高，从银行储蓄存款余额的增长趋势看，国内市场潜量规模甚大。信贷是指金融或商业机构向有一定支付能力的消费者融通资金的行为。主要形式有短期赊销、分期付款、消费贷款等。消费信贷使消费者可通过贷款先取得商品使用权，再按约定期限归还贷款。消费信贷的规模与期限在一定程度上影响着某一时限内现实购买力的大小，也影响着提供信贷的商品的销售量。如购买住宅、汽车及其他昂贵消费品，消费信贷可提前实现这些商品的销售。一般情况下，消费者个人储蓄的增加，会相对减少现时的购买力，但又预示着潜在购买力的增加。而消费信贷的增加，则会刺激消费者现时的购买力。

同时，一个国家的储蓄率也会影响企业的借贷成本。如果一个国家的储蓄率较高，则这个国家的银行就有更多的资金以更低的利息贷款给企业，使企业拥有更多的资金用于企业周转，从而加速企业发展。从世界各国的发展状况来看，发展中国家的储蓄率一般较高，消费信贷不发达。而发达国家的储蓄率一般较低，消费信贷十分发达。

（四）经济发展状况

企业的市场营销活动受一个国家或地区经济发展状况的制约，在经济全球化的条件下，国际经济形势也是企业营销活动的重要影响因素。

▶ **1. 经济发展阶段**

经济发展阶段的高低直接影响企业的市场营销活动。经济发展阶段高的国家和地区，着重投资于较大的精密、自动化程度高、性能好的生产设备；在重视产品基本功能的同时，比较强调款式、性能及特色；大量进行广告宣传及营业推广活动，非价格竞争较占优势；分销途径复杂且广泛，制造商、批发商与零售商的职能逐渐独立，连锁商店的网点增加。美国学者罗斯托（W. W. Rostow）的经济成长阶段理论，把世界各国经济发展归纳为五个阶段：①传统经济社会；②经济起飞前的准备阶段；③经济起飞阶段；④迈向经济成熟阶段；⑤大量消费阶段。处于前三个阶段的国家称为发展中国家，而处于后两个阶段的国家称为发达国家。

▶ 2. 经济形势

国际、国内经济形势，国家、地区乃至全球的经济繁荣与萧条，对企业市场营销都有重要的影响。例如，2020年，新冠疫情这只"黑天鹅"重创全球经济，世界经济陷入深度衰退。2020年全球经济萎缩4.4%，衰退程度甚至超过了2008年爆发的全球经济危机，相当于2009年世界经济危机跌幅的7倍，为20世纪30年代世界经济"大萧条"以来最严重的衰退。由于当时的特殊情况，各国相继采取管制措施，限制人员货物流动，2020年全球货物贸易量下降9.2%。联合国贸易和发展会议发布的《全球投资趋势监测报告》显示，2020年全球外国直接投资(FDI)同比下降42%。美国FDI同比下降50%。疫情对全球产业链形成冲击，尤其对汽车、电子和机械设备等价值链融合程度高的行业影响显著。德国安联集团旗下的贸易信用保险公司对5国约1200家企业进行的调查显示，疫情发生后一度面临供应链中断，约1/5的企业遭遇严重的供应链中断。2020年全球旅游业收入减少9100亿美元。

2019年12月10日，中央经济工作会议在京召开，会议指出，"中国经济稳中向好、长期向好的基本趋势没有变"，然而，2020年年初暴发的疫情让人意想不到，巨大的冲击甚至将经济运行推出了正轨，我国政府及时调整，紧急部署，结合实际情况出台了一系列经济战略部署，为经济复苏带来巨大的变化。受疫情影响，2020年初中国经济受到严重冲击，第一季度经济同比下降6.8%，成为1992年建立季度GDP核算制度后首次季度经济负增长(许宪春，2020)；但随着疫情在较短的时间内得以控制，第二季度迅速恢复正增长；第三季度稳步回升，恢复至4.9%；第四季度实现超预期增长6.5%，甚至超过去年同期0.7%，使得中国2020年全年GDP总量达到2.3%的正增长，中国成为疫情期间少数实现经济正增长的国家之一，同时，在2020年中国GDP总值首次突破100万亿大关，向世界展现了中国的经济实力。

三、自然环境

自然环境主要是指自然界提供给人类各种形式的物质财富，如矿产资源、森林资源、土地资源、人力资源等，这些资源既是营销者所需要的，也是影响营销活动的一些因素。营销管理者应密切注意自然环境变化对人类生活的影响，避免自然环境给企业发展带来的威胁，最大限度地利用环境变化带来的市场营销机会，贯彻落实绿色营销理念，努力将经济效益与环境效益结合起来，保持人与环境的和谐发展，不断改善人类赖以生存的环境。当前自然环境的变化出现了以下一些值得营销人员注意的新趋势。

(一)某些自然资源发生短缺

地球上的资源可分为无限资源、有限可再生资源和有限不可再生资源三种。

首先，无限资源，如空气、阳光等，一般来说目前还没有发生问题。虽然有些环境保护团体已警告人们某些长期性的危险，如臭氧层遭到损害等，但是目前已引起人们关注的是地球上相当一部分地区，发生了水资源的短缺，包括我国在内的许多国家，缺水已成为经济发展的一项重大的制约因素。其次，农产品、林产品、水产品、畜产品等虽属可以再生的资源，但如果人们一旦忽视其得以再生的条件，随时可能因耕地面积的减少、森林的过量采伐、渔业的过度捕捞、草地退化、环境污染等问题损害再生能力而出现短缺。最后，石油、煤炭、铂、锌、银等金属和非金属矿产资源，属于不可再生的资源。其总储量将随着开发利用而相应减少，最后不可避免地趋于耗竭。当这些矿产耗尽之日临近时，对人类的经济、生活将产生严重的影响。需要耗用这些越来越少的矿物以制造产品的工厂，将面临不断增高的成本，而且再也不可能轻而易举地将其转嫁给顾客了。

面对自然资源日益短缺的威胁，人们对能够节省资源耗用的产品和方法，以及稀缺原料的有效代替品的需求也更为迫切，这将成为从事该方面研究和开发工作的企业的良好发展机会。

（二）环境污染程度的日益严重

发达国家工业发展的历史说明：工业发展的过程同时也是环境污染日益增加的过程。环境污染造成的公害已引起公众越来越强烈的关注和谴责。这种动向对一切造成污染的行业和企业构成一种"环境威胁"。一方面，他们在社会舆论压力和政府的干预下不得不采取措施来控制污染；另一方面，这种动向也为生产控制污染设施或不污染环境产品的行业或企业带来新的市场机会。

（三）政府对环境保护的干预日益加强

随着经济发展的需要和科技进步所提供的可能性，许多国家的政府加强了对自然环境的保护，制定了一系列相应的法规。习近平同志精辟地指出："自然是生命之母，人与自然是生命共同体，人类必须敬畏自然、尊重自然、顺应自然、保护自然。"[①]习近平同志在党的十九大报告中提出的"树立和践行绿水青山就是金山银山的理念，坚持节约资源和保护环境的基本国策"成为新时代中国特色社会主义生态文明建设的思想和基本方略。

进入新时代以来，我国生态环境质量持续好转，出现了稳中向好趋势，但任务依然艰巨。当前，生态环境质量差、污染物排放量大、生态受损严重、环境风险突出，与全面建成小康社会的要求差距较大。城市环境空气质量达标率仍然较低，工业、燃煤、机动车"三大污染源"治理依然艰难。部分区域流域污染仍然较重，水资源紧缺的矛盾日趋紧张。土壤污染状况已经影响到了耕地质量、食品安全和国民健康。

自然环境一方面制约着企业营销活动，另一方面也为企业提供了开发未来的旅游市场、交通运输市场、能源市场、环境市场等新兴市场的巨大商机。如果企业能巧加利用，其独特的经济效益和社会效益则会是相当可观的。

（四）对新能源的开发与利用

近年来，随着传统能源供需失衡矛盾的日益加剧，世界各国纷纷加大对新能源的开发与利用，这些新能源包括核能、太阳能、生物质能、海洋能、地热能、氢能和风能等。

我国能源发展和改革主要集中在能源消费总量控制、煤炭清洁高效利用、大力发展清洁能源以及能源体制改革方面。我国将加快建设安全、清洁、高效、低碳的现代能源体系，首要任务是控制煤炭消费，加强煤炭清洁利用，适度发展现代煤化工产业。根据《2021年能源工作指导意见》，2021年全年中国能源消费总量52.4亿吨标准煤，煤炭消费量占能源消费总量的56.0%，比上年下降0.9个百分点。2021年我国深入推进煤炭消费总量控制，加强散煤治理，推动煤炭清洁高效利用；积极推广综合能源服务，着力加强能效管理，加快充换电基础设施建设，因地制宜推进实施电能替代，大力推进以电代煤和以电代油，有序推进以电代气，提升终端用能电气化水平。

---

① 习近平：在纪念马克思诞辰200周年大会上的讲话．［EB/OL］．（2018-05-04）［2023-05-20］．https：//www.gov.cn/xinwen/2018-05/04/content_5288061.htm.

四、政治法律环境

政治法律环境是由法律、政府机构和在社会上对各种组织及个人有影响和制约的压力集团构成的，是影响企业营销的重要的宏观环境因素。政治因素调节着企业营销活动的方向，法律因素则为企业规定营销活动的行为准则。政治与法律相互联系，共同对企业的市场营销活动发挥影响和作用。

（一）政治环境

政治环境是指企业市场营销活动的外部政治形势和状况及国家方针政策的变化对市场营销活动带来的或可能带来的影响，它往往是企业市场营销活动必须遵循的准则。企业的营销活动是整个社会经济活动的组成部分，不可避免地会受到政治法律环境的影响和制约。从国内来看，主要是指国家的方针、政策、法令、法规及其调整变化对行业和市场的影响。从国际上来看，主要是指国际惯例、国际法以及政治冲突对企业营销活动的影响。它对营销活动的影响主要体现在以下几方面。

▶ 1. 政治体制和经济管理体制

从宏观角度来看，与企业密切相关的问题在于政府机构是否精简，政府行为是否规范、是否符合企业的发展方向、政企是否分开。例如，在经济体制改革之前我国的企业可以说是政府的附属物，没有太大的自主权，而进入市场经济后才真正成为独立的市场主体，自主经营、自负盈亏。

▶ 2. 政府的方针政策

国家的方针、政策可引导市场需求，调节资源的分配与供给，影响产品的生产与销售。例如在医药行业，药品作为一种特殊产品与人们的生命健康息息相关，所以政府对药品的宏观指导甚至管制非常多。可以说，制药行业必须通过 GMP 认证，药品的经营企业必须通过 GSP 达标后，药品才能进入医院进行招标，否则药品是很难进入医院进行销售的。

▶ 3. 政治局势

政治局势是指企业营销所处国家或地区的政治稳定情况。一个国家的政局是否稳定会给企业营销活动带来重大的影响。如果政局稳定，就会给企业形成良好的营销环境。否则，政局不稳，社会矛盾尖锐，秩序混乱，既会影响经济的发展，也会影响消费者的购买力。

（二）法律环境

法律环境是指国家或地方政府颁布的各项法规、法令和条例等，对企业来说，法律是评判企业营销活动的准则。只有依法进行各种营销活动，才能受到国家法律的有效保护。近几年来，为了健全法制，加强法治，适应经济体制改革和对外开放的需要，我国陆续制定和颁布了一系列经济法律法规，如《产品质量法》《食品卫生法》《商标法》《价格法》《反不正当竞争法》《广告法》《消费者权益保护法》《专利法》《中小企业促进法》《电子签名法》《商业特许经营管理条例》《反倾销条例》《零售商供应商公平交易管理办法》《禁止价格欺诈行为的规定》《网络交易监督管理办法》《非金融机构支付服务管理办法》《电子认证服务密码管理办法》《关于加快流通领域电子商务发展的意见》《网络商品交易及有关服务行为管理暂行办法》《电子商务法》等。

课程思政

企业在营销活动中，必须遵守我国的各项法律法规。同时，随着经济全球化和我国经济的快速增长，我国很多企业正在"走出去"，在国际上的影响力日益增大。因此，企业面向国际市场时，必须了解并遵循出口国政府颁布的有关经营、贸易、投资等方面的法律法规，如进口限制、税收管制及有关外汇管理制度等，树立企业的正面形象。

近年来，我国致力于制订和实施"互联网＋"行动计划，推动移动互联网、云计算、大数据、物联网等与现代制造业结合，促进电子商务、工业互联网和互联网金融健康发展，引导互联网企业拓展国际市场。国家已设立 400 亿元新兴产业创业投资引导基金，要整合筹措更多资金，为产业创新加油助力。由此"互联网＋"正式上升为国家战略。"互联网＋"战略的提出将会迅速推动互联网与传统行业的融合，由此带动产业升级和创新，而"互联网＋"理念也势必成为互联网、移动互联网等科技创新技术与传统行业深度融合的催化剂，这对于传统企业的发展具有重要的指导意义。

五、科学技术环境

科学技术是社会生产力新的和最活跃的因素，是第一生产力，科技的发展对经济发展有巨大的影响，作为营销环境的一部分，科技环境不仅影响企业的内部生产和经营，还同时与其他因素相互依赖、相互作用，特别是与经济环境、文化环境关系更密切，尤其是新技术革命，既会给企业的营销活动带来机会，又会带来威胁。例如，一种新技术的应用，可以为企业创造一个明星产品，产生巨大的经济效益；也可以迫使企业的一种成功的传统产品，不得不退出市场。新技术的应用，会引起企业市场营销策略的变化，也会引起企业经营管理的变化，还会改变零售商业业态结构和消费者的购买习惯。

▶ 1. 新科学技术引起企业经营管理的变化

新技术革命为企业的高效率管理提供了物质基础，并迫使企业转变传统的管理观念。近几年来，互联网和移动网络的普及推动了以云计算、物联网、大数据为代表的新一代信息技术的飞跃发展，促进了电子商务与实体经济的融合。在传统产业与虚拟经济、网络经济全面结合的情况下，一些企业已经在经营管理中使用云计算、大数据等新技术，这对于改善企业资源配置、提升企业经营管理水平具有很大的促进作用。[①]

▶ 2. 科学技术引起商业结构和购买习惯的变化

科学技术的不断发展和技术环境的不断改变，使人们的工作和生活方式发生了重大的转变。网络零售发展迅速，不断压缩传统零售业的市场份额，使零售商业结构和消费者购物习惯生产巨大改变。

据《中国电子商务报告（2020）》数据统计，2020 年全国电子商务交易额达 37.21 万亿元，年均增长率为 9.3%，其中网上零售额 11.76 万亿元，年均增长率为 22.9%。新冠肺炎疫情发生以来，网络零售市场保持平稳增长势头，2020 年全国网上零售额同比增长 10.9%，实物商品网上零售额同比增长 14.8%，占社会消费品零售额的比重为 24.9%，

---

① KOTLER P, KARTAJAYA H, SETIAWAN I. Marketing 4.0：Move from traditional to digital［M］. New York：Wiley, 2016：33-35.

比 2019 年提高 4.2 个百分点，成为消费市场的稳定器。截至 2020 年 12 月，我国网民规模已超过 9.89 亿人，互联网普及率达 70.4％；电子商务从业人员达 6 015.33 万人。2020 年网络零售对社会消费品零售总额增长的贡献率达 49.8％，电子商务在促消费、稳外贸、助扶贫、扩就业，以及带动产业数字化转型等方面做出了积极贡献，成为稳定经济增长和高质量发展的重要动能。

▶ 3. 理论成功转化为产品的间隔已大大缩短

由于技术本身的巨大进步，理论成功转化为应用产品的间隔已大大缩短。一方面，新技术的产生给某些创新性企业带来了新的市场机会，促进新行业的诞生和发展；另一方面，新技术作为一种"创造性的毁灭力量"，给某些行业的企业造成严重的冲击，不断威胁其生存和发展。例如新能源汽车性能的不断完善，对传统汽车构成了巨大威胁。福特将在未来 5 年内投资 45 亿美元用于研发新能源汽车，奔驰于 2022 年停产停售传统燃油车，未来将只提供混合动力和纯电动版车型。此外，林肯、捷豹、路虎、大众等也相继宣布旗下车型将全面进入电动化。在中国，美团每天有 2 000 万份订单，要靠 60 万个外卖员配送，高峰期一小时要进行 29 亿次路径规划。美团所依靠的就是自己开发的一套叫作"超脑"的人工智能管理系统。

拓展阅读 6-4
微信支付
便利购物

六、社会文化环境

社会文化是人类在创造物质财富过程中所积累的精神财富的总和，它集中体现了一个国家的文明程度，是人类创造社会历史的发展水平、程度和质量的状态。作为一个历史范畴，社会文化主要是指一个国家、地区的民族特征、价值观念、生活方式、风俗习惯、宗教信仰、伦理道德、教育水平、语言文字等的总和。在宏观环境的诸多因素中，它不像其他因素那样显而易见，但却无时无刻不影响着企业的市场营销活动。营销者必须了解人们对待自己、他人、组织、社会、自然的观点，以制造符合社会核心和价值的产品，以满足消费者的需求。对社会文化环境影响比较大的主要有以下几个方面。

（一）教育水平

习近平同志指出："教育兴则国家兴，教育强则国家强。高等教育是一个国家发展水平和发展潜力的重要标志。"[①]教育水平不仅影响劳动者的收入水平，而且影响着消费者对商品的鉴别力，影响消费者心理、购买的理性程度和消费结构，从而影响着企业营销策略的制定和实施。一般而言，受教育程度高的消费者往往因从事良好职业而具有较高的购买力，他们对于新产品的鉴别能力和接受能力较强，购买时理性程度较高，对产品的质量和品牌比较挑剔，有的还有个性化要求；教育程度低的消费者对产品要求低，在接受广告信息方面偏向于图案、颜色和声响。

（二）宗教信仰

人类的生存活动充满了对幸福、安全的向往和追求，在生产力低下、人们对自然现象和社会现象迷惑不解的时期，这种追求容易带着盲目崇拜的宗教色彩。沿袭下来的宗教色

---

① 习近平. 在北京大学师生座谈会上的讲话[EB/OL]. (2018-05-03)[2023-05-20]. 人民网.

彩逐渐形成一种模式，影响着人们的消费行为。如佛教徒不杀生、重素食善行等。

（三）价值观念

价值观念指人们对社会生活中各种事物的态度和看法。习近平同志指出："价值观是人类在认识、改造自然和社会的过程中产生与发挥作用的。"[①]不同的文化背景下，价值观念差异很大，影响着消费需求和购买行为。对于不同的价值观念，营销管理者应研究并采取不同的营销策略。例如，在一些发达国家，人们工作紧张生活节奏快，所以速溶咖啡、快餐、一分钟米饭等快速食品很受欢迎。但是，在一些经济不发达的发展中国家，人们不太重视时间，对快速食品就不一定能接受。他们宁愿买普通的咖啡慢慢地煮，也不会去买速溶咖啡；宁可自己动手洗衣服，也不愿意买洗衣机。大多数瑞士妇女认为整理房间、洗衣服等家务劳动是妇女的本分，所以不愿使用那些减轻家务劳动的电器设备；而许多美国妇女不愿被家务劳动所束缚，更热衷于请钟点工，以节省时间参加社交活动。

（四）消费习俗

消费习俗是历代传递下来的一种消费方式，是风俗习惯的一项重要内容，在饮食、服饰、居住、婚丧、节日、人情往来等方面都表现出独特的心理特征和行为方式。也包含着与市场营销紧密相关的许多重要信息。我国的春节，过去家家都要做新衣裳，会买很多肉，现在则以娱乐和休闲而代之。

拓展阅读 6-5
世界杯吉祥物

（五）消费流行

消费行为是指由于社会文化多方面的影响，在一定时期和范围内，使消费者产生共同的审美观念、生活方式和情趣爱好，从而导致社会需求的一致性。以服饰、家电及某些保健品的表现最为突出，消费流行具有如下两个明显特征。

（1）消费流行在时间上有一定的稳定性，但有长有短，有的可能是几年，有的可能是几个月。

（2）消费流行在空间上具有一定的地域性，在同一时间内，不同地区流行的商品品种、款式、型号、颜色可能不尽相同。

第四节　环境分析与营销对策

一、市场营销环境分析的意义

（一）市场营销环境分析是企业营销活动的基础

企业的市场营销活动是在复杂的市场环境中进行的。社会生产力水平、技术进步变化的趋势、消费者需求结构的改变、国家一定时期的政治经济政策等，都直接或间接地影响着企业的生产经营活动。成功的企业经营者，都十分注重市场营销环境调查与分析。忽视

---

① 习近平. 习近平谈治国理政（第一卷）[M]. 北京：外文出版社，2014：345-346.

市场营销环境分析，通常会使企业生产经营活动遭受影响和冲击。因此，企业只有密切地对营销环境进行调查、预测和分析，才能确定适当的生产经营战略，并相应调整企业的组织机构和管理体制，使之与变化的市场环境相适应。

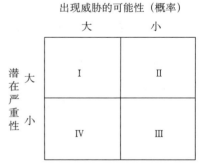

拓展阅读 6-6
可口可乐适应
市场环境

（二）市场营销环境分析利于企业寻求新的市场营销机会

市场营销环境中的环境威胁和营销机会恰似一枚硬币的两面，一面的存在以另一面的存在为前提，且在一定条件下可以相互转化。如果企业不注重市场环境的分析，它所失去的不仅是新的市场营销机会，而且可能遭到变化了的市场环境的威胁；如果对环境威胁十分重视，积极地寻求规避威胁的对策，不仅可能消除威胁，而且极有可能将威胁转化为企业发展的新机遇。例如，人类面临着日益严重的资源危机，对于某些高能耗的企业来说，这是一个威胁。但是，如果企业能够开发出低能耗的、利用可再生资源的替代品，这无疑会为企业的大发展提供良机。

（三）市场营销环境分析为企业科学决策提供了依据

企业的生产经营活动要受到各种环境因素的制约，企业的内部条件、外界的市场环境与企业经营目标的动态平衡，是科学决策的必要条件。在风云变幻的营销环境和激烈的市场竞争中，优胜劣汰是市场经济的基本规律。企业的各种活动与决策都应当具备一定的科学性，这种科学性主要来源于对市场营销环境的客观分析。企业只有认真分析自身的内部条件和外部的市场环境，充分了解自己所拥有的实力，才能找出自己的优势和不足，明确它们能够为企业带来哪些相对有利条件以及企业可能面临的环境威胁，从而为企业的科学决策提供充分的客观依据，促使企业在生产经营过程中的资源得到最优配置，确保企业在激烈的市场竞争中立于不败之地。

二、环境威胁分析与营销对策

（一）环境威胁的含义

环境威胁是指对企业组织营销活动不利或限制企业组织营销活动发展的因素。这种环境威胁，一般表现为两方面：一方面，环境因素直接威胁企业的营销活动，如政府颁布的有关药品生产经营等方面的法律，诸如 GMP，它对医药企业生产和经营就构成了威胁；另一方面，企业的目标、任务及资源同环境机会相矛盾，如因为西药的成本增加、毒副作用越来越明显，所以人们对中药的需求增加。

（二）环境威胁分析与评价

对环境威胁的分析，一般着眼于两方面：一是分析威胁的潜在严重性，即影响程度；二是分析威胁出现的可能性，即出现概率。企业可采用"威胁分析矩阵图"来进行分析、评价，如图 6-4 所示。

区域Ⅰ：潜在严重性和出现威胁的可能性均大，一旦出现，将会给企业造成极大的利益损失，应予以高度重视。

区域Ⅱ：潜在严重性大，出现威胁的可能性小，但一旦出现，也会给企业造成较大的利益损失，因而不可

出现威胁的可能性（概率）	
大	小
Ⅰ	Ⅱ
Ⅳ	Ⅲ

潜在严重性 大 小

图 6-4　威胁分析矩阵图

掉以轻心。

区域Ⅲ：潜在严重性小，出现威胁的可能性也小，一般不构成对企业的威胁，是最佳的市场营销环境。

区域Ⅳ：潜在严重性小，出现威胁的可能性大，出现以后对企业造成的损失虽小，但也应加以注意。

（三）企业面对环境威胁应采取的策略

▶ **1. 反抗策略**

企业采取措施限制或扭转不利因素的发展，这是应对环境威胁最积极的策略，运用得当，可以变不利为有利，化威胁为机会。

▶ **2. 减轻策略**

对于一些无法扭转的环境威胁，企业可通过调整市场营销组合来适应环境的变化，以减轻环境威胁的严重性，这是最主要的规避风险的方法。

拓展阅读 6-7
变不利为有利

▶ **3. 转移策略**

如果行业中面临的环境威胁危及整个行业的发展，而且企业又无法扭转和减轻，企业就必须对目前的经营方向等重大问题进行审定，做出决策，退出或部分退出目前的经营领域，寻找新的发展机会。例如，美国的烟草公司由于当局对吸烟的限制日益增多而纷纷转向其他产业，如酒类、软饮料和冷冻食品等，从而保证了企业的兴旺发达。

三、市场机会分析及识别

（一）市场机会的含义

市场机会是指对企业营销活动富有吸引力的领域，在这些领域，企业拥有竞争优势。环境机会对不同企业有不同的影响力，企业在每一特定的市场机会中成功的概率，取决于其业务实力是否与该行业所需要的成功条件相符合，如企业是否具备实现营销目标所必需的资源，企业是否能比竞争者利用同一市场机会获得较大的"差别利益"。

（二）市场机会分析与评价

市场机会分析主要考虑其潜在的吸引力（盈利性）和成功的可能性（企业优势）大小，可采用"机会分析矩阵图"来进行分析、评价，如图 6-5 所示。

区域Ⅰ：是最好的营销环境机会，其潜在的吸引力和成功的可能性都很大，企业应抓住和利用这一机会，谋求发展。

区域Ⅱ：潜在的吸引力大，而成功的可能性小。企业应设法找出成功可能性低的原因，然后设法扭转不利因素，使企业自身条件加以改善。

区域Ⅲ：潜在吸引力小，而成功的可能性也小。一般无机会可言。

区域Ⅳ：潜在吸引力小，而成功的可能性大。对中小企业来说，可积极加以利用，而

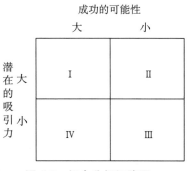

图 6-5 机会分析矩阵图

对大型企业来说，应观察其发展变化趋势。

（三）市场机会的识别

对市场机会的分析，还必须深入分析机会的性质，以便企业寻找对自身发展最有利的市场机会。

▶ 1. 环境市场机会与企业市场机会

前者是环境变化而带来的市场机会。这种机会既可以为企业所利用，又可以为相关行业中的各企业所用。后者是指与本企业的目标和任务相一致，有利于发挥企业优势的市场机会。企业要善于从环境机会的分析中，寻找和发现企业机会来发展企业的业务。

▶ 2. 行业市场机会与边缘市场机会

前者是指导企业业务经营领域内的市场机会；后者是指可能延伸到其他行业中去，而又与本行业交叉、结合部分的市场机会，如电视机与计算机显示器的结合等。一般说来，边缘市场机会的业务，进入难度要大于行业市场机会的业务，但行业与行业之间的边缘地带，有时会存在市场空隙，企业在发展中也可用以发挥自身的优势。

▶ 3. 目前市场机会与未来市场机会

从环境变化的动态性来分析，企业既要注意发现目前环境变化中的市场机会，也要面对未来，预测未来可能出现的大量需求或大多数人的消费倾向，发现和把握未来的市场机会。

▶ 4. 显性机会和隐性机会

较明显的、易发现的表面机会，固然是企业必须注重的，如当前农村市场、老年人市场等。而有些隐藏于其他因素之中的潜在机会的发现，更会为企业带来新的发展。例如，私人轿车市场的发展，必将带来街边停车计价器、防盗方向盘锁等相关产品的需求，进而带来生产这些产品的原材料及建造停车场所需材料的需求等。

四、机会和威胁的综合分析与营销对策

（一）综合分析

综合分析是指将市场机会和环境威胁结合起来，用以确定在既定的环境条件下，企业所面临的环境机会和环境威胁。用上述矩阵法分析、评价营销环境，可能出现四种不同的结果，综合评价如图 6-6 所示。

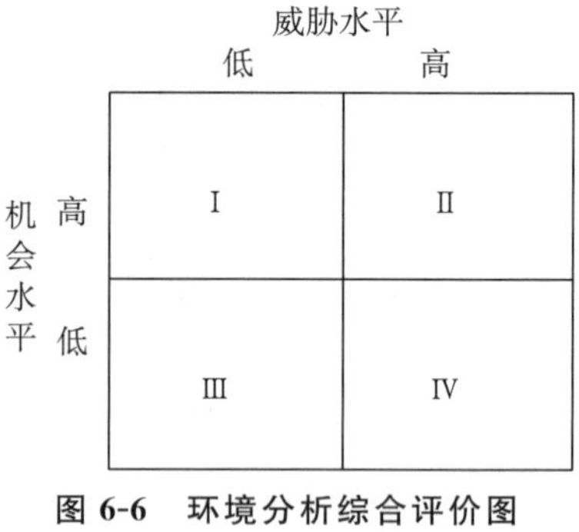

区域 Ⅰ：高机会、低威胁的理想环境、理想业务。

区域 Ⅱ：高机会、高威胁的冒险环境、冒险业务。

区域 Ⅲ：低机会、低威胁的成熟环境、成熟业务。

区域 Ⅳ：低机会、高威胁的困难环境、困难业务。

图 6-6　环境分析综合评价图

（二）营销对策

在环境分析与评价的基础上，企业对威胁与机会水平不等的各种营销业务，要分别采取不同的对策。

▶ 1. 理想业务

理想业务即高机会和低威胁的业务。对于理想业务，企业应看到机会难得，甚至转瞬

即逝，因此，企业必须抓住机会，迅速行动；否则，将后悔莫及。

▶ **2. 冒险业务**

冒险业务即高机会和高威胁的业务。对于冒险业务，企业既不能盲目冒进，也不能迟疑不决，而应全面分析自身优势和劣势，扬长避短，创造条件，争取突破性的发展。

▶ **3. 成熟业务**

成熟业务即低机会和低威胁的业务。对于成熟业务，企业要么不进入，要么将其作为常规业务用于维持企业的正常运转，并为开展理想业务和冒险业务准备必要的条件。

▶ **4. 困难业务**

困难业务即低机会和高威胁的业务。对于困难业务，企业不要进入；已经进入的企业，要么努力改变环境走出困境或减轻威胁，要么立即转移以摆脱无法扭转的困境。

▎复习思考题▎

1. 市场营销环境有哪些特点？分析市场营销环境的意义何在？
2. 微观市场营销环境由哪些方面构成？竞争者、消费者对企业营销活动发生何种影响？
3. 宏观市场营销环境包括哪些因素？各有何特点？
4. 消费者支出结构变化对企业营销活动有何影响？
5. 结合我国实际说明法律环境对整个营销活动的重要影响。
6. 市场环境分析方法有哪些？用其中某一种方法剖析一个营销实例。

▎案例分析训练▎

大商集团的转变

总部位于大连的大商集团组建于 1995 年，是中国百货业第一大公司、中国百强企业。大商集团以"创建享誉世界的大公司"为理想，以"无限发展、无微不至"为经营理念。大商旗下的 300 家大中型店铺遍布全国 15 个省份的 80 多个城市，店铺网点布设覆盖东北、华北及西部地区。

然而，这样的局面来之不易。几年前，实体零售业就已经感受到了寒冬。一方面，随着电商行业的发展，网络购物越来越便捷，消费者的购物习惯发生了变化，电商平台的销售额不断攀升，具有代表性的"双十一"购物节的销售额屡创新高。与此同时，实体百货业则增长乏力。另一方面，各项成本如租金、人力成本等不断上涨，压缩了企业的盈利空间。从行业的角度看，实体零售业在经历一段时间的高速发展后，行业内竞争日趋激烈，不少地区出现了同质化竞争加剧的局面，这进一步缩小了企业的盈利空间。2013 年以后，大商集团西安新玛特购物广场宣布关闭，大商集团抚顺将军店关闭，大商集团新玛特洛阳总店关闭，这反映出传统百货行业的利润率在下降。在传统零售业增长乏力的大背景下，一批零售企业进入电商领域以求发展，典型的有苏宁云商，它通过发展线上业务取得了一定的效果。

大商集团于 2014 年上线了自己的电商平台——大商天狗网，启动了数字化改革。在经历了多次尝试之后，大商天狗网逐步明晰了数字化改造的方向。大商天狗网总经理表示："实际上我们只有通过对私域流量的挖掘和运营，才能真正建立起一个投入成本和收益合理，可以持续的商业共享生态。"天狗网基于企业微信，通过线下服务首先建立起导购与顾客的链接，再通过导购与顾客售前售后持续的信息互通和服务互通，来逐步强化这个链接，从而建立起稳固的私域用户池。在这样的模式之下，自然也会带来门店销售的增量。这部分增量可以量化，并且其中的收益可以由导购、平台、品牌、门店共同分享，从而实现四方获利。

2020 年 2 月，供 C 端用户线上下单的小程序"大商天狗"上线，通过打通这个小程序与企业微信的分享功能，导购用企业微信分发优惠券、商品链接，消费者可直接在微信小程序商城下单，服务更直接，也真正实现了门店、商城同时卖货。"大商天狗"小程序覆盖了 200 家实体门店的 10 万名导购、26 327 个供应商专柜，引流销售达到 1.8 亿元。

此外，大商集团积极涉足直播领域。小程序直播是目前大商天狗逐渐跑通的新模式。大商天狗为这项应用场景组建了一个 20 多人的直播运营团队，帮助直播模式在各门店落地。根据职能和区域，这个团队的职责被进行了更细致的划分。在横向职能上，运营团队的工作被分为五个部分，对应负责营销引流、直播间运营、主播培养、直播商品管理及会员服务；在纵向职能上，运营团队被分为五个小组，分别负责集团所覆盖区域市场的直播业务对接工作。目前，大商天狗的小程序直播收到了很好的效果。虽然单程直播的观看量往往在 1 000 以内，低于电商直播，但是它的交易转化率比电商直播高。基于微信释放出来的传播能力，大商天狗在短短半年时间内就实现了线上销售增量。据悉，自 2019 年 4 月以来，大商集团开始在全集团范围内推广直播带货。截至 2019 年 6 月，直播带动了 3 000 万元的销售额，2019 年 9—10 月，直播所带来的销售额保持在单月过亿元的水平。大商集团通过小程序实现的日均在线交易峰值超过 4 000 万元。

2020 年新型冠状病毒感染疫情期间，线下客流骤减，直播间担负起了吸引客流、提高商场曝光度的任务，大商集团全国 180 多家门店，每天进行的直播场次达 100~200 场。顾客通过商场提供的二维码、导购在企业微信群内分享的直播小程序链接、官方小程序内的直播推荐等线上线下渠道，都能接收到商场的直播链接。

大商集团在数字化改革方面进行了大胆的尝试，结合自身的优势做了一系列努力。大商集团在 2019 年度中国零售百强排名中位列第五，销售规模达 3 280 亿元，仅次于天猫、京东、拼多多和苏宁。难能可贵的是，大商集团的业绩是在我国经济增速波动和百货商店受到电商严峻挑战的大背景下取得的。大商集团能否突破重围，实现长久稳定的发展，在一定程度上取决于集团能否正确分析市场营销环境，能否对营销环境的变化做出合理的反应，能否发挥自身优势、弥补自身不足。

资料来源：根据大商集团官网(http://www.dsjt.com/)资料整理.

分析与思考：

1. 结合生活实际和案例中的内容分析大商集团的市场营销环境。
2. 哪些营销环境因素发生了变化？大商集团相应做出了哪些改变？
3. 利用 SWOT 矩阵列出大商集团的优势、劣势、机会、威胁。

在线自测

扫描封底刮刮卡　获取答题权限

第七章　市场营销调研与预测

学习目标

1. 列举市场营销调研的类型和范围；
2. 区分市场营销预测的类型；
3. 学会运用市场营销调研方法；
4. 运用定性和定量方法进行市场营销预测。

引例

洗衣液新品在市场上获得巨大成功

上海某市场研究公司为深入了解中国居民的洗衣习惯，曾展开了一次全国性的市场调查，调查在六大城市进行。这六大城市的选点具有明显的中国东、西、南、北、中的不同地域特征。在实际调查中，每个城市选择了数百户居民进行入户访问，要求被访者在试用洗衣液新品的同时详细描述洗衣过程，为了不遗漏最小的细节，还实地观察实录被访者的洗衣方法。在样本选择时，要求样本居民分布于平房、多层、高层等不同居住环境，以全面了解因居住环境和洗衣设备不同而导致洗衣习惯的差异。根据调查结果，有关公司摄制了广告片，在画面上再现了不同地区居民洗衣的实景，令每一位家庭主妇倍感亲切，产生对新品洗衣液的认同和好感。这一品牌的洗衣液最终在市场上获得了巨大的成功。

资料来源：开展市场调查，为企业营销决策提供依据［EB/OL］.［2023-04-10］. https：//wenku. baidu. com/view/3663162ecfc789eb172dc86d. html？＿wkts＿＝1691029960811.

第一节　市场营销调研概述

一、市场营销调研的含义和作用

（一）市场营销调研的含义

市场营销调研就是运用科学的方法，有系统、有目的地收集市场营销方面的信息，记录、整理和分析市场情况，了解市场的现状及其发展趋势，为市场预测提供客观、正确的资料，它是市场预测的基础和依据。市场营销调研与市场调查两者互相联系又互相区别。市场调查主要是通过各种调查方式与方法，系统地收集有关商品产、供、销的数据与资料，进行必要的整理和分析，如实反映市场供求与竞争的情况；而市场营销调研则是在市场调查的基础上，运用科学的方法，对所获得的数据与资料进行系统、深入的分析研究，从而得出合乎客观事物发展规律的结论。

（二）市场营销调研的作用

市场情况瞬息万变，环境变化难以预测，没有进行调研的市场决策是具有很大风险的。

▶ **1. 市场营销调研可帮助企业发现市场机会**

每一商品和服务都有自己的生命周期。随着市场的变化，一些新的产品和服务会流行起来，而另一些产品和服务则会退出市场。激烈的竞争给企业进入市场带来困难，同时也为企业创造出许多机遇。通过市场营销调研，可以确定产品的潜在市场需求和销售量的大小，了解消费者的消费倾向、购买行为等，据此进行市场细分，进而确定其目标市场，分析市场的销售形势和竞争态势，作为发现市场机会、确定企业发展方向的依据。

▶ **2. 市场营销调研是企业经营决策和预测的基础**

现代企业管理的中心在经营，经营的重点在决策。要管理好一个企业，必须管理它的未来，而管理未来就是管理信息。信息是一切经营管理决策的前提。只有通过市场调研收集比较全面和可靠的信息，并对信息做出科学而比较接近实际的分析，企业才能据此对市场变化趋势做出科学的预测，才能准确无误地制定经营战略与计划，减少失误，把风险控制在最低限度。

▶ **3. 市场营销调研是企业制定市场营销组合策略的依据**

市场的情况错综复杂，有时难以推理，有时现象会掩盖问题的本质。例如，空调产品在南京地区销售很好，可在昆明却销售不畅。通过市场营销调研得知是两个地方气候差异所致。只有找到原因，才能制定出产品策略。又如，产品的价格不仅取决于产品的成本，还受供求关系、竞争对手价格等多因素的影响。随着市场变化，产品的价格是瞬息万变的。通过市场营销调研，企业可以及时地掌握市场上产品的价格态势，灵活调整价格策略。再如，产品打入市场时，能否制定出切实有效的促销策略至关重要，销售渠道是否畅通无阻同样重要。这一切都需要通过市场营销调研来提供市场信息，作为企业制定营销组合策略的依据。

▶ **4. 市场营销调研有利于企业提高市场营销管理水平和增强竞争能力**

只有通过市场才能对企业经营的好坏和经济效益的高低进行检验。市场调研是企业整个市场营销活动不可逾越的出发点，是认识和了解市场的一种有效方法。企业通过对市场营销环境和市场需求的调研，可取得市场营销活动的信息资料，进行分析研究，使企业自觉地运用各种营销手段，制定正确的市场营销策略。通过对营销策略执行过程和效果的调研分析，能掌握其营销方针、计划的执行情况，及时发现问题，吸取经验教训，不断提高市场营销水平。同时，通过市场调研，可掌握本企业服务对象的特征和市场占有情况，了解主要竞争对手在市场营销四大要素方面的方法和策略，知己知彼，取长补短，在市场竞争中占据优势，以增强本企业的竞争能力。因此，搞好市场营销调研，对改善经营管理，增强企业竞争力，提高经济效益具有十分重要的意义。

随着全球经济的发展以及经济不稳定因素的增多，市场营销调研对于改进企业经营管理的作用日益显著。这是因为：①现代企业的销售市场更加广阔，企业产品国际市场的形成，意味着买主越来越多，更加需要市场营销调研来传递信息；②随着收入水平的提高，消费者手中可自由支配的收入有增长趋势，除基本需求之外产生了多种多样的爱好和需求，而产品生命周期日趋缩短，企业只有依靠市场营销调研，才能持续不断地获取这些需求变化的信息；③市场竞争状况日趋复杂，竞争者之间的价格竞争更多地转化为非价格竞争，新产品的开发、产品及包装的改进、服务的完备，以及促销手段的百般变化等，企业必须通过市场调研获得有关竞争者的大量信息，才能为自己制定最有力的营销措施；④科学技术的发展，为企业创新产品和改进产品，满足市场多变的需求提供了条件，但同时也增加了企业的投资风险，依靠市场营销调研和预测，可以把这种风险控制在最低限度；⑤市场营销学在其发展过程中，与社会学、心理学、统计学、数学密切结合，已形成一门理论完善的应用学科，企业的经营战略要有更高的系统性和科学性，必须依靠市场营销调研取得大量准确的数据资料。

二、市场营销调研的类型

市场营销调研从不同的角度可以分成不同的类型。

（一）按照调研样本产生的方式分类

▶ 1. 全面调查

全面调查是对市场调查指标有关的总体进行调查，即对所要认识的研究对象全体进行逐一的、普遍的、全面的调查。全国性的普查是最常见的全面调查。

▶ 2. 重点调查

重点调查是调查对象总体中选定一部分重点单位进行调查。所谓重点单位，是指在总体中处于十分重要地位的单位，或者在总体某项标志问题中占绝大比例的一些单位。

▶ 3. 典型调查

典型调查是在调查对象总体中有意识地选择一些具有典型意义或具有代表性的单位进行专门调查。

▶ 4. 抽样调查

抽样调查是指从市场调查对象总体中抽取一部分子体作为样本进行调查，然后根据样本信息，推算市场总体情况的方法。

（二）按照营销调研的组织形式分类

▶ 1. 专项调查

专项调查是指受某个客户的委托针对某些问题进行一次性的调查，即从给定的总体中一次性地抽取样本进行调查，并且只从样本中获取一次性信息的调查形式。专项调查可以采用定量调查方法，也可以采用定性调查方法。

▶ 2. 连续性调查

连续性调查是指对一个（或多个）固定样组进行定期的、重复的调查。样本中的被调查对象（人或单位）一般不随调查时间的变化而变化。例如消费者固定样组或其他固定样本调查，连续的跟踪研究和品牌测量，零售扫描研究，连续的媒介研究等，都属于连续性调查。

▶ 3. 搭车调查

搭车调查是指多个客户共同利用一个样本进行调查。根据各个客户搭车调查问题的个数和类型，来决定客户的费用。一般有搭车调查业务的调查公司，每年实施搭车调查的时

拓展阅读 7-1
第七次人口普查

拓展阅读 7-2
四川省县城渔业
经济重点调查

拓展阅读 7-3
农民工典型调查

间和价格都是固定的，例如每月实施一次或每周实施一次。由于搭车调查的实施一般都是定期的，因此经常将搭车调查归入连续性调查类，但是要注意的是，搭车调查每次所用的样本是可变的。

（三）按营销调研的性质和目的分类

▶ 1. 探测性调查

探测性调查是为了界定问题的性质以及更好地理解问题的环境而进行的小规模的调查活动。探测性调查特别有助于把一个大而模糊的问题表达为小而精确的子问题以使问题更明确，并识别出需要进一步调查的信息（通常以具体的假设形式出现）。

▶ 2. 描述性调查

描述性调查是指调查人员事先对所需调查的问题有所了解，但缺乏完整、深入、具体的认识时所采用的一种准确性描述，使相关人员对之有比较全面了解和正确认识的调查方法。描述性调查寻求对"谁""什么""什么时候""哪里"和"怎样"这样一些问题的回答。不像探测性调查，描述性调查基于对调查问题性质的一些预先理解。尽管调查人员对问题已经有了一定理解，但对决定行动方案必需的事实性问题做出回答的结论性证据，仍需要收集。

描述性调查可以满足一系列的调查目标，描述某类群体的特点，决定不同消费者群体之间在需要、态度、行为、意见等方面的差异，识别行业的市场份额和市场潜力等，是非常常见的描述性调查。

▶ 3. 因果性调查

因果性调查是调查一个变量是否引起或决定另一个变量的研究，目的是识别变量间的因果关系。

在因果性调查中，一般对要解释的关系有一种期望，如预期价格、包装、广告花费等对销售额有影响。这样，研究人员对研究课题必须要有相当的知识，理想的状况是研究人员能估计一种事件（如店内展示）是产生另一种事件（销售量的增加）的手段。因果性调查试图认定当我们做一种事情时，另一种事情会接着发生。

▶ 4. 预测性调查

预测性调查是对未来市场供求变化的趋势或企业生产经营的前景进行估计。它所回答的问题就是"未来市场前景如何"，其目的在于预测未来一定时期内某一环境的因素变动趋势及其对企业市场营销活动的影响。

一般而言，预测性调查是以因果关系调查的结果为基础，通过因果关系调查，建立起事物之间的因果关系或者数字模型。这类调查很受企业的欢迎，没有关于市场未来变化的信息作依据，企业制定的营销方案就失去了科学的基础。可以说，预测性调查对企业的生存与发展具有重要意义。

（四）按照市场营销调研项目分类

▶ 1. 单项目市场调研

单项目市场调研是指为了解决某一方面的问题而进行的专项市场调查，通常只涉及一个目标，一种产品，一个项目的市场调查。

▶ 2. 多项目市场调研

多项目市场调研是指为了系统地了解市场供求或企业经营中的各种情况和问题而进行

的综合性调查，包括多目标、多商品、多项目调研。

三、市场营销调研的步骤

市场营销调研是一项复杂、细致的工作，涉及面很广，因此在调研活动中，事先建立一整套科学的工作程序及步骤，是提高调研工作效率、保障调研质量的重要前提。不同类型市场营销调研的步骤都要按照其调研内容的繁简，精确程度，调研的时间、地点、预算、手段以及调研人员的素质等条件具体确定。但一般来说，大致都要经过市场营销调研准备阶段、调研实施阶段和结果处理阶段。

（一）调研准备阶段

这个阶段主要解决调研目的、范围和方式等问题，根据调研的目的和规模，建立相应的组织机构，进行合理的分工，明确各自的责任，并制订出切实可行的调研计划。具体工作步骤如下。

（1）确定调研目标，拟订调研项目。

（2）确定收集资料的范围和方式。

（3）设计调研表和抽样方式。

（4）制订调研计划。

（二）调研实施阶段

这个阶段是整个市场调研过程中最关键的阶段，对调研工作能否满足准确、及时、完整及节约等基本要求有直接的影响。这一阶段的主要任务就是组织调研人员深入实际，系统地收集各种资料数据，它是市场营销调研的主体和成败的关键。因此，调查收集的资料必须满足完整、系统、真实的要求。

▶ 1. 对调研人员进行培训

让调研人员理解调研计划，掌握调研技术以及同调研目标有关的经济知识。

▶ 2. 实地调研

实地调研即调研人员按计划规定的时间、地点及方法具体地收集有关资料，不仅要收集现有资料，而且要收集原始资料。实地调研的质量取决于调研人员的素质、责任心和组织管理的科学性。

收集的资料一般有两种类型：原始资料和现有资料。

（1）原始资料，即调研人员通过现场的实际调研所收集的第一手资料。实地调研应根据调研的目的和现象的特点，选择恰当的方法，主要包括访问调查、观察调查、实验调查等方法，也可将多种方法有机结合，会收到相对满意的效果。

（2）现有资料，即由他人收集、整理的资料。其中包括：企业内部资料，如企业内部的各种记录、统计报表、财务报表、报告、用户来函等；企业外部资料，主要包括政府机关、金融机构、统计部门、咨询机构等所提供的资料，图书、文献、报纸、杂志上刊登的有关资料，同行业间的情报交流资料，推销采购人员提供的市场情况等。

（三）结果处理阶段

结果处理阶段是整个调研工作的最后一环，也是市场调研能否充分发挥作用的关键一环。它包括资料的整理分析、编写市场调研报告和追踪与反馈。

▶ **1. 资料的整理与分析**

市场调研所获得的资料，大多数是分散、零星的，某些资料还可能是片面的、不准确的，必须系统地加以整理分析，以便取得真实的、能反映问题本质的资料。整理分析工作主要包括以下三方面。

（1）资料的审核、订正。即对调研所得的资料，要审查其是否全面，是否充分，是否存在误差，是否有遗漏或重复之处，数据和情况是否相互矛盾，是否有可比性，是否有不完整的答案，以及是否有调研人员自己加入的见解等。一经发现问题，应及时复查核实，予以订正、删改和补充，力求材料的真实可靠。

（2）分类汇总。凡经核实订正的资料，应按照调研提纲的要求，进行分类汇总。对资料的分类，要注意研究不同类别资料的差异性和同一类别资料的相同性，还要注意宜细不宜粗，有利于把被调研者方面的反映都包括进去，从而可以更好地发挥情报作用。为了便于归档查找和使用，还应编制有关的统计表或统计图。使用计算机处理数据，要增加卡片打孔过程，把数据信息变换为代码打在卡片上。

（3）综合分析。对大量资料进行综合分析，研究市场活动的情况及其发展变化规律，找出客观事物的矛盾及其内在联系，从中得出合乎实际的结论。对资料的分析，可以运用多种统计方法，以便能有效地进行对比。

▶ **2. 编写调研报告**

调研报告是对调研结果所作的书面报告，是市场调研的最终总结。编写一份有分析、有说服力的调研报告，是市场调研最后阶段最主要的工作。市场调研报告一般由引言、正文、结论及附件四部分组成。其基本内容包括开展调研的目的、被调研单位的基本情况、所调研问题的事实材料、调研分析过程的说明及调研的结论和建议等。

▶ **3. 追踪与反馈**

虽然已经提出了调研的结论和建议，但调研过程尚未就此完结，应继续了解其结论是否被重视和采纳，采纳的程度和采纳后的实际效果以及调研结论与市场发展是否一致等，以便积累经验，不断改进和提高调研工作的质量。

四、市场营销调研的方法

（一）文案调研法

▶ **1. 文案调研法的含义**

文案调研又称第二手资料调研或文献调研，它是指查询和阅读可以获得（通常是已出版的）与研究项目有关资料的过程。

文案调研与其他调研方法相比，所获得的信息资料较多，获取也较方便、容易，无论是从企业内部还是企业外部，收集过程所花的时间短而且调研费用也低。但由于第二手资料原是为其他目的而收集的，因此在使用于某个特定的目的时常有一定的局限性。具体表现在以下三方面。

（1）资料在原来收集时选用的方法（样本、资料、工具）、时间等与当前项目的要求存在差别。

（2）大多数的文案资料都是支离破碎的，并不常常都能满足各企业个别研究的需要，有些资料时效可能早已丧失。

（3）某些第二手资料在印刷、翻印、转载、翻译的过程中，有时会以讹传讹，造成很大的谬误。

▶ **2. 文案调研的资料来源**

第二手资料的来源非常广泛，它存在于各种相关的资料里，调研者要从现存的资料堆里去发掘对本策划有用的资料。一般从企业角度讲，第二手资料可分为内部资料和外部资料。

（1）内部资料的收集。企业内部资料是经过常规性收集整理后存于企业内部的资料，既包括企业生产经营方面的资料，也包括企业收集到的市场环境方面的资料。具体包括经营与营销方面、生产方面、产品设计技术方面、财务方面、物资供应方面、顾客方面、市场容量方面、竞争者方面、分销渠道方面、宏观环境方面等。

（2）外部资料的收集。外部资料按其来源可分为几大类：国际组织和政府资料、行业内部资料、图书馆和各种研究机构、文献目录与行业名录等。

（二）实地调研法

文案调研虽然可以获得较多的资料和信息，但所得到的多是二手资料，没有对市场或消费者的需求产生直接的感性认识，就是说没有从市场上直接获得有关资料和信息，因此所得到的不是策划所需的全部资料。要弥补文案调研的不足，就需要进行实地调研。

实地调研的主要功能就是收集有关的第一手资料（或原始资料），收集的方法大致有以下两种。

▶ **1. 观察法**

观察法是通过跟踪、记录被调查事物的行为痕迹来取得第一手资料的调查方法。这种方法是市场调研人员直接到市场或某些现场（商品展销会、订货会、商品博览会、商店等），采用耳听、眼看的方式或借助某些摄录设备和仪器，跟踪、记录被调查者的活动、行为和有关事物的特点，来获取某些重要的市场信息。

拓展阅读 7-4
观察法的用途

在观察中，要运用技巧，从中取得深入的、有价值的资料，同时要详细、完整地做好观察记录，以便得出准确的调查结论。

▶ **2. 询问法**

询问法也称访问法，是市场调查中一种广泛使用，同时也是使用得最多的获取第一手资料的方法。询问法是指通过询问调查的方式，向被调查者了解并收集市场情况和信息资料。询问法包含多种具体的调查方法，根据调查人员同被调查者接触方式的不同，可以分为个人访问、邮寄（信函）调查、电话调查等。

（1）个人访问。个人访问或称面谈调查，是指访问者通过面对面地询问和观察被访问者而获取市场信息的方法。它是市场调研中最通用和最灵活的一种调查方法。访问中要事先设计好问卷或调查提纲，调查者可以依问题顺序提问，也可以围绕调查问题自由交谈。在谈话中要注意做好记录，以便事后整理分析。个人访问的交谈方式，可以采用个人面谈、小组面谈和集体面谈等多种形式，既可安排一次面谈，也可以进行多次面谈，这要根据调查的目的、时间、费用情况来加以选择。个人访问的优点在于直接性、灵活性、可观察性、准确性。但是个人访问也有一些明显的缺点，如成本高，时间长，受调查者的影响，个人访问的成功与调查员的业务水平、表达能力、工作责任感等有很大关系。为了获得良好的面谈效果，还要注意访问时选用不同的询问方式。一般来讲，个人访问有自由回答、倾向性询问和限定选择三种方式。

（2）邮寄调查。邮寄调查也称信函调查，是指用邮寄的方法将印制好的调查问卷寄给被选中的调查对象，由其根据要求回答填写后再寄回，也是收集信息的一种调查方法。

邮寄问卷调查的优点在于调查的空间范围广，调查者受干扰因素较小，费用较低，应答者对问题的回答更确切。但是邮寄调查的不足之处也很明显，如问卷的回收率低、所花的时间长、调查结果的失真度高等。

采用邮寄调查，要增加问卷的回收率，必须注意问卷的设计以及采用一些技巧和方法。

在调查问卷的设计上，对比法是常用的方法之一，即把调查对象中同一类型不同品种的商品，每两个配成一对，由调查者进行对比，在调查表的有关栏内填上规定的符号。评价量表法，即借助图表表示若干评价尺度，由被调查者按要求在图表上打上相应的符号，形成评价量表。同时为了增加邮寄问卷的回收率，可以采用如下方法和技巧：附上信封、邮票，尽量避免使用有吸引力的邮票或使用挂号信，尽可能地使用普通信封，以利于手写地址。

此外，在设计邮寄问卷时，对提出的问题要便于回答，便于汇总。问题要少，篇幅要短，以免占用答卷者时间过多而使其失去兴趣。要求回答的问题最好采用画圈、打钩等方式选择，避免书写过多。同时，在邮寄问卷所附说明信中，应给答卷者提供三方面的信息：调查问卷的目的；为什么选择他/她；为什么他/她应该回答问卷。适当标明做调查的机构及调查者的身份、地位，以增强问卷的感染力。

（3）电话调查。电话调查是指通过电话询问的方式从被调查者那里获取信息的调查方法。电话调查主要是在企业之间，如信息中心、调研咨询公司等借助电话向企业了解商品供求信息以及价格信息等。也可通过电话向消费者家庭进行询问调查。这可以通过电话簿，进行随机抽样，打电话调查市场供求情况。

电话调查的优点是调查费用低，时间也相当短，同时可以保持询问过程或对被调查者控制的统一性，并可通过缩小调查员的主观影响而减少调查结果可能产生的偏差。

（4）留置调查。留置调查是将调查问卷当面交给被调查者，说明填写的要求，请被调查者自行填写，由调查者定期收回的一种调查方法。这是介于个人访问法与邮寄调查法之间的一种调查方法，可以消除面谈法和邮寄法的一些不足。其优点是调查问卷回收率高。

由于是当面送交问卷，可以说明填写要求和方法，澄清疑问，因此可以减少误差，控制收回时间，提高回收率。同时，被调查者有充分的时间来考虑问题，不受调查人员的影响，能做出比较准确的回答。

（三）实验调研法

实验调研法是指在调研过程中，调研人员通过改变某些变量的值而保持其他变量不变，以此来衡量这些变量的影响效果，从而取得市场信息第一手资料的调查方法。实验法对于研究变量之间的因果关系很有效。常用的实验调研法有两种形式：实验室实验法和市场试销。

▶ 1. 实验室实验法

实验室实验法是市场调研人员人为地模拟一个场景，选择一两组消费者进行购买或回答有关问题，然后导入变量，让他们再度购买或回答问题，根据收集到的资料数量确定实验处理的结果。

▶ 2. 市场试销法

市场试销法是指企业的产品进入某一特定地区（通常是小规模市场）进行实验性销售。在市场试销时，产品只在有限的范围和有代表性的测试单位内销售，并衡量销售结果。

第二节　市场营销预测

一、市场营销预测的概念及分类

市场营销预测是指通过对市场营销信息的分析和研究，寻找市场营销的变化规律，并以此规律去推断未来的过程。市场营销预测方法很多，可以分为定性预测和定量预测两大类。在市场营销预测实际工作中，往往要求将两类方法结合运用。

二、市场营销预测的内容

（一）市场需求潜量的预测

市场需求潜量是指在一定时期和特定区域内，全体买方对某项商品的最大可能购买量。通过对市场需求潜量的预测，企业就有可能掌握市场的发展动态，以便合理地组织自己的经营活动，如确定目标市场、筹措资金、订购原料、规划生产等。

（二）企业销售的预测

企业销售预测是企业对生产的各种产品销售前景的判定，包括对销售的品种、规格、价格、销售量、销售额、销售利润及其变化的预测。通过销售预测，可以了解消费者需求的新动向，从而研究和开拓市场。它是企业制定和实施价格策略、选择分销渠道和销售促进策略的重要依据。

（三）市场占有率的预测

它是指预测本企业所经营的商品销售量在整个市场商品销售总量中所占的比例。从市场占有率增加或减少的预测中可以判断市场需求、市场竞争和企业经营发展状况，从而采用相应的市场竞争策略，保证企业经营方向的正确。

（四）企业所需资源的预测

企业经营需要的资源主要是物质资源。通过对所需资源的预测，可以对资源的市场供应状况及其变化趋势、降低资源消耗的可能性、资源的价格变化、代用材料发展状况等进行准确判断，以便企业根据自身能力，合理地进行生产布局，搞好新产品开发和老产品改造等工作。

三、市场营销预测的方法

市场营销预测方法是指在全面、系统、准确地占有有关资料的基础上，对预测目标进行定性分析和定量预测的各种方法的总称。市场预测可以分为定性预测和定量预测，其中定量预测方法又分为时间序列预测法和因果关系分析预测法两种。

（一）定性预测法

定性预测主要是依靠预测者个人的专门知识、经验和直观材料，对市场发展做出分析判断，以确定未来市场发展的趋势、性质和程度。它是以市场调研为基础的经验判断法。定性预测的具体方法主要有对比类推法、专家预测法、集合意见法和购买意见法。

▶ 1. 对比类推法

对比类推法就是把预测对象与其他相似的事物放在一起，通过相互对照来推断、预测对象未来的发展变化趋势。对比类推法根据类推目标的不同，可以分为地区类推法和产品类推法。

（1）地区类推法。在同一时期内，不同国家或地区之间的经济发展水平是不同的。一般而言，发达国家或地区的发展状况与生活方式对欠发达国家或地区有着很大的影响，所以，在一定条件下，欠发达国家或地区会出现发达国家或地区曾经出现的现象。地区类推法就是依据其他国家或地区曾经发生过的事件来进行类推。例如，根据发达国家的某些产品的市场生命周期，在很大程度上可以类比推断这些产品在欠发达国家的市场生命周期。

（2）产品类推法。这种对比类推是指有许多产品在功能、构造技术等各个方面都具有一定的相似性，因而这些产品的市场发展规律往往又会呈现出某种相似性，人们就利用产品的这种相似性来进行类推。例如，随着生活水平的不断提高，人们越发注重自身的美感，特别是形体美。那么针对这种情况，一些厂商就会生产减肥茶、减肥药、减肥食品等。如果这些产品能够被消费者所接受，并得到欢迎，那么就可以预测到其他类似的减肥产品也能受到消费者的欢迎。

▶ 2. 专家预测法

专家预测法又称专家意见法，是指根据市场预测的目的和要求，向有关专家提供一些背景资料，请他们就市场未来的发展趋势做出判断。专家预测法在具体的运用过程当中，有两种基本形式：专家会议法和德尔菲法（又称专家小组法）。

（1）专家会议法。专家会议法就是指邀请有关方面的专家，通过共同讨论的形式，达成共识，做出预测。这种方法的优点是能够充分发挥专家的智慧，寻求预测的依据，之后做出理智的判断。但是，会场的气氛会对与会者的心理状态等产生影响，从而影响最后预测结果的准确性。

（2）德尔菲法。德尔菲法是由预测组织者以通信的形式向专家直接征询意见，之后将各位专家的第一次书面意见加以综合后再一次寄给专家，在收到专家的回信后，将他们的意见分类统计、归纳，再将结果反馈给他们，供他们做进一步的分析判断，最后提出新的估计。如此反复，直到获得比较一致的意见为止。

拓展阅读 7-5
某公司新产品的
销售量预测

▶ 3. 集合意见法

集合意见法又称集体经验判断法，是指企业领导人集合企业内外各方面人员，尤其是经营管理人员，在过去和日常经营的基础之上，进行座谈讨论，相互交换意见，共同研究，对市场发展趋势进行预测。这种方法的程序是：首先，让每个与会者自由发表见解；然后，通过讨论找出预测的依据；最后，由预测的组织者综合大家的意见，进行分析权衡，从而做出预测。

这种预测方法的具体做法是：假设第 i 位预测者（$i=1$，2，3，$\cdots$，n）给出的预测值为 F_{ij}，其中 $j=1$ 表示预测最高值，$j=2$ 表示预测最可能值，$j=3$ 表示预测最低值。最高预测值给出的概率是 P_1，最可能值给出的概率是 P_2，最低值给出的概率是 P_3。

于是第 i 位预测者的预测值为

$$F_i = \sum_{i=1}^{n} P_j F_{ij}, \quad j=1, 2, 3$$

若第 i 位预测者的意见权重为 W_i（$i=1$，2，$\cdots$，n），则最终预测结果为

$$F_i = \sum_{i=1}^{n} W_i F_j, \quad j=1, 2, 3$$

拓展阅读 7-6
某连锁超市糖果
销售量的预测

▶ 4. 购买意见法

购买意见法又称用户意见法，就是通过一定的调查方法调查一部分或全部潜在的购买者未来的购买量，由此预测出市场未来的需求量。可以通过直接上门调查、打电话调查等形式，听取用户的购买意向和了解购买力水平。应用这一方法对生产资料和耐用消费品的预测较非耐用品精确，这是因为对非耐用消费品的购买意向容易受到多种因素的影响而发生变化。这种方法也比较适用于本企业固有协作关系的老顾客，能做出比较准确的预测结论。但是这种预测方法对某种具体品牌的产品缺乏指导意义，因此具有一定的局限性。

[案例 7-1]

某公司音响设备销售量的预测

某公司要预测某市下半年音响设备的销售量，故对该市居民进行音响设备购买意向调查，该市居民为 12 万户，选取样本 300 户。

首先，公司把消费者的购买意向分为不同等级，用相应的概率来描述其购买可能性大小，即"肯定购买"，购买概率是 100%；"可能购买"，购买概率是 80%；"未确定"，购买概率是 50%；"可能不买"，购买概率是 20%；"肯定不买"，购买概率为 0。

其次，公司向被调查者说明本公司音响设备的性能、特点、价格，市场上同类商品的性能、价格等情况，以便使购买者能准确地做出选择判断，并请被调查者明确购买意向，即属于上面五种购买意向中的哪一种。

再次，假设对所有样本进行调查结果如下：肯定购买 4 户，可能购买 10 户，未确定 20 户，可能不买有 110 户，肯定不买 156 户，则可以得到购买比例的期望值 E。

$$E = \frac{\sum P_i X_i}{\sum X_i} = \frac{4 \times 100\% + 10 \times 80\% + 20 \times 50\% + 110 \times 20\% + 156 \times 0}{300} = 14.7\%$$

式中，P_i 为不同购买意向的概率值；X_i 为不同购买意向的户数。

最后，购买量预测公式为：

$$Y = N \times E = 12 \times 14.7\% = 1.764（万件）$$

式中，N 为预测范围内总户数；E 为购买比例的期望值。

（二）定量预测方法

▶ 1. 时间序列预测法

时间序列预测法是一种历史资料延伸预测，也称历史引申预测法，是以时间数列所能

反映的社会经济现象的发展过程和规律性，进行引申外推，预测其发展趋势的方法。时间序列，也叫时间数列、历史复数或动态数列。它是将某种统计指标的数值，按时间先后顺序排列所形成的数列。时间序列预测法就是通过编制和分析时间序列，根据时间序列所反映的发展过程、方向和趋势，进行类推或延伸，借以预测下一段时间或以后若干年内可能达到的水平。其内容包括：收集与整理某种社会现象的历史资料；对这些资料进行检查鉴别，排成数列；分析时间数列，从中寻找该社会现象随时间变化而变化的规律，得出一定的模式；以此模式去预测该社会现象将来的情况。根据对资料分析方法的不同，可以分为以下几种预测方法。

（1）简易平均预测法。简易平均预测法常用的有算术平均法、几何平均法和加权平均法。

① 算术平均法。算术平均法是以观察期数据之和除以求和时使用的数据个数（或资料期数），求得平均数进行预测的方法。其公式为：

$$\overline{X} = \frac{(x_1 + x_2 + x_3 + \cdots + x_n)}{n}$$

式中，x_n 表示第 n 个观察期的观察值。

运用算术平均法求平均数，有两种形式。第一种形式，以最后一年的每月平均值或数年的每月平均值，作为次年的每月预测值。为了确定合理的误差，用公式估计出预测的标准差。按公式计算某种可靠程度要求时的预测区间。第二种形式，以观察期的每月平均值作为预测期对应月份的预测值。

当时间序列资料在年度内变动显著或呈季节性变化时，若用第一种方法求平均值进行预测，势必影响预测值的精确度，同时也不能反映出年度内不同月、季的情况。

② 几何平均法。几何平均法是运用几何平均数求出预测目标的发展速度。它是将观察期 n 个环比速度资料数相乘，开 n 次方，所得的 n 次方根。根据几何平均数建立预测模型进行预测。其计算公式为：

$$\overline{X} = \sqrt[n]{x_1 x_2 x_3 \cdots x_n}$$

③加权平均法。加权平均法是在求平均数时，根据观察期各资料重要性的不同，分别给以不同的权数后加以平均的方法。其特点是：所求得的平均数已包含了长期趋势变动。其计算公式为：

$$\overline{X} = \frac{x_1 f_1 + x_2 f_2 + x_3 f_3 + \cdots + x_n f_n}{n}$$

式中，f_n 表示第 n 个观察期的权数。

（2）移动平均预测法。移动平均法是按相等的时间间隔和顺序对时间序列数据依次计算平均数，并把计算结果排成新的动态数列，根据预测对象的变化规律，进行定量预测的方法。移动平均法能够部分地消除事物变化的随机波动，起到修匀历史数据和揭示事物变动趋势的作用。其计算公式为：

$$M_{t+1} = \sum X/n$$

式中，M_{t+1} 表示 $t+1$ 期的预测值；n 表示移动资料期数；X 表示观察期数据。

例：某厂 5～8 月的实际销售额分别为 380 万元、420 万元、360 万元和 340 万元。如果 $n=3$，则 9 月的预计销售额 $M=(420+360+340)/3=373.33$（万元）。

（3）指数平滑预测法。指数平滑法也称指数移动平均法和指数修匀法，它是采用上一期的预测值和实际值，用指数加权的办法进行预测。这种方法只要有上一期的实际数和上期预测值，就能够计算出下一期的预测值，比较简便。

指数平滑法的计算公式为：

$$F_{t+1} = \alpha X_t + (1-\alpha)F_t$$

式中，F_t 表示第 t 观察期的预测值；F_{t+1} 表示第 $t+1$ 观察期的预测值；X_t 表示第 t 观察期的实际观察值；α 表示平滑系数，并且 $0 \leqslant \alpha \leqslant 1$。

（4）季节指数预测法。季节变动是指某些市场现象由于受自然气候、生产条件、生活习惯等因素的影响，在一定时间中随季节的变化而呈现出周期性的变化规律。例如，农副产品受自然气候影响，形成市场供应量的季节性变动；节日商品、礼品性商品受民间传统的影响，其销售量也具有明显的季节变动现象。

季节变动的主要特点是：每年都重复出现，各年同月（或季）具有相同的变动方向，变动幅度一般相差不大。因此，研究市场现象的季节变动，收集时间序列的资料一般应以月（或季）为单位，并且至少需要有 3 年或 3 年以上的各月（或季）的市场现象资料，才能观察到季节变动的一般规律性。

季节指数预测法是根据预测目标各年按月（或季）编制的时间数列资料，以统计方法测定出反映季节变动规律的季节指数，并利用季节指数进行预测的预测方法。测定季节指数的方法大体有两类。一类是不考虑长期趋势的影响，直接根据原时间数列计算季节指数；另一是考虑长期趋势的存在，先将长期趋势消除，然后计算季节指数。这里仅介绍不考虑长期趋势影响的季节指数预测法的应用。

如果时间数列没有明显的长期变动趋势，就可以假设其不存在长期趋势，直接对时间数列中各年同月（或季）的实际值加以平均，再将各年同月（或季）的平均数与各年的总平均数进行比较，求出季节指数，或将各年同月（或季）的平均数与各年的总平均数相减，求出季节变差，最后通过季节指数或季节变差计算出预测值。

▶ **2. 因果关系分析预测法**

因果关系分析预测法是基于市场营销活动中存在的各种变量之间的因果关系而提出的。它从社会经济现象之间所具有的因果关系入手，通过统计分析建立数学模型，并据此进行定量预测。这种方法的可靠性比较强，预测精度较高。但也有一定的局限性，主要表现在模型所描述的经济结构关系不能完全等同于未来的经济结构关系，故模型的应变性较差。因果关系分析预测法主要包括一元线性回归、多元线性回归、一元非线性回归等多种模型，本书只讨论一元线性回归法和多元线性回归法。

（1）一元线性回归法。一元线性回归法是指只有一个自变量的变动对因变量产生的影响，而且两者之间的关系可用回归直线来表示：

$$y = a + bx$$

式中，y 是因变量；x 为自变量，即引起市场变化的某影响因素；a、b 为回归系数，为两个待定参数，其中 a 是截距，b 为斜率，a 与 b 的数值可用最小二乘法求解。

求解公式为：

$$a = \sum y/n - b\sum x/n$$

$$b = (n\sum xy - \sum x \sum y)/\{n\sum x^2 - (\sum x)^2\}$$

[案例 7-2]

某产品销售量的一元线性回归预测

某地区居民 20×3—20×6 年人均年收入与某企业生产的某种产品的年销售量如表 7-1 所示，并且当 20×7 年居民人均年收入为 3 万元时，用一元线性回归法预测 20×7 年该产品的销售量。

表 7-1　某地区居民年均收入和某种产品年销售表

年　份	人均年收入 x/万元	x^2	年销售量 y/万件	xy
20×3	2.0	4.00	80	160
20×4	2.2	4.84	90	198
20×5	2.5	6.25	100	250
20×6	2.8	7.84	110	308
$\sum$	9.5	22.93	380	916

根据上述公式，得：$b=36.7$，$a=7.75$。

据此建立的预测模型为

$$y_i = 7.75 + 36.7x$$

当 2017 年居民人均年收入为 3 万元时，该企业的年销售量预测值为

$$y_i = 7.75 + 36.7 \times 3 = 117.85（万件）$$

（2）多元线性回归法。多元线性回归法是指在利用统计资料进行多元回归分析的基础上，通过建立多元回归预测方程，用两个及两个以上已知的变量来估算预测对象。多元回归分析与一元回归分析基本相同，只是表达式和计算都较为复杂。其计算公式为：

$$y = a + b_1 x_1 + b_2 x_2 + \cdots + b_i x_i$$

式中，y 为因变量；x_i 为变量；a 为回归系数；b_i 为回归系数。

下面以二元线性回归模型为例进行分析。二元线性回归模型的公式为：

$$y = a + b_1 x_1 + b_2 x_2$$

利用最小二乘法可以求得 3 个标准方程式，即分别对 a、b_1、b_2 求偏导数，并令函数的一阶导数等于 0。可得到如下 3 个标准方程式：

$$\sum y = na + b_1 \sum x_1 + b_2 \sum x_2$$

$$\sum x_1 y = a \sum x_1 + b_1 \sum x_1^2 + b_2 \sum x_1 x_2$$

$$\sum x_2 y = a \sum x_2 + b_1 \sum x_1 x_2 + b_2 \sum x_2^2$$

解上列 3 个方程式，将 y、x_1、x_2、$x_1 y$、$x_2 y$、x_1^2、x_2^2、$x_1 x_2$ 各项数值之和代入 3 个方程式进行运算，求出 3 个参数 a、b_1、b_2 的数值。最后将参数代入多元方程式，即进行预测。

▎复习思考题 ▎

1. 市场营销调研的含义和作用分别是什么？
2. 市场营销调研的步骤是什么？
3. 市场营销调研有哪些方法？
4. 什么是市场预测？它的作用是什么？
5. 市场预测有哪几种类型？
6. 市场预测可采用的方法有哪些？

▎案例分析训练 ▎

三家公司的不同调查方法

一、环球时间公司的市场调查

日本服装业之首的环球时间公司是日本有代表性的大型企业，是由 20 世纪 60 年代创业的小型企业发展而来的，主要靠的是掌握第一手"活情报"。它在全日本 81 个城市中顾客集中的车站、繁华街道开设"侦探性"专营店，陈列公司所有产品，给顾客以综合印象，售货员的主要任务是观察顾客的采购动向。事业部每周安排一天时间全员出动，3 个人一组，5 个人一群，分散到各地调查，有的甚至到竞争对手的商店观察顾客情绪，向售货员了解情况，找店主聊天，调查结束后，当晚回到公司进行讨论，分析顾客消费动向，提出改进工作的新措施。全日本经销该公司时装的专营店和兼营店均制有顾客登记卡，详细地记载每个顾客的年龄、性别、体重、身高、体型、肤色、发色，使用什么化妆品，常去哪家理发店以及兴趣、爱好、健康状况、家庭成员、家庭收入、现时穿着及家中存衣的详细情况。这些卡片通过信息网络储存在公司信息中心，只要根据卡片就能判断顾客眼下想买什么时装，今后有可能添置什么时装。试探式销售调查，使环球时间公司迅速扩张，且利润率之高，连日本最大的企业丰田汽车公司也被它抛在后面。

二、柯达公司的市场调查

以彩色感光技术著称的柯达公司，产品有 3 万多种，市场遍布全球各地，其成功的关键是新产品研制，而新产品研制的成功取决于该公司采取的反复市场调查方式。以蝶式相机问世为例，这种相机投产前，经过了反复调查。首先由市场开拓部提出新产品的意见，意见来自市场调查，如用户认为最想要的照相机是怎样的、重量和尺码多大最适合、什么样的胶卷最便于安装、携带，等等。根据调查结果，设计出理想的相机模型，提交生产部门对照设备能力、零件配套、生产成本和技术力量等因素考虑是否投产，如果不行，就要重订和修改。如此反复，直到造出样机。样机出来后进行第二次市场调查，检查样机与消费者的期望还有何差距，根据消费者意见，再加以改进，然后进入第三次市场调查。将改进的样机交消费者使用，在得到大多数消费者的肯定和欢迎之后，交工厂试产。试产品出来后，由市场开拓部进一步调查新产品有何优缺点、适合哪些人使用、市场潜在销售量有多大、定什么样的价格才能符合多数家庭购买力。诸如此类问题调查清楚后，才正式投产。经过反复调查，蝶式相机一经推向市场便大受欢迎。

三、澳大利亚某出版公司的网络问卷

澳大利亚某出版公司曾计划向亚洲推出一本畅销书，但是不能确定用哪一种语言，在哪一个国家推出，后来决定在一家著名网站做一下市场调研。方法是请人将这本书的精彩章节和片断翻译成多种亚洲语言，然后刊载在网上，看一看究竟用哪一种语言翻译的摘要内容最受欢迎。过了一段时间，他们发现，网络用户访问最多的网页是用中国的简体汉字和朝鲜文字翻译的摘要内容。于是他们跟踪一些留有电子邮件地址的网上读者，请他们谈谈对本书摘要内容的反馈意见，结果大受称赞。于是该出版公司决定在中国和韩国推出这本书。书出版以后，受到了读者普遍欢迎，获得了可观的经济效益

资料来源：杨勇. 市场调查与预测[M]. 北京：机械工业出版社，2016

分析与思考：

上述三个公司的市场调查方法分别是什么？对你有何启示？

▎在线自测 ▎

扫描封底刮刮卡　获取答题权限

第八章　目标市场营销战略

学习目标

1. 解释市场细分、目标市场及市场定位的概念；
2. 列举市场细分的标准和原则；
3. 灵活运用市场细分方法进行市场细分；
4. 区分不同的市场定位战略；
5. 辨别企业进行市场定位的方式。

引例

饮料行业的精准诉求

2015 年 8 月，百事公司宣布与京东商城战略合作，在京东平台上正式向中国市场全面推出首款乳饮品——一桂格高纤燕麦乳饮品。据悉，这是百事公司在美国以外首次优先通过电商平台发售新品。

在便利店的饮料货架上，统一的"小茗同学"和"小野"奶茶、百事的"维动力"、康师傅的"海晶柠檬"等饮料新品扎堆亮相。一时间，似乎各饮料企业都在积极推陈出新。然而不难发现，它们都有一个共同点——专注于细分市场。

消费者对饮料的消费诉求，已经从"方便""好喝""甜""解渴"等向"健康""养生""功能化"等转变，使得以一款爆款产品打天下的时代早已过去了。

与其他产品一样，若想在饮料市场立足，精准地找到产品利益的诉求点尤为重要。以卖得比较好的"小茗同学"为例，它的诉求点是清爽不苦涩的冷泡茶，它主要从口味上与以前的冰红茶等形成差异，主要针对年轻学生族群。"微食刻"则主要面向女性白领，包装以黄、橙、红为主色调，印有"醒""衡""清"三个主题，分别对应 7—10 点、12—15 点、19—24 点三个消费时间，每款产品都由 7 种果蔬搭配而成，口号是"给一日三餐加点果蔬微餐，倡导健康饮食"。

从该案例中可以看出饮料行业采用了 STP 策略，把握了市场机会。具体来说，饮料行业以功能、年龄、心理等细分标准对饮料行业进行了细分。合理选择目标市场，准确把握目标市场的诉求。比如针对年轻消费者，以个性、活力等卖点获得年轻消费群体的青睐。这种 STP 策略的运用不是孤立的，其前置环节应当包括市场调研，其后续手段包括 4P 策略的实施。

资料来源：细分市场下的饮料战：精准诉求[EB/OL].［2023-01-23］. http：//www. enet. com. cn/article/2015/0827/A20150827004011. html.

目标市场营销战略是企业市场营销策略规划的重要内容，也是企业制定市场营销组合策略的前提和依据。市场细分、选择目标市场和市场定位便是执行市场选择策略的三项前后衔接的重要经济活动。

第一节　市 场 细 分

一、市场细分的概念、客观基础及作用

（一）市场细分的概念

市场细分是指根据消费者的需求偏好、购买动机、购买行为、购买习惯等方面的差异性，把总体市场划分为若干相类似的消费者群体的过程。即把某一产品的市场，根据影响消费者需求特点的明显标志，细分为一个个小市场，然后对这些不同的细分市场，从产品计划、分销渠道、价格策略直到推销宣传，采取相应的整套市场营销策略，使企业生产或经营的商品，更符合各个不同消费者阶层和集团的需要，从而在各个细分市场中提高竞争能力，增加销售，占有较大的市场比重。

拓展阅读 8-1
产口罩：人民
需要什么，五菱
就造什么

（二）市场细分的客观基础

▶ 1. 消费者需求的异质性是市场细分的内在依据

由于消费者的需求千差万别和不断变化，使得消费求需求的满足呈现差异性，也就是说，不同消费者对同一产品可能有不同的属性偏好，这就为市场细分提供了内在依据。以目前电子市场盛行的 DIY 组装机市场为例，消费者可细分为以下三种，即文字处理型——适合学校老师与大学生；图像处理型——适合美工、作图、广告等职业；网络游戏型——适合偏爱网络游戏的学生与家庭。这三种不同的用途决定了组件选择的不同、产品解说的不同、营销策略的不同。

▶ 2. 企业资源限制和有效的市场竞争是市场细分的外在强制条件

即使是像通用电气这样的巨型公司，也不可能占有人力、物力、信息等一切行业资源，不可能满足市场所有消费者的需求。几乎在每一个行业，市场挑战者、市场补缺者与市场领先者同时并存。所以，受资源约束，企业有必要实行市场细分，选择目标市场，进行市场定位。同时，在激烈的市场竞争中，谁更准确地掌握了消费者需求，契合了消费者需求，谁就可能提高市场占有率。因此，由于有效的市场竞争的要求，市场细分也成为公司的必然选择。

（三）市场细分的作用

▶ 1. 有利于企业巩固现有的市场阵地

通过市场细分，企业充分把握各类顾客的不同需要，运用自己的优势有针对性地选择目标市场，并投其所好地开展营销活动，就可以稳定企业现有的市场。这对于发展余地不大的成熟行业和不愿或不能转产的中小型企业来说，意义尤为重大。

▶ 2. 有利于企业发现新的市场机会

通过市场细分，企业可以发现市场各部分的购买能力、潜在需求、顾客满意程度和竞

争状况等，从而了解哪些顾客需求没有得到满足或充分满足。在满足水平较低的市场部分，就可能是新的市场机会，从而及时采取对策，夺取竞争优势。

拓展阅读 8-2
世界拉链大王

▶ 3. 有利于提高企业的经济效益和社会效益

首先，有效的市场细分可增强企业市场调研的针对性，并且信息反馈快，有利于企业及时调整决策，从而增强企业适应力和应变力；其次，有效的市场细分避免了企业在整体市场上分散使用力量，有针对性地进行经营，把有限资源用在"刀刃"上；最后，通过市场细分，尚未满足的需求成为企业一个又一个市场机会，而从社会效益来看，有利于满足多种消费需求。

二、市场细分的标准

（一）消费者市场细分的标准

根据消费者市场的特点，影响消费者市场需求的主要因素（即市场细分的标准）大致可分为四大类，即地理因素、人口因素、心理因素和行为因素。

▶ 1. 地理因素

处在不同地理位置的消费者，会产生不同的需要和爱好，并对企业的同一产品及市场营销手段产生不同反应。地理环境会对消费者需求产生重要影响，较为重要的几个地理因素如下。

（1）地理区域。不同地区消费者的消费习惯和购买行为，由于长期受不同的自然条件和社会经济条件等影响，往往有着较为明显的差异。例如，我国的饮食习惯，素有南甜北咸、东辣西酸之说；我国北方人喜欢吃面食，南方人喜欢吃大米等。

（2）气候。气候的差异会引起人们需求的差异，如气温的高低对人们的衣着以及部分日用品的消费就有很大的影响。北方人衣着厚重，皮棉衣物居多；南方人衣着轻薄，单衣量需求大。北方人多需防寒设施；南方人多需降温设施等。气候干湿对人们的消费需求也有很大的影响，气候干燥的地区多需抗旱设施；气候湿润的地区多需雨具及防涝设施等。

（3）人口密度。人口密度意味着该地区是否有足够的居民以产生相当的销售额，以及开展一项营销活动的代价有多大。尤其以人口密度不同细分出的城市、郊区、乡村市场，其现实意义更大。

一般来说，地理因素具有较大的稳定性，与其他因素相比，容易辨别和分析。然而，地理因素毕竟是静态因素，不容易划分得很详细，原因是生活在同一地理位置的消费者仍然会存在很大的需求差异。因此，进行市场细分时还必须综合考虑其他因素，方能选择目标市场。

▶ 2. 人口因素

消费者的欲望、需求偏好和使用频率往往与人口因素有着直接的因果关系，而且人口因素较其他因素更易测量。一般来说，人口因素主要包括以下几方面。

（1）性别。男女有别，许多商品不仅在用途上有明显的性别差异，而且在购买行为、购买动机、购买角色方面，两性之间也有很大区别。

（2）年龄。不同年龄的消费者对商品需求的特征也有着明显的差异。按年龄细分市场，有利于满足各年龄档次消费者的特定需要。因此，企业必须掌握市场上消费者的年龄结构、各档次年龄占总人口的比重及各档次消费者的需求特点。

（3）收入。人们收入水平不同，不仅将决定其购买商品的性质，如收入高的家庭会比收入低的家庭购买更高价的商品，还将影响其购买行为和购买习惯。例如，收入高的人一般喜欢到大百货商场和名牌专卖店购物；收入低的人则通常在超市或普通商店购物。

（4）职业及教育状况。不同职业的消费者，对商品的需求也有明显的差异。其主要原因是从事不同职业的人所获收入的不同。另外，不同职业的特点也会引起许多需求上的差异。

至于教育状况的不同会引起不同的需求，是因为受教育程度不同的人，在志趣、生活方式、文化素养、价值观念等方面都会有所不同，因而会影响他们的购买种类、购买行为和购买习惯。

（5）民族。我国是多民族国家，每个民族的人们都有自己的传统习俗、生活方式，过着不同的社会经济生活，从而呈现出各种不同的商品需求。

▶ 3. 心理因素

心理因素是一个极其复杂的因素，消费者的心理需求具有多样性、时代性和动态性的特点。企业可根据消费者所属的社会阶层、生活方式及个性特点等心理因素进行市场细分。

（1）生活方式。生活方式是人们生活和花费时间及金钱的模式。人们追求的生活方式不同，对商品的偏好和需求就不同。对生活方式有许多分类方法，例如，西方国家的妇女服装制造商，为"简朴的妇女""时髦的妇女""男子化女士"分别设计不同服装；烟草公司为"挑战型吸烟者""随和型吸烟者"及"谨慎型吸烟者"三种生活方式群体，推出不同品牌的香烟。

（2）利益追求。利益追求是指按消费者对所购商品追求的不同利益来分类。这种方法首先要断定消费者对有关商品所追求的主要利益是什么，追求各种利益的各是什么类型的人，该类商品的各种品牌提供了什么利益，然后根据这些信息来采取相应的市场营销策略。

（3）个性。个性指一个人所特有的心理特征，它会导致一个人对其所处环境做出相对一致和持续不断的反应。一个人的个性，会通过自信、支配、自主、服从、交际、保守和适应等性格特征来表现。企业依据个性因素细分市场，可以为其产品更好地赋予品牌个性，以期与相应的消费者个性相适应。

▶ 4. 行为因素

按购买者对产品的理解、态度、使用或反应等行为因素可细分成不同的消费群体。具体包括以下几方面。

（1）购买时机。消费者购买商品的时间习惯有时受商品的特性所影响。如有些商品是时令商品（如电风扇、空调器、取暖器等）；有些商品是节日礼品或婚嫁特殊品。消费者购买时间有一定规律性。

（2）使用者情况。有些商品市场，可以按使用者的情况进行细分为未使用者、初次使用者、经常使用者、曾经使用者和潜在使用者等。一般来说，具有较高市场占有率的企业，往往更重视把潜在用户细分出来，以便使之成为现实的用户。而小企业则较重视经常使用者顾客群的开发，力图使自己的产品比竞争者更富于吸引力。

（3）使用频率。根据消费者对特定商品的使用次数和数量，可以划分为大量使用者、中量使用者和少量使用者。大量使用者往往人数不多，但他们所消费的商品数量在商品消费总量中所占比重却很大，并往往具有某种共同的人口及心理方面的特征。

（4）忠诚程度。消费者的忠诚程度是指一个消费者购买某一品牌商品的一种持续信仰和偏爱程度，包括对企业的忠诚和对品牌的忠诚等。可以把消费者细分为四类不同的消费者群：始终不渝地坚持购买某一品牌的坚定忠诚者；经常在几种固定的品牌中选择的不坚定的忠诚者；由偏爱某一品牌转向偏爱另一品牌的转移忠诚者；对任何一种品牌都不忠诚的多变者。每个企业的市场都包含了比例不同的这样四类顾客。依据忠诚程度细分市场，可以发现问题，采取措施改进市场营销工作。

（二）产业市场细分标准

产业市场细分同样可以运用消费者市场细分因素进行细分，但除此之外，根据制造业和商业企业用户的特点，产业市场还应补充以下变量作为细分标准。

▶ 1. 最终用户行业

最终用户行业就是最终使用生产资料的使用者所属的行业。行业不同，对同一种产品的性能、质量等要求也就不同。例如，同样是轮胎产品，飞机制造商与农用拖拉机制造商对轮胎的性能、安全标准要求大不一样。同样是计算机市场，不同的行业对其要求也不一样，如电信、教育、金融服务等。

▶ 2. 用户规模与购买力

用户规模与购买力的大小也是生产资料市场细分的重要标准。在生产资料市场中，大用户、中用户、小用户的区别要比生活资料市场远为普遍，也更为明显。大用户单位户数虽少，但购买力很大；小用户单位则相反，购买力不大。企业对大用户市场和小用户市场应分别采取不同的营销组合。

▶ 3. 用户地理位置

用户的地理位置涉及当地资源条件、自然环境等因素。这些因素决定地区工业的发展水平、发展规模和生产力布局，形成不同的工业区域，产生不同的生产需求特点。工商企业按用户的地理位置来细分市场，选择用户较为集中的地区作为自己的目标市场，不仅联系方便，信息反馈快，而且可以更有效地规划运输路线，节省运力与运费。同时，也能更加充分地利用销售力量，降低推销成本。

以玻璃生产商为例，产业市场细分标准如图 8-1 所示。

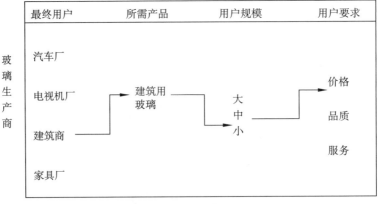

图 8-1　产业市场细分标准

三、市场细分的原则

企业进行市场细分必须遵循以下原则。

（一）细分标准的可衡量性

可衡量性是指企业划分细分市场的标准必须是可衡量的，或者说为了将购买者分门别类，划为不同的群体，企业必须能对购买者的特点和需求予以衡量。具体包括两方面：一是消费者对产品的需求的确存在差异，对所提供的产品、产品价格、广告宣传等有不同的反应，即市场是"异质市场"时才值得对市场进行细分；二是对于特定购买者的特征信息客观存在并且易于获得和衡量。在实际生活中，有许多消费者的特征偏好很难度量。例如，很难断定家具购买者中多少人考虑价格因素或多少人主要关心式样，又有多少人考虑它的象征性价值。

（二）细分市场的可接近性

可接近性是指企业对细分出来的市场能进行有效促销和分销的程度。具体包括两方面：一是指被选定细分市场的消费者对产品能有效地了解和产生购买欲，能通过各种渠道买到自己所需的商品；二是指企业通过营销努力，比较容易进入细分市场。每个企业的设备、技术力量、人力、物力等资源及经营管理经验决定了该企业可接近的市场对象是极其有限的。一个食品厂不可能对钢铁市场进行细分，这样做毫无意义；家电经销商也不必对尚无电力供应的偏远地区进行市场细分。

（三）市场需求的足量性

足量性是指细分市场的大小和利润值得单独营销的程度，即划分出来的细分市场必须是值得采取单独营销方案的最小单位。它的规模必须是能使企业足以产生一定的销售额，顺利实现市场营销目标，并且具有可拓展的潜力，以保证按计划能获得理想的经济效益和社会效益。

（四）市场需求的独特性

独特性是指细分出来的市场必须对市场营销计划有独特的反应，即用某种特定方法细分出来的各个细分市场，其成员对市场营销计划的反应必须是不同的。如果各个细分市场对某种市场营销计划的反应都相同，那就没有必要在不同的细分市场中施行不同的市场营销策略。换言之，只要采用大众化的营销方法就可以了。

四、细分市场的基本模式

依据顾客对某产品最重要的两种属性的重视程度来划分市场，以形成不同偏好的细分市场，结果出现以下三种不同的模式。

（一）同质偏好型

同质偏好型细分市场表示市场上的所有顾客有大致相同的偏好，且相对集中于某一中央位置。

（二）分散偏好型

分散偏好型细分市场表示市场上的顾客对产品两种属性的偏好散布在整个空间，偏好相差很大。进入该空间的第一品牌可能定位于中央位置，以最大限度地迎合数量最多的顾客。同时，定位于中央的品牌可将消费者的不满足感降到最低水平。进入该市场的第二个品牌可以定位于第一品牌附近，与其争夺份额。当然，也可以远离第一品牌，形成与第一品牌有鲜明特征的定位，吸引对第一品牌不满的顾客群。如果该市场潜力很大，同时会出现几个竞争品牌，它们会定位于不同的空间，来体现与其他竞争品牌的差异性。

（三）集群偏好型

集群偏好型细分市场表示市场上出现几个群组的偏好，客观上形成了不同的细分市场。这时，进入市场的企业有三种选择：定位于中央，尽可能赢得所有顾客群体（无差异营销）；定位于最大的或某一"子市场"（集中营销）；可以发展数种品牌各自定位于不同的市场部位（差异营销）。

五、市场细分的方法

市场细分的方法通常有以下三种。

（一）单一变量法

根据市场营销调研结果，把选择影响消费者或用户需求最主要的因素作为细分变量，从而达到市场细分的目的。例如，玩具市场需求量的主要影响因素是年龄，玩具企业可以针对不同年龄段的儿童设计适合不同需要的玩具，这很早就被玩具商所重视。除此之外，性别也常作为市场细分变量而被企业所使用，妇女用品商店、女人街等的出现正反映出性别标准为大家所重视。

由于影响消费者或用户需求的因素是多种多样的，一些因素又相互交错在一起，共同对某种需求产生影响。例如，性别与年龄、职业与收入、规模与对产品的要求等交织在一起，影响需求的增减变化。所以运用单一变量法来细分市场，只能是一种概括性的细分，也就是所谓"求大同，存小异"。

（二）多变量法

这是一种弥补单一变量法的不足而采用的市场细分方法。它以两种或两种以上影响需求较大的因素为细分变数，以达到更为准确地细分市场的目的。以某食品进出口公司对日本冻鸡市场细分过程为例，以消费者习惯和购买者类型两个因素为细分变量。以消费者习惯为变量可将日本冻鸡市场分为净膛全鸡、分割鸡、鸡肉串三类需求子市场；按购买者类型不同可将日本市场分为饮食业用户、团体（企业集团）用户和家庭用户三个需求子市场。两个变数交错进行细分，日本冻鸡市场就分为九个细分市场，企业可对各细分市场的情况进行调研，最终确定自己的目标市场。

（三）多层次变量法

从主观上讲，为了更准确地细分某个整体市场，应考虑多选几个细分变量，并且将每个变量产生的不同特征尽量考虑周全。但是，这样会导致该整体市场一下被细分为许多子市场。市场确实被细分化了，但最终导致企业在确定目标市场时发生极大困难。多层次变量法就是为克服这一缺陷而设计的细分方法。其基本思路是：从粗到细将整体市场分为几个层次，逐层细分，并确定该层次的样本市场，最终层次的样本市场就是企业将全力投入的目标市场。

第二节　目标市场选择策略

一、细分市场的评估与目标市场的选择

（一）目标市场的概念

目标市场是在市场细分的基础上，企业选定的准备以相应的产品或劳务去满足其需求的那一个或几个细分市场。简单地说，目标市场就是企业准备实际进入的细分市场。

目标市场与市场细分是两个既有区别又有联系的概念。市场细分是发现市场上未满足的需求与按不同的购买欲望和需求划分消费者群的过程，而确定目标市场则是企业根据自身条件和特点，选择某一个或几个细分市场作为营销对象的过程。因此，市场细分是选择目标市场的前提和条件，而目标市场的选择则是市场细分化的目的和归宿。

（二）细分市场的评估

企业为了选择适当的目标市场，必须对各个细分市场进行认真评估，在综合比较、分析的基础上，选出最优化的目标市场。企业评估细分市场，主要应从以下三方面考虑。

▶ 1. 细分市场的规模和增长率

这项评估主要研究潜在细分市场是否具有适当的规模和增长率。所谓适当的规模，是相对于企业自身的规模与实力而言。狭小的细分市场对于大企业不值得进入，而规模较大的细分市场对小企业又缺乏足够的资源和实力，而且小企业在大市场上也无力与其他较大的企业相抗争。市场增长潜力的大小，关系到企业销售额和利润额的增长前景。然而，有发展潜力的细分市场，也常常是竞争者激烈争夺的目标，所以往往又会减少获利的机会。

▶ 2. 企业自身目标和资源

某些具有吸引力的细分市场，如果与企业的长期目标不适合，也只能放弃。企业的资源包括资金、设备、技术、人才，以及生产能力、经营管理能力等。企业的资源应与备选的细分市场规模相适应，尽量做到量力而行，确保企业的生存和发展。一般来说，刚进入目标市场的时候，企业资源实力应能够控制某一个或几个细分市场，以便集中全力进入市场，并占有一定的阵地。

▶ 3. 细分市场的竞争态势

凡是具有一定规模和发展潜力的细分市场，都可能会有许多企业投资进入，同行业之间的竞争是不可避免的。因此，还需要评估市场竞争的态势。例如，有哪些主要竞争者？竞争对手的产品有什么优势？它们的市场占有率有多大？竞争产品的知名度和美誉度如何？竞争产品对市场需求的供求状况、价格水平、销售渠道、促销手段怎样……

通过以上三方面的分析评估，可以初步选出几个比较满意的细分市场，作为重点考虑对象。

（三）目标市场的选择

企业通过评估细分市场，将决定进入哪些细分市场，即选择目标市场。在选择目标市场时有五种可供考虑的市场覆盖模式。

例如，某制药厂的止痛药片市场，顾客要求具有三种类型：P₁（速效）、P₂（长效）、P₃（缓效）；消费者可细分为三个子市场：M₁（老年人）、M₂（中年人）、M₃（青年人）。于是，形成了九个细分市场，有五种可供选择的目标市场模式，如图 8-2 所示。

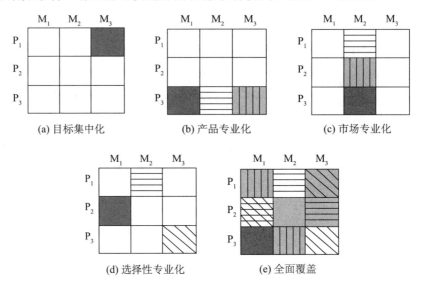

图 8-2　企业进入细分市场的模式

▶ 1. 目标集中化

目标集中化是指企业只选取一个细分市场进行集中营销。企业集中全力只生产一类产品，供应某一单一的顾客群。例如，只生产青年人需求的缓效止痛片，如图 8-2（a）所示。小企业多采取这种目标市场战略。

▶ 2. 产品专业化

产品专业化是指企业集中生产一种产品，并向各类顾客销售这种产品，即专营某一类产品，为各类顾客群服务。例如，集中生产速效止痛片满足各个年龄的消费者的需要，如图8-2（b）所示。

▶ 3. 市场专业化

市场专业化是指企业专门为满足某一个顾客群体的需要，经营这类顾客所需要的各种产品，即专门经营适合某一类顾客需求的各种产品。例如，中年人需求的各种止痛片，如图8-2（c）所示。

▶ 4. 选择性专业化

选择性专业化是指企业选取若干细分市场作为目标市场，其中每个细分市场都具有良好的盈利潜力和吸引力，且符合企业的目标和资源。该模式中各个细分市场之间，较少或基本不存在联系。例如，中年人需要的速效止痛片、老年人需要的长效止痛片和青年人需要的缓效止痛片，如图 8-2（d）所示。

▶ 5. 全面覆盖

全面覆盖是指企业同时经营各类产品，进入所有细分市场，为各类顾客群服务，一般实力雄厚的大企业采取这一战略。例如，企业生产各种止痛片满足各种类型消费者的需要,如图 8-2(e)所示。

(四)目标市场应具备的条件

▶ **1. 市场上存在尚未满足的需求,有充分的发展潜力**

这是企业选择目标市场的首要条件。从市场营销观念来看,企业满足消费者的需求,不仅是满足现实需求,更重要的是满足未来的潜在需求。

▶ **2. 市场上有一定的购买力,能取得一定的销售额和利润**

对企业而言,有足够的销售量是选择目标市场的重要条件之一。因为仅仅存在未满足的需求,不等于有购买力及足够的销售量。如果没有购买力或购买力很低,就不能成为现实市场。例如,我国一些老、少、边、穷地区,存在很多的未满足的需求,但由于经济落后、人均收入不高、购买力不强,因此有些高档商品还不能把这些地区作为目标市场。

▶ **3. 市场上的竞争对手还不能完全控制市场**

只有竞争者未完全控制这个市场,企业选择这种目标市场才具有实际价值,否则就毫无意义。即使竞争者已完全控制了这个市场,如果企业有条件赶上或超过竞争对手时,也可设法挤进这个市场。

▶ **4. 企业有能力开拓这个市场**

企业有能力开拓市场即目标市场形势基本符合企业的优势。在细分市场基本满足上述条件的基础上,企业还必须考虑自身的主观与客观条件。这些主客观条件主要是指企业的人力、物力、财力及经营战略与经营管理水平状况等。如果企业的实力强,能进入此细分市场,且有能力经营,才能以此细分市场作为企业的目标市场。

二、目标市场战略

(一)无差异市场战略

企业把整体市场看作一个大的目标市场,不进行细分,仅用一种产品、一种营销组合策略对待整体市场,力图吸引所有的购买者或迎合购买群体中最大多数人。这种战略,一是强调需求的共性,漠视消费需求的差异,把整体市场作为目标市场;二是企业经过市场调查,认为某些特定产品,消费者需求大致相同或是差异较少,如食盐、石油及火柴等产品。因此,企业可为整体市场生产标准化产品或对需求类同的产品,采用大致相同的无差异市场营销战略。

初期的美国可口可乐公司,因拥有世界性的专利,它在相当长的时间内只生产一种口味,采用同一形状、大小相等的瓶装可口可乐,甚至连广告词也只有一种:"清凉解渴,心旷神怡。"某圆珠笔厂针对学生、教师、机关人员、营业员等不同人群中的某些消费者,不计较圆珠笔型号、款式,只图价廉、购买方便、用后就丢、经常购买等共同特点,生产了一种竹竿低价圆珠笔,大量推销。以上这些实例都属无差异营销战略。

采用无差异市场战略的最大优点是经济,有利于企业大规模生产,有利于企业获得较大的市场面。但是,这种战略完全忽略了市场需求的差异性,忽视了个别市场的需要,不能满足消费者的不同需求,对市场上绝大多数产品都是不适宜的。同时采用这一战略的企业,一般都是针对最大的细分市场发展单一产品,实施单一营销方案,因此容易引起市场内的激烈竞争,会出现占有的市场面虽大而获利却很低的现象。

（二）差异性市场战略

企业将整体市场进行细分时，承认不同细分市场的差异性，针对各细分市场的特点及企业营销实力选择不同数目的细分市场作为目标市场，并为不同的细分市场制定不同的营销组合策略，满足不同顾客的需求。当一个企业采取差异性市场战略，并在数个或更多细分市场上取得良好营销效益时，就能树立起良好的市场形象，吸引更多的购买者和潜在购买者。

差异性市场战略的最大优点是可以有针对性地满足不同消费者群的需求，提高产品的竞争能力。因此，可大大降低企业经营风险。但这种市场战略也有明显的缺点，由于企业采用的产品品种、销售渠道和广告媒体的多样化、多层化，因此市场营销费用也随之增加。所以，无差异性市场战略的优势基本上成为差异性市场战略的劣势。因此，采用差异性战略时要量力而行，择定的目标市场不能过多，还要进行经济性的比较。通常，这种战略较适用于规模大、资金雄厚、技术力量强的企业，而小企业不宜采用。

（三）集中性市场战略

前面所述的营销战略都意味着企业需要投入较多，而一些资源有限的小企业，只能争取一至二个细分市场，集中性市场战略成为更好的选择。集中性营销战略就是企业根据自身的生产经营条件，选择一个或少数几个企业能发挥相对优势的细分市场作为目标市场，实行专业化生产和销售，集中使用销售力量，服务于该目标市场。在这种战略下，企业追求的不是在较大市场上占有较少的份额，而是在较小的细分市场上得到较大的市场占有率，甚至是支配性的比率。这种战略，有人把它称为"弥隙"战略，即弥补市场空隙的意思，它一般适合资源薄弱的小企业。

拓展阅读 8-3
青花文具瓷厂
的市场战略

采用集中性市场战略能避开大企业竞争激烈的市场部位，有利于发挥自己技术、资源优势，往往容易成功；有利于节省营销费用，更好地满足特定消费者的需求，进而使企业在某一个或某几个市场上取得优越的市场地位。

拓展阅读 8-4
互补商圈
吸引客流

集中性战略的不足之处是企业承担的风险性较大。如果目标市场的需求发生变化，或目标消费者的兴趣突然转移，或市场上出现了更强的竞争对手，企业就可能陷入困境。

三、选择目标市场战略应考虑的因素

企业在具体的营销活动中，必须根据各种目标市场战略的利弊，考虑企业本身的条件、产品特点及市场发展趋势的变化，有目的地加以选择。一般情况下，企业选择目标市场战略时应考虑以下因素。

（一）企业能力

企业能力主要是指企业在生产、技术、资金、人员素质、营销水平和管理能力等方面的总和。如果企业人力条件好，经济实力和营销能力强，可以采取差异性目标市场战略或无差异目标市场战略；反之，企业能力有限，无力兼顾整体市场，则宜选择集中性市场战略。

（二）产品同质性

产品同质性是指对于消费者而言，产品的性能、用途的相似性及可满足同类消费者需求的程度。如果企业产品的同质性高，如食盐、钢铁、汽油等，企业宜采用无差异性市场战略；相反，异质性强的产品，如服装、照相机、化妆品、汽车等，则宜于采用差异性或集中性市场战略。

（三）市场的同质性

市场同质性是指在一定时期内消费者对产品的需求、爱好及购买特征的相似程度，以及对营销战略刺激反应的相似程度。对于差异小的同质性市场，宜采用无差异性市场战略；反之，对于市场需求差异性较大的"异质市场"，则宜采用差异性或集中性市场战略。

（四）产品市场生命周期

对处于不同市场生命周期的产品，应采取不同的目标市场战略。新产品在投入期可采用无差异性市场战略；待产品进入成长、成熟期时，由于市场竞争激烈，同类产品增加，消费者需求日益多样化，则应采用差异性市场战略；进入衰退期后，应改用集中性市场战略，以延长产品市场生命周期。

（五）市场竞争状况

市场竞争状况主要是指竞争对手是多还是少，是强还是弱，以及竞争对手采取的是何种目标市场战略。如果竞争对手数量少、实力差，企业可以采取无差异性市场战略或采取与对手相同的市场战略与之抗衡，以自己的实力击败竞争对手；如果竞争对手多而实力强，则应避实就虚，采用与竞争对手不同的差异性或集中性市场战略。

第三节　市场定位战略

一、市场定位的概念和依据

（一）市场定位的概念

企业在确定了目标市场之后，还要进行市场定位。企业进行市场定位时必须清楚该细分市场有无竞争者。如果竞争者已捷足先登，并占据了有利的市场位置，必须着手进行竞争分析，辨明该市场竞争者处于什么地位，其特点如何，实力如何。这是企业实施市场定位的前提。

在市场经济条件下，竞争无处不有，任何一个市场都不会是一家企业独霸的天下。随着科学技术的进步和商品经济的发展，同一类产品在市场上会出现许多品牌不同、各具特色的产品。企业之间的竞争主要通过特征各异的产品进行。消费者对商品的需求，都有自己独特的价值取向和认同标准。因此，企业必须在了解购买者和竞争者两方面情况的基础上，使推向市场的产品具有与众不同的特色，以迎合消费者的某种特殊价值观念和选择标准，从而在市场上占有一定的地位。这种市场营销战略就称为市场定位或产品定位。所以，市场定位是指企业根据竞争者现有产品在目标市场上所处的位置，针对消费者对产品某些特征或属性的重视程度，凭借自身的优势为本企业产品塑造与众不同、个性鲜明的形象，并把这一形象生动有效地传递给目标消费者，从而确定该产品在市场上所处的位置。市场定位的实质，是通过创造鲜明的产品营销特色和个性，在目标市场上树立一定的产品形象和企业形象。这个"位置"并不是一般意义上的空

拓展阅读 8-5
互联网品牌——
三只松鼠

间位置，而是指它在消费者心目中的位置。

（二）市场定位的依据

市场定位的关键是通过为自己的产品创立鲜明的特色或个性，形成对顾客有吸引力的竞争优势。这种特色可以是物质方面的，也可以是心理方面的；可以表现在实体上和商品价格上，也可以表现在营销方式上；或者兼而有之。例如，优质、价廉、豪华、名牌、服务周到、技术超群等，都可作为市场定位的依据。

理想的市场定位，应能达到以下三项要求：一是能广泛地吸引顾客，能获得比较可观的销售额；二是经营的商品应能保证充分的供应，以满足销售的需要；三是在营销策略和经营方式上，能在某一方面创出有别于竞争者的特色。为能进行科学而准确的市场定位，企业应进行深入细致的调查了解，充分掌握以下两方面的信息：一方面是目标市场上竞争者所提供商品的情况；另一方面是目标市场上消费者的需求情况。这两方面均应包括商品品牌、品种、规格、质量、性能、价格以及包装、服务等内容。然后结合本企业的具体条件，确定市场定位。具体地说，市场定位的依据主要有以下几方面。

▶ 1. 依据产品的利益定位

依据产品的利益定位，即由产品本身能使消费者获得某种利益来定位，如同仁堂中成药以百年老店、货真价实而取得社会信誉。

▶ 2. 依据价格和质量定位

价格与质量一般是一致的，对不同质量的商品制定不同的价格，不同的价格为不同收入水平的消费者所接受。

▶ 3. 依据产品的用途定位

同一种产品可以有不同的用途，这往往是市场定位的好方法。例如，石膏作为装饰板使用，可以面向建材单位；用于化妆品原料，可面向日用化工产品企业；石膏作为夹板，则还可面向骨科医院，等等。

▶ 4. 依据产品的特征定位

依据产品的特征定位可以区别同类产品中某种产品的特点。例如，某种啤酒是"富硒矿泉水特制"，某种化妆品有"防晒养颜"的功效等，以便进行差异性营销。

▶ 5. 依据消费习惯和购买行为定位

为适应不同消费者的需求和偏好，同一种产品可以采取不同的市场定位。例如，服装可分为高、中、低档；饮料可以分为易拉罐装、瓶装和简装等。

此外，产品的造型、包装装潢、购物环境、销售服务以及不同的营销因素组合等，都可以作为市场定位的依据。

【职业道德与营销伦理】

不与大店争抢热门，乐为市场拾遗补阙

某市南方照相馆根据自身是小型店的特点，没有一味地去争那些利润大的热门服务项目，而是开辟一些被人忽视的"化妆套照""婚礼录像"等服务项目，为市场拾遗补阙，赢得社会各界的好评，连续两年经济效益居全市同行业中小型企业之首。

这家店通过市场调查，发现消费者要求照艺术套照的很多，而市内一般照相馆均认为这种套照程序复杂、利润低，不愿经营。于是他们瞄准这一"空挡"，投资3万多元开设了

豪华影楼,在全市首家推出了"艺术套照"服务。这种套照一次照4张相,每套仅收10元钱。这一新的服务项目一推出,立即受到了各个层次消费者的欢迎,"套照"开办5个月来,该店的这项服务共接待顾客2 000多人次。这家照相馆的经理说:"化妆套照虽然利润低,但它的社会效果好。我店全盘业务这样红火,'套照'帮了我们大忙。"这个店随后又在全市首家推出了配合"婚纱照"的婚礼摄像服务和"儿童系列照"等服务项目,这些新的服务与"化妆套照"相得益彰,使该店知名度日益扩大。

资料来源:彭石晋. 市场营销——理论、实务、案例、实训[M]. 大连:东北财经大学出版社,2018:78.

问题: 该照相馆是怎样通过市场细分确定市场定位的?其营销运作获得了哪些好处?

二、市场定位的方式

市场定位作为一种竞争战略,显示了一种产品或一家企业同类似的产品或企业之间的竞争关系。定位方式不同,竞争态势也不同,企业市场定位的方式主要有以下三种。

(一)避强定位

这是一种避开强有力的竞争对手的市场定位。其优点是能够迅速地在市场上站稳脚跟,在顾客心目中迅速树立起一种形象。由于这种定位方式市场风险较小,成功率较高,常常为多数企业所采用。例如,美国的Aims牌牙膏专门对准儿童市场这个空隙,因而能在佳洁士(宝洁公司出品)和高露洁(Colgate)两大品牌统霸的世界牙膏市场上占有10%的市场份额。同时,"七喜"与"喜力"也采取了避强定位的方法。

(二)针锋相对定位

针锋相对定位也叫对抗性定位、迎强定位、挑战定位,它是指企业把市场位置定在竞争者的附近,与在市场上占据支配地位的最强的竞争对手"对着干"的定位方式。这是一种"明知山有虎,偏向虎山行"的市场定位策略。虽然它有时会是一种危险的战术,但不少企业认为这是一种更能激励自己奋发向上的可行的定位方式,一旦成功就会取得巨大的市场优势。

在世界饮料市场上,作为后起之秀的百事可乐进入市场时,就采用过这种方式,"你是可乐,我也是可乐",与可口可乐展开面对面的较量。实行对抗性定位,企业必须具备以下条件:①市场要有足够的市场潜力;②本企业具有比竞争对手更丰富的资源和更强的营销能力;③本企业能够向目标市场提供更好的商品和服务。采用针锋相对定位时,企业必须做到知己知彼,尤其要清醒估计自己的实力,不一定要压垮对方,能够与竞争对手平分秋色就已经是巨大的成功了。否则,对抗性定位可能会成为一种非常危险的战术,将企业引入歧途。

(三)重新定位

重新定位通常是指对销路少、市场反应差的产品进行二次定位。显然,这种重新定位是一种旨在摆脱困境、重新获得增长与活力的方式。困境可能是企业决策失误引起的,也可能是对手有力反击或出现新的强有力竞争对手而造成的。不过,也有的重新定位并非因企业已经陷入困境,相反,却是因为产品意外地扩大了销售范围而引起的。

拓展阅读8-6
美国米勒啤酒
公司如何定位?

三、市场定位的步骤

企业的市场定位工作,主要包括三个步骤:①调查研究影响市场定位的因素;②分析竞争优势，选择市场定位策略；③准确传播企业的市场定位观念。

（一）调查研究影响市场定位的因素

正确的市场定位，必须建立在正确的市场营销调研基础上，了解影响市场定位的各种因素。一般而言，影响市场定位的因素主要有以下两种。

▶ 1. 竞争者的定位状况

要了解竞争者正在提供何种产品，这些产品在顾客心目中的形象如何，并估测其生产成本及经营情况。在市场上，顾客最关心的是产品本身的属性（质量、性能、花色、规格等）和价格。因此，一方面要确认竞争者在目标市场上的定位状况；另一方面要正确衡量竞争者的潜力，判断其有无潜在的竞争优势，以便据此进行自己的市场定位。

▶ 2. 目标顾客对产品的需求及评价标准

要了解购买者对产品的最大愿望和偏好，以及他们对产品优劣的评价标准是什么。例如，对服装，目标顾客最关心的是式样、颜色，还是质地、价格？对饮料，是重视口味、营养成分，还是包装、价格？企业应努力搞清楚顾客最关心的问题，以此作为定位决策的依据。

（二）分析竞争优势，选择市场定位策略

企业要确认自己在目标市场中的潜在竞争优势是什么，然后才能准确地选择市场定位策略。竞争优势有两种基本类型：一是在同样条件下比竞争者定价低；二是定价虽高，但能比竞争者提供更多的特色以满足顾客的特定需要，从而抵消价格高的不利影响。企业通过与竞争者在产品、成本、促销、服务等方面的对比分析，了解自己的长处和短处，从而认定自己的竞争优势，就能进行恰当的市场定位。在以上两种情况下，处于前一种情况时，应千方百计寻求降低单位成本的途径；在后一种情况下，则应努力发展特色产品，提供有特色的服务项目。

（三）准确传播企业的市场定位观念

企业在做出市场定位决策后，还必须大力开展广告宣传，把企业的市场定位观念传播给潜在的顾客。传播市场定位观念要注意两点：一是要广泛深入，反复进行，使潜在购买者家喻户晓；二是传播市场定位观念必须鲜明准确，切忌模糊不清。因为如果市场定位宣传失误，将会给企业形象和经营效果造成不利影响。

四、市场定位战略

企业实行市场定位战略有多种策略可供选择。最基本的市场定位战略有以下几种。

（一）产品差别化战略

产品差别化战略主要是从产品特征、质量、款式及其产品设计等方面实现差别化。寻求产品特征是产品差别化战略经常使用的手段。例如，某些产业特别是高新技术产业，产品的创新特征就是十分有效的竞争优势。产品质量是指产品的有效性、耐用性和可靠程度等。一般情况下，顾客通常会选择质量好的产品。但质量超过一定的限度，顾客需求开始递减。显然，顾客认为过高的质量，需要支付超出其质量需求的额外的价值。产品款式是指产品特有的样式，它是产品差别化的一个有益工具。例如，日本汽车行业中流传着这样一句话："丰田的安装，本田的外形，日产的价格，三菱的发动机。"说明了日本四家主要

汽车公司的核心专长。产品设计是一个综合性的因素。上述几种差异化战略很大程度上都取决于设计，产品设计者应尽可能将企业核心竞争力体现在产品设计中。

（二）服务差别化战略

服务差别化战略的核心是如何把服务融入产品中。但需强调的是，开展各种服务有助于改善企业与顾客的关系。一方面，企业的竞争力越能体现在为顾客服务水平上，服务能力越强，市场差别化就越容易实现；另一方面，服务差别化战略能够成为企业进入市场，削弱其他服务供应者的有力工具。服务战略在各种市场状况下都有成效，尤其在产品饱和的市场上更为有效。强调服务战略并没有贬低技术、质量战略的重要作用，只不过是把战略的思考和管理决策的重心放在服务上，即企业的核心能力是服务。竞争优势是依靠各种服务和顾客关系的各种要素而确立的。

（三）人员差别化战略

人员差别化战略是指企业可以通过聘用和培训比竞争者更为优秀的人员，以获取人员差别的竞争优势。例如，美国宝洁公司在中国年销售额已达 14 亿元人民币，他们的销售业绩与公司世界第一流的人才培训不能说没有直接的关系。一个受过良好培训的员工应具有以下基本的素质和能力：有关产品的知识和技能、礼貌、诚实、可靠、反应敏锐、善于交流等。

（四）渠道差别化战略

渠道差别化战略是通过营销渠道方法，特别是在渠道的覆盖面、专业化和绩效上来取得差异化。例如，在个人计算机行业，戴尔公司通过个人定制化的直销取得了突破；在手机行业，国产品牌与国外品牌相比，在技术和规模的竞争上都存在相当大的差距。但在销售环节上由于技术含量较低，国产品牌厂商销售渠道建设相对完善，又加上销售人员经验丰富，因此也最容易取得优势。国产手机厂商都不同程度地通过渠道差异取得了成功。

（五）形象差别化战略

形象差别化战略是指使产品的核心部分与竞争者类同，但购买者依然可以根据产品的形象做出选择。例如，在香烟市场上，形象广告占主导地位，万宝路在世界烟草市场获取了约 30% 的市场份额，广告设计的"西部牛仔"形象起了很大作用。产品形象并不是一夜之间便在公众的头脑中树立，必须利用企业所能利用的所有传播工具，而且要持续不断。一些著名的全球化公司为在国际市场上赢得持久的竞争力，将公司所追求的目标与形象设计成言简意赅、易于记忆的口号或标志。如美国 IBM 公司的口号为"IBM 就是服务"；杭州的娃哈哈公司将产品的商标设计成一个笑哈哈的大头娃娃，只要人们一见到，马上会想到该公司的各种产品。

【职业道德与营销伦理】

"碧波"与"清波"之争

某老板在某市开办了一家名为"碧波"的连锁茶艺馆，生意十分红火。3 年以后，"碧波"茶艺馆的总经理离职，并在"碧波"茶艺馆对面开办了一家名为"清波"的茶艺馆。从此，两家茶艺馆采取张贴广告、茶艺推广表演、降价等竞争手段，开始了势不两立的白热化竞争。

资源来源：张晓，王丽丽. 市场营销策划——理论、实务、案例、实训[M]4 版. 大连：东北财经出版社，2021.

问题：该总经理为什么要离开"碧波"茶艺馆？其行为符合企业伦理要求吗？

【分析提示】该总经理经过 3 年的实践，掌握了"碧波"绿茶的制作技术。由于"碧波"属于连锁店，因此需要向总店交纳一定的管理费，该总经理为了取得更大的利益，选择了离职并在"碧波"对面自行开办了茶艺馆。这种行为严重违背了从业者的基本职业道德。

复习思考题

1. 什么是市场细分？为什么要进行市场细分？
2. 市场细分的标准有哪些？
3. 市场细分主要有哪些方法？
4. 选择目标市场的战略有哪几种？
5. 选择目标市场战略应注意哪些问题？
6. 何谓市场定位？常见的市场定位战略有哪些？

案例分析训练

老年市场是否需要市场细分

背景与情境：中国已进入老龄化阶段，在某城市有一位食品公司副经理认为发展老年专业化的保健食品店、营养饮食店、精美食品店能吸引新的顾客，使销售额不断增加。据他调查，该地区年龄在 65 岁以上的老年人为 27 万人，而 2023 年将增加到 32 万人，所以保健食品的销售会不断提高，应该在该商业中心区，专门设有老年保健食品店，经营各种不同品种或具有特色的保健食品，这样可以吸引老年顾客，满足他们对高精美食品的需要。另一位总经理不同意这种看法，他认为：老年和儿童需要的食品相似，无须再经营什么老年保健食品，目前人民生活水平虽有所提高，但大多数老年顾客对食品的品种质量要求并不太讲究，追求的是一种简单的生活方式，所以一般对保健食品的需求也不会太多，因此，不必要细分经营。

资料来源：张晓，王丽丽. 市场营销策划——理论、实务、案例、实训[M]. 4 版. 大连：东北财经大学出版社，2021：84.

分析与思考：

1. 两位经理对食品市场进行细分时分别采取什么样的目标市场策略？他们的细分策划依据是什么？

2. 如果设立老年人食品店，应该怎样细分经营？

在线自测

扫描封底刮刮卡　　获取答题权限

第九章 产品组合与产品开发

学习目标

1. 理解产品的整体概念；
2. 学会运用产品组合策略分析和解决实际问题；
3. 列出产品生命周期各阶段的特征和策略；
4. 复述新产品开发的程序。

引例

一块香皂持续经营了140多年

在宝洁品牌经营的历史上，最耀眼的品牌是"象牙香皂"。这个品牌从诞生至今，已经存在了140多年。

1878年，公司创始人詹姆斯之子詹姆斯·诺里斯·甘保（James Norris Gamble）和一位化剂师共同研制开发出一种与当时的进口橄榄香皂质量相当但价格适中的香皂。由于这款香皂的颜色洁白，公司另一位创始人威廉之子哈利·波科特（Harley Procter）将它取名为"象牙香皂"。这个名字体现了香皂的颜色特点以及温和、耐用的特征。

诺里斯对产品研发与技术创新的观念和做法是超出当时所处的时代的。在宝洁的整个发展史中，他也起到了极其重要的作用，是他领导宝洁系统地、主动地开展针对产品和品牌的研究工作。诺里斯分析对比自家产品与竞争对手产品的优劣，还从消费者角度，比较各个产品的不同之处，对比其市场销量，并总结考量结果。

在当时化学学术研究机构尚不完善的情况下，诺里斯只能采取经验积累法，不断尝试改变配方中的不同成分，争取得到如何改善产品性能的结论。除此之外，他还精心地将特定的操作步骤、原料成分和添加比例记录下来，以便精确地控制配方和操作流程。1878年，诺里斯的研究终于有了突破性的进展，这就是宝洁的象牙香皂。象牙香皂的卖点主要有三个：第一，特有的白色外观，直接带给消费者清洁的感受，创造出得天独厚的视觉冲击力；第二，价格上的竞争优势，象牙香皂的原材料更便宜，成本更低，使用功能也不弱于进口香皂；第三，漂浮在水面上，不用费劲地捞寻，很受人们欢迎。

象牙香皂一上市就横扫日化市场，成为不可替代的日用消费品。从此，"让消费者来决定"逐渐成为宝洁将哪些产品推向市场的决策准则。商家提供给消费者的是确实有消费需求的产品，而不是企业自认为其所需要的产品。

一块香皂持续经营了140多年，一瓶饮料（可口可乐）持续经营了近百年，这是"难以理解"的事实。

资料来源：宝洁：品牌理念背后的故事［EB/OL］.［2023-02-10］. http://www.cb.com.cn/index/show/sd/cv/cv13466711311/p/license/10003.html.

企业一旦选定了目标市场，就要为其制定产品决策。企业的市场营销活动是以满足消费者需求为中心的，而市场需要的只能通过提供某种产品来实现。作为现代经济中最重要的因素，产品使企业有了存在的意义。作为标的物，它是连接企业与消费者的纽带；作为承载物，它使一切营销努力有了明确的对象。

产品决策直接影响和决定着其他市场营销组合因素的管理，对企业市场营销的成败关系重大。在现代市场经济条件下，每一个企业都应当致力于产品质量的提高和组合结构的优化，并随着产品生命周期的发展变化，灵活调整市场营销方案，以更好地满足市场需要，提高企业市场竞争力，取得更好的经济效益。

第一节 产品与产品组合

一、现代营销产品整体概念

一个产品要想走向市场，能被社会公众接受，它必须具有一个完整的产品概念。从营销观点看，产品是指人们通过交换（购买或租赁）所获得的满足人们需要和欲望的因素或手段，包括一切能满足顾客某种需求和利益的物质形态的产品和非物质形态的服务，这就是产品的广义概念。

现代市场营销理论认为，产品的整体概念能够更好地诠释产品含义，完整的产品概念包含五个基本层次：核心产品、形式产品、期望产品、延伸产品和潜在产品（图 9-1），营销者最应该关注的是核心产品、形式产品和延伸产品。

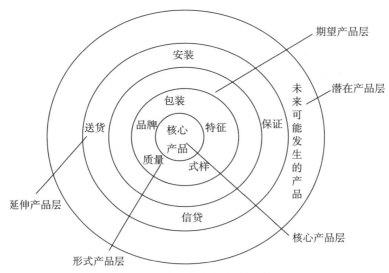

图 9-1 产品整体概念的层次

（一）核心产品

核心产品是指产品能为消费者带来的基本利益和效用，也就是产品的使用价值，如产品的用途、功能、效用等。作为产品整体中最基本和最实质性的内容，它位于整个产品的核心，也称为实质产品。

消费者购买某种产品并不是为了占有或获得构成产品实体的物质材料，而是为了满足自己的某种需要或者获得某种利益，这是消费需求的中心内容。如果产品没有效用和使用价值，不能给人们带来利益的满足，它就丧失了存在的价值，消费者就不会购买它。例如，人们购买手机是为了获得其最基本的信息传递功能，而不是将其作为玩具。所以，企业在向市场提供产品时要首先考虑消费者购买时所追求的核心利益。

（二）形式产品

形式产品是指核心产品借以实现的基本形式，即向市场提供的实体的外观。如果有形产品是实体物品，则它在市场上通常表现为产品质量水平、外观特色、式样、品牌名称和包装等特征。例如，消费者在购买手机时要考虑手机的功能、品牌、造型、颜色等产品形式。

▶ **1. 产品品质**

产品品质是指产品的理化性能、技术指标、使用寿命等内容，是表明产品质量水平的重要标志。

▶ **2. 产品特色**

产品特色是指本产品与同类产品相比所具有的与众不同的特点。它在很大程度上决定着产品竞争力的强弱。

▶ **3. 产品式样**

产品样式是指产品的原理结构、造型、外观设计上的新颖性与奇异性。它与人们的审美观、价值观、消费文化直接相关，在服饰、家具、小汽车等产品领域是影响消费选择的主要指标。

▶ **4. 产品品牌**

产品品牌是指企业产品的名称，用以区别不同企业的同类产品。它是企业实力的综合反映，是企业的一项无形资产。

▶ **5. 产品包装**

产品包装是指企业产品的外部包装或容器。适当的包装既能保护产品，美化产品，提高产品价值，又能方便消费者的购买与使用，进而促进销售。

作为产品外观的形式产品，一般是可感知的（视觉、听觉、嗅觉、触觉）、并且是有形的，它是吸引消费者最直接的重要因素，在一定意义上能创造产品的文化价值，从而提高产品的价值含量。

（三）期望产品

期望产品是指购买者在购买产品时期望得到的与产品密切相关的一整套属性和条件，如消费者购买手机时期望购买便利、使用安全等。公众的期望产品得不到满足时，会影响消费者对产品的满意程度、购后评价及重复购买率。

（四）延伸产品

延伸产品是指产品各种附加利益的总和，也称为附加产品、扩大产品。通常指各种销售服务，包括维修服务、培训服务、融资服务以及各种保证等。在现代市场营销环境下，企业销售给消费者的绝不只是某种单纯的具体产品，而必须是能够全面满足顾客的需求和欲望的一个系统。例如，手机生产商为其顾客提供持续不断的升级更新服务等。

拓展阅读 9-1
IBM 公司的
延伸服务

▶ 1. 免费送货

对一些大中型不易携带的产品，企业免费送货方便了用户。

▶ 2. 产品安装

许多产品的安装需要特殊的技术、设备、仪器，一般用户都希望产品生产经营者能帮助安装和调试。

▶ 3. 产品维修

对于仪器设备、机械设备、耐用消费品等产品，维修服务将增强用户对企业的信赖。

▶ 4. 产品保证

如对用户保证按期交货，保证质量水平符合规定的标准，保证帮助技术培训，保证合理的退赔等。

当然，延伸产品也不是越多越好，而是要坚持以顾客的需求为中心，做到：第一，延伸产品所增加的成本是顾客愿意承担也是承担得起的；第二，延伸产品给予顾客的利益将很快转变为顾客的期望利益，企业应根据顾客期望利益的需要而不断改进延伸产品；第三，在重视延伸产品的同时，考虑顾客差异性需求，生产一些确保核心产品、减少延伸产品的廉价产品，以满足低收入消费者或实惠型消费者的需要。

延伸产品的概念来源于对消费者需求的深层认识，在买方市场条件下，消费者对扩大产品的需求已成为他们正当的合法权利，而且延伸产品的质量已成为企业之间相互竞争的重要手段。未来竞争的关键，不在于企业能生产什么产品，而在于其产品能够提供多少附加利益。

（五）潜在产品

潜在产品是指包括现有产品的延伸和演进部分在内的，最终可能发展成为未来实质产品的处于潜在状态的产品，它指出了现有产品可能的演变趋势和前景，是期望产品的进一步延伸。例如，手机可发展为个人保健、家庭智能管理设备等。

产品整体概念是市场营销理论的重大发展，它的五个层次十分清晰地体现了以顾客为中心的现代营销观念。这一概念的内涵和外延都是以消费者需求为标准，由消费者的需求来决定的。因为完整产品给消费者一个整体的体验，整体的体验决定了一个产品的整体价值。只有当整体价值优于竞争对手时，才能够显示出企业的竞争优势。可以说，没有产品的整体概念，就不可能真正贯彻现代营销观念。

二、产品的分类

不同类型的产品，有着不同的特征，而产品特征是影响市场营销策略的主要因素，企业和供应商应根据所提供产品的类别和特征采取相应的营销措施。因此，对产品进行分类，不仅有利于更好地了解产品，也有利于准确地选择营销策略。产品分类的方法很多，市场营销中通常对产品有两种分类方法。

（一）按产品的耐用性或有形性分类

▶ 1. 非耐用品

非耐用品是指只能使用一次或几次，使用寿命比较短的有形产品，如食品、日常洗护用品等。通常，非耐用品具有单价较低、易消耗、购买频率高、购买行为较简单等特点。

▶ 2. 耐用品

耐用品是指可使用很多次，使用寿命比较长的有形产品。一般价格较贵，消费者购买时较慎重，需要企业提供更多的售后服务。

▶ 3. 服务

服务是指提供出售的活动、利益或享受。与实体产品相比，服务这种产品具有无形性、不可分性、易变性和时间性等特点。例如，美容理发、修理和咨询等，需更多的质量控制、供应商信用以及适用性。

（二）按产品用途分类

▶ 1. 消费品

消费品是指直接用于满足消费者最终消费的产品。根据消费者的购买习惯通常可以分为便购品、选购品、特购品和非渴求品。

（1）便购品。便购品是指消费者经常购买，并且不愿花费时间和精力进行比较的商品。这些产品需要的服务极少，通常也不会太贵，有时对这种产品的购买可能是出于一种习惯。便购品可以是日用品、冲动品或应急品。

日用品是指那些经常购买的、习惯化的、并无须多作思考的产品，如酱油、醋以及几乎每家每户每天必备的其他包装食品。

冲动品是指由于强烈的购买欲驱使而迅速购买的产品，是那些消费者并未事先计划和比较而购买的产品，多源于零售终端的销售刺激。

应急品是指那些在需求紧迫、很少有选择余地的时候，会迅速购入的产品。例如，意外受伤时的跌打救护用品，顾客没有时间四处选购，而且价格在此时也并不重要。

（2）选购品。选购品是指消费品在购买过程中，对商品的适应性、质量、价格和式样等方面进行比较以后才购买的产品。选购品又可以分为同质型和异质型两种。

同质型选购品是指质量相似但价格有差异的产品。消费者通过选购可以用较低的价格购买到相同质量的产品。例如，一些消费者认为某一规格和型号的计算机、电视机、洗衣机，甚至汽车都是类似的，因此，他们四处选购价格最低的那一种。

异质型选购品是指质量有重要差别，且消费者认为质量比价格更为重要的产品。例如，对于服饰、家具等，消费者一般认为款式和质量较价格更为重要，因而经常希望能从知识丰富的销售员那儿获得帮助。事实上，一旦消费者找到了合适的产品，价格便可能无关紧要了，只要它是合理的。同样，品牌对于异质型选购品并不重要，消费者很少依赖品牌或标签。一些零售商大都同时销售不同品牌的同类产品，为消费者选购提供了便利。

（3）特购品。特购品是指具备独特特征或品牌标记，拥有品牌忠诚者的产品。消费者通常愿意付出更多的努力或代价去购买这类产品，如特殊品牌和式样的运动服饰、箱包、小汽车以及摄影器材等。由于特殊品的消费者都是品牌忠诚者，经销特殊品的经销商不必过多考虑消费者购买的便利性，只需采用各种营销手段强化消费者的品牌忠诚度。

（4）非渴求品。非渴求品是指消费者不了解或虽然了解，但一般也不考虑购买的产品，如刚上市的新产品、殡葬用品等。非渴求品的特性决定了企业必须加强广告宣传和人员推销，使消费者了解这些产品并产生兴趣，从而吸引消费者购买。非渴求品有新的非渴求品和常规非渴求品两种类型。

新的非渴求品是指那些的确可以为潜在客户提供所不知的新理念的产品。在这种情况下，信息含量大的促销活动能帮助说服顾客接受产品，并结束其非渴求状态。例如，达能的酸奶、格兰仕的微波炉等如今已非常流行，但在刚开始上市时它们仍属于新的非渴求品。

常规非渴求品是指那些仍然处于非渴求状态，但并非一直如此的产品（如人寿保险、百科全书）。需求可能存在，但潜在用户却并未激起购买欲。对于这些产品，人员推销十分重要。

▶ **2. 产业用品**

产业用品是指企业或组织购买后，用于制造其他产品或者满足业务活动需要的物品或服务。根据其进入生产过程的程度及其相对成本，可分为原材料和零部件、资本项目、物料及服务三类。

（1）原材料和零部件。原材料和零部件是指完全进入产品制造过程，其价格一次计入产品成本的那类产品，主要包括原材料、加工材料和零部件。原材料是指没有经过加工的原料和自然资源，如玉米、棉花、水果等农产品和原油、铁矿石等资源类产品。加工材料和零部件是指那些经过加工合成的材料和部件，如铁、水泥、电缆、轮胎、铸件等。对于这类商品，价格和服务是主要的营销手段，品牌和广告变得相对次要。

（2）资本项目。资本项目是指部分进入最终产品的生产用物业或设备装置。它分为不动资产和附属设备资产。不动资产包括建筑物（如厂房）与固定设备（如发电机、电梯）；附属设备资产包括轻型制造设备和工具以及办公设备。

（3）物料及服务。物料及服务是指根本不会形成最终产品的那类产品。物料包括各种经营物资和维修物资。经营物资主要包括润滑剂、铅笔、纸张等类型的物品；维修物资主要包括油漆、扳手、锤子、钉子等类型的物资。物料是工业企业的日用品，这种类型产品在购买时很少消耗精力。

行业服务主要包括维修服务和行业建设服务等。消费价格和服务就成为购买时首要考虑的因素，消费者对此无强烈的品牌偏好。

三、产品组合策略

生产的发展和需求的多样化，决定着一个企业的经营范围不可能只是一种产品或其中的一个规格或花色，而是各种不同品种、规格、花色的产品组合，即大部分的企业都拥有多个产品项目，经营多个产品。如果将多个产品合理组织起来，就是产品组合问题。

（一）产品组合及相关概念

▶ **1. 产品组合**

产品组合是指企业生产经营的全部产品的有机结合方式，是一个企业提供给市场的全部产品线和产品项目的构成，即企业的业务经营范围。它反映一个企业生产经营的全部产品的有机构成和量的比例关系，是由若干产品系列组成的。

▶ **2. 产品系列**

产品系列是指密切相关的满足同类需求的一组产品。一个企业可以生产经营一条或几条不同的产品线，一条产品线往往包括一系列产品项目。在产品的使用功能、销售对象、分销渠道等方面相类似的一组产品，也称为产品线、产品大类。

▶ 3. 产品项目

产品项目是指某一品牌或产品大类内由规格、价格、外观及其他属性来区别的具体产品，也指同一产品系列中各种类型的产品。它是产品目录中经特别设计的不同功能、用途、规格、质量、档次和价格等特定产品。

▶ 4. 产品组合的宽度

产品组合的宽度是指一个企业所拥有的产品线的数目，多则宽，少则窄。它反映一个企业市场服务面的宽窄程度和承担投资风险的能力。

▶ 5. 产品组合的深度

产品组合的深度是指一条产品线中含有多少产品项目，每条产品线中有多少个品种。多则深，少则浅。它反映一个企业在同类细分市场中，满足不同消费者不同需求的程度。

▶ 6. 产品组合的长度

产品组合的长度是指一个企业所拥有的产品项目的多少，多则长，少则短。以产品项目总数除以产品线数目即可得出产品线的平均长度。

一般来说，增加产品组合的长度，可以使产品线更丰满充裕。

▶ 7. 产品组合的关联度

产品组合的关联度是指不同产品线之间，在最终用途、生产要求、分销渠道、市场促销等方面的紧密相关程度。

产品组合的相近程度大，其相关性也就大；相反，产品组合的相近程度小，其相关性也就小。例如，一电器公司有电冰箱、洗衣机、空调、微波炉等，均属电气产品，其相关性较大；另一公司有饮料、服装等，几乎没有（相关性）联系，其相关性小。一般来说，加强产品组合的相关性，有利于企业发挥在相关专业上的经营能力，发挥连带优势，提高企业的声誉，增强市场地位。

产品组合的长度、深度、宽度和关联度不同，就构成不同的产品组合。

（二）产品组合决策

企业在调整和优化产品组合时，依据情况的不同，可选择如下策略。

▶ 1. 扩大产品组合策略

扩大产品组织策略即增加产品组合的宽度和深度，也就是增加产品线或产品项目，扩展经营范围，生产经营更多的产品以满足市场需要。一般来说，增加产品线的风险要远远高于增加产品项目的风险。企业在扩大产品组合时通常可有以下两种做法：一是在一切可能的范围内增加产品组合的广度和深度，不受产品线之间关联性的限制；二是仅向消费者提供一个行业内所需的全部产品，产品线之间有密切的关联性。

扩大产品组合策略能较大限度地分散企业的经营风险，能最大限度地增强企业的声势和拓宽市场覆盖面。不过，它也存在分散精力、增加管理难度、增加边际成本、影响原有产品信誉等不足。当企业预测现有产品线的销售额和盈利水平在未来几年可能下降时，往往考虑这一策略。

拓展阅读 9-2
鄂尔多斯羊城
集团扩大产品
组合策略

▶ **2. 缩减产品组合策略**

缩减产品组合策略即取消一些产品线或产品项目，集中力量生产经营一个系列的产品或少数产品项目，实行高度专业化。这种策略一般是在市场不景气或原料、能源供应紧张时采用。虽然企业让出一定的市场，加强了局部产品的资源优势，但随之而来的也增大了经营风险。企业可采取的缩减产品组合策略有以下两种。

拓展阅读 9-3
百事可乐公司的
产品策略

（1）缩减产品线。减少产品生产的类别，只生产经营某一个或少数几个产品系列。

（2）缩减产品项目。减少产品系列中的产品项目，即取消一些低利、亏损产品，尽量生产利润较高的少数品种、规格的产品。

▶ **3. 产品线延伸策略**

产品线延伸策略是指突破原有经营档次的范围，使产品线加长。企业延长产品线主要是为了开辟新市场、增加新客户、满足消费者新需求。具体有以下三种形式。

（1）向下延伸。向下延伸是指企业在高档产品线中增加中低档产品项目。例如，五粮液集团在五粮液酒的基础上向下延伸出五粮醇、五粮春、金六福、京酒等。

通常，企业在面临如下情况时可以采取向下延伸策略：①企业的高档产品已树立了良好的形象，可吸引低档商品需求者扩大市场范围；②高档产品的销售增长速度缓慢或下降，生产能力过剩；③为填补市场空隙，避免竞争者有机可乘。

（2）向上延伸。向上延伸是在原有产品线内增加高档产品项目。高档产品畅销，利润率高，又能使企业提高档次，并成为生产种类全面的企业。一般企业面临如下情况时可采取此策略：①高档产品销售增长过快，利润丰厚；②高档产品市场上竞争者较弱，市场容易占领；③企业希望扩大规模向多品种规格发展；④企业重新进行市场定位。

拓展阅读 9-4
日本企业采用的
向上延伸策略

（3）双向延伸。双向延伸是指生产中档产品的企业在取得市场优势后同时向产品线的上下两个方向延伸。一方面增加高档产品，另一方面增加低档产品，力争全方位占领市场。企业实施这一策略的初衷是为了全方位占领某一市场。

▶ **4. 产品线现代化策略**

有的企业产品线长度是适当的，但其产品多年以来一直是老面孔，所以必须使产品线现代化，赋予产品更多的技术含义或者时尚含义，以防被产品线较为新式的竞争对手所击败。例如，可口可乐在过去的时间里，不断通过与体育赛事、时尚明星、运动明星的概念结合，配合人们的消费观念和健康观念的更替，更新现代化产品线。

拓展阅读 9-5
日本精工钟表公司
采用的双向
延伸策略

第二节　产品生命周期

任何产品从投放市场到被市场所淘汰，都有一个发生、发展和衰亡的过程。其销售情况和获利能力随着时间的推移而变化。因此，企业必须随着产品的生命周期的变化制定相应的策略。

一、产品生命周期的概念及阶段划分

(一)产品生命周期的概念

产品市场生命周期(product life cycle,PLC),是指一种产品从研制成功投放市场开始,直到被市场淘汰退出市场为止所经历的全部时间和过程。作为一种更新换代的经济现象,理解产品生命周期的概念应把握以下三个方面。

▶ 1. 产品生命周期与产品使用寿命期不同

产品使用寿命期是指产品的耐用时间,也就是产品从投入使用到损坏报废为止的时间,它是一个具体的变化过程。有些产品使用寿命期很短,但市场寿命期很长(最典型的是火柴、烟花);有些产品市场寿命期很短,但使用寿命期很长(如流行服装)。这是因为产品的使用寿命是由消费过程中使用时间、使用强度、维修保养等因素决定的,而产品生命周期的长短主要受制于科技的进步和需求的变化。

▶ 2. 产品生命周期是指产品品种的市场寿命期,而不是指产品种类

汽车作为代步工具迄今为止从未被淘汰,具有强盛的市场寿命期,但有些款式或型号则已经被淘汰。

一般而言,产品种类(香烟)、产品形式(过滤嘴香烟)、产品品牌的寿命期各不相同,产品种类具有最长的生命周期。产品种类指具有相同功能及用途的所有产品;产品形式是指同一种类产品中,辅助功能、用途或实体销售有差别的不同产品;产品品牌则是指企业生产与销售的特定产品。

▶ 3. 通过市场买卖的产品才有市场寿命期,不通过市场买卖的产品就没有市场寿命期

(二)产品生命周期阶段的划分

产品生命周期一般分为四个阶段:导入期、成长期、成熟期和衰退期,如图 9-2 所示。通常,以企业销售额和利润额的变化来判断产品所处的生命周期阶段。

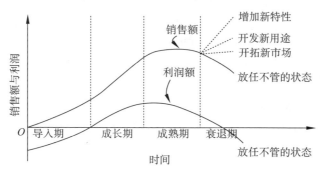

图 9-2　产品生命周期曲线

▶ 1. 产品生命周期的划分方法

产品生命周期常用的划分方法有以下几种。

(1) 类比法。类比法即参照类似产品的市场生命周期的各个阶段来划分产品所处的生命周期阶段,也称为对比类推法。

(2) 增长率计算法。增长率计算法即以一定时间内的销售增长率衡量生命周期的各个

阶段。产品销售增长率公式为 $Q=\Delta Y/\Delta t$，即在一段时间内的销售增长量（ΔY）除以时间的增量（Δt）。当 Q 小于 10% 时为导入期；当 Q 大于 10% 时为成长期；当 Q 在大于 10% 以后又降下来，处于 0.1%～10% 时为成熟期；当 Q 值由正转为负时为衰退期。

（3）市场普及率判断法。市场普及率判断法即按产品在市场上的普及率判断生命周期的各个阶段。普及率小于 5% 时为导入期；普及率为 5%～50% 时为成长期；普及率为 50%～90% 时为成熟期；普及率为 90% 以上时为衰退期。

▶ **2. 产品生命周期的其他形态**

一般产品的生命周期曲线表现为如图 9-2 所示的形态，呈 S 形模式。但有些特殊的产品，其生命周期曲线则表现出不同的状态，如图 9-3 所示，主要有以下几种形态。

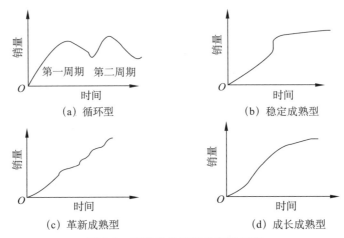

图 9-3　产品生命周期的其他形态

（1）循环型。循环型又称"周期－再周期"型或"反复型"，是指产品销售进入衰退期后，由于市场需求变化或厂商投入更多的促销费用，使其进入第二个周期，但规模和持续期都低于第一个周期。如合资新药上市后的重复促销即呈现这一形态。

（2）稳定成熟型。一般来说，一些专用品进入成熟期后，长期保持一种平稳状态，并呈现缓慢增长趋势。小型厨房设备常常具有这种特点，如电动刀具在首次引入市场时销量迅速上升，然后就稳定在某一水平上。这一水平之所以能维持，是因为后期采用者的首次购买和早期使用者的更换。

（3）革新成熟型。产品进入成熟期以后，由于发现新的产品特征、用途，或指定并实施正确的营销策略，使产品销量不断达到新的高潮。例如，尼龙的产品生命周期就是革新成熟型。

（4）成长成熟型。一些有独特配方或功效的产品，在创名牌之后，进入成熟期后依然以成长期的速度增长。

▶ **3. 风格、流行和时潮的生命周期**

（1）风格（style）。风格是指人们努力在一个领域里（服饰、艺术、建筑）所创造出的一种基本的和独特的方式，会维持相当长的时间，时而风行、时而衰落。

（2）流行（fashion）。流行是在既定的领域里当前被接受或流行的一种风格。

（3）时潮（fad）。时潮是一种迅速进入公众眼球的流行，它们被狂热地采用，很快地达到高峰，然后迅速衰退。

如图 9-4 所示。

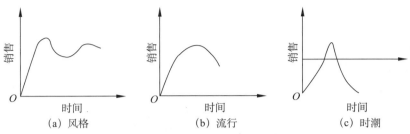

图 9-4　风格、流行和时潮的生命周期

二、产品生命周期各阶段的市场特点与营销策略

（一）导入期的市场特点与营销策略

▶ **1. 市场特点**

导入期是指新产品首次正式上市后销售呈缓慢增长状态的阶段。其市场特点如下：

（1）消费者对该产品不了解，大部分顾客不愿放弃或改变自己以往的消费行为，销售量小，相应地增加了单位产品成本；

（2）尚未建立理想的营销渠道和高效率的分配模式；

（3）价格决策难以确立，高价可能限制了购买，低价可能难以收回成本；

（4）广告费用和其他营销费用开支较大；

（5）产品的技术、性能还不够完善；

（6）利润较少，甚至出现经营亏损，企业承担的市场风险最大；

（7）市场竞争者较少。

▶ **2. 市场营销策略**

企业在推出一种新产品时，营销者应做好整合营销策划，包括对产品及其质量、包装，以及价格、渠道、促销等进行决策。这一阶段，营销策略思想的重点是突出一个"准"字。下面按"价格—促销费用矩阵"提出四种可供选用的策略，如图 9-5 所示。

		促销费用	
		高	低
价格	高	快速掠取	慢速掠取
	低	快速渗透	慢速渗透

图 9-5　价格—促销费用矩阵

（1）快速掠取战略。快速掠取战略即以高价格和高促销水平的方式推出新产品。公司采用高价格是为了在每个单位销售中尽可能获利，同时利用高水平的促销活动加快市场渗透率。采用这一战略的主要条件是：①潜在市场的大部分人还没有意识到该产品；②知道它的人渴望购买并且具备能力；③公司面临潜在的竞争，试图建立品牌偏好。

（2）慢速掠取战略。慢速掠取战略即以高价格和低促销方式推出新

拓展阅读 9-6
康师傅的快速
掠取战略

产品。这样做可以获得更多毛利并降低营销费用，可实现从市场上赚取最大利润的目的。采用这一战略的主要条件是：①市场规模有限；②大多数的市场已知晓这种产品；③购买者愿出高价；④潜在的竞争并不迫在眉睫。

（3）快速渗透战略。快速渗透战略即以低价格和高促销方式推出新产品。这样做能给公司带来最快速的市场渗透和最高的市场份额。采用这一战略的主要条件是：①市场是大的；②市场对该产品不知晓；③大多数购买者对价格敏感；④潜在竞争很激烈；⑤随着生产规模的扩大和制造经验的积累，公司的单位制造成本会下降。

（4）慢速渗透战略。慢速渗透战略即以低价格和低促销水平推出新产品。低价格使市场迅速接受产品，同时低促销费用可实现较多的净利润。采用这一战略的主要条件是：①市场是大的；②市场上该产品的知名度较高；③市场对价格相当敏感；④有一些潜在的竞争。

（二）成长期的市场特点与营销策略

▶ 1. 市场特点

成长期是指该产品已经在市场上为消费者所接受、销售额迅速上升的阶段。其市场特点如下。

（1）消费者对新产品已经熟悉，销售量增长很快。

（2）由于大规模的生产和丰厚的利润机会，吸引大批竞争者加入，市场竞争加剧。

（3）产品已定型，技术工艺比较成熟。

（4）建立了比较理想的营销渠道。

（5）市场价格趋于下降。

（6）为了适应竞争和市场扩张的需要，企业的促销费用水平基本稳定或略有提高，但占销售额的比率下降。

（7）由于促销费用分摊到更多销量上，单位生产成本的下降快于价格下降。由此，企业利润将逐步达最高峰。

▶ 2. 市场营销策略

这一阶段，营销策略思想的重点是讲究一个"优"字。

（1）根据用户需求和其他市场信息，不断提高产品质量，努力发展产品的新款式、新型号，增加产品的新用途。

（2）加强促销环节，树立强有力的产品形象。促销策略应从以建立产品知名度为中心转移到以树立产品形象为中心，主要目标是建立品牌偏好，争取新的顾客。

（3）重新评价渠道选择决策，巩固原有渠道，增加新的销售渠道，开拓新的市场，扩大产品销售。

（4）在价格决策上，应选择适当的时机调整价格，以争取更多顾客。

推行这些市场扩展战略，会大大加强公司的竞争地位，但同时会增加成本。公司在成长阶段面临着选择高市场份额或当前高利润，放弃后者则可以获得更具优势的市场地位，而利润则有希望在下一阶段得到补偿。

（三）成熟期的市场特点与营销策略

▶ 1. 市场特点

成熟期是指大多数购买者已经接受该项产品，市场销售额缓慢增长或下降的阶段。成熟期可以分为三个时期。

（1）成长中的成熟期。各销售渠道基本呈饱和状态，增长率开始下降，还有少数后续的购买者继续进入市场。

（2）稳定中的成熟期。由于市场饱和，消费水平平稳，销售增长率一般只与购买者人数成比例。

（3）衰退中的成熟期。销售水平显著下降，原有用户的兴趣已开始转向其他产品和替代品；全行业产品出现过剩，竞争加剧，销售增长率下降，一些缺乏竞争能力的企业将渐渐被淘汰；竞争者之间各有自己特定的目标顾客，市场份额变动不大，突破比较困难。

▶ **2. 市场营销策略**

其营销策略的重点是突出一个"占"字。

（1）市场改良策略。市场改良策略也称为市场多元化策略，即通过开发新市场、寻求新用户来维持和增加产品的销售量。其方式大致有四种：①开发产品的新用途，寻找新的细分市场；②寻求能够刺激现有顾客增加产品使用量的方法；③市场重新定位，寻找有潜在需求的新顾客；④转移产品的市场。

（2）产品改良策略，也称为产品再推出策略。具体可以从以下几方面入手。①品质改良，即提高产品的耐久性、可靠性、安全性，增加产品的功能和服务等。②特性改良，即提高产品的安全性、方便性和高效性。③式样改良，即对产品的外观、款式、包装等进行改良，提高其美学价值和欣赏价值。④附加产品改良，即提高服务水平、优惠条件、质量保证，增加消费指导、技术咨询等项服务。

（3）营销组合改良，即调整4P。通过改变定价、销售渠道、促销方式和服务的内容等来延长产品成熟期。例如，变换广告播出的时间和频率，重新设计广告，强调品牌的差异化优势；加大促销的力度，选择有实力的分销商，增加销售网点，改变产品的包装，降低价格，改善服务，采取更灵活的销售方式和付款方式等。

（4）加大开发新产品的预算，力图找到更多更好的新产品。

（四）衰退期的市场特点、战略决策与营销策略

▶ **1. 市场特点**

衰退期是指销售额急剧下降的阶段。其市场特点如下。

（1）产品销售量由缓慢下降变为迅速下降，消费者的兴趣已完全转移。

（2）价格已下降到最低水平。

（3）多数企业无利可图，被迫退出市场。

（4）留在市场上的企业，则被迫逐渐减少产品附加服务，削减促销预算等，以维持最低水平的经营。

▶ **2. 衰退期的战略决策**

在衰退期，如果企业战略决策正确，也将会为企业争取一线生机，从而安全退出市场。

（1）辨认疲软产品。建立辨认疲软产品的制度，公司任命一个由营销、制造和财务代表参加的产品审查委员会，由其拟定一套辨认疲软产品的制度，根据提供的各种产品的资料，运用电子计算机程序分析，确定出可疑产品。

（2）确定营销战略。公司必须对在市场上坚持的时间和方式做出决定。哈里根(Harrigan)区别出公司面对的五种衰退战略：增加公司投资；在未解决行业不确定因素时保持现有的投资水平；有选择地降低投资态势；提高利润、快速回收现金；处理资产、放弃该业务。

（3）放弃决策。当公司决定放弃一个产品时，它面临着进一步的决策：第一，它可把产品出售或转让给别人或完全抛弃；第二，它必须决定是否应迅速还是缓慢地放弃该产品；第三，它必须决定为从前的顾客保留多少部件库存量和维修服务。

▶ **3. 市场营销策略**

其营销策略的重点是抓住一个"转"字

（1）维持策略，即保持原有的细分市场和营销组合策略，直至产品完全退出市场。

（2）集中策略，即把资源集中使用在最有利的细分市场、最有效的销售渠道和最易销售的产品上，缩短战线，赢得尽可能多的产品利润。

（3）榨取策略。大幅度降低促销费用，以增加目前的利润，这样可能导致衰退加剧，但仍可以从忠实顾客当中获利，通常作为停产前的过渡策略。

（4）放弃策略，即对于衰落迅速的、没有挽救价值的产品，应停止生产经营该产品，放弃经营，快速撤出市场，有利于抓住新的市场机会。

（5）坚持策略。当大多数的竞争者因获利较少而退出市场，留下大片市场，滞后购买者所占消费者比例也高达16％，也是一个不可忽视的群体；还有一批老顾客因习惯或低价会继续购买衰退期的产品，企业只要能够坚持下去，也会获得良好的收益。

第三节　新产品开发

随着科技日新月异的进步，市场竞争不断加剧，产品的生命周期日趋缩短，发达国家的产品生命周期近年来已缩短到平均不到十年，有的产品仅有两年时间。每个企业不可能单纯依靠现有产品来占领市场，保持稳定的市场占有率。企业必须不断适应市场潮流的变化，不断推陈出新，开发适销对路的新产品才能继续生存和更好的发展壮大。因此，新产品开发是企业经营的一项重大决策，已成为企业是否有市场竞争力的基本标志。

一、新产品的概念、分类与开发的必要性

市场营销上的新产品与科技发展上的新产品并不完全相同。即新产品并不一定是新发明的产品，它是就企业而言的新产品。

（一）新产品的概念

我国规定"在结构、材质、工艺等某一方面或几方面比老产品有明显改进，或者是采用新技术原理、新设计构思，从而显著提高了产品的性能或扩大使用功能"的产品称为新产品。只要是整体产品概念中的任何一部分的变革或创新都可称之为新产品。

一般来说，新产品是指在功能、结构、品质、成分、款式、材料、外形、规格、花色等方面得到改进、提高或创新，并推向市场的产品。

（二）新产品的分类

为了进一步加深对新产品的理解，有必要从不同的角度对新产品进行分类。

▶ **1. 按照产品开发的难度和产品新颖程度分类**

（1）创新型新产品。创新型新产品也称为全新产品，是指应用新原理、新技术、新材料、新结构研制的市场上从未有过的产品。例如，电话、飞机、打字机、青霉素、电子计算机等发明，就被视为1860—1960年世界公认的最重要的一部分新产品。

创新型新产品是由于科技进步或为满足某种崭新的需要而发明的产品，与同时代的任何产品毫无共同之处。它们的产生一般需要经过很长时间，花费巨大的人力、物力和财力，对于绝大多数企业来说很难提供这样的新产品。这类新产品从进入市场到为广大消费者所接受，一般需时较长。但一旦研制成功，会带来某一领域质的飞跃，会改变人类的生产方式或生活方式，企业会获得丰厚的回报。

（2）换代型新产品。换代型新产品也称为革新产品、部分新产品，是指在原有产品的基础上，部分采用新材料、新技术制成的性能有显著提高的新产品。例如，手机从功能机到智能机，汽车从燃油车到新能源汽车的演变。

这类新产品也是伴随科技的进步而出现的，但其发展的过程，较之创新型新产品要短，市场普及的速度和成功率也相对高些。许多企业都将此类新产品作为自己新产品的主要开发对象。

（3）改进型新产品。改进型新产品也称为改革变异产品、改进产品，是指在原有产品的基础上进行改进，使产品在结构上、功能上有新的特点、新的突破，如山地自行车、多功能电扇、过滤嘴香烟等。

这类新产品与原有产品差别不大，基本上保持了老产品的风格，只是更为合理；其受技术限制较小，成本相对较低，企业易于开发；进入市场后易于市场推广和被消费者接受，但也容易被竞争者模仿。

拓展阅读9-7
松下电器：不发明，只改造

（4）仿制型新产品。仿制型新产品也称为本企业新产品，是指企业仿制国内外市场已经出现的，但本企业尚未生产过的产品。有时也需要在仿制时，针对原有产品的缺陷或市场需求进行必要的改进、创新，但基本原理和结构是仿制的。

这类产品对市场来说已不是新产品，但对企业来说，设备是新的，生产的产品与原来不同，所以它们仍然是企业的新产品。

这类新产品不需太多的资金和尖端的技术、时间，又能保证被市场接受，因此比研制全新产品更容易。

▶ **2. 按照产品的潜在市场范围分类**

（1）国际新产品。国际新产品是指在世界范围内首次生产和销售的新产品。

（2）国内新产品。国内新产品是指那些国外已有生产销售，但在国内还是首次研制成功的产品。

（3）地区性新产品。地区性新产品是指那些国内已有生产而在某地区刚研制成功的新产品。

（三）开发新产品的必要性

▶ **1. 产品生命周期理论要求企业不断开发新产品**

企业同产品一样，也存在生命周期。如果企业不开发新产品，则当产品走向衰退时，企业也同样走到了生命周期的终点；相反，企业如能不断开发新产品，就可以在原有产品退出市场时利用新产品占领市场。一般而言，当一种产品投放市场时，企业就应当着手设计新产品，使企业在任何时期都有不同的产品处在生命周期的各个阶段，从而保证企业盈利并稳定增长。

▶ 2. 消费需求的变化需要企业不断开发新产品

随着生产的发展和人们生活水平的提高，消费需求也发生了很大变化，方便、健康、轻巧、快捷的产品越来越受到消费者的欢迎。消费结构的变化加快，消费选择更加多样化，产品生命周期日益缩短。这一方面给企业带来了威胁，企业不得不淘汰难以适应消费需求的老产品，另一方面也给企业提供了开发新产品适应市场变化的机会。

▶ 3. 科学技术的发展推动着企业不断开发新产品

科学技术的迅速发展导致许多高科技新型产品的出现，并加快了产品更新换代的速度。企业只有不断运用新的科学技术改造自己的产品，开发新产品，才不至于被挤出市场。

▶ 4. 市场竞争的加剧迫使企业不断开发新产品

现代市场上企业间的竞争日趋激烈，企业要想在市场上保持竞争优势，只有不断创新，开发新产品，才能在市场上占据领先地位，增强企业的活力。另外，企业定期推出新产品，可以提高企业在市场上的信誉和地位，并促进新产品的市场销售。

因此，在科学技术飞速发展的今天，在瞬息万变的国内国际市场中，在竞争愈来愈激烈的环境下，开发新产品对企业而言，是应付各种突发事件、维护企业生存与长期发展的重要保证。

二、新产品的发展趋向

人类社会已经跨入 21 世纪，传统的经济模式在知识经济浪潮的冲击下将面临巨大改变。未来经济发展呈现出网络化、信息化、数字化、知识化的特征，新经济对人类的影响是全方位的。与新经济发展相适应，企业新产品开发总的发展趋势是：产品更新换代的频率进一步加快，新产品开发的时间周期越来越短。具体将呈现以下趋势。

（一）高科技新产品

在当代高科技迅猛发展的影响下，知识和技术在经济发展中的作用日益显著，产品中的知识技术含量也日渐增多，朝着知识密集化和智能化的方向发展，新产品的高科技化趋势将日益明显。高科技产品除具有一般产品的特征外，其最大的特点是与高新技术密切相关。

（二）绿色产品

"绿色"代表环保，象征生命。从 20 世纪 90 年代起，一些国家纷纷推出以保护环境为主题的"绿色计划""绿色浪潮"。人类对保护环境，维持可持续发展的渴望比以往任何时候都要强烈。"绿色食品""绿色产业""绿色企业""绿色消费""绿色营销"等"绿色"系列已成为环境保护运动的代名词，消费者将越来越青睐不含任何化学添加剂的纯天然食品或由天然植物制成的绿色产品，社会发展也迫使企业必须开发对环境无害或危害极小，有利于资源再生和回收利用的绿色产品。

（三）大规模定制模式下的个性化产品

激烈的市场竞争使企业发生的最大变化是将注意力集中到顾客身上，无论企业是否愿意，消费者越来越迫切地要求得到他们真正需要的产品。大规模地生产大批量产品已不能满足消费者日趋个性化的需求，个性化需求时代已经来临。企业一方面要满足消费者个性化需求，另一方面又必须控制生产成本，大规模定制开发新产品模式为企业快速开发出大量满足个性化的产品指明了道路。大规模定制模式是指对定制的产品或服务进行个别的大规模生产，它在不牺牲企业经济效益的前提下，了解并满足单个消费者的需求。

（四）多功能产品

将各种产品的功能进行组合，移植成新产品是未来新产品发展的又一趋势。由多种产品功能组合的新产品不仅能有效满足消费者多方面的需求，而且企业在开发此类新产品时的风险也大大降低。例如，具有手电筒照明功能的收录机和时钟、通信簿、计算器、计算机钢笔、复印电话一体机、多功能数字化彩色复印机、具有上网功能的手机等组合新产品。

三、新产品开发的程序

新产品开发过程由八个阶段构成，即新产品构思、构思的筛选、产品概念形成和测试、拟订初步营销计划、商业分析、新产品研制、市场试销、商业性投放。

（一）新产品构思

新产品构思是指开发新产品的设想。虽然并不是所有的设想或创意都可变成产品，但寻求尽可能多的构思却可为开发新产品提供较多的机会。所以，现代企业都非常重视构思的开发。

新产品构思的主要来源有顾客、科学家、竞争对手、企业推销人员和经销商、企业高层管理人员、市场研究公司、广告代理商等。除了以上几种来源外，企业还可以从大学、咨询公司、同行业的团体协会、有关的报刊媒介那里寻求有用的新产品创意。一般来说，企业应当主要靠激发内部人员的热情来寻求创意。这就要建立各种激励性制度，对提出创意的职工给予奖励，而且高层主管人员应当对这种活动表现出充分的重视和关心。

（二）构思的筛选

取得足够的构思之后，要对这些构思进行分析、比较和评估，研究其可行性，主要目的是要尽可能早地发现和排除不合理的构思，并挑选出可行性较高的构思，使公司有限的资源集中于成功机会较大的构思上。在筛选时要考虑以下两个因素。

（1）该创意是否与企业的战略目标（利润目标、销售目标、销售增长目标、形象目标）相适应。

（2）企业有无足够的能力（资金能力、技术能力、人力资源、销售能力等）开发这种创意。

在筛选阶段，企业必须避免两种错误：一是误舍，即企业对某一有缺点，但能改正的好创意轻易地放弃；二是误用，即企业容许一个错误的创意投入开发和商品化阶段。筛选的目的是尽可能地发现和放弃错误的创意，以最大程度减少开发费用，降低风险，因为产品开发的每一后继发展阶段，开发费用将增大。

（三）新产品概念的形成和测试

经过筛选之后的构思还要进一步发展，形成产品概念。在这里，首先应当明确产品构思、产品概念与产品形象之间的区别。所谓产品构思，是指企业从自身角度考虑是否能够向市场提供的可能产品的构想；产品概念是指企业从消费者角度对这种创意所作的详尽描述；产品形象是指消费者对某种现实产品或潜在产品所形成的特定形象。例如，一块手表，从企业的角度看，主要是这样一些因素：齿轮、轴心、表壳、制造过程、管理方法(市场、人事方面的条件)及成本(财务情况)等。但在消费者心目中并不会出现上述的因素，他们只考虑手表的外形、价格、准确性、是否保修，以及适合什么样的人使用等。企业必须根据消费者在上述方面的要求，把产品创意发展为概念。

拓展阅读 9-8
某食品厂的
新产品概念

确定最佳的产品概念，进行产品和品牌定位之后，应当对产品概念进行测试。所谓产品概念测试是指用文字、图画描述或用实物将产品概念展示于目标顾客面前，观察其反应。

(四) 拟订初步营销计划

形成产品概念之后，需要拟订一个将新产品投放市场的初步的市场营销计划，它由以下三部分组成。

（1）描述目标市场的规模、结构和消费者的购买行为，新产品的目标市场定位，短期内新产品的销量、市场占有率、利润目标等。

（2）描述新产品在第一年的价格、分销渠道策略和营销预算。

（3）描述较长期(如 2~3 年)的销售额、利润目标及不同时间的市场营销组合等。

(五) 商业分析

企业市场营销管理者要复查新产品将来的销售额、成本、利润和投资收益率等是否切实可行，是否符合企业目标，是否具有较大的商业开发价值，如果符合就可以进行新产品开发，这种商业分析在完成的新产品开发过程中都要进行。具体包括以下三方面的可行性分析。

▶ 1. 市场可行性分析

市场可行性分析即需要进行新产品市场假设的实证分析，以便确认新产品方案能否被市场采纳。

▶ 2. 技术可行性分析

技术可行性分析即进行新产品开发的各种技术问题和质量保证的可行性分析，以确保一定的质量水平和较合理的价格水平。

▶ 3. 经济可行性分析

经济可行性分析即进行新产品开发方案的经济效益分析，包括对销售量、成本、利润和投资收益率的估算，以确保新产品开发获得较高的投资收益率，减少投资风险。

(六) 新产品研制

将通过商业分析的新产品概念，送交研究与开发部门或工程技术部门进行设计、试制、形成实体产品，其实体产品既要具备新产品概念当中阐明的主要特点，又要安全可靠，适应各种环境，生产成本又不超出预算。开发一个成功的实体样品，耗时巨大，样品制成后，还要在实验室或现场进行性能测试，并进行消费者测试，听取建议和意见，检验样品的适用性，以便对新产品做进一步的改进，并通过专家对产品的技术鉴定，这是新产品开发过程中最为关键的一步。

（七）市场试销

新产品开发结果满意，就着手用品牌、包装和初步市场营销方案把这种新产品包装起来，推上真正的消费领域。

▶ **1. 市场试销的规模**

市场试销的规模决定于以下两方面。

（1）投资费用和风险大小。投资费用和风险越高的新产品，试销的规模应越大一些。

（2）市场试销费用和时间。市场试销费用越多、时间越长的新产品，试销的规模应越小些。

▶ **2. 试销方法**

西方企业常用的试销方法有以下三种。

（1）标准试销法。将新产品在实际的条件下推出，企业选定几个试销城市，推销人员说服当地中间商协助开展试销，并将新产品摆到货架的最好位置上。

（2）控制试销法。通过专门的市场调研机构开展试销工作，企业只讲明所要进行试销的商店数目及地理位置，所有的事项由该机构负责安排。

（3）模拟试销法。选择一家现有的商店，首先让参加试销的顾客看到广告，然后发给他们少许钱，让他们随意购买，并询问买或不买的理由。

（八）商业性投放

新产品试销成功后，就可以正式批量生产，全面推向市场，但必须预先做好下列决策。

▶ **1. 投放时机**

这与新产品和市场的特性相关，要根据新产品是否属替代品、新产品的市场需求、新产品是否有很强的季节性、新产品是否还需要进一步改进等，实行区别对待。

▶ **2. 投放区域**

能够把新产品在全国市场上投放的企业是不多见的。一般是先在主要地区的市场推出，以便占有市场，取得立足点，然后再扩大到其他地区。

▶ **3. 目标市场**

目标市场即可能率先购买或早期购买的顾客群。其目的是要利用这部分顾客群来带动一般顾客，以最快的速度、最少的费用，扩大新产品的市场占有率。

▶ **4. 营销组合**

营销组合即使用各种不同的营销方式和策略，尽最大可能推销新产品。

四、新产品推广

（一）新产品采用者类型

在新产品的市场扩散过程中，由于受个人性格、文化背景、受教育程度和社会地位等因素的影响，不同的消费者对新产品接受的快慢程度不同。美国营销学者罗杰斯根据这种接受快慢的差异，把采用者划分为五种类型。

（1）创新采用者。创新采用者也称为"消费先驱"，占全部采用者的 2.5%。他们的特征是：富有个性，勇于冒险，性格活跃，收入水平、社会地位和受教育程度较高；交际广泛，信息灵通；易受广告及促销手段影响，是企业投放新产品的极好目标。企业营销人员在向市场推出新产品时，应把促销手段和传播工具集中于他们身上。

（2）早期采用者。早期采用者一般是年轻，富于探索、对新事物比较敏感并有较强的适应性、经济状况良好、对早期采用新产品有自豪感的人群。这类群体占全部潜在采用者的 13.5％。

（3）早期大众。占有 34％的份额。这部分消费者的特征是：深思熟虑，态度谨慎，决策时间较长，受过一定教育；有较好的工作环境和固定的收入；对舆论领袖的消费行为有较强的模仿心理，不甘落后于潮流。但由于特定的经济地位所限，购买高档产品时持非常谨慎的态度。研究他们的心理状态、消费习惯，对提高产品的市场份额有很大意义。

（4）晚期大众。占有 34％的份额。他们的工作岗位、受教育程度及收入状况比早期大众略差，对新事物、新环境多持怀疑的态度或观望态度，往往在产品成熟阶段才加入购买。

（5）落后采用者。占有 16％的份额。这些人受传统思想束缚很深，思想非常保守，怀疑任何变化，对新事物、新变化多持反对态度，固守传统消费行为方式，在产品进入成熟期后期以至衰退期才能接受。

（二）新产品扩散过程管理

新产品扩散过程管理是指企业通过采取一定措施，使新产品的扩散过程符合既定营销目标的一系列活动。

▶ **1. 新产品扩散过程管理的目标**

（1）在产品导入期销售量迅速起飞。

（2）在产品成长期销售量急速增长。

（3）在产品成熟期产品渗透最大化。

（4）长时间维持较高水平的销售量。

▶ **2. 新产品扩散过程管理的营销措施**

为实现企业上述目标，营销管理部门应采取以下措施。

（1）在导入期，通过强大的广告攻势使消费者快速知晓新产品的性能、特点；开展各种促销活动特别是免费提供样品，使消费者尽快试用新产品；派出销售队伍，主动加强推销。

（2）在成长期，保持产品质量稳定，提高口碑效果，继续加强广告攻势影响后期接受者，营销人员向中间商提供各种支持，创造性地运用促销手段使消费者重复购买，加强销售服务，树立品牌形象。

（3）在成熟期，更新产品设计和广告策略，以适应后期接受者的需要；采用营业推广等快速增长的营销策略；进一步完善销售服务。

（4）使处于衰退期的产品继续满足市场需要，开辟新的市场，扩大分销渠道，降价。

▶ **3. 意见领袖对新产品扩散的影响**

企业总是希望产品扩散得越快越好，消费者接受得越快越好。因此，缩短消费者由不熟悉新产品到采用新产品所花费的时间，就成为企业的市场营销目标之一。

传统观点是一级流动过程，也就是人们认为信息和影响可以借助宣传媒体的力量直接传递到消费者那里，这就是一级流动过程，即从宣传媒体到消费者。

最近的观点是两级流动过程，也就是研究者发现，新产品常常是从宣传媒体传递到意见领袖，然后再从意见领袖流向追随者，追随者受意见领袖的影响远远超过宣传媒体的影响。这叫作两级流动过程。在这里，宣传媒体是主要的信息源，追随者是信息受众，而意见领袖则对信息受众接受信息有着重要作用，他们依靠自身的威信和所处的位置加速了信息的流动。

在新产品扩散过程中，意见领袖具有以下作用：①告知他人（追随者）有关新产品的信息；②提供建议以减少他人的购买风险；③向购买者提供积极的反馈或证实其决策。所以意见领袖是一个告知者、说服者和证实者。不过，意见领袖只是一个或几个消费领域的领袖，他们仅仅在这一个或几个领域施加自身的影响，离开这些领域，他们就不再是领袖，也就没有影响了。

每一个社会阶层都有意见领袖。大多数情况下，信息是在每一个阶层内水平流动而不是在阶层之间垂直流动。意见领袖同其追随者有着显著不同的特征：①意见领袖交际广泛，同宣传媒体和各种交易中间商联系紧密；②意见领袖容易被接触到，并有机会、有能力影响他人；③意见领袖具有较高于其追随者的社会经济地位，但不能高出太多，否则两者将难以沟通；④意见领袖乐于创新，尤其是在整个社会倡导革新时。

五、新产品开发策略

企业为尽快使新产品为消费者所普遍接受，必须尽力推广。有以下六种策略可供选择。

（一）领先策略

领先策略是指企业要在其他企业的新产品还未开发成功或还未投放市场之前，抢先开发新产品，抢先投放市场，使企业生产的产品处于市场领先地位，然后，采取多种办法，迅速提高市场占有率。

拓展阅读 9-9
梦幻公司：勇于出击

（二）跟随超越策略

跟随超越策略是指采用技术引进与自行研制相结合，善于利用外部条件，以跟随竞争产品为先导，以最终超越对手为目的。采用这种策略必须同时具备两个条件：一是对市场敏感，善于捕捉市场信息；二是要具备较强的应变能力和一定的研发能力。这样才能及时开发出新品，投入市场。在 20 世纪 60 年代，每当通用汽车公司有新型车上市，福特汽车公司便会立即购买并拆解，对其逐个清洗称重，按功能分别排列在固定的展板上，然后同自己的产品相对比，认真进行工艺成本分析，找出提高策略。

这种方法也可用于对现有产品加以改进和提高，可以使产品更加完善，超越原有产品。如威力牌洗衣机通过研究和分析，将洗衣机桶内的波轮的倾斜角度加以调整，其洗净率就比国内外同类产品高出 10%～20%，使用户不再为领口、袖口洗不净而烦恼。

跟随超越策略的最大优点在于可以大大缩短新产品的研制周期，降低研制费用。日本在 1945—1970 年，花费 60 亿美元引进国外技术，而这些引进的技术用于研发的费用则高达 2 000 亿美元。也就是说，日本付出的代价不到研究费用的 1/30。这些技术的研制时间一般为 12～15 年，而日本掌握这些技术只需用 2～3 年，只相当于研制时间的 15%～25%。"先引进，后改进，不发明"成为当时一些日本企业的主要开发策略。

（三）更新换代策略

更新换代策略是指在老产品的基础上，采用新技术、新材料，开发具有更高技术、经济性能的新产品。产品更新换代是科技进步的必然结果。

（四）系列延伸策略

一种新产品的问世往往会延伸出与该产品的使用密切联系的一系列配套需求。如电冰箱的使用会延伸出对冰箱断电保护器、冰箱除臭剂、保鲜膜、冰块盒等的需求等。针对人们在使用某一产品时所产生的新的需求，推出特定的配套产品，可以加深企业产品组合的深度，为企业产品的开发提供更广阔的天地。

（五）借脑生财策略

新产品开发要以高科技为依托，加大其技术含量，要做到这一点，仅凭企业自身的技术和研发力量是不够的，必须借助外部的力量。例如，行业专家的指导，相关高等院校和科研院所的支持，通过技术合作和技术引进，借脑开发，创造技术优势，树立产品形象。

（六）差异化策略

开发新产品贵在创新。企业在研制新产品时，应考虑与其他同类产品的差异性，向消费者提供具有明显特色的产品，给消费者一种标新立异的印象，以增强产品的吸引力和竞争力。古人曰：人无我有则新，人新我精则妙，人妙我奇则智。企业若能以此为原则，不断开发出新产品，一定会立于不败之地。

▌复习思考题 ▌

1. 如何理解产品及其整体概念？
2. 产品组合策略有哪些？
3. 如何理解产品生命周期理论？
4. 产品生命周期各阶段的特点及营销策略是什么？
5. 简述新产品开发对企业及消费者的重要意义。
6. 新产品开发一般要经过哪些程序？

▌案例分析训练 ▌

3M 公司的创新方法

一些公司由于成功地连续不断地进行创新，已获得了令人瞩目的声望。在这些公司中名列前茅的是明尼苏达矿业及制造公司（3M 公司）。该公司生产 6 万多种产品，包括标准纸、胶粘剂、软盘、接触镜片、架空射灯、贴纸等，每年公司推出 200 多个新产品，公司雄心勃勃的目标是年销售 150 亿美元，公司每个部门在其上市的产品中至少获得 30％的收益。

3M 公司每年拿出销售收入的 6.5％作为研究与开发费用——比其他公司平均多 2 倍，3M 公司不仅鼓励工程师而且鼓励每个员工成为"产品冠军"。公司鼓励每个关心新产品构思的人，让他们做一些家庭作业，以发现那些有关开发新产品的知识，如公司开发的新产品市场在哪里？以及新产品可能的获利性如何？公司更新了"15％法则"，允许全部员工有15％的时间"违反纪律"——干个人感兴趣的事，如果新产品构思得到公司的支持，就将相应建立一个新产品实验组，该组由来自公司的新产品研究和开发部门、制造部门、销售部门、营销部门和法律部门的代表组成。每组由"执行冠军"领导，他负责训练实验组，并且保护实验组免受官僚主义的干扰。如果一旦研制出"式样健全的产品"，试验组就会一直工作下去直到产品投放市场；如果产品失败了，每个组员仍得原先的工作岗位。有些开拓组经过3～4次的努力，才使一个产品的构思最终获得成功，而在有些情况下，产品构思的成功十分顺利。

3M公司知道千万个新产品构思可能只成功一个，一个有价值的3M口号是"为了发现王子，你必须与无数个青蛙接吻"。

3M公司每年向试验组颁发"金牌奖"，因为这些新产品在正式上市的3年中，在美国市场获得200多万美元的销售额，在世界市场的销售额为400万美元。

资料来源：3M公司创新案例分析［EB/OL］．［2023-4-12］. https://wenku.baidu.com/view/b52c100e1a2e453610661ed9ad51f01dc2815766. html? fr＝income1－doc－search&＿wkts＿＝1691030757008&wkQuery＝3M％E5％85％AC％E5％8F％B8％E7％9A％84％E5％88％9B％E6％96％B0％E6％96％B9％E6％B3％95.

分析与思考：

1. 请你概括及评价3M公司的创新方法。
2. 思考一下这种创新方式的适用条件。

在线自测

扫描封底刮刮卡 　获取答题权限

第十章 品牌、商标与包装策略

引例

"金六福"——植根中国"福"文化的品牌名称

1998年，第一瓶"金六福"酒在五粮液集团诞生，它在短短的三年时间里迅猛崛起，现已位居中国十大白酒品牌排行榜的第一名。年销售额已达到30多亿元，业内称之为"金六福现象"，它的成功固然有许多因素，但不可否认的是，它有一个中国人喜欢的好名字。

"金六福"这一名称是金六福酒业有限公司在广泛征集创意，花费大量人力和物力的基础上，经过反复斟酌，在众多方案中选定的。

"金六福"品牌名称的内涵是"寿、富、康、德、和、孝"。这是中国几千年来传统文化的浓缩，它迎合了人们对"福文化"的需求。因此，这个名字一经推出，立即引起了消费者的普遍好感。

此外，"金六福"酒的包装设计也很独特。外包装盒以黄、红、金为主色，一至五星不同规格的产品，均采用类似的设计，突出了系列酒的特点。

五星"金六福"还在外包装上赋予"开门见福""开门揭福"的吉祥创意，钱袋形状的酒瓶也寓意喝此酒一定会福星高照，财运亨通。其他星级的"金六福"酒也都以不同方式，从不同角度突出了"福"文化的含义。

"金六福"系列酒的所有外包装、酒瓶标签上都有古代传说中的富贵吉祥鸟凤凰的图案，其线条流畅，极具观赏性。因此，喝"金六福"酒让人觉得不仅仅是在品味优质的美酒，更是在品味五千年的中华文化。可见，"金六福"的成功在很大程度上是依托了品牌名称的福。

资料来源：全六福，中国"福"文化的品牌名称[EB/OL]. [2023-02-10]. http://www.andto.com/sucai/tc73f671c68564fc382ac05ba48388645.html.

品牌策略是企业制定产品整体战略时需要考虑的内容之一，在产品整体战略当中具有十分重要的意义。在竞争十分激烈的情况下，相当多的同质性产品共同呈现在消费者面前时，如何突出品牌的特色，突出品牌的优势，使之符合消费者个性化的需求成为制定产品战略越来越突出的问题。

第一节 品牌与商标的基本概念

品牌与商标是现代市场营销的永恒主题。现代市场竞争的实质是什么？实质就是全方位的产品竞争，产品竞争的重要因素是品牌与商标。在同质化日益严重的今天，品牌已经几乎成为消费者识别同类产品的唯一手段。

一、品牌与商标

（一）品牌

品牌，俗称牌子，是产品整体概念的重要组成部分，在企业制定市场营销策略中占有重要的地位。品牌是用以识别一个或一群卖主的产品或服务的名称、术语、记号、象征或设计及其组合。

品牌由品牌名称和品牌标志两部分构成。其中，品牌名称是指品牌中可以用语言表达，并且可用文字表述的部分，如"海尔""小米""娃哈哈"等；品牌标志是指品牌当中可以被识别，但不能用语言表达也无法用文字表述的部分，包括品牌中的图案、符号、标记、设计等，其中图案是最主要的，它包括功能图案、字形图案、造型图案和图形图案。

品牌在本质上代表着销售者交付给买者的产品特征、利益和服务的一贯承诺。好的品牌就是质量的保证，是企业与目标顾客进行沟通的利器，具有广泛的意义。品牌的含义可分为以下六个层次。

▶ 1. 属性

品牌首先代表着特定的商品属性，是品牌最基本的内涵。如海尔代表着"品质良，信誉高"其表现出"质量可靠、服务上乘""一流的产品，完善的服务"的属性。

▶ 2. 利益

品牌体现了特定的利益。顾客不是在买属性而是在买利益，这就需要将属性转化为功能性或情感性的利益。就海尔而言，"品质良，信誉高"可转化为"使用安全，售后服务好"的利益；"质量可靠"会减少消费者维修费用，给消费者提供节约维修成本的利益；"服务上乘"则节约了消费者时间，精减成本，方便了消费者。

▶ 3. 价值

品牌体现了生产者的某些价值观。如海尔体现了"品质好，信誉高和服务优良"，而这些是消费者非常重视的。

▶ 4. 文化

品牌可能代表某种文化。如海尔的"真诚到永远"企业文化。

▶ 5. 个性

不同的品牌会使人们产生不同的联想，这是由品牌个性所决定的。如海尔的"追求卓越"的勇于创新的理念。

▶ 6. 使用者

品牌还体现其一定的使用者特征。例如，海尔定位一般为中高档消费者。

品牌是能够表达多种意义的综合体。品牌中最基础的部分是它所表达的属性和利益，这是与目标顾客沟通的直接因素。正因为此，品牌才成为企业与目标顾客进行沟通并征服他们的营销利器。而一个品牌最持久的内涵应是它的价值、文化和个性的综合体现，这是从深层次打动目标顾客以创造顾客忠诚的关键。所以，企业对品牌建设的关键是要开发正面联系品牌的内涵，尤其是开发与目标顾客个性、价值观相符的品牌价值、品牌文化和品牌个性。

（二）商标

▶ 1. 商标、商标权、商标专用权

商标是指在政府有关部门注册并获得专用权而受法律保护的一个品牌或品牌的一部分，是表明商品来源或特定质量的标志。商标作为一个法律概念，受法律的保护。

商标权是指商标注册人拥有该商标的专用权、使用权、许可使用权、禁止权、设立抵押权、投资权、转让权、继承权等权利。

商标专用权是商标权中最重要的一项权利，该权利表明注册商标只能由商标注册人专用，他人不得仿制、伪造或在同种商品、类似商品上使用与该商标相同或近似的商标，否则就侵犯了商标权，要受到法律的制裁。商标专用权具有以下四个特征。

（1）经工商部门注册，具有独占性和排他性。

（2）具有时间性，我国商标法规定注册商标的有效期为10年，自核准注册之日起计算，注册商标有效期满可以续展。

（3）既是一种财产权，又是一种工业产权，其价值难以估量。

（4）受严格的地域限制，在某一个国家取得商标专用权后，就受该国的法律保护。

为了防止假冒他人商标、仿冒他人商标和恶意抢注他人商标等商标侵权行为，国际上对商标权的认定实行"注册在先""使用在先"并行的原则。注册在先是指品牌或商标的专用权归属于依法首先申请注册并获准的企业，如中国、日本、法国等国（大陆法系）采取这种商标权的认定原则。使用在先是指品牌或商标的专用权归属于该品牌或商标的首先实际使用者，如美国、加拿大、英国、澳大利亚等国家（欧美法系）采取这种商标权认定原则。但在具体的商标权认定中，还有对"注册在先""使用在先"混合使用的"使用优先辅以注册优先"及"注册优先辅以使用优先"两种原则。

▶ 2. 商标的价值

品牌与商标信誉是企业的生命，它不受厂房、设备、商品、人员等有形财富生命周期的限制，有着取之不尽、用之不竭的价值。其价值主要表现在如下方面。

（1）经济价值。这是由商标的物质属性决定的，即生产商标所投入的一定量的社会劳动，是可以用货币计算的部分。包括：制造商标过程中所花的费用（市场调研费和设计、印刷、原料费及工资等）和取得法律保护过程中所花的费用（注册费、续展费）。

（2）信誉价值。信誉是品牌与商标在市场上的知名度和声望。决定品牌与商标信誉的因素包括商标所代表商品的质量、商标的使用范围、市场占有率等。信誉价值是企业的无形财富，它是衡量企业经济技术水平的重要标志，是企业竞争能力的象征。由信誉价值产生了最有价值的品牌评估。如 Znterbrand2022 年中国是佳品牌 10 强排行榜（图 10-1）。

表 10-1 Interbrand2022 年的中国最佳品牌 10 强排行榜 （单位：亿元）

排　　名	品　　牌	行　　业	品 牌 价 值
1	腾讯	科技	8 610.84
2	阿里巴巴	科技	6 822.79
3	中国建设银行	金融服务	1 891.91
4	中国工商银行	金融服务	1 663.82
5	中国平安	金融服务	1 628.12
6	中国银行	金融服务	1 189.87
7	中国移动	通信	992.38
8	中国人寿	金融服务	915.84
9	中国农业银行	金融服务	914.05
10	贵州茅台	酒	823.80

（3）权利价值。商标的价值与商标专用权密切相关。商标专用权在法律许可的范围内可以转移，这种转移的实质是一种财产交换关系，由此表现出的价值就是权利价值。一般通过投资、使用许可、转让等形式表现出来。

（4）艺术价值。首先，具有显著特征和吸引力的商标设计是占领市场的有效工具；其次，一个具有较高艺术水平的商标，本身就是一件艺术珍品。

二、品牌的特征

（一）品牌代表着一定产品的特色和质量特征

在营销活动中，品牌并非是符号、标记等的简单组合，而是产品的一个复杂的识别系统。品牌实质上代表着卖者对支付给买者的一系列产品特征、利益和服务的一贯性的承诺。最佳品牌就是质量的保证。

（二）品牌是企业的一种无形资产

品牌是有价值的，品牌的拥有者凭借其优势品牌能够不断地获取利润，但品牌价值是无形的，其收益具有不确定性。品牌不像企业的其他有形资产直接体现在资产负债上。它必须通过一定的载体来表现自己，直接载体就是品牌元素，间接载体就是品牌知名度和美誉度。品牌价值特别是知名品牌，如"可口可乐""海尔"等，很多时候已超过企业有形资产的价值。当然，现在对品牌价值的评估还未形成统一标准，但品牌仍是企业最重要的无形资产之一。正因为品牌是无形资产，所以其收益具有不确定性，需要不断地投资，企业若不注意市场的变化及时地调整名牌产品的结构，则可能面临品牌贬值的危险。

（三）品牌具有一定的个性

可以说品牌无一不是文化的象征。列举几种典型国际品牌个性：有朝气的、年轻的、最新的、外向的，如百事可乐；有教养的、有影响力的、称职的，如惠普；自负的、富有的、谦逊的，如奔驰和凌志；运动的、粗野的，如耐克。我国一些知名品牌中，品牌个性也尤为突出：稳重的、尊贵的，如茅台；年轻的、文艺的，如江小白。所以，在创造品牌的过程中，一定要注意品牌个性的塑造，赋予品牌一定的文化内涵，满足广大消费者对品牌文化品位的需求。

（四）品牌具有专有性

一定的品牌成为知名品牌，特别是品牌商标一经注册，成为注册商标后，具有维护专用权利的防御作用，品牌的拥有者就对该品牌享有专有权，其他企业不得再用。一件产品可以被竞争者模仿，但品牌却是独一无二的。品牌在经营过程中，通过良好的质量、优质的服务建立良好的信誉，这种良好的信誉一经被消费者认可，很容易形成品牌忠诚，它也强化了品牌的专有性。

（五）品牌是以消费者为中心的

国际现代品牌理论特别强调和重视：品牌是一个以消费者为中心的概念，没有消费者就没有品牌。品牌的价值体现在品牌与消费者的关系中，品牌有一定的知名度和美誉度是因为它能够给消费者带来利益，创造价值。而且品牌知名度和美誉度本身就是与消费者相联系，是建立在消费者基础之上的概念，市场才是品牌的试金石，只有消费者和用户才是评判品牌优劣的权威者。

三、品牌的作用

（一）品牌对营销者的作用

▶ 1. 品牌有利于促进产品销售，树立企业形象（名牌效应）

品牌一旦形成一定的知名度和美誉度之后，企业就可以利用品牌优势扩大市场，促成消费者的品牌忠诚，品牌忠诚使消费者在竞争中得到一定保护，并使企业在制定市场营销策划时具有较大的控制力。知名品牌代表一定的质量和性能，比较容易吸引新的消费者，从而降低营销费用。

▶ 2. 品牌有利于企业增强对动态市场的适应性，降低经营风险

由于品牌具有排他专用性，在市场激烈竞争的条件下，一个强有力的知名品牌可以像灯塔一样为不知所措的消费者在信息的海洋中指明"航程"，消费者愿意为此多付代价，这能保证厂家不用参与价格大战就能保证一定的销售量；而且品牌具有不可替代性，是产品差异化的重要因素，能减少价格对需求的影响程度。例如，国际品牌"可口可乐"的价格均由公司统一制定，价格弹性非常小。

▶ 3. 品牌有利于进行市场细分，进而进行市场定位

品牌有自己独特的风格，企业可以在不同的细分市场推出不同品牌以适应消费者个性差异，更好地满足消费者需求。很多企业都采用多品牌战略，给每类或每种产品分别命名，根据产品的特性、品质、功能等多种因素，使每个品牌在消费者心目中占据一个独特的、适当的位置。例如，宝洁公司的洗发水就有几种品牌，而且每种品牌都满足特定的需求。例如，海飞丝定位在"去头屑"；潘婷定位在"维他命 B5，拥有健康，当然亮泽"；飘柔定位在"柔顺"；沙宣定位在"保湿"上。

▶ 4. 品牌有利于维护企业的经济利益

品牌名称成为报道产品特殊质量的基础，品牌有利于产品的宣传和推广。品牌经过商标注册获得专用权，受法律的保护，其他企业未经许可不得在同类或类似商品上使用，企业在此基础上进行的营销宣传和推广才有意义，才可以防止他人的抄袭、模仿或假冒，从而保护了企业的正当权益。

▶ 5. 品牌是企业竞争的一种重要工具

品牌可以向消费者传递信息，提供价值，在信息爆炸的时代，消费者需要品牌，也愿意为他们崇拜的品牌支付溢价。高价值品牌能为企业带来许多竞争优势，名牌产品借助品牌优势，挤压普通品牌产品，提高自己的市场占有率；或制定较高价格，获取高额利润；企业也可较容易的拓展品牌，未来的营销将是品牌互争长短的竞争。因此，品牌经营成了企业经营活动中的重要组成部分，品牌策略备受关注。

（二）品牌对消费者的作用

▶ 1. 品牌有助于消费者识别产品的来源，保护消费者的合法权益

不同品牌的产品是由不同企业生产的，顾客在购买商品时，一般是依据不同的品牌加以区别的。《中华人民共和国消费者权益保护法》规定："保护消费者的合法权益是全社会的共同责任""经营者应当标明其真实名称和标记"，另外，同一品牌商品表明这些商品应该达到同样的质量水平和其他指标，这样也维护了消费者利益。

▶ 2. 品牌有助于消费者避免购买风险，降低购买成本

消费者避免购买风险的方法主要有两种：一是从众，二是品牌忠诚。由于消费者经过学习形成经验，对品牌积累了一定知识，他们很容易辨别哪类品牌适合自己，因为在顾客心目中许多品牌已被定位，只要提到某一品牌名称，人们就能知道其产品特色，经常购买同一品牌的消费者知道他们每次都会买到相同质量的产品。

对品牌的了解也可以减少搜索购买信息的成本。品牌是一个整体概念，它代表着产品的品质、特色、服务，在消费者心中成为产品的标志，这种标志能帮助购买者迅速找到可能有利于他们的产品，这就缩短了消费者识别产品的过程和购买的时间。这对于生活节奏日益加快的人们来说，无疑可减少时间压力，降低为购买商品所付的成本，从而有利于选购商品。世界著名公司庄臣的董事长杰姆斯·莱汉说："如果你心目中拥有了一个了解、信任的品牌，那它将有助于使你在购物时能更轻松快捷地做出选择。"

▶ 3. 品牌有助于顾客建立品牌偏好，方便重复购买

享有盛誉的品牌有利于消费者形成品牌偏好。消费者一旦形成品牌偏好，了解了购买该品牌所能带来的好处或利益，认为购买是值得的，从而获得一种满足感，他们也乐意继续购买该品牌。另外，品牌是有个性的，当这种个性与消费者个性相对一致时，消费者会购买该品牌，并且认为该品牌成为他们生动形象的一种象征性标志，可以获得消费同种产品的消费者群体的认同，或产生与自己喜爱的产品或公司交换的特殊感情。而用品牌来传递某种信息，消费者也会从使用该品牌中获得一种满足，进而成为该品牌忠实的顾客。

品牌的作用，还表现在有利于市场监控、有利于维系市场运行秩序、有利于发展市场经济等方面。

四、品牌资产

品牌资产是一种超越商品或服务本身利益以外的价值。它通常通过为消费者和企业提供附加利益来体现，并与某一特定的品牌联系在一起。若某种品牌能给消费者提供的超过商品或服务本身以外的附加利益越多，则该品牌对消费者的吸引力越大，因而品牌资产价值越高。如果该品牌的名称或标志发生变更，则附着在该品牌上的资产价值将全部或部分丧失。品牌给企业带来的附加利益最终源自对消费者的吸引力和感召力，即品牌的知名

度、认知度、联想度、消费者忠诚度和品牌形象。

品牌资产作为企业财产的重要组成部分，具有以下特征。

（一）无形性

品牌资产与厂房、设备等有形资产不同，它不能使人通过感觉器官直接感受到它的存在与大小。所以品牌资产是一种无形资产。这种无形性，一方面增加了人们对其直接把握的难度，这也是我国部分企业不重视品牌资产的原因；另一方面决定了其所有权获得与转移也与有形资产存在差异。有形资产通过市场交换的方式取得所有权，而品牌资产通过品牌或商标的使用者申请注册，由法定注册机关予以确立。

（二）在利用中增值

就有形资产而言，投资就会增加资产存量，利用则会减少资产存量。但品牌作为一种无形资产，其投资与利用往往交织在一起，品牌资产的利用并不一定会减少品牌资产，而且利用得当，会增加资产。如果品牌扩张，就会提高品牌影响力。

（三）难以准确计量

品牌资产的计量较有形资产相比，难度较大，甚至无法准确计量。一方面，这是由品牌资产构成的特殊性决定的。品牌资产需要通过消费者对品牌的认知度、联想度、忠诚度和品牌本身的品质形象来透视，而这些因素又是相互联系、影响，彼此交错的，难以截然分开。另一方面，反映品牌资产的品牌获利性受多种因素的影响，这也增加了计量的难度。

（四）波动性

由于品牌的知名度、联想度、消费者忠诚度和品牌形象不是一开始就形成的，而是品牌经营者长期经营的结果。如果经营得当，其资产就会增加；否则就会减少。所以品牌资产会随着品牌经营状况而波动。

（五）评价营销绩效的重要指标

由于品牌反映了企业与消费者的关系，所以企业要开展积极的市场营销活动，履行企业对消费者的承诺。所以品牌资产的高低反映了企业市场营销的总体水平，是评价营销绩效的重要指标。

五、品牌设计要求与命名

（一）品牌设计要求

品牌的设计虽属标志艺术范围，但与企业产品的营销关系极大，因此营销者必须明确品牌设计的基本要求。

▶ **1. 易读易记**

简短、易读、易记的品牌会达到更好的认知效果。例如，SONY（索尼）原名为"东京电讯工程公司"，1953 年，日本索尼公司创始人盛田昭夫第一次出国时，就察觉到他们公司的全名读起来像绕口令，基本没有人知道怎么发音。为此盛田昭夫考虑，应该想出一个独特的品牌名称，必须让全世界每个人都能认出来，让操着不同语言的人都能读出来。他觉得拉丁文"Sounds"（表示声音之意）与公司产品性质相符合，将其改为"Sonny"，但其日语发音却与"赔钱"类似，寓意不佳，后盛田昭夫灵机一动，去掉一个"n"，改成"Sony"，因此成就了今天这个世界级的著名品牌。

▶ 2. 独特醒目，易于辨认

要使品牌独具特色，就需巧妙构思，难以模仿。例如，"M"这个很普通的字母，对其施以不同的艺术加工，就形成表示不同商品的标记或标志：棱角圆润、鲜艳的金黄色拱门"M"是麦当劳的标记，给人以亲切之感，已出现在全世界一百多个国家和地区的数百个城市的闹市区，成为人们喜爱的快餐标志；而棱角分明、双峰突起的"M"是摩托罗拉产品的标志，突出了自己在无线电领域的特殊地位和高科技的形象。

▶ 3. 响亮，给人以深刻的印象

品牌名称要响亮，与美好的、褒义的词联系在一起，也可巧用双关语。例如，用于缓解改善急性咽炎所致的咽喉肿痛、声音嘶哑症状的"金嗓子"喉宝，即为同类咽喉药品当中的知名品牌。

▶ 4. 给人以美好的联想

好的品牌可引起顾客强烈兴趣，诱发美好联想，产生购买动机。例如，"红双喜"牌香烟用于婚庆市场就有双喜临门的吉祥之意。

由于世界各国的历史文化传统、语言文字、风俗习惯、价值观念和审美情趣不同，对于一个品牌的认知、联想必然会有很大差异。试想，若将"Sprite"直译成"妖精"，又能有多少中国人乐于认购呢？而译成符合中国文化特征的"雪碧"，就比较准确地揭示了品牌标定产品的"凉、爽"等属性。美国通用汽车公司，曾因其一个叫"诺瓦"（Nova）的品牌在西班牙语中含有"不走"或"走不动"的意思而在西班牙语系的国家销售受阻，后改为拉美人比较喜欢的"加勒比"，结果很快打开市场。

拓展阅读 10-1
红豆服装
品牌寓意

▶ 5. 不与竞争品牌相雷同，可以申请注册得到法律保护

品牌设计还要尽可能避免与竞争对手雷同，品牌设计的雷同，是实施品牌运营的大忌。品牌运营的最终目标是通过不断提高品牌竞争力，超越竞争对手。如果品牌的设计与竞争对手雷同将永远居于人后，达不到最终超越的目的。在我国，由于企业的品牌意识还比较淡薄，品牌运营的经验还比较少，品牌雷同的现象非常严重。据统计，我国曾以"熊猫"为品牌名称的企业有 300 多家，"海燕"和"天鹅"两个品牌分别有近 200 家和 170 多家企业同时使用。除重名以外，还有品名极其相似的品牌。

拓展阅读 10-2
埃克森公司
品牌设计

▶ 6. 能反映产品的利益和作用

品牌应是企业形象的典型概括，反映企业个性和风格，使人产生信任。例如，Benz（本茨）先生作为汽车发明人，以其名字命名的奔驰车，100 多年来赢得了顾客的信任，其品牌一直深入人心。那个构思巧妙、简洁明快、特点突出的圆形的汽车方向盘似的特殊标志，已经成了豪华、优质、高档汽车的象征。其他的例如"胃得乐"牌的药，"舒肤佳"牌的香皂和润肤露，"立白"牌的洗衣粉等。

▶ 7. 要考虑品牌今后的延伸领域，超越时空的限制

为了延长品牌使用时间，扩大品牌的使用区域，在品牌的设计上还应注意尽可能超越时空限制。就时间而言，用具有某一时代特征的词语作品牌名称并不一定是好的创意，甚

至可能是很糟糕的创意。具有时代特征的名称有强烈的应时性，可能在当时或延续一段时日会比较"火"，但随着时间的推移，记住、了解那个时代的人越来越少，品牌的感召力也会越来越小。超越空间的限制主要是指品牌要超越地理、文化边界的限制，例如索尼、海尔等商标词汇本身就是中性词，在企业发展中，其品牌不会受到产品种类的限制。

▶ **8. 设计品牌时，要了解并遵守相关的法律法规**

我国商标法规定：同中华人民共和国的国家名称、国旗、国徽、军旗、勋章相同或者近似的，以及同中央国家机关所在地特定地点的名称或者标志性建筑物的名称、图形相同的；同外国的国家名称、国旗、国徽、军旗相同或者近似的，但该国政府同意的除外；同"红十字""红新月"的名称、标志相同或者近似的；不得作为商标使用。县级以上行政区划的地名或者公众知晓的外国地名，不得作为商标。但是，地名具有其他含义或者作为集体商标、证明商标组成部分的除外；已经注册的使用地名的商标继续有效。

（二）品牌命名主要方法

一个好的品牌名称是品牌被消费者认知、接受、满意乃至忠诚的前提，品牌的名称在很大程度上会对产品的销售产生直接影响，品牌名称作为品牌的核心要素甚至直接影响一个品牌的兴衰。这里介绍十种常见的品牌命名方法。

▶ **1. 地域法**

地域法就是企业产品品牌与地名联系起来，使消费者从对地域的信任，进而产生对产品的信任。著名的青岛牌啤酒就是以地名命名的产品，人们看到"青岛"两字，就会联想起这座城市红瓦、黄墙、绿树、碧海、蓝天的壮美景色，使消费者在对青岛认同的基础上产生对青岛啤酒的认同。同样，飞速发展的蒙牛牌乳制品，就是将内蒙古的简称"蒙"字作为企业品牌的要素，消费者只要看到"蒙"字，就会联想起"风吹草低见牛羊"的壮观景象，进而对蒙牛产品产生信赖。再如，电视广告中一种叫"宁夏红"的酒，就是以宁夏特产枸杞为原料酿制的滋补酒，其品牌就是以突出产地来证实这种酒的正宗。由此可见，将具有特色的地域名称与企业产品联系起来确定品牌的方法，有助于借助地域积淀，促进消费者对品牌的认同。但有时许多企业都用地域命名企业或产品，也会产生混乱。

▶ **2. 时空法**

时空法就是将与产品相关的历史渊源作为产品品牌命名的要素，使消费者对该产品产生"正宗"的认同感。运用时空法确定品牌，可以借助历史赋予品牌的深厚内涵，迅速获得消费者的青睐。

拓展阅读 10-3
酿酒品牌"道光廿五"的来历

▶ **3. 目标法**

目标法就是将品牌与目标客户联系起来，进而使目标客户产生认同感。例如，"太太口服液"是太太药业生产的女性补血口服液，此品牌使消费者一看到该产品，就知道这是专为已婚妇女设计的营养补品；同样，"太子奶"品牌，就使人马上联想起这是给孩子们消费的乳制品，还有"好孩子"童车、"娃哈哈"儿童口服液、"乖乖"儿童食品，也是孩子产品的绝好品牌；著名的品牌"商务通"，把目标客户直指那些在商场上"大有作为"的老板们，创造了一个电子产品的奇迹。运用目标法来命名品牌，对于获得消费者认同具有强大的作用。

▶ 4. 人名法

人名法就是将名人、明星或企业首创人的名字作为产品品牌，充分利用人名含有的价值，促进消费者认同产品。例如，"李宁"牌就是体操王子李宁利用自己的体育明星效应，创造了一个中国体育用品的名牌；世界著名的"戴尔"计算机，就是以创办人戴尔名字命名的品牌；还有"王致和腐乳""邓亚萍牌体育用品""乔丹运动鞋""松下电器""本田汽车"等。用人名来命名品牌，可以提高消费者的认知率。

▶ 5. 中外法

中外法就是运用中文和字母或两者结合来为品牌命名，使消费者对产品增加"洋"感受，进而促进产品销售。例如，"TCL"就是单独用英文字母；"雅戈尔"品牌就是用英文"YOUNGER"音译作为品牌，增加了"洋气"；"海信"的英文"Hisense"，在外国人眼中是"High Sense"，即"高灵敏、高清晰"的意思，为产品推向世界做了很好的铺垫。同样，外国名牌在翻译成中文时，巧用中文音义与字义，取得了很好的效果，如奔腾（Pentium）微处理器、宝马（BMW）汽车、潘婷（Panten）洗发液、舒肤佳（Safeguard）洗护用品、苹果（Apple）计算机、家乐福（Carrefour）超市。还有音译和意译相结合的品牌命名，如可口可乐（Coca-Cola）、百事可乐（Pepsi-Cola）、可伶可俐（Clean & Clear）等。运用中外法，要巧妙结合，切忌为洋而洋，或为中而中，尤其是防止乱用"洋名"，使消费者产生厌倦，甚至产生反作用。

▶ 6. 数字法

数字法就是用数字来为品牌命名，借用人们对数字的联想效应，促进品牌的特色。例如，"三九药业"的品牌含义就是健康长久、事业恒久、友谊永久。"7－ELEVEN"是世界最大的零售商和便利店特许商，在北美和远东地区有 2.1 万家便利店，该公司用"7－E-LEVEN"为企业命名的意思则是用自己从 1946 年推出的深受消费者欢迎的早 7 点到晚 11 点开店时间的服务特色命名的，目前已成为世界著名品牌。还有"001 天线""555 香烟""505 神功元气袋""三星电子""三一重工"等。运用数字命名法，可以使消费者对品牌增强差异化识别效果。

▶ 7. 功效法

功效法就是用产品功效为品牌命名，使消费者能够通过品牌对产品功效产生认同。例如，"脑轻松"就是一种"健脑益智"的营养口服液的品牌；"飘柔"洗发水，以产品致力于让使用者拥有飘逸柔顺的秀发而命名；"康齿灵""六必治"牙膏，则是用牙膏对牙齿的防治功效来进行品牌命名的。运用功效法命名品牌，可以使消费者一看到品牌名称，就联想起产品的功能与效果。

▶ 8. 价值法

价值法就是把企业的价值观凝练成简短的语句，来为品牌命名，使消费者看到产品品牌，就能感受到企业的价值观念。例如，上海"盛大"网络发展有限公司、湖南"远大"企业，突出了企业志存高远的价值追求；福建"兴业"银行，就体现了"兴盛事业"的价值追求；武汉"健民"品牌突出了为民众健康服务的企业追求。因此，运用价值法为品牌命名，对消费者迅速感受企业价值观具有重要的意义。

▶ 9. 形象法

形象法就是运用动物、植物和自然景观来为品牌命名。例如，"七匹狼"服装，给人以狂放、勇猛的感受，使人联想起《与狼共舞》的经典情节；"圣象"地板，给人产生大象都难以踏坏的地板形象；还有"大红鹰""美洲豹""牡丹""翠竹"等品牌。运用形象法命名品牌，借助动物、植物的形象，可以使人产生联想与亲切的感受，提升品牌认知速度。

▶ 10. 企业名称法

企业名称法就是将企业名称作为产品品牌来命名。例如，菲利浦电器、索尼电器、三洋电器，以及诸多的汽车名牌、食品名牌、柯达胶卷、IBM、3M、海尔、海信、春兰、美的、万宝路、荣事达等。国外著名品牌一般是采用缩写的形式，像 IBM、3M、NEC，采用的是缩略语，即公司（企业）名称的每一个词的第一个字母组织起来构成一个新词，其特点是简练，但不能说明企业的特征。运用企业名称法来进行产品品牌命名，有利于产品品牌、企业品牌的相互促进，达到有效提升企业形象的目的。

六、品牌策略

品牌策略是指企业为了达到一定的营销目的，科学合理地使用品牌的一些方式和技巧，一般有以下几种策略。

（一）品牌化策略

品牌化策略是指企业决定是否在自己的产品上使用品牌。一般来说，绝大部分企业或产品都使用品牌或注册商标，但在某些特殊情况下，可以不使用品牌或注册商标，只注明产地或生产厂家名称，也可使用未经注册的临时商标。以下产品一般不使用品牌，一是差异性较小的均质产品，如电力、钢材、煤炭等；二是消费习惯上不认牌购买的产品，如简易打火机、普通白纸等；三是生产简单，没有一定的技术标准，如针头线脑、小农具等小商品；四是临时性或一次性生产的产品，如一些大型活动的纪念品等。

品牌所起的作用在商品经济高度发达的今天体现得十分突出，没有品牌的商品越来越少。一方面，越来越多传统上不用品牌的商品纷纷品牌化，如大米、白面、鸡蛋等；另一方面，名牌也成为一种无形资产。名牌是产品质量的反映，是企业信誉的标志，它可以去收购、兼并别人的有形资产，从而扩大自己。世界一流企业无不是以名牌打天下，如美国的可口可乐、德国的奔驰、日本的丰田等。

（二）品牌归属策略

品牌归属策略是指使用制造商品牌还是中间商品牌，还是制造商品品牌与中间商品牌混合使用。

▶ 1. 使用制造商品牌

制造商具有良好市场信誉，拥有较大市场份额，则使用制造商品牌。制造商所拥有的注册商标是一种工业产权，它的价值由商标信誉的大小所决定。享有盛誉的著名商标常可租给别人使用，而收取一定的特许权使用费。如具有良好声誉的永久牌自行车商标已在全国若干家自行车的产品上使用，从此使产品销量大增。

▶ 2. 使用中间商品牌

中间商在某一市场领域拥有良好品牌信誉及庞大完善的销售系统，那些新进入市场的中小企业往往借助于中间商商标。西方国家已有越来越多的中间商使用自己的品牌。美国著名的大零售商西尔斯公司就有 90% 以上的产品使用自己的品牌。

▶ **3. 制造商品牌与中间商品牌混合使用**

既不完全使用制造商品牌也不完全使用中间商品牌，可有以下三种情况。

（1）制造商在一部分产品上使用自己的品牌，另一部分以批量卖给中间商，使用中间商品牌，以求既扩大销路又能保持本企业品牌特色。

（2）为进入新市场，可先采用中间商品牌，取得一定市场地位后改用制造商品牌。例如，日本索尼公司的电视机初次进入美国市场时，在美国最大的零售商店西尔斯出售，用的是S·R品牌。以后索尼公司发现其产品很受美国人的欢迎，就改用自己的品牌出售了。

（3）制造商品牌与销售商品牌同时使用，兼收两种品牌单独使用的优点。许多大型零售商店，如上海中百一店、北京王府井百货大楼均出售数以万计的商品，有不少商品同时使用两种品牌。商品上除了使用制造商品牌外，还标明上海中百一店或北京王府井百货公司监制或经销。这种混合品牌策略对产品进入国外市场也很有帮助，例如三菱重工海尔空调器公司的产品，内销用海尔商标，外销用三菱商标。

（三）家族品牌策略

通常有以下几种可供选择的策略。

▶ **1. 统一品牌策略**

统一品牌策略也称为品牌延伸策略，是指企业生产的一切产品均使用同一种品牌进入市场。例如，金利来这一品牌被用于金利来(中国)有限公司所生产的领带、皮带、皮鞋、服装、箱包等全部产品。采用这种策略，企业必须具备以下两个条件：一是这种品牌必须在市场上已获得一定信誉；二是采用统一品牌的各种产品具有相同的质量水平。使用统一品牌策略有三方面优势：

（1）可以集中企业力量于单一品牌的设计与宣传，提高设计质量，扩大宣传效果，有利于加速知名商标的发展过程；

（2）可以大大降低商标设计、宣传、使用、保护等各方面的费用支出，相应提高经济效益；

（3）有助于消费者对同一品牌新产品惠顾心理的产生，因而有助于企业新产品的市场扩散。

但是，使用统一品牌策略如果处理不好，也会带来弊端，其中任何一个产品的失败都会使整个品牌受到损失，可谓是"一荣俱荣，一损俱损"。

▶ **2. 个别品牌策略**

个别品牌策略即企业在不同的产品上使用不同的品牌，有助于消费者从商标上区分同一企业的不同产品。如一汽集团对其所生产的家用汽车分别命名为红旗、奔腾、欧朗骏派、威志等。

其优点是用不同品牌的产品彰显不同的产品个性，对应不同的目标市场，更好地满足消费者的不同需求，一旦某一品牌出现问题，也不至于影响其他品牌的产品；但企业要为每一个品牌量身定做广告，进行宣传、推广等活动，成本较高，也不利于树立企业整体形象。

▶ **3. 产品线策略**

产品线策略是企业对不同的产品线分别使用不同品牌。其理由是为避免不同类型的产品互相混淆；为区分同类产品的不同质量水平。

分类品牌可以按产品分类，也可以按市场分类。例如，内蒙古巴盟河套酒业集团以"河套王""河套老窖""河套人家"作为浓香型白酒的品牌，以"金马酒"作为复合香型白酒的品牌，"御膳春"为保健酒、"百吉纳"为奶酒的品牌。安利公司的化妆品采用"雅姿"品牌，营养保健品采用"纽崔莱"品牌，清洁用品采用"乐新"品牌。

▶ 4. 企业名称加产品品牌策略

企业对自己不同的产品使用不同的品牌，但在每一品牌前均冠以企业名称，也称之"副品牌"策略，即把企业名称作为统一品牌，再根据每一产品的特点，给其加上一个"副品牌"，既可以使产品享有企业已有的信誉，又可使产品各具特色。例如，日产汽车公司（Nissan）所生产的家用轿车分别使用不同的品牌——公爵、蓝鸟、阳光、轩逸、骐达、奇骏、天籁等，每个品牌上都另加"Nissan"这一企业名称（或主品牌），以表示日产汽车公司的产品。企业多把此种策略用于新产品的开发。在新产品的品牌名称上加上企业名称，可以使新产品享受企业的声誉，而采用不同的品牌名称，又可使各种新产品显示出不同的特色。

（四）多品牌策略

多品牌策略是指在同一种产品上使用多个不同的、相互竞争的品牌。此种策略是由实行品牌经理制的宝洁公司首创。宝洁将其洗发水分别命名为飘柔、海飞丝、潘婷、沙宣、伊卡璐等，以对应不同需求的消费者。多品牌策略既可以凸显产品个性，提高产品竞争力，使产品拥有更大的市场份额，满足消费者不同的需要，也可以满足消费者求新、求奇的消费心理，提高产品的市场占有率，并且在企业内部之间可以开展部门之间、品牌之间的竞争，提高效率。

拓展案例

安踏集团上半年业绩创新高——多品牌战略成发展新引擎

安踏体育用品集团有限公司（以下称"安踏集团"）发布 2022 年中期业绩报告。报告显示，安踏集团上半年实现收益 259.65 亿元，同比增长 13.8%，再创半年度业绩新高。其中，安踏品牌增长 26.3% 至 133.6 亿元，增速居行业前列；斐乐、迪桑特、可隆体育等多品牌也表现出强劲增长势头。

在新冠疫情冲击下，业绩再创新高、表现超出市场预期，安踏集团交出优异答卷的密码是什么？

"多品牌战略，就是安踏集团的解题之道。"2009 年，安踏集团收购斐乐品牌在大中华区的商标拥有权，正式开启多品牌之路；2016 年，安踏集团成功收购迪桑特、斯潘迪两家国际知名运动品牌；2017 年，安踏集团又收购可隆体育、小笑牛两个品牌，集团多品牌版图不断扩大。多品牌运营能更好地适应多元化市场，使企业发展更有韧劲和弹性。

多年来，安踏集团通过收购、并购等方式，逐渐实现消费者全覆盖和渠道全覆盖格局，"单聚焦、多品牌、全球化"战略成果显著。如今，安踏集团形成三大增长曲线，即以安踏品牌为代表，用科技引领"大众专业运动"定位的创新增长曲线；以斐乐品牌为代表，引领行业增长的高品质高速度增长曲线；以迪桑特、可隆体育和亚玛芬体育等品牌为代表，专注高端消费需求的高潜力增长曲线。三条曲线"并驾齐驱"，推动安踏集团实现长足发展。

2022 年上半年，安踏品牌高端跑鞋和篮球鞋销量同比增长近一倍。同时，2022 年年初，安踏品牌为北京冬奥会研发设计了 12 支国家队比赛装备及中国代表团领奖服、志愿者赛时制服、火炬手制服等专业科技装备，广受赞誉。安踏品牌还由此开发出以氮科技、冰肤科技、炽热科技为代表的"奥运科技"大众产品矩阵，实现了奥运资产的品牌价值沉淀与转化。

在多品牌战略驱动下，斐乐、迪桑特、可隆等品牌也展现出积极发展态势。斐乐品牌坚守高端时尚运动赛道，推出高尔夫、网球等高端运动产品；迪桑特品牌专注滑雪、高尔夫、铁人三项三大专业运动领域，打造高端、专业运动产品；可隆体育继续倡导轻便户外生活方式，发力女性商品，推进旗舰店在重点城市落地。安踏集团对旗下三大品牌群的针对性布局，形成了横跨休闲、户外与室内运动的品牌矩阵，很好地满足了消费者在不同运动场景中的个性化需求。数据显示，上半年，斐乐品牌收益达 107.77 亿元，与国际头部品牌差距进一步缩小；以迪桑特、可隆体育为代表的其他品牌收益同比增长 29.9％至 18.28 亿元。

如今，多品牌协同下的三大增长曲线，已成为安踏集团发展的新引擎。虽然疫情带来诸多不确定性，但随着消费者对健康运动的热情持续高涨，运动鞋服市场依然蕴藏着巨大发展机遇。未来，安踏集团将坚持"单聚焦、多品牌、全球化"发展战略，通过多品牌管理协同、多品牌人才输送、多品牌创新价值链三大平台，形成 3 条增长曲线的矩阵式增长模式，推动集团高质量发展，为实现"成为世界领先的多品牌体育用品集团"愿景永不止步。

资料来源：薛志伟. 安踏集团上半年业绩创新高——多品牌战略成发展新引擎［EB/OL］.（2022-09-09）［2023-01-21］. https：//baijiahao. baidu. com/s?id=17434436392989533498&wfr=spider&for=pc.

（五）更换品牌策略

更换品牌策略是指企业在提供的产品或服务不变的情况下，用新品牌替代老品牌的一种品牌营销策略。在一般情况下，企业是不会做出更换品牌的决定的。这是因为，一方面，一个品牌的形成耗费了企业大量的人、财、物，将一个苦心积累铸造起来的品牌弃之不用，是非常可惜的；另一方面，用新品牌替代老品牌常常会给企业带来一些损失与负效应。例如，可能会使忠诚旧品牌的一部分顾客流失，可能有损企业与产品的形象，还要支付一些为新品牌进行设计、包装、广告宣传方面的费用等。但在有些特殊情况下，企业有必要更换品牌，以摆脱企业面临的品牌危机或品牌纠纷。例如，现有品牌侵权、因企业兼并而失掉原有品牌、企业联合而导致的品牌更换、品牌势危、为了企业长远发展需要等。

（六）品牌防御策略

商标是企业的无形资产，驰名商标更是企业的巨大财富。因此企业在品牌与商标经营过程中，要及时注册，防止被他人抢注，还要杜绝"近似商标注册"的事件的发生。而防止近似商标注册的有效方法就是主动进行防御性注册，实施商标防御性策略。

（1）在相同或类似的产品上注册或使用一系列互为关联的商标（联合商标），以保护正在使用的商标或备用商标。例如，为了防御其他企业注册相近商标，娃哈哈集团公司不仅注册了"娃哈哈"商标，还注册了"娃娃哈""哈娃娃""哈哈娃"等 3 个防御商标，同时在已注册的前提下及时续展。

（2）将同一商标在若干不同种类的产品或行业注册，以防止他人将自己的商标运用到不同种类的产品或不同的行业上（防御性商标），如"全聚德"除了在"烤鸭"上办理了注册外，还在"餐饮业杂项服务"上办理了注册。

第二节　包　装　策　略

包装是商品生产的继续，商品只有经过包装才能进入流通领域，实现其价值和使用价值。包装作为保护商品的数量与质量的完整性而必需的一道工序，也是强有力的营销手段。

一、包装的含义、种类与作用

（一）包装的含义

包装从静态理解指的是产品的容器或外部包扎物。从动态理解指的是企业的某些人员对某种产品的容器或包装物的设计和制造活动，即包装工作。其构成要素如下。

（1）商标、品牌。商标、品牌是包装中最主要的构成要素，应占据突出位置。

（2）形状。形状是包装中必不可少的组合要素，有利于储运、陈列及销售。

（3）色彩。色彩是包装中最具刺激销售作用的构成要素，对顾客有强烈的感召力。

（4）图案。在包装中，其作用如同广告中的画面。

（5）材料。包装材料的选择，影响包装成本，也影响市场竞争力。

（6）标签。标签含有大量的商品信息：印有包装内容和产品所含主要成分、品牌标志、产品质量等级、生产厂家、生产日期、有效期和使用方法等。

（二）包装的种类

▶ 1. 按包装的作用划分

（1）运输包装。运输包装又称工业包装，是指为了适应储存、搬运过程的需要而进行的外包装。常见的有箱装、袋装、桶装及其防潮防震装置。运输包装的主要作用是为了提高物流效率。

（2）销售包装。销售包装又称商业包装，是指便于刺激、携带和方便使用的包装。这类包装要美观大方，反映产品特色，有刺激性，起到"5秒钟广告的作用"；信息丰富，注明厂名、商标、品名、规格、容量、用途、用法及注意事项等，便于消费者选购和使用。销售包装的主要目的是为了促进销售。

▶ 2. 按包装的结构划分

（1）件装。件装即基本包装或主体包装，是产品的直接容器，从产品出厂到使用终结一直与产品紧密结合，如装有牙膏的软管、装香烟的小纸盒等。件装应根据产品的物理、化学性质和用途选用包装材料与包装方法。某些有销售包装性质的件装（如酒瓶）还应按销售包装设计。

（2）内装。内装又称次级包装，是介于件装和外装之间的包装，是商品基本包装的保护层，如牙膏管外的纸盒、每条香烟的包装等。

（3）外装。外装即运输包装，是产品外部的包装物，主要是指适应运输需要而进行的产品包装，如装入一定数量盒装牙膏的纸箱、装运成条香烟的纸板箱。运输包装的材料通常具有支撑、加固和防风雨等作用，并有储运标志。

▶ 3. 按包装技术划分

按包装技术可分为防水、防湿、防锈、防火、防虫包装，缓冲包装，压缩包装，真空包装等。

▶ 4. 按产品类别划分

按产品类别可分为一般产品、危险产品、精密产品包装等。

（三）包装的作用

在现代市场营销活动中，商品包装是宣传商品、宣传企业形象的工具，是商品特征的放大镜、免费的广告。因此，良好的商品包装从商品的生产、销售，到人们的生活始终起着重要作用。

▶ **1. 保护商品质量安全和数量完整**

商品在流通过程中经过搬运、装卸、运输、贮藏等过程容易受到外界因素损害和影响，而使商品破坏变形、渗漏和变质。对于易腐、易碎、易燃、易蒸发的产品，完善的包装有利于抵抗各种破坏因素，可防止商品遭到损害和影响，保护其商品质量完好和足量，这是包装的基本功能。

▶ **2. 识别商品**

市场上日益繁多的商品，有些产品特色很相似，只有通过合适的包装才能突出本企业商品特色，使消费者易于识别。合理的商品包装，其绘图、商标和文字说明等既展示了商品的内在品质、方便消费者识别，又介绍了商品成分、性质、用途和使用方法，便于消费者购买、携带。无包装的商品会因卫生状态不好或携带不便影响顾客购买欲望。例如，金宝汤料公司估计平均每个购买者一年中看到商品熟悉的红与白标志颜色 76 次，这等于创造了广告费价值 2 600 万美元。

▶ **3. 美化商品，促进销售**

包装具有识别和推销功能。好的包装本身就是很好的广告。精美的包装可起美化宣传商品的作用，提高市场竞争力。良好的包装，相当于给商品"梳妆打扮"，会给人以美的享受，能诱导与激发消费者购买动机和重复购买的兴趣，特别是在当今人们的物质生活和文化生活不断提高的情况下，产品包装与装潢更成为消费者购买商品时的重要因素。据美国杜邦公司研究发现，63% 的消费者是根据商品包装做出购买决策，因此说，包装是"沉默的推销员。"

拓展阅读 10-4
产品包装：
沉默的推销员

▶ **4. 创造价值，增加盈利**

合理的包装增加了商品的自然寿命，新颖独特、精致美观的包装往往可抬高商品的身价，使顾客愿意付出较高的价格购买，从而增加企业的经济效益。例如，苏州生产的檀香扇，在香港市场上原价是 65 元一把，后来改用成本为 5 元钱的锦盒包装，售价达 165 元一把，结果销量还大幅度提高。

▶ **5. 提高产品的物流效率**

包装可对小件产品起到集中的作用。包装物上有关产品的鲜明标记便于装卸、搬运、堆码，利于简化产品交接手续，提高工作效率；外包装的体积（长、宽、高尺寸）、重量与运输工具的容积、载重量相匹配，对提高运输效率和节约运费都有重要意义。

二、包装标签与包装标志

为了保证商品符合物流业的要求，一般在包装设计上都要求标签、说明齐全，就是在销售包装和运输包装上要有必要的文字、符号或图案等，以利于消费者、中间商以及物流公司更好地识别、保护商品，这就是包装标签和包装标志。

（一）包装标签

包装标签是指附着或系挂在商品销售包装上的文字、图形、雕刻及印制的说明，它标明包装内容和产品包含的主要成分、规格、数量、质量和特性等。应严格实行标签化，使标签真实、完整、标准化、易认、耐用（不易掉色与脱落）、防伪等。

（二）包装标志

包装标志是在运输包装的外部印制的图形、文字和数字以及它们的组合。包装标志主要有运输标志、指示性标志、警告性标志三种。

▶ **1. 运输标志**

运输标志又称为唛头（shipping mark），即收发货标志、识别标志，是指在商品外包装上印制的反映收货人和发货人、目的地或中转地、件号、批号、产地等内容的几何图形、特定字母、数字和简短的文字等，以防止错发错运。

▶ **2. 指示性标志**

指示性标志即储运图示标志、注意标志，是根据商品的特性，对一些容易破碎、残损、变质的商品，用醒目的图形和简单的文字做出的标志。指示性标志提示有关人员在装卸、搬运、储存、作业中引起注意，使搬运、存放适当，以便保护商品，常见的指示性标志有"此端向上""易碎""小心轻放""由此吊起"等。

▶ **3. 警告性标志**

警告性标志即警示标志、危险品标志，通常由不同图案、颜色和文字组成，按规定的标准（如"国际海运危险品标志"、我国强制性国家标准 GB 190—2009《危险货物包装标志》），在运输包装上标明不同类别和性质的危险品，包括易燃物品、爆炸品、有毒物品、腐蚀性物品、氧化剂和放射性物品，以便有关人员在储运、装卸过程中提高警惕，维护人身安全。这类标志比其他标志更清楚，位置更明显。

三、包装的要求与设计原则

（一）包装的要求

在市场营销中，为适应竞争的需要，包装要考虑不同对象的要求。

▶ **1. 消费者的要求**

由于社会文化环境不同，不同的国家和地区对产品的包装要求不同。因此，包装的颜色、图案、形状、大小、语言等要考虑不同国家、地区、民族等的消费者的习惯和要求。

▶ **2. 运输商的要求**

运输商考虑的主要因素是商品能否以最少的成本安全到达目的地，所以要求包装必须便于装卸、结实、安全，不至于在到达目的地前就损坏。

▶ **3. 分销商的要求**

分销商不仅要求外包装便于装卸、结实、防盗，而且内包装的设计要合理、美观，能有效利用货架，容易拿放，同时能吸引顾客。

▶ **4. 政府的要求**

随着人们绿色环保意识的加强，要求企业包装材料的选择要符合政府的环保标准，节约资源、减少污染，禁止使用有害包装材料，实施绿色包装战略。同时要求标签符合政府的有关法律和规定。

（二）包装的设计原则

▶ 1. 安全

在包装活动过程中，包装材料的选择及包装物的制作必须适合产品的物理、化学、生物性能，以保证产品不损坏、不变质、不变形、不渗漏等。同时，还应尽可能不伤到人。如外包装四角圆润的要比包装棱角分明的产品畅销。一方面，产品包装要保证商品质量完好、数量完整；另一方面，要保护环境安全。

▶ 2. 适于运输，便于保管与陈列，便于携带和使用

在保证产品安全的前提下，应尽可能缩小包装体积，以利于节省包装材料和运输、储存费用。销售包装的造型结构，一方面应与运输包装的要求相吻合，以适应运输和储存的要求，另一方面要注意货架陈列的要求。此外，为方便顾客和满足消费者的不同需要，包装的体积、容量和形式应多种多样；包装的大小、轻重要适当，便于携带和使用；为适应不同需要，还可采用单件和配套包装等多种不同的包装形式。例如，以前的很多塑料包装要想打开必须借助牙齿或者剪刀，而现在多数此类包装都有个小口，轻轻一扯便可以打开包装，这就是考虑到了需求的便利性。以饮料为例，从散装到玻璃器皿装，一直发展到如今的 PTT 瓶，更主要的是考虑了消费的"移动性"。

▶ 3. 美观大方，突出特色

美观大方的包装给人以美的感受，有艺术感染力，可能成为激发顾客购买欲望的主要诱因之一。例如，市面上有个牌子的巧克力，其设计总是可以打动人，火红的玫瑰让你送给最爱的人，白雪配合房子造型让你送给你最眷念的家人……包含了丰富情感诉求的巧克力不再只是甜润的化身，不同的包装设计可能使它幻化成天使、圣诞老人、友谊，这样的包装总是会令消费者感动，以致忘记了它的不菲价格。

包装还应突出产品个性。富有个性、新颖别致的包装更易满足消费者的某种心理需求。例如，20 世纪初鲁德先生依其女友裙子造型为基础设计出的可口可乐瓶子就是妙笔之作。

如果一种产品能够将其历史原貌较接近的复原，往往也会使消费者折服，"雾里青"名茶就是个很好的例证。在恢复这种历史名茶前，其包装设计者也查阅了大量茶叶的历史资料，虽然没有得到图片的佐证，但是结合各种信息设计师得出的结论是历史上的"雾里青"是用瓷罐包装

拓展阅读 10-5
吸引人的包装

的。经过分析当时的瓷罐器型，设计师设计出了现在使用的"雾里青"包装瓷罐。后来瑞典的歌德堡沉船被打捞上来，在海水中浸泡了近一百多年的"雾里青"所采用的包装竟与设计师所设计得十分接近！这种接近历史原貌的包装凸显了此茶叶的品位而备受消费者关注和青睐。

▶ 4. 包装与商品价值和质量水平相匹配

包装作为商品的包扎物，尽管有促销作用，但也不可能成为商品价值的主要部分。一般说来，包装应与所包装的商品价值和质量水平相匹配。经验数字告诉我们，包装不宜超过商品本身价值的 15%。包装的过度奢华如果缺乏有品质的产品支撑，往往会被当作是噱头，最终落个华而不实无人喝彩的结果。

▶ 5. 尊重消费者的宗教信仰和风俗习惯

由于社会文化环境直接影响着消费者对包装材料认可程度，所以为使包装收到促销效

果，在包装设计中，必须尊重不同国家或地区的宗教信仰和风俗习惯等社会文化环境下消费者对包装的不同要求，切忌出现有损消费者宗教情感、容易引起消费者忌讳的颜色、图案和文字。应该深入了解、分析消费者特性，区别不同的宗教信仰和风俗习惯，设计不同的包装，以适应目标市场的要求。

▶ 6. 符合法律规定，兼顾社会利益

法律是市场营销活动的边界。包装设计作为企业市场营销活动的重要环境，在实践中必须严格依法行事。例如，应按法律规定在包装上标明企业名称及地址；对食品、化妆品等与消费者身体健康密切相关的产品，应标明生产日期和保质期等。同时，包装设计还应兼顾社会利益，努力减轻消费者负担，节约社会资源，禁止使用有害包装材料，实施绿色包装战略，增强生态环境保护意识。

拓展阅读 10-6
"小家伙"果奶的
旋转盖设计

四、包装策略

产品包装在市场营销中是一个强有力的武器，企业要充分发挥包装的营销作用就要科学地进行包装设计，应根据商品特点采用适当的包装策略，常用的包装策略有以下几种。

（一）无包装策略

无包装策略即对商品不进行包装，是一种特殊的包装策略。对一些便利品、生活日用品，若消费者对商品价格很敏感，无包装可以降低经营成本从而降低售价，有利于扩大销售，如农贸市场中的水果、蔬菜等。

（二）类似包装策略

类似包装策略是指企业所生产经营的各种产品，在包装上采用相同的图案、色彩或其他共有特征。其优点在于能节省设计成本，树立企业形象，有利于新产品上市。但有时也会因为个别产品质量的下降等，影响到其他产品的销路。

（三）等级包装策略

等级包装策略即对同一种商品采用不同等级的包装，以适应不同的购买力水平。等级包装策略主要有三种。第一种是按产品档次决定其包装，即高档产品采用精美包装，以突出其优质优价形象；而低档产品采用简单包装，以突出其经济实惠形象。第二种是按顾客购买目的对同一产品采用不同包装，如果顾客购买是为了馈赠亲友，则应用礼盒包装；如果是为了自用，则应包装得简单朴素，如中秋月饼就有豪华、精致以及简易包装等。第三种是按顾客使用情况对同一产品使用不同包装，如许多日化用品采用容量不一的多种包装。

（四）系列包装策略

系列包装策略又称组合包装策略、配套包装策略，即将相关性强的一系列产品都纳入一个包装中。这种组合包装即可以使顾客方便携带和使用，又能使企业通过捆绑销售扩大销售降低营销费用，如针线盒、医药箱、化妆品的组合包装等。

（五）复用包装策略

复用包装策略又叫再使用包装策略，即在商品使用后，包装物可退回生产者继续使用，或消费者将它另作别用。这种包装本身就是一件商品。这种策略一方面能降低包装成本，另一方面能刺激顾客购买。如各种形状的香水瓶、酒瓶可作装饰物，精美的食品盒、茶叶盒、药盒以及罐头瓶等也可被再利用等。

（六）附赠品包装策略

附赠品包装策略就是在产品包装中附赠奖品，以提高对顾客的吸引力。例如，在休闲食品中附赠画片，在一盒玩具中附赠画册等。通过恰当的包装设计可以很好地吸引消费者并刺激重复购买。例如，一些儿童为了集齐一套画片而反复购买产品。我国出口的"芭蕾珍珠膏"，每个包装盒附赠珍珠一枚，顾客购至50盒即可串条美丽的珍珠项链，这使珍珠膏在国际市场十分畅销。

（七）绿色包装策略

绿色包装策略又称生态包装策略，指包装材料使用可再生、再循环材料，包装废弃物容易被处理及对生态环境有益的包装。采用这种包装策略易于被消费者认同，从而有利于企业产品的销售。例如，用纸质包装替代塑料袋装，在羊毛材质衣物中夹放轻柔垫纸来取代硬质衬板，既美化了包装，又顺应了发展潮流，一举两得。直销的安利产品，基本都采用环保再生包装，这样的包装不但可以保护生态环境，而且还可以最大限度地保护产品性质不发生改变。

（八）更新包装策略

更新包装，一方面是通过改进包装使销售不佳的商品重新焕发生机，重新激起人们的购买欲；另一方面是通过改进，使商品顺应市场变化。有些产品要改进质量比较困难，但是如果几年一贯制，总是老面孔，消费者又会感到厌倦。经常变一变包装，给人带来一种新鲜感，销量就有可能上去。

总之，通过包装策略的灵活应用，可以加强与顾客的沟通，促进产品销售，因此企业应重视包装策略的研究与应用。

▌复习思考题▌

1. 什么是品牌？品牌与商标有何区别？
2. 为什么说21世纪市场的竞争是品牌的竞争？
3. 结合我国品牌营销实践，谈谈如何进行品牌保护？
4. 举例说明包装带来的利润。
5. 简述包装的类型、设计原则及策略。

▌案例分析训练▌

老干妈品牌保卫战

为维护"国民辣酱"称号，贵阳南明老干妈风味食品有限责任公司正在建造一条长长的品牌"护城河"。2021年2月4日，天眼查App显示，老干妈新增多条"老乾妈"等商标信息，这已是老干妈再次申请注册与其品牌相关的商标。

2020年7月，老干妈申请了"光干妈"商标，其国际分类为餐饮住宿。老干妈公司及其对外投资企业和分支机构共注册过192个商标，其中2008年注册商标数量最多，达66个，基本覆盖商标全部分类。除了对核心商标"老干妈"进行全类别注册，老干妈还注册了

"老姨妈""干儿女""干儿子""老干爸""老干娘""老干爹""老乾妈"等"老干"家属系列以及"老千妈""老于妈"等相似字的防御商标。

自品牌推出至今，老干妈和不少其他主业为辣酱的公司有过在商标上的法律纷争。以持续四年的"老干妈"大战"老大妈"商标案为例，2009 年，南京阿庆嫂食品有限公司曾向商标局申请注册"老大妈"商标。2012 年 3 月，老干妈向商标局提出近似商标申请，商标局驳回了老干妈的申请，对争议商标"老大妈"予以核准注册。此后，老干妈展开了多年的上诉。2016 年，北京市高级人民法院做出终审判决，阿庆嫂公司申请注册的"老大妈"商标，构成对老干妈持有的驰名商标的模仿；在腌制蔬菜、花生酱等其他指定使用商品上的注册申请不予核准。

此外，老干妈还曾与同为贵州辣酱品牌的"老干爹"因商标问题对簿公堂。20 世纪 90 年代，老干爹与老干妈在贵州市场的占有率可谓平分秋色，双方还一起参与起草制定《油辣椒》的国家标准。然而"老干爹"品牌却因错失注册商标的先机，被老干妈一纸诉状，逼退辣酱市场五年。

老干妈经历过多次商标纠纷案后，已经意识到注册防御商标的重要性。防御商标是指同一商标所有人将其著名商标在各种不同类别商品上分别予以注册，以防别人在这些商品上注册该商标。老干妈注册多个防御商标，可以达到降低品牌被"山寨"的风险，降低商标维权成本，防止其他企业恶意竞争等目的，从而维护品牌美誉度。

如今，"无辣不欢"已经成为当代年轻人的饮食潮流，辣酱规模正在不断扩大。数据显示，国内可以吃辣或喜欢吃辣的消费者量级超过 6.5 亿人。2018 年调味酱市场规模达 400 亿元，其中辣酱占八成。此外，整个辣酱行业市场规模增速保持在 7％以上。面对广阔的市场空间，无论是网红品牌，还是传统品牌，都虎视眈眈，想在该市场进一步"分羹"。

面对业绩年年下滑，2019 年老干妈创始人陶华碧回归，将老干妈的调料重新使用回原来的材料，还将制作配方重新调配。与此同时，曾经扬言"坚决不做广告"的老干妈，也开始通过微博等进行产品营销。

资料来源：北京商报．热衷申请商标，老干妈重启辣酱保卫战［EB/OL］．（2021-02-02-04）［2023-01-20］．https：//www.360kuai.com/pc/9d6d4a20647f9c75f?cf?cota＝3＆.kuai＿so＝1＆tj＿url＝so＿vip＆sign＝360＿57c3bbdl＆ref1＆refer＿scenr＿scene＝so＿1.

分析与思考：

1. 老干妈为什么热衷于注册商标？

2. 老干妈为了打好辣酱保卫战做了哪些努力？还应该从哪些方面保卫品牌？

┃ 在线自测 ┃

扫描封底刮刮卡　获取答题权限

第十一章 定价策略

学习目标

1. 列出影响定价的主要因素；
2. 运用定价的方法进行产品定价；
3. 学会运用企业定价的主要方法；
4. 学会灵活运用定价策略；
5. 评判产品定价和价格调整的合理性。

引例

手表定价，各有高招

某年春，全国百货钟表订货会在山东济南召开。当时，全国市场上机械手表已经滞销，机械手表连续降价，销路仍不见好转。业内人士估计，手表市场萎缩已成定局。因此，很多手表厂担心这次订货会将引发手表"大放血"甩卖。上海是全国钟表行业的"大哥"，各地厂家都盯着上海，探听上海会不会降价，得到的回答是："不降，不降，阿拉上海表降价要市委批，侬放心。"大家听说上海不降，都放心挂出了自己的老牌价。

订货会开了两天，商家在会上转来转去，只看样品，问价格，不订货，厂家直发愁。第三天一早又被这样一条消息弄懵了："所有上海表降价30%以上。"各厂家销售科长们纷纷打电话回厂请示。厂长不敢拍板，又是开会研究，又是请示报告。待研究、请示完毕，几天时间过去了，上海人已把生意做完了。各厂纷纷叫"惨"，都责怪上海不讲义气，但已无法挽回败势。

订货会后，各厂纷纷寻求对策。青岛厂家认为，此时跟着降价着实不是好选择，因为顾客会认为便宜没好货。他们算了一笔账：青岛生产的"铁锚"牌手表，每块原价80元，如果降价，一块表顶多赚1～2元，要将100多万块表卖出去实在太难；如果不降，每块表可赚30多元，售出6万～7万块表，基本上能将100万块表的利润拿回。他们选择了后者，有意在电视上做了不降价的广告，效果不错。其他很多厂家仿效上海，结果吃了大亏。如重庆钟表公司，一年就亏损了600多万元。与此同时，深圳的"天霸"表更是大胆：每块表从124元上涨到185元。他们的策略是不断在样式上求新，在质量上求精，价格一路上涨。他们通过广告宣传展开地毯式轰炸，不仅在国内消费者中树立了良好的产品形象，还将手表销往澳大利亚等国。那一年，"天霸"表究竟赚了多少，只有他们自己清楚，反正从市场上看，"天霸"表是相当走俏的。

资料来源：佚名. 价格攻略之降价策略[EB/OL]. [2020-12-18]. http：www. ltwh. com. cn/article－673. html. 使用时有删改

思考： 这场手表价格战说明了什么？我们能够从中得到哪些启示？

定价是市场营销组合中一个十分关键的组成部分，在很大程度上影响着商品能否被消费者接受、给企业带来预期利润。近些年来随着互联网的普及，再加上许多像沃尔玛这样的价格驱动型零售商，使如今更多的消费者得以追求省钱的购物策略。但在大多数情况下，价格仍然是购买者做出选择的主要参考依据，所以对产品制定合理的价格在企业战略中占据着举足轻重的地位，这不仅关系到企业的短期利益，还直接影响企业长期目标的实现。

第一节　企业定价目标及影响定价的主要因素

企业定价策略的起点是明确定价目标，只有明确了企业定价的基本目标，才能初步确定产品价格的总体水平。

一、企业定价目标

企业的定价目标是指企业在一定的经营环境和条件下，对其生产经营的商品制定价格时所要达到的目的，它是企业选择定价方法和制定价格策略的依据。企业应权衡各种定价目标的影响因素和利弊，慎重地选择和确定定价目标。这里仅列举最主要的几种定价目标。

（一）利润目标

利润是企业从事经营活动的主要目标，也是企业生存和发展的源泉。追求利润是市场经济下企业生存和发展的根本使命，企业各项管理活动的最终目标都是获得适当利润，产品价格作为决定利润水平的最直接因素，在制定过程中，必然充分考虑其对利润的影响。根据企业对利润的期望水平不同，利润目标又可以分为以实现最大利润为目标和以获取适度利润为目标。

▶ 1. 以实现最大利润为目标

这是市场经济中企业从事经营活动的最高愿望。市场营销中以获取最大利润为定价目标，是指企业综合分析市场竞争、产品专利、消费需求量、各种费用开支等之后，以总收入减去总成本的差最大化为定价基点，确定单位商品价格，争取最大利润。应当明确，最大利润并不必然导致高价，有时单位产品的低价也可通过扩大市场占有率，争取规模经济效益使企业在一定时期内获得最大的利润。

▶ 2. 以获取适度利润为目标

这是企业为避免不必要的价格竞争，以适中、稳定的价格获得长期利润的一种定价目标。以适度利润为定价目标的企业必须拥有充分的后备资源，并打算长期经营，临时性的企业一般不宜采用这种定价目标。另外，适度利润的确定，必须充分考虑产销量、投资成本、竞争格局和市场接受程度等因素。

（二）销售目标

产品有销路、有市场是所有生产企业的共同愿望。销售目标具体来说又包括以销售额最大化为目标、以保持和扩大市场占有率为目标。

▶ **1. 以销售额最大化为目标**

以销售额最大化为目标，是指企业在保证一定利润水平的前提下，谋求销售额的最大化。由于某种产品在一定时期、一定市场状况下的销售额由该产品的销售量和价格共同决定，因此要结合产品的价格需求弹性来合理制定价格。对于需求价格弹性较大的商品，可采用薄利多销策略，以低价带销量；对于需求价格弹性较小的商品，则可采用高价、厚利、限销的策略。当产品适合大批量生产时，企业往往采取这一定价目标。

▶ **2. 以保持扩大市场占有率为目标**

以保持扩大市场占有率为目标，是指企业定价时追求自身销售额占整个行业销售额的百分比维持现有水平或有所提高。市场占有率是企业市场经营状况和竞争能力的直接反映，以其为定价目标，旨在巩固企业的市场地位，获得长期的利润。一些企业在市场竞争较激烈的时候，为了争取客户、扩大销售或迫使弱小企业退出市场，通常以市场占有率为目标制定较低的价格。

（三）竞争目标

产品一旦被推向市场就开始了与同类产品的竞争，企业在定价前都会仔细研究竞争对手的产品和价格情况，然后有意识地制定具有竞争力的价格。产品定价的竞争目标包括两种：以适应市场竞争为目标及以稳定价格为目标。

▶ **1. 以适应市场竞争为定价目标**

以适应市场竞争为定价目标时，有两种策略可供企业选择：一是追随定价，企业价格的制定，主要以行业中占主导地位的竞争者的价格为依据，根据产品的差异情况稍高或稍低于竞争者，中小企业的产品定价通常采取这种策略；二是挑战定价，即通过明显低于竞争者的价格抢夺市场份额，或者通过提供优质的产品或服务而制定高于竞争者的价格。

▶ **2. 以稳定价格为目标**

以稳定价格为目标指的是企业期望制定相对稳定的价格，避免同竞争者展开价格战等正面冲突。当企业准备在一个行业中长期经营时，倾向于制定一个较长期的稳定价格，在中间商及消费者心目中树立良好的形象。

（四）产品质量目标

产品质量目标指的是产品质量最优化，有些企业会以产品质量领先作为定价目标，并在生产和营销过程中始终贯彻产品质量最优化的指导思想，这就要求用高价格来弥补高质量和研究开发的高成本，在制定高价格时，企业也必须考虑其是否符合以下条件：①目标市场规模足够大；②小规模生产的单位成本不能高到无法从交易中获得好处；③高价格要有利于树立良好的品牌形象。

拓展阅读 11-1
去哪儿网的
定价策略

二、影响定价的主要因素

从博弈论的角度出发，价格可以被看作企业同其利益相关者博弈的均衡结果。企业在制定产品价格时，既要争取获得预期利润，又要在激烈的市场竞争中保住市场份额，赢得新老顾客的满意。概括起来，影响定价的因素主要有产品成本、市场需求、竞争状态和其他环境因素四个方面。

（一）产品成本

产品成本是由产品的生产过程和流通过程所花费的物质消耗和支付的劳动报酬所形成的，是产品定价的基本因素。价格与成本的差异决定企业的盈亏状况及利润水平，在经济学研究的各类成本中，营销定价参照比较多的有以下几种。

▶ **1. 平均成本**

企业生产一定数量的某种产品所发生的成本总额被称为总成本。总成本包括总固定成本和总变动成本两部分。用总成本除以产量就可以计算出单位产品的生产费用，即平均成本。通常情况下，只有产品价格高于平均成本时，企业才有可能形成盈利；反之，则亏损。

▶ **2. 平均变动成本**

顾名思义，平均变动成本是总变动成本除以产量所得商数，同平均固定成本一起构成产品的平均成本。当企业无法以大于或等于平均成本的价格出售商品时，可以选择继续降价，但幅度以平均变动成本为限。在平均变动成本与平均成本构成的区间内，选择一点作为产品价格，虽然会造成企业的实际亏损，但能够维持其生存。

▶ **3. 边际成本**

企业定价过程中不但关心价格对成本的弥补程度，还要更加注重价格对销售水平的影响。边际成本指增加一个单位产量所支付的追加成本，是增加单位产品时总成本的增量。相应地，边际收入指企业多售出单位产品得到的追加收入，是销售总收入的增量。这样，只要价格能够保证边际收入大于边际成本，企业就是有利可图的。在理想的市场经济条件下，商品的价格同边际成本相等时，企业的利润将实现最大化。

▶ **4. 机会成本**

机会成本，简单地说，如果企业从事 A 项经营活动而放弃 B 项经营活动，则 B 项经营活动所应取得的收益为 A 项经营活动的机会成本。机会成本不像其他成本那样体现在账面上，因而容易被忽视，如企业主使用自家房屋作为厂房时，房屋若出租可以得到的租金就是一种机会成本，在定价过程中要给予一定的考虑。

（二）市场需求

根据商品经济的供求规律，价格最终是由需求和供给共同决定的，可以说市场需求状况为产品的定价确定了最高限度。市场需求对企业制定价格有着重要的影响，而需求又受到价格和收入变动的影响，因价格与收入等因素而引起的需求的相应变动率，就叫作需求弹性。需求弹性分为需求的收入弹性、价格弹性和交叉弹性。

▶ **1. 需求的收入弹性**

需求的收入弹性是指因收入变动而引起的需求的相应变动率。有些产品的需求收入弹性大，表示消费者货币收入的增加导致该产品的需求量有更大幅度的增加。如高档食品、耐用消费品、娱乐支出等。有些产品的需求收入弹性较小，这意味着消费者货币收入的增加导致该产品的需求量的增加幅度小，如生活必需品。也有的产品的需求收入弹性是负值，这意味着消费者货币收入的增加将导致该产品的需求量下降，如某些低档食品、低档服装的需求。

▶ **2. 需求的价格弹性**

价格会影响市场需求。在正常情况下，市场需求会按照和价格相反的方向变动。价格提高，市场需求就会减少；价格降低，市场需求就会增加。也有例外情况，如名牌手表提价后，其销售量却有可能增加，因为消费者认为较高的价格代表更好或更理想的手表。当然，如果价格提得太高，其需求和销售量将会减少。

所谓需求价格弹性是指因价格变动而引起需求相应的变动率，反映的是需求的敏感程度，通常用需求价格弹性系数来表示：

$$需求价格弹性系数＝\left|需求量变动的百分比/价格变动的百分比\right|$$

由于价格与需求量呈反向变动关系，计算出的弹性系数是负数。研究需求价格弹性系数时应取其绝对值。需求价格弹性系数的大小有以下三种基本情况。

（1）需求价格弹性系数小于1。表示产品的价格弹性较小，意味着需求量变动幅度小于价格变动幅度，如生活必需品、农产品等。对这类商品定价时，较高的价格水平一般会增加盈利，低价对需求量刺激效果不大，薄利不能多销，反而会降低收入水平。

（2）需求价格弹性系数等于1。意味着需求量与价格等比例变化。对于这类商品，价格变动对销售收入影响不大。定价时，可选择实现预期盈利率的价格或选择通行的市场价格，并尽量保持价格的稳定。

（3）需求价格弹性系数大于1。表示产品的价格弹性较大，意味着需求量变动幅度大于价格变动幅度，如非生活必需品、奢侈品等，可以通过降低价格、薄利多销达到增加盈利的目的。同时，提价时务求谨慎，以防需求量发生锐减，影响企业收入。

在一些情况下，需求可能缺乏弹性：①市场上没有替代品或者没有竞争者；②购买者对交易价格不在意；③购买者改变购买习惯较慢，也不积极寻找较便宜的商品；④购买者认为产品质量有所提高，或者认为存在通货膨胀等，价格较高是应该的。

▶ **3. 需求的交叉弹性**

需求的交叉弹性，就是其他商品的价格变动对有关商品需求量变动的影响程度。产品线中的某一个产品项目很可能是其他产品的替代品或互补品，此时，替代品或互补品的价格变动往往会影响其他产品销售量的变动，两者之间存在需求的交叉弹性。需求交叉弹性可以是正值，也可以是负值。如果需求交叉弹性为正值，则这两种产品互为替代品，表明一旦产品B的价格上涨，则产品A的需求量必然增加；相反，如果需求交叉弹性为负值，则这两种产品为互补品，即当产品B的价格上涨时，产品A的需求量会下降。

（三）竞争状况

消费者购买商品时有"货比三家"的习惯，使企业在制定价格时不得不考虑竞争对手的产品价格和质量，市场竞争越是激烈，对企业定价的制约就越强。企业面临的竞争环境一般有完全竞争、垄断竞争、寡头垄断、完全垄断四种市场类型。

（四）其他环境因素

除了上述主要因素，还有一系列因素会通过不同的传导机制，影响企业的定价行为。例如，政府因为国家宏观经济的需要会对一些产品的价格实行政策干预；市场上的货币流通量过多，会导致货币贬值，企业需要适当提高产品售价；当一国经济发展速度较快、人们收入水平增长较快时，对价格的敏感性就会减弱，企业可以在不影响销量的前提下提高售价。除此之外，消费者心理、产品生命周期阶段等因素都会影响企业的定价。

第二节　企业定价的一般方法

定价方法是指企业在特定的定价目标指导下，依据对产品成本、市场需求及竞争状况等因素的研究，运用价格决策理论，对产品价格进行计算的具体方法。大体上，企业定价有三种导向，即成本导向、需求导向和竞争导向，因此企业常见的定价方法有以下三种。

一、成本导向定价法

前已述及，在影响企业定价的所有因素中，最基本的是产品的成本，它决定了价格的下限，在成本的基础上加上预期利润来确定价格，早已成为一种最常见、最基本的定价方法，也就是所谓的成本导向定价法。成本导向定价法主要包括成本加成定价法、目标利润定价法、变动成本定价法等。

（一）成本加成定价法

成本加成定价法是指按照单位成本加上一定比率的目标利润加成来制定产品销售价格的方法。其中，单位成本是通过计算和分摊单位产品的变动成本及固定成本得到的，目标利润加成的获得则依靠对市场环境、行业特点等多种因素的综合考虑。其计算公式为：

$$单位产品价格＝单位成本×（1＋目标利润率）$$

【例 11-1】某企业生产一种皮包，单位销售成本为 100 元，企业规定的目标利润率为25％，求该皮包的销售价格。

解：皮包的销售价格＝100×（1＋25％）＝125（元）

答：按成本加成定价法，该皮包的销售价格应确定为 125 元。

采用成本加成定价法，确定合理的成本利润率是一个关键问题，而成本利润率的确定，必须考虑市场环境、行业特点等多种因素。某一行业的某一产品以相同的价格出售时，成本低的企业能够获得较高的利润率，并且在进行价格竞争时可以拥有更大的回旋空间。

成本加成定价法的主要优点在于：①由于成本的不确定性一般比需求的不确定性小得多，定价着眼于成本可以使定价工作大大简化，不必随时依需求情况的变化而频繁地调整，因而大大地简化了企业的定价工作；②如果同行业企业都采用这种定价方法，那么在成本与加成率相似的情况下价格也大致相同，从而可以使价格竞争降至最低限度；③对买卖双方都较为公平，卖方不利用买方需求量增加的优势趁机哄抬物价因而有利于买方，固定的加成率也可以使卖方获得相当稳定的投资收益。

这种方法应用得较为广泛，尤其在商品零售、建筑施工、进出口和消费服务业中。但成本加成定价法也存在不足，主要是加成率一经确定就易于被固定化，从而导致企业忽视市场需求、竞争状况等方面的变化，使营销工作很被动，这是应该注意的。

（二）目标利润定价法

目标利润定价法又称投资收益率定价法，是根据企业的投资总额、预期销量和目标回收期等因素来确定价格。目标利润定价法是从保证生产者利益角度出发制定价格，其计算公式为：

$$单位产品价格＝(固定成本＋目标利润)÷预期销售量＋变动成本$$

【例 11-2】某企业经营的女式皮鞋应分摊固定成本 4 万元，每双女式皮鞋进价为 200 元，销售费用和税金为 20 元，即每双女式皮鞋变动成本为 220 元。若企业预期的销售量为 1 000 双，企业希望获得 2 万元的目标利润，那么每双女士皮鞋售价定为多少时企业才能实现目标利润？

解：女士皮鞋目标利润价格＝(40 000＋20 000)÷1 000＋220＝280(元)

答：按照目标利润定价法，当每双女士皮鞋定价为 280 元时，企业就能实现 2 万元的目标利润。

这种方法简单易行，出发点是保证企业的基本利益，使其迅速回收投资，但是没有考虑市场竞争和需求的实际情况，且颠倒了价格与销量之间的因果关系，一旦预期销售量估计不准，将造成巨大损失。因此这种定价方法通常只适用于需求比较稳定的大型制造业、供不应求且价格弹性小的商品。对于市场占有率高、具有垄断性的商品，以及大型公用事业、劳务工程和服务项目等，在科学预测价格、销量、成本和利润四要素的基础上，目标收益法也不失为一种有效的定价方法。

(三) 变动成本定价法

变动成本定价法又称边际贡献定价法。边际贡献是指每增加或减少单位产品所引起的总成本的变化量。由于边际贡献与变动成本比较接近，而变动成本的计算更容易一些，所以在定价实务中多用变动成本代替边际贡献，将边际贡献定价法称为变动成本定价法。

采用边际贡献定价法时是以单位产品变动成本作为定价依据和可接受价格的最低限度。在价格高于变动成本的情况下，企业出售产品的收入除完全补偿变动成本外，尚可用来补偿一部分固定成本，甚至可能提供利润。边际贡献定价法改变了售价低于总成本便拒绝交易的传统做法，在竞争激烈的市场条件下具有极大的定价灵活性。这种定价法主要适用于市场上产品供过于求或企业生产能力过剩导致产品亏损的情况，对于有效地对付竞争者、开拓新市场、调节需求的季节差异、形成最优产品组合方面，可以发挥巨大的作用。其计算公式为：

$$产品价格＝单位变动成本＋边际贡献$$
$$边际贡献＝产品单价－产品单位变动成本$$

【例 11-3】某企业生产电冰箱的能力为每年 1 万台，固定成本为 300 万元，单位变动成本为 1 300 元，产品原售价为 2 000 元。目前订货只有 8 000 台，一家外商提出订购 2 000 台，但其出价最高只有 1 500 元。问这笔订货是否可以接受？

解：从表面看，单位产品总成本为 1 600(3 000 000÷10 000＋1 300)元，外商出价 1 500 元，每台要亏损 100 元。但进一步分析会发现：每台变动成本为 1 300 元，每多销售一台的边际贡献为 200(1 500－1 300)元。如果接受这笔订货，可获边际贡献 40 万(200× 2 000÷10 000)元。固定成本 300 万元总是要支出的，而且分配到了已订货的 8 000 台中。这个企业由于生产能力有闲置，因此，如果接受这笔订货，不仅不亏本，反而可以增加利润 40 万元，或者说可以增加 40 万元补偿固定成本。

答：由于该企业订货不足，存在剩余生产能力，按边际贡献原则分析，接受这笔订货是有利可图的。

二、需求导向定价法

需求导向定价法是以消费者对产品价格的接受能力和需求程度为依据制定价格的方法，目标是追求价格与消费者心理相吻合，从而使消费者获得公平交易的满足，同时刺激其产生再次购买的欲望。需求导向定价的方法主要有理解价值定价法、需求差异定价法和逆向定价法三种。

（一）理解价值定价法

所谓理解价值定价法，即根据消费者对某种产品价值产生的主观感受，以其为基本定价依据的做法就是理解价值定价法。消费者在购买商品之前，根据以往的购买经验或相关的市场行情通常会对同类商品的价格水平产生一个总体判断，然后在不同品牌中挑选出最能满足自身需求且价位合理的商品。也就是说，消费者购买的过程就是将理解价值与实际价格对比的过程，两者的一致是购买行为产生的原因，即为理解价值定价法的主要依据。采用这种方法时，企业必须配合各种有效的营销措施以突出商品的特征，提高消费者对商品价值的认知，进而结合商品的成本、销量和盈利目标，准确地估计消费者的理解价值。

（二）需求差异定价法

需求差异定价法是指企业根据市场需求的时间、数量、地区、消费水平的差异等来制定产品价格的方法。

在实际生活中，不仅不同的消费者对同一商品的需求强度有所差异，对同一商品的不同款式各有所好。即使同一消费者在不同的时间、不同的地点对特定商品的需求强度往往也是不同的，甚至有很大的差异。这种定价方法，对于同一产品可以制定两个或两个以上的价格，可以使企业定价最大限度地符合市场需求，促进商品销售，有利于企业获取更多的经济效益。例如，在市场需求大的季节定高价，反之则定低价；在消费水平高的地区定高价，反之则定低价；对购买量大的消费者定低价，反之则定高价。

以消费者的需求差异为依据制定价格时需要具备以下条件：市场能够根据需求强度的不同加以区分，而且需求差异较为明显；低价市场的消费者向高价市场的消费者倒卖产品的成本高于两个市场上的价格差；价格差异不会引起消费者的反感。

（三）逆向定价法

逆向定价法是企业根据产品的市场需求状况，通过价格预测和试销、评估，先来确定消费者可以接受和理解的零售价格，然后逆向倒推批发价格和出厂价格的定价方法。这种定价方法不以实际成本为主要依据，而是以市场需求为定价的出发点。价格计算公式为：

$$批发价＝零售价格×(1－零售商毛利率)$$
$$出厂价＝批发价格×(1－批发商毛利率)$$

逆向定价法的特点是：价格能反映市场需求情况，有利于加强与中间商的良好关系，保证中间商的正常利润，使产品迅速向市场渗透，并可根据市场供求情况及时调整定价，比较灵活。

三、竞争导向定价法

企业在制定价格决策时，主要以同类竞争对手的定价为依据，而不是过多地考虑成本及市场需求因素，这就是通常所说的竞争导向定价法。使用这种方法定价的企业往往对竞争对手的价格变动较为敏感，一旦竞争对手采取降价策略，它们会积极地反击。竞争导向定价法主要包括随行就市定价法、产品差别定价法、密封投标定价法和主动竞争定价法，其差别大致如表 11-1 所示。

表 11-1　几种竞争导向定价法的区别

竞争导向定价法	价格水平	目标
随行就市定价法	"合理"的行业平均价格	避免竞争，获取适当利润
产品差别定价法	低于平均价格	夺取市场份额
	高于平均价格	区别竞争产品
密封投标定价法	低于竞争者，高于成本	获得合同
主动竞争定价法	高于竞争者，低于支付能力	获得合同

（一）随行就市定价法

随行就市定价法又称流行水准定价法，它是指在市场竞争激烈的情况下，企业为保存实力采取按同行竞争者的产品价格定价的方法。在寡头垄断和完全竞争的市场结构条件下，任何一家企业都无法凭借自己的实力而在市场上取得绝对的优势，为了避免价格竞争带来的损失，大多数企业都采用随行就市定价法。

随行就市定价法具有以下一些优点：①定价简单，无须对成本和需求做详细了解，对于那些测算成本与调查市场困难的企业很适合；②平均价格水平代表了整个行业或部门中所有企业的集体智慧，在成本接近、产品差异小、交易条件基本相同的情况下，采用这种定价方法可以保证各企业获得平均利润；③各企业价格保持一致，易于与同行竞争者和平相处，避免价格战和竞争者之间的报复，也有利于在和谐的气氛中促进整个行业的稳定发展；④在竞争激烈、市场供求复杂的情况下，单

拓展阅读 11-2
奥德赛的定价法

个企业不易了解消费者和竞争者对价格变化的反应，采用随行就市定价法既可为企业节约调研时间和费用，又可避免因价格突然变动而带来的风险，是一种较为稳妥的定价方法。

（二）产品差别定价法

从根本上说，随行就市定价法是一种防御性的定价方法，它在避免价格竞争的同时，也抛弃了价格这一竞争武器。产品差别定价法则与之形成了鲜明的对比，一些企业依据自身及产品的差异性，特意制定出高于或低于市场竞争者的价格。甚至直接利用低价格作为企业产品的差异特征。主动降价的企业一般处于进攻地位，这就要求它们必须具备真正的实力，不能以牺牲顾客满意度为降价的代价。而实施高价战略的企业则必须保证本企业的产品具备真正有价值的差异性，才能使企业在长期竞争中立于不败之地。

（三）密封投标定价法

招标是一种有组织、有计划的采购活动，招标商(买方)公开招标条件，由众多投标商(卖方)以密封标书的形式竞相递价，最终由招标商选择最符合招标条件的投标商签订协议。因此，投标定价法就是在投标交易中，投标方根据招标方的规定和要求进行报价的方法。它主要适用于提供开发矿产资源或大宗商品订货等。

投标竞价过程中企业既要根据主客观条件，正确地估算完成指标任务所需要的成本，

保证一定的收益水平，又要对竞争对手的可能报价水平进行分析预测，判断本企业的中标概率。在其他条件与竞争对手相等的基础上，价格越低，中标的概率就越大，而收益就越少；反之亦然。但是，收益最大化才是投标的根本目的，而不是中标本身。投标商必须在中标概率的最大化和利润率的最大化之间找到最佳的均衡点。

值得一提的是，在许多招投标活动中，并非价格最低的投标商就能够中标。非价格的竞争因素也十分重要，尤其是对于某些履约条件无法明确的项目来说。

（四）主动竞争定价法

主动竞争定价法指的是企业根据本企业产品的实际情况及与竞争对手的产品差异状况，以高于或低于竞争者的产品价格或与其一致的价格出售商品的方法，一般为实力雄厚或产品独具特色的企业所采用。在具体的竞争价位选择上，企业主要可以采取低价竞销和高价脱俗两种战略。对于质量和特色不分伯仲的竞争性产品，降价可以作为击败竞争对手的主要手段；若当产品的品质可以技压群芳的时候，则可以通过高价位使客户意识到它卓尔不群的档次和价值，从而扩大市场份额。

拓展阅读 11-3
"双 11"你
"剁手"了吗？

第三节　定价的基本策略

定价策略是企业为了实现预期的经营目标，根据企业的内部条件和外部环境，对某种商品或服务，选择最优定价目标所采取的应变谋略和措施。

一、折扣定价策略

折扣定价策略是利用各种折扣和折让吸引经销商和消费者，促使其积极推销或购买企业产品，从而达到扩大销售、提高市场占有率的目的。这一策略能增加销售的灵活性，给经销商和消费者带来利益和好处，因而在现实中经常被企业所采用。

（一）现金折扣策略

现金折扣策略是指企业为了加速资金周转，减少坏账损失或收账费用，给现金付款或提前付款的顾客在价格方面给予一定的优惠。例如，某企业规定，提前付款 10 天的顾客，可享受 1% 的价格优惠；提前 20 天付款，享受 2% 的价格优惠。运用现金折扣策略可以有效地促使顾客提前付款，从而有助于盘活资金，减少企业的利率和风险。

现金折扣的效果受到银行同期利率、买方资信水平、产品需求弹性等多方面因素的影响。企业在保证折扣能够使买者产生提前付款愿望的同时，还要尽量获取足够利润。此外，由于我国的许多企业和消费者对现金折扣还不熟悉，运用这种手段的企业必须结合宣传手段，使买者更清楚自己将得到什么好处。

（二）数量折扣策略

数量折扣策略就是根据代理商、中间商或顾客购买货物的数量多少，分别给予不同折扣的一种定价方法。数量越大，折扣越多。其实质是将销售费用节约额的一部分，以价格折扣方式分配给买方，目的是鼓励和吸引顾客长期、大量或集中向本企业购买商品。

拓展阅读 11-4
数量折扣的形式

（三）交易折扣策略

交易折扣策略是企业根据各类中间商在市场营销中担负的不同功能所给予的不同折扣，又称商业折扣或功能折扣。企业采取该策略的目的是为了扩大生产，争取更多的利润，或为了占领更广泛的市场，利用中间商努力推销产品。交易折扣的多少，随行业与产品的不同而不同；相同的行业与产品，又要看中间商所承担的商业责任的多少而定。如果中间商提供运输、促销、资金融通等功能，对其折扣就较多；否则，折扣将随功能的减少而减少。一般而言，给予批发商的折扣较大，给予零售商的折扣较少。

（四）季节性折扣策略

季节性折扣策略是指生产季节性商品的公司企业，对销售淡季来采购的买主所给予的一种折扣优待。季节性折扣的目的是鼓励购买者提早进货或淡季采购，以减轻企业仓储压力。合理安排生产，做到淡季不淡，充分发挥生产能力。季节性折扣实质上是季节差价的一种具体应用。

（五）推广让价策略

推广让价策略是生产企业对中间商积极开展促销活动所给予的一种补助或降价优惠，又称推广津贴。中间商分布广，影响面大，熟悉当地市场状况，因此企业常常借助他们开展各种促销活动，如刊登地方性广告，布置专门橱窗等。对中间商的促销费用，生产企业一般以发放津贴或降价供货作为补偿。

二、地区定价策略

由于地域不同，人们会对同一种商品产生不同的需求强度，由此制定出不同的价格。例如，我国的传统出口产品茶叶、丝绸、桐油等在国际市场上享有盛名，需求旺盛，因此，对这部分产品的出口定价应大大高于国内销价。

一般来说，一个企业的产品，不仅卖给当地顾客，同时也卖给外地顾客，而卖给外地顾客，把产品从产地运到顾客所在地，需要花一些装运费。所谓地区性定价策略，就是企业要决定：对于卖给不同地区（包括当地和外地不同地区）顾客的某种产品，是分别制定不同的价格，还是制定相同的价格。也就是说，企业要决定是否制定地区差价。地区定价策略的形式有以下几种。

（一）FOB 原产地定价

FOB 原产地定价，就是顾客（买方）按照厂价购买某种产品，企业（卖方）只负责将这种产品运到产地某种运输工具（如卡车、火车、船舶、飞机等）上交货。交货后，从产地到目的地的一切风险和费用概由顾客承担。如果按产地某种运输工具上交货定价，那么每一个顾客都各自负担从产地到目的地的运费，这是很合理的。但是，这样定价对企业也有不利之处，即远地的顾客就可能不愿购买这个企业的产品，而去购买其附近企业的产品。

（二）统一交货定价

这种形式和前者正好相反。所谓统一交货定价，就是企业对于卖给不同地区顾客的某种产品，都按照相同的厂价加相同的运费（按平均运费计算）定价。也就是说，对全国不同地区的顾客，不论远近，都实行一个价。因此，这种定价又叫邮资定价。例如，目前我国邮资也采取统一交货定价，如平信邮资都是 0.5 元，而不论收发信人距离远近。

（三）分区运送定价

这种形式介于前两者之间。所谓分区运送定价，就是企业把全国（或某些地区）分为若干价格区，对于卖给不同价格区顾客的某种产品，分别制定不同的地区价格。距离企业远的价格区，价格定得较高；距离企业近的价格区，价格定得较低。在各个价格区范围内实行一个价。企业采用分区定价也存在如下问题。

（1）在同一价格区内，有些顾客距离企业较近，有些顾客距离企业较远，前者就不合算。

（2）处在两个相邻价格区界两边的顾客，他们相距不远，但是要按高低不同的价格购买同一种产品。

（四）基点定价

基点定价即企业选定某些城市作为重点，然后按一定的厂价加上从基点城市到顾客所在地的运费来定价。例如，不管产品实际上是哪个城市起运的，从基点城市到目的地的价格是相同的；或者有些公司为了提高灵活性，选定许多个基点城市，按照顾客最近的基点计算运费。

（五）运费免收定价

有些企业因为急于和某些地区做生意，负担全部或部分实际运费。这些卖主认为，如果生意扩大，其平均成本就会降低，因此足以抵偿这些费用开支。采取运费免收定价，可以使企业加深市场渗透，并且能在竞争日益激烈的市场上立足。

三、心理定价策略

随着市场经济条件下人们生活需求的日益多样化、复杂化，以消费者在消费过程中的心理现象为依据采取各种促销策略的做法已经被广泛采用。心理定价策略是针对消费者的不同消费心理，制定相应的商品价格，以满足不同类型消费者需求的策略。

企业在对产品定价时，必须要研究消费者的价格心理。社会地位不同、经济收入不同的消费者往往对商品价值与品位高低有着不同的偏好，因此应根据消费者的不同心理需求及特征制定不同的价格策略。心理定价策略一般包括尾数定价、整数定价、习惯性定价、声望定价、招徕定价和最小单位定价等具体形式。

（一）尾数定价

尾数定价又称零头定价，是指企业针对的是消费者的求廉心理，在商品定价时有意定一个与整数有一定差额的价格。这是一种具有强烈刺激作用的心理定价策略。

心理学家的研究表明，价格尾数的微小差别，能够明显影响消费者的购买行为。一般认为，5元以下的商品，末位数为9最受欢迎；5元以上的商品末位数为95效果最佳；百元以上的商品，末位数为98、99最为畅销。尾数定价法会给消费者一种经过精确计算的、最低价格的心理感觉；有时也可以给消费者一种是原价打了折扣，商品便宜的感觉；同时，顾客在等候找零期间，也可能会发现和选购其他商品。例如，某品牌的32英寸彩电标价998元，给人以便宜的感觉。认为只要几百元就能买一台彩电，其实它比1 000元只少了2元。尾数定价策略还给人一种定价精确、值得信赖的感觉。

尾数定价法在欧美及我国常以奇数为尾数，如0.99，9.95等，这主要是因为消费者对奇数有好感，容易产生一种价格低廉，价格向下的概念。但在我国，由于"8"与"发"谐音，在定价中 8 的采用率也较高。

（二）整数定价

整数定价与尾数定价相反，针对的是消费者的求名、求方便心理，将商品价格有意定为整数。由于同类型产品，生产者众多，花色品种各异，在许多交易中消费者往往只能将价格作为判别产品质量、性能的指示器。同时，在众多尾数定价的商品中，整数能给人一种方便、简洁的印象。

（三）习惯性定价

某些商品需要经常、重复地购买，因此这类商品的价格在消费者心理上已经定格，成为一种习惯性的价格。

许多商品尤其是家庭生活日常用品，在市场上已经形成了一个习惯价格。消费者已经习惯于消费这种商品时，只愿付出这么大的代价，如买一块肥皂、一瓶洗涤灵等。对这些商品的定价，一般应依照习惯确定，不要随便改变价格，以免引起顾客的反感。善于遵循这一习惯确定产品价格者往往受益匪浅。

（四）声望定价

声望定价是整数定价策略的进一步发展。企业利用消费者一般都有求名望的心理，根据这种心理行为，企业对有声望的商品制定比市场同类商品高的价格，即声望定价策略。它能有效地消除消费者购买心理障碍，使顾客对商品或零售商形成信任感和安全感，顾客也从中得到荣誉感。声望定价往往采用整数定价方式，其高昂的价格能使顾客产生"一分价钱一分货"的感觉，从而在购买过程中得到精神的享受，达到良好效果。

例如，金利来领带，一上市就以优质、高价定位，对有质量问题的金利来领带他们决不上市销售，更不会降价处理。由此给消费者带来这样的信息，即金利来领带绝不会有质量问题，低价销售的金利来绝非真正的金利来产品。从而极好地维护了金利来的形象和地位。再如，德国的奔驰轿车，售价 10 万欧元；瑞士莱克司手表，价格为五位数；我国的一些国产精品也多采用这种定价方式。当然，采用这种定价策略必须慎重，一般商店、一般商品若滥用此方法，弄不好便会失去市场。

（五）招徕定价

招徕定价又称特价商品定价，是一种有意将少数商品降价以招徕吸引顾客的定价策略。商品的价格定得低于市价，一般都能引起消费者的注意，这是适合消费者求廉心理的。

这一定价策略常为综合性百货商店、超级市场以及高档商品的专卖店所采用，吸引顾客在购买"便宜货"的同时，购买其他价格比较正常的商品。需要注意的是，用于招徕的降价品，必须是品种新、质量优的适销产品，低劣、过时的处理品不仅达不到招徕顾客的目的，反而可能使企业声誉受到影响。另外，实行招徕定价的商品，经销的品种要多，以便使顾客有较多的选购机会。

拓展阅读 11-5
每日商场的
招徕定价术

采用招徕定价策略时，必须注意以下几点。

（1）降价的商品应是消费者常用的，最好是适合于每一个家庭应用的物品，否则没有吸引力。

（2）实行招徕定价的商品，经营的品种要多，以便使顾客有较多的选购机会。

（3）降价商品的降低幅度要大，一般应接近成本或者低于成本。只有这样，才能引起消费者的注意和兴趣，激起消费者的购买欲望。

（4）降价品的数量要适当，太多商店亏损太大，而太少容易引起消费者的反感。

（5）降价品应与因伤残而削价的商品明显区别开来。

拓展阅读 11-6
某药房的
招徕定价术

招徕定价的奥秘在于以低价诱惑消费者来到商场，利用其在逛商场时不自觉地产生的"购买冲动"销售更多的其他商品。事实上，有些时候出奇的高价也可以起到招徕顾客的目的，有时也将高的令人吃惊的价格称为招徕定价。

（六）最小单位定价

最小单位定价策略是指企业把同种商品按不同的数量包装，以最小包装单位量制定基数价格，销售时，参考最小包装单位的基数价格与所购数量收取款项。一般情况下，包装越小，实际的单位数量商品的价格越高；包装越大，实际的单位数量商品的价格越低。例如，对于质量较高的茶叶，就可以采用这种定价方法，如果某种茶叶定价为每 500 克为 150 元，消费者就会觉得价格太高而放弃购买。如果缩小定价单位，采用每 50 克为 15 元的定价方法，消费者就会觉得可以买来试一试。如果再将这种茶叶以 125 克来进行包装与定价，则消费者就会嫌麻烦而不愿意去换算出每 500 克应该是多少钱，从而也就无从比较这种茶叶的定价究竟是偏高还是偏低。

最小单位定价策略的优点比较明显，一是能满足消费者在不同场合下的不同需要，如便于携带的小包装食品、小包装饮料等；二是利用消费者的心理错觉，因为小包装的价格容易使消费者误以为价廉，而实际生活中消费者很难也不愿意换算出实际重量单位或数量单位商品的价格。

四、差别定价策略

差别定价策略是实际应用中典型的定价策略之一，也称为歧视性定价。当企业对生产的同一种产品根据市场不同、顾客不同、质量不同而采用不同的价格时，就可以说企业采用了歧视性定价。按照设定价差的依据不同，差别定价策略可以分为地理差别定价、时间差别定价、用途差别定价和顾客差别定价。

（一）地理差别定价

企业对于处在不同位置的产品或服务分别制定不同的价格，即使这些产品或服务的成本费用没有任何差异。例如，在一些明星的演唱会上，虽然不同座位的成本费用都一样，但是不同座位的票价相差很大。

（二）时间差别定价

企业对于不同季节、不同时期甚至不同钟点的产品或服务分别制定不同的价格。例如，过季商品的削价销售、航空机票的淡季折扣等。采用此种策略能鼓励中间商和消费者增加购货量，减少企业仓储费用，加速资金周转，但这种方法只有在时间需求的紧迫性差别很大时才能采用。

（三）用途差别定价

根据产品的不同用途制定有差别的价格，也是企业乐于选择的定价策略。实施这种策略不但能平衡不同目标市场的收益，而且有利于增加产品的新用途来开拓新市场。如生产用水、用电和生活用水、用电的价格差别；住宅与门面房在售价及租金方面的差别等。另外，标有某种纪念符号的产品，往往会产生比其他具有同样使用价值的产品更为强烈的需求，价格也要相应调高。例如奥运会期间，标记有会徽或吉祥物的产品的价格，比其他未做此标记的同类产品的价格要高出许多。

（四）顾客差别定价

企业按照不同的价格把同一种产品或服务销售给不同的顾客。这种价格歧视表明，顾客需求强度和商品知识有所不同。例如，公交车对老年人不收费，而对学生收取半价，对其他人则收全价。

五、新产品定价策略

在激烈的市场竞争中，企业不得不将大量的科研投入花费到新产品的开发上。然而，技术的成功并不必然为企业带来预期的回报，这是因为即使外观、性能、质量都很好的产品，如果价格不能获得消费者的认可，也不会赢得市场。针对新产品开发成本高、缺乏定价参照等特点，采取适当的定价策略有助于企业降低开发风险，尽快收回投资。常见的新产品定价策略主要有以下三种。

（一）撇脂定价策略

撇脂定价策略又称撇油定价策略，是指企业在产品寿命周期的投入期或成长期，利用消费者的求新、求奇心理，抓住激烈竞争尚未出现的有利时机，有目的地将价格定得很高，以便在短期内获取尽可能多的利润，尽快收回投资的一种定价策略。其名称来自从鲜奶中撇取乳脂，含有提取精华之意。

采用撇脂定价需格外谨慎，如果消费者认为价格过高，将导致产品积压，企业亏损。采用撇脂定价策略需要满足以下条件：①产品新颖，具有质量、性能优势，短期内竞争者无法仿制或推出；②市场有相当数量的收入水平较高、求新动机较强的消费者；③产品价格需求缺乏弹性，即使价格定得较高，市场需求也不会出现大幅下降。如果不具备上述条件，撇脂定价将难以奏效或维持。

（二）渗透定价策略

与撇脂定价策略恰好相反，渗透定价策略又称薄利多销策略，是指企业在产品上市初期，利用消费者求廉的消费心理，有意将价格定得很低，使新产品以物美价廉的形象吸引顾客，占领市场，以谋取远期的稳定利润的策略。但是，这种策略将会导致收回投资时间长，在产品生命周期和需求弹性预测不准的条件下，具有一定的风险性。

拓展阅读 11-7
五菱宏光 MINI
热销

通常，渗透定价策略适合于产品需求价格弹性较大的市场，低价可以使销售量迅速增加；此外，要求企业生产经营的经济效益明显，成本能随着产量和销量的扩大而明显降低，从而通过薄利多销获取利润。

（三）满意定价策略

满意价格策略又称均匀定价策略，是介于撇脂定价策略和渗透定价策略之间的一种定价策略。由于撇脂定价策略定价过高，对消费者不利，既容易引起竞争，又可能遭到消费者拒绝，具有一定风险；渗透定价策略定价过低，对消费者有利，对企业最初收入不利，资金的回收期也较长，若企业实力不强，将很难承受。而满意价格策略采取适中价格，基本上能够做到供求双方都比较满意。

六、产品组合定价策略

这里的产品组合作为一个名词概念，是指在满足消费者需求上具有密切相关性的一系列产品的组合，某生产目的是满足不同细分市场的需求。对于一个生产经营产品组合的企业来说，定价须着眼于整个组合的利润最大化，充分考虑不同产品之间的关系，以及个别产品定价高低对企业总利润的影响等多种因素，因此定价的难度较大。主要的产品组合定价策略包括产品线定价、互补品定价、选择品定价、副产品定价和产品群定价。

（一）产品线定价

产品线指的是满足同一类需求的一组产品。产品线定价策略的基本逻辑就是企业对产品线内的不同产品，依据其不同的规格、型号、档次及在竞争中充当的角色，制定不同的价格，以实现整体收益的最大化。例如宝洁公司的洗发水产品线中，飘柔的价格明显低于海飞丝、潘婷、伊卡璐等品牌。

产品线定价的基础是确定每种产品在竞争中的地位，其中，有些低端产品价格较低，主要用来充当招徕品，目的是吸引顾客购买产品线中的其他产品；有些高端产品则价格较高，用来充当获利产品，以树立企业的品牌形象并快速收回投资。这样，如何合理确定产品线中不同产品的价格差距就成为产品线价格策略的关键。通常，产品线中不同产品的价差要适应顾客的心理要求，价差过大，会诱导顾客集中购买某一种低价产品；价差过小，则会导致顾客无法确定选购目标。

（二）互补品定价

互补品就是指具有互补关系，必须配合在一起才能发挥使用价值的多个产品，例如，手机与电池、饮水机与桶装水、计算机硬件与软件等。互补品中，价值大且使用寿命长的商品为主体产品，价值小寿命短且需要频繁购买的商品为附带产品。

企业互补品的定价策略通常表现为将主体产品价格定得较低以吸引顾客购买，将附带产品的价格定得较高以获得利润。生活中，类似买胶卷赠相机、存话费赠手机的促销活动比比皆是。

（三）选择品定价

许多企业在提供主要产品的同时，还会附带一些可供选择的产品或特征。例如，汽车用户可以订购电子开窗控制器、扫雾器和减光器等。

企业为选择品定价有两种策略可供选择：一种是为任选品定高价，依靠其盈利；另一种策略是定低价，把它作为招徕顾客的项目之一，以此招徕顾客。例如，有的饭店的饭菜定价较低，而烟酒、饮料等任选品定价很高；而有些饭店，对烟酒饮料等选择品定低价，而对饭菜定高价。

（四）副产品定价

在生产加工肉类、石油产品和其他化工产品的过程中，经常有副产品。如果副产品价值很低，处理费用昂贵，就会影响到主产品的定价，制造商确定的价格必须能够弥补副产品的处理费用；如果副产品对某一顾客群有价值，就应该按其价值定价，副产品如果能带来收入，将有助于公司在迫于竞争压力时制定较低的价格，如生产豆腐产生的豆渣等。

（五）产品群定价

为了促进销售，企业往往将相关联的产品、服务配套一并销售时做"一揽子"定价、"捆绑"定价。例如，房屋装修全包价、旅游景点联票价、图书经销商将整套书籍销售等，其价格比单独购买要低得多，但不可硬性搭配、"打闷包"、强制消费。采用这种策略，必须使价格优惠到有足够的吸引力，否则就不会有人乐于购买。

第四节 竞争中的价格调整

企业处在一个不断变化的环境中，为了生存和发展，有时候需主动降低价格或提价，有时候又需对竞争者的变价被动做出适当的反应。营销中的定价策略除了包含价格目标的确定、定价影响因素的分析、定价方法和策略的选择外，还包括一个重要的组成部分，即价格的调整。同价格的制定一样，产品价格的调整也是一种科学、一门艺术。

一、主动调整价格的原因

无论企业价格调整的动因来自何方，企业是主动调整还是被动调整，价格调整策略的形式都不外乎降价和提价两种。

（一）降价原因

降低价格是企业在营销过程中经常采用的营销手段。企业在下面几种情况下必须考虑降价。

▶ **1. 技术革新带来产品升级换代**

技术革新带来产品升级换代导致现有产品相对落伍时，需要企业降价销售以清理库存。近年来电子产品价格的不断下滑就属于此种情况。据说，计算机每 18 个月价格就变为原来的 1/2，速度变为原来的 2 倍。

▶ **2. 企业面临激烈的竞争**

市场份额被竞争对手所挤占时，为了应对价格挑战，保持市场份额。企业在竞争对手降价或者新加入者增多的强大竞争压力下，企业的市场占有率下降，迫使企业以降价方式来维持和扩大市场份额。典型的例子是家电行业频繁爆发的价格战。例如，在当年的中国彩电市场上，当长虹率先将彩电价格下降 3％时，康佳、TCL、海信等其他企业为了保护市场份额，不得不采取降价措施，从而引发了中国彩电市场的价格大战。

▶ **3. 企业知名度不高**

对于知名度不高的企业，通过促销或改进成本等手段都不能达到扩大销售的目的时，应当通过降价促销。

▶ **4. 企业的库存过多**

企业的库存过多、对市场的预测不准确或是产品销售旺季已过等原因导致资金周转困难、产品有效期将至或影响企业生产转型时，为了解决企业对资金的迫切需求、尽快回笼资金，通过降价可促进库存清理，回笼资金。这种现象在生产及销售服装的企业中尤为常见，每当季节更替时，消费者都可以看到大量降价处理的服装。

▶ 5. 国家宏观经济不景气或行业需求不旺

宏观环境的变化也会导致企业的降价行为。有时政府为了保护消费者，控制某个行业的利润，会通过政策和法令限制这个行业的利润率，从而导致该行业中产品价格的下调。例如，国家出台一系列的措施抑制高房价。此外，整体宏观经济环境的变化也会直接导致企业产品降价。例如在经济紧缩的形势下，由于币值上升，价格总水平下降，企业的产品价格也随之降低。

拓展案例

字节跳动请全民免费看贺岁片

2020年春节，由于新冠疫情突然暴发，包括电影院线在内的很多公共场合关闭，贺岁电影都被无限期停播。就在各路电影制作团队愁云密布之际，徐峥的《囧妈》却在一片惨淡声中突围而出——把院线电影放到线上免费播出。

原来是字节跳动公司花了6.3亿元，买下了徐峥拍的贺岁电影《囧妈》版权，宣布邀请用户在公司旗下的抖音、西瓜视频、今日头条等App免费观看。

春节期间，在全民一边倒地关注疫情方面内容的情况下，能从中引发全民刷屏看片，不得不说，字节跳动公司抓住了社会热点，其营销策划收获了全民好评，不仅拯救了惨淡的春节档，而且以颠覆性的创举实现了历史首次春节档在线首播。在这次的营销策划中，字节跳动公司不仅懂得及时抓住时机，为自己圈一波国民好感，而且运用创新性思维，谋划出奇制胜的营销策划案，带动企业的发展逆势增长。

资料来源：张博文. 《囧妈》免费，徐峥请客，字节跳动买单. [EB/OL]. [2020-01-24]. https://www.huxiu.com/article/337127.html.

问题： 字节跳动公司请全民免费看贺岁片带来什么启示？

【分析提示】 从这个案例中我们得到启示，企业面对突然而来的市场挑战的同时，往往也包含着各种商机，新冠疫情的突然暴发，导致线上消费市场的"风景独好"。字节跳动公司免费请用户看电影，不仅仅是圈了国民好感，更是试水长线布局，以犀利独到的眼光，及时抓取了舆论的热点和最佳营销节点，轻松进入了长视频领域。

降价一般会受到消费者的欢迎，但也可能会引起一些消费者的疑惑。他们可能会认为产品降价是因为质量、性能方面出了问题。所以企业在采取降价措施时，应当能提供一个令人信服的理由，尽量打消消费者的疑惑。另外值得注意的是，降价策略只适用于需求价格弹性较大的商品，对需求价格弹性较小的产品并不能有效地提高产品的销量，反而还会由于单位产品利润的下降使企业得不偿失。

（二）提价原因

虽然相对于降价调整，提价更容易引起消费者、中间商和企业推销人员的反感，但在以下情况发生时，企业还是可以适当考虑提高价格。导致企业提价的原因主要来自以下几方面。

▶ **1. 改进产品**

企业通过技术革新，提高了产品质量，改进了产品性能，增加了产品功能，保证质量与价格相匹配，这时的提价相对容易被消费者理解和接受。

▶ **2. 产品供不应求**

企业遇到产品供不应求的情况时，适度提高价格不但能够缓解供需矛盾，而且能够为企业带来更大的收益。

▶ **3. 通货膨胀**

由于通货膨胀、货币贬值导致产品的生产及销售成本提高，企业按原价格销售无法弥补开支的时候，迫使企业不得不通过涨价的形式来减少因货币贬值而造成的损失，并通过提价消化新增成本。

▶ **4. 销售旺季的到来**

因销售旺季的到来，企业为了获得更多利润而提价，如中秋时候的月饼比平时贵得多。

可以说，企业主动进行提价和降价的原因是多方面的，价格调整策略是企业策略的重要组成部分，除了要正确把握调价的时机外，企业还需要选择适当的调价方法，给予消费者一定的心理调节过程，使其适应价格变化。

二、顾客对价格调整的反应

企业出于上述种种原因会对产品的价格进行调整，任何价格的变动都必然影响购买者、竞争者、中间商和供应商的利益，甚至政府也会关注企业的价格变动。通常，因受思维习惯、生活经历、性格特点及所处环境等众多因素的影响，顾客对于价值高低不同的产品价格的反应会有所不同。这里，我们仍然可以列举一些顾客对价格调整的常见反应。

（一）顾客对降价的反应

顾客对降价的有利反应是认为企业在让利顾客，或者是在同竞争者展开价格战。不利反应则相对较多，主要有以下几种。

（1）这类产品将要过时，新产品将会出现，企业降价是为尽快减少库存。

（2）产品存在质量问题，因为卖不出去，所以不得不降低价格。

（3）企业资金周转不灵，正常经营难以维持。

（4）产品价格还会继续下跌。

（二）顾客对提价的反应

顾客对企业提价的不利反应是认为企业通过提价夺取更多利益。有利反应主要包括以下三种。

（1）市场物价水平上涨，产品价格的上扬是正常的。

（2）产品很有价值，提价是因为物有所值。

（3）产品很畅销，将来一定更贵，或者将来就买不到了。

在产品价格变动过程中，顾客对价格变动的有利反应将起到促进其购买的作用，而不利反应则抑制其购买行为，从而直接影响企业低价促进销售、高价彰显质量的目标的实现。因此，应当通过各种传播途径沟通，向买方说明价格变动的原因，以消除种种猜测心理，从而使顾客对价格变动予以正确理解并给予支持。

三、竞争者对价格调整的反应

在竞争市场上，企业在决定改变价格时，除了要考虑顾客的反应，还必须在第一时间考虑竞争对手的反应，由于企业面对的竞争对手往往不止一家，他们的看法会因竞争地位的不同而有所不同，也会选择各自的应对策略。这些问题都要在企业决定价格调整之前加以充分考虑，尤其是在对产品进行降价销售时，更容易招致对手的价格反击。例如，如果竞争对手以市场份额的维持或者扩大为目标，那么它肯定会跟进企业的降价行为；如果竞争对手是为了利润最大化的目标，那么它可能会加大广告宣传或者提高产品的质量。

本着以上种种猜测，结合自身的经营条件，竞争者所能采取的措施通常有以下几种。

（1）认为降价会损失大量利益或不同档次产品同时发生利益冲突，从而放弃跟随降价，此时企业的削价将会带来销售的增长。

（2）认为市场份额是最重要的，宁可牺牲当前利益也要跟随降价，甚至有更大的降价幅度。

（3）由于目前没有掌握降低成本的技术，可加大研发力度，经过一段时间，条件具备后再降价。

（4）逆市而行，价格不降反升，向消费者传递其产品质量超群的信号，赚取更大利益。

另外，针对具体产品的特点及具体的经济环境，竞争者的反应往往是难以预料的，企业需根据经验、信息等进行全面细致的分析。

四、对竞争者价格调整的反应

企业在必要时会根据经济目标、竞争条件，主动采取价格调整策略，自然也面临着竞争对手调整价格的挑战。如何对价格竞争做出正确、及时的反应，是企业价格策略中的重要内容。

（一）不同市场环境下的企业反应

▶ 1. 同质产品市场

在这种市场环境下，企业与各个竞争对手的产品无差异。如果竞争者降价，企业必须随之降价，否则消费者就会购买竞争者的产品，而不购买企业的产品；如果某一个企业提价，且提价会对整个行业有利，其他企业也会随之提价，但是如果某一个企业不随之提价，那么最先提价的企业和其他企业也不得不取消提价。

▶ 2. 异质产品市场

在这种市场环境下，企业与竞争对手的产品有差异，顾客选择卖主时不仅考虑产品价格因素，而且考虑产品的质量、服务、性能、外观、可靠性等多方面的因素，因而在这种产品市场上，顾客对于较小的价格差异并不在意。面对竞争者的变价，企业必须认真调查研究如下问题：竞争者为什么调价？竞争者打算暂时调价还是永久调价？如果对竞争者调价置之不理，将对企业的市场占有率和利润有何影响？其他企业是否会做出反应？竞争者和其他企业对于本企业的每一个可能的反应又会有什么反应？

（二）市场主导者的反应

小企业往往通过进攻性的降价来争夺市场主导者的市场份额，在这种情况下，市场主导者有以下几种策略可供选择。

（1）维持价格不变。市场主导者可以维持原价和利润幅度，因为如果他们降价就会减少利润收入。

（2）提供更多附加价值。企业可以在维持价格不变的同时，改进产品质量、提高服务水平、加强促销沟通等，运用非价格手段来反击竞争者，采取这种策略比降价和低利经营更合算。

（3）降价。市场主导者之所以采取这种策略，主要是因为降价可以使销售量和产量增加，从而使成本费用下降，而且市场对价格很敏感，不降价就会使市场占有率下降。此外，在市场占有率下降之后，很难得以恢复。但是，企业降价以后，仍应尽力保持产品质量和服务水平不变。

（4）提价。企业在提价的同时，还要致力于提高产品质量或推出某些新品种，以便与竞争对手争夺市场。

拓展案例

格力电器的组合拳

受疫情影响，格力电器 2020 年开局不利，业绩下滑严重。为破解困局，从 4 月起，格力董事长董明珠亲自出马，先后在抖音、快手、京东、淘宝、国美以及格力董明珠店小程序进行直播带货，已经连续直播了 12 场。

在直播过程中，主播在线上引流，经销商在线下地推，并在直播中引导用户下单。平台可根据下单地址分辨用户来源，与线下三万家专卖店结合，实现线下体验、线上下单，全国统一价格、配送和售后服务。同时，线下通过满减、以旧换新、下单抽奖等极具吸引力的优惠政策，线上直播与线下经销商、门店联动销售，逐步扭转了市场的被动局面。其中，在"618"大促中，董明珠第五次直播成交额高达 102.7 亿元。

资料来源：搜狐格力电器. 董明珠的"2020 直播纪事". ［EB/OL］.［2020-11-09］. https://www.sohu.com/a/430608325＿620915？scm＝1001.0.0.0.

问题：格力电器打的什么"组合拳"？

【分析提示】从这个案例中我们可以看出，企业面对严峻的市场环境，仅仅靠价格促销是不够的，还需要与其他营销策略结合起来，打出一套组合拳。格力董事长董明珠具有名人效应，抖音、快手、京东、淘宝、国美以及格力董明珠店小程序是新兴的促销渠道，直播带货是新兴的营销方式，线下体验、线上下单，全国统一价格、配送和售后服务是营销策略。多种营销举措汇聚，拯救了市场业绩下滑的态势。

（三）企业应对调价需考虑的因素

面对竞争对手的价格变动，企业要根据情况而采取相应的反应。

企业必须先考虑以下这些因素：产品在其生命周期中所处的阶段及其在企业产品投资组合中的重要程度；竞争者的意图和资源；市场对价格和价值的敏感性；成本费用随着销量和产量的变化而变化的情况以及企业面临的各种可能的机会。

拓展阅读 11-8
九块九的
"纯粮酒"

一般情况下，如果产品的质量大致相同，企业的价格应当同竞争者保持同步变动，否则很有可能导致市场份额被对手挤占。如果产品的品质存在差异，企业对竞争者价格调整的反应有更多的自由，可以根据本企业产品的质量、性能或服务优势继续维持相对高的价格甚至提价。

▌复习思考题▌

1. 企业定价的目标有哪些？分别适用于哪种情况？
2. 成本导向定价法的核心内容是什么？
3. 心理定价策略主要利用了消费者的哪些心理？
4. 企业在哪些情况下需进行价格调整？
5. 折扣定价策略主要有哪几种类型？

▌案例分析训练▌

节日到，茅台俏

背景与情境：临近 2020 年中秋、国庆双节，高端白酒迎来了一波价格涨幅。北京地区的茅台酒批发商表示，53 度飞天茅台整箱批发价报 2 850 元/瓶，散装 2 570 元/瓶，部分烟酒零售店的报价甚至超过 3 000 元/瓶。"最近几个月茅台酒的价格一直在涨，平均每周涨幅可达 50 元，比 2019 年中秋、国庆的价格还高。"北京一位茅台酒经销商透露，"之后肯定还会涨。"

高端白酒的人情往来需求在 2020 年年初已充分释放，从第二季度开始，飞天茅台的批发价持续走高，并突破 2019 年历史新高，茅台酒与其他高端白酒整体上处于供不应求的状态。

近十年来，茅台酒的价格一直呈飙升态势。从营销的角度来讲，茅台酒连年涨价，无疑是其营销的"点睛之笔"。

资料来源：中秋国庆白酒销售旺季来临，茅台价格创新高超 2800 元/瓶[EB/OL]. (2020-09-07)[2023-01-20]. https://baijiahao. baidu. com/s? id＝1677174399583929797&_wfr＝spider&_for＝pc.

分析与思考：

(1)茅台酒采取了何种定价策略？

(2)茅台酒定价主要考虑了哪些影响因素？

▌在线自测▌

扫描封底刮刮卡　获取答题权限

第十二章 分销渠道策略

学习目标

1. 理解分销渠道的概念和特征；
2. 分清分销渠道的模式和类型；
3. 辨别批发商和零售商；
4. 运用分销渠道设计的方法。

引例

星巴克的营销模式

只用了短短几年时间，星巴克在中国就成了一个时尚的代名词。它所代表的已经不只是一杯咖啡，而是一个品牌和一种文化。1971年4月，位于美国西雅图的星巴克创始店开业。而目前，星巴克是唯一一个把店面开遍四大洲的世界性咖啡品牌。

1. 合作模式

星巴克根据世界各地不同的市场情况采取灵活的投资与合作模式，它会根据各国各地的市场情况而采取相应的合作模式。星巴克在世界各地的合作伙伴虽各不相同，但是经营的品牌都是一样的。这样做的好处是，"它可以借别人的力量来帮它做很多事情，而且是同一个时间一起做。"

星巴克制定了严格的选择合作者的标准，如合作者的声誉、质量控制能力和是否以星巴克的标准来培训员工等。目前，星巴克在中国内地有三家合作伙伴：北京美大咖啡有限公司行使其在中国北方的代理权，台湾统一集团行使其在上海、杭州和苏州等江南地区的代理权，南方地区(香港、深圳等)的代理权则交给了香港的一家公司。

2. 直营经营

50多年来，星巴克对外宣称其整个政策都是：坚持走公司直营店，在全世界都不要加盟店。

星巴克合资或授权的公司在当地发展星巴克咖啡店的时候，"顽固"地拒绝个人加盟，当地的所有星巴克咖啡店一定是星巴克合资或授权的当地公司的直营店。

星巴克为自己的直营路子给出的理由是：品牌背后是人在经营，星巴克严格要求自己的经营者认同公司的理念，认同品牌，强调运作、纪律、品质的一致性；而加盟者都是投资客，他们只把加盟品牌看作赚钱的途径。可以说，他们唯一的目的就是赚钱而非经营品牌。

资料来源：案例：星巴克的经营策略[EB/OL]. (2019-03-08)[2023-03-25]. https://cde-iesr.jnu.edu.cn/2019/0731/c16319a371773/page.htm.

可见，选择中间商，进行营销渠道的优化设计与管理是企业营销活动中重要的一环，不容忽视。要使产品顺利地由生产领域向消费领域转移，实现其价值和使用价值，取得一定的经济效益，必须通过一定的分销渠道。合理选择分销渠道是企业营销的又一重要决策。

第一节　分销渠道概述

一、分销渠道的概念及特征

（一）分销渠道的概念

分销渠道（也叫销售渠道），就是我们通常所说的商品流通渠道。所谓分销渠道是指某种产品和服务在从生产者向消费者转移过程中，取得这种产品和服务的所有权或帮助所有权转移的所有企业和个人。因此，分销渠道包括商人中间商（因为他们取得所有权）和代理中间商（因为他们帮助转移所有权），此外，还包括处于渠道起点和终点的生产者和最终消费者或用户。但是不包括供应商、辅助商。他们为使产品或服务顺利到达最终消费者手中而履行各自的职能，通力合作，有效地满足市场需求，实现产品价值和企业效益。

（二）分销渠道的特征

（1）分销渠道反映某一特定商品价值实现的过程和商品实体的转移过程。分销渠道一端连接生产，另一端连接消费，是从生产领域到消费领域的完整商品流通过程。

（2）分销渠道的主体是参与商品流通过程的商人——中间商和代理中间商。

（3）商品从生产者流向消费者的过程中，商品所有权至少转移一次。大多数情况下，生产者必须经过一系列中介机构转卖或代理转卖产品。

（4）在分销渠道中，与商品所有权转移直接或间接相关的，还有一系列流通辅助形式，如物流、信息流、资金流等，它们发挥着相当重要的协调和辅助作用。

二、分销渠道的功能

分销渠道的基本功能就是指分销渠道的功效和能力。一般说来，分销渠道具有九大基本功能：调研、促销、寻求、编配、洽谈、物流、融资、财务、风险。

（1）调研。调研是指收集进行交换所必需的信息。收集、整理现实中潜在消费者、竞争者以及营销环境的相关信息，并及时地传递给渠道中的其他参与者和合作者。

（2）促销。促销是指进行关于所供产品的说服性沟通。各个环节的成员通过各种促销手段，把商品和服务的有关信息传播给消费者，刺激消费者的需求和欲望，促进其采取购买行为。

（3）寻求。寻求是指寻找潜在购买者并进行有效的沟通。通过认真分析市场机会，寻求潜在市场和潜在顾客，针对不同细分市场目标消费者的特点，提供不同的分销渠道形式。

（4）编配。编配是指所供产品符合购买者需要，包括制造、分等、装配、包装等活动。按照买方要求分类整理供应品。例如，按产品相关性分类整理和组合，调整改变产品包装大小、分级等，以满足不同消费者的需要。

（5）洽谈。洽谈是指为了转移所供货物的所有权，而就其价格及有关条件达成最后协议。各个渠道成员之间，按照互利互惠、彼此协商的原则，就有关交易商品的价格、付款和交货条件等问题达成协议，促成买卖双方功能的实现。

（6）物流。物流是指产品的运输、储存、配送。分销渠道最终要把商品送到消费者或用户的手中，满足其消费的需求。所以，当然不能缺少采购供应、商品实体的运输、储存和配送服务等功能。

（7）融资。融资是指为补偿分销成本而取得并支付相关资金的功能。为了顺利地实现商品的交换，分销渠道的成员之间可以用赊销、信用的形式互相协作，加速商品流通和资金周转。

（8）财务。财务是指分销渠道中财务管理的功能。分销渠道促进商品交易和实体分销的活动与资金的流通是伴随进行的，分销渠道当然离不开货款往来、交易费用支付、消费信贷实施等，这些都需要筹措和用活、用好有限资金等财务管理的功能。

（9）风险。风险是指承担与渠道工作有关的全部风险。分销渠道成员除了在商品流通中通过分工分享利益以外，还应共同承担商品销售、市场变化带来的风险。

三、分销渠道的模式和类型

（一）分销渠道的模式

▶ **1. 消费者市场销售渠道模式**

一般有五种形式，如图 12-1 所示。

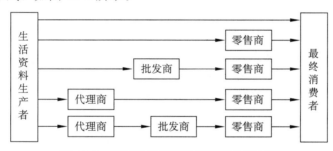

图 12-1　消费者市场销售渠道模式示意图

▶ **2. 生产者市场销售渠道模式**

一般有四种形式，如图 12-2 所示。

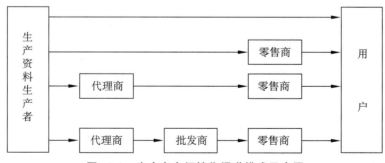

图 12-2　生产者市场销售渠道模式示意图

（二）分销渠道的类型

▶ **1. 根据是否有中间商的介入划分**

（1）直接渠道。直接渠道又叫零级渠道。直接渠道是指没有中间商参与，产品由制造商直接销售给消费者和用户的渠道类型，如上门推销、电视直销和网上直销等。直接渠道是工业品特别是一些大型、专用、技术复杂、需要提供专门服务的产品销售的主要方式。

直接渠道的优点是：对于用途单一、技术复杂的产品，可以有针对性地安排生产，以更好地满足需要；生产者直接向消费者介绍产品，便于消费者掌握产品的性能、特点和使用方法；由于直接渠道不经过中间环节，可以降低流通费用，掌握价格的主动权，积极参与竞争。但直接渠道也存在不足，如制造商在销售上投入大、花费大，而且销售范围也受到限制。

拓展阅读 12-1
戴尔的经验

（2）间接渠道。间接渠道是指产品经由一个或多个商业环节销售给消费者和用户的渠道类型。它是消费品销售的主要方式，许多工业品也采用。

间接渠道的优点是：中间商的介入，使交易次数减少，节约了流通成本和时间，降低了产品价格；中间商着重扩大流通范围和产品销售，制造商可以集中精力生产，有利于整个社会的生产者和消费者。它的不足是：中间商的介入，使制造商与消费者之间的沟通不便。

▶ 2. 根据中间环节层次的多少划分

（1）短渠道。短渠道是指没有或只经过一个中间环节的分销渠道，其主要有两类：①零级分销渠道，这种分销模式简称直销，指产品不经过任何中间环节，直接由企业供应给消费者；②一级分销渠道，这是最常见的一种销售渠道，是指企业和消费者之间只经过一个层次中间环节的分销渠道。

一般来说，技术性强的产品，需要较多相关服务的产品以及保鲜要求高的产品需要较短的渠道，短渠道具有如下优点：①由于流通环节减少，产品可以迅速到达消费者手中，生产者能够及时、全面地了解消费者的需求变化，调整企业生产经营决策；②由于环节少，费用开支节省，产品价格低，便于开展售后服务，提高产品的竞争力。其缺点是：流通环节少，销售范围受到限制，不利于产品的大量销售。

（2）长渠道。长渠道是指经过两个或两个以上的中间环节把产品销售给消费者的分销渠道。其主要有三种：一级经销渠道；二级代理分销渠道；三级分销渠道。

有些消费品技术性强，又需要广泛推销，多采用这种分销渠道，其具有如下优点：①生产者不用承担流通过程的商业职能，因而可以抽出精力组织生产，缩短生产周期；②生产者把产品大量销售给批发商，减少了资金占用，从而节省了费用开支；③容易打开产品销路，开拓新市场。

其具有如下缺点：①长渠道使生产者市场信息迟滞；②生产者、中间商、消费者之间关系复杂，难以协调；③商品价格一般较高，不利于市场竞争。

▶ 3. 根据同一层次中间商数目的多少划分

产品和劳务在从生产者向消费者转移的过程中，不仅要经过若干流通环节，还要通过流通环节中若干中间商的努力，从而完成转移。产品或劳务通过同一环节中间商数目的多少，形成了不同宽度的分销渠道。

（1）宽渠道。这是指生产者在同一流通环节利用中间商的数目较多，形成渠道的宽度大，因此被称为宽渠道。其优点如下：①通过多家中间商，分销广泛，可以迅速地把产品推入流通领域，使消费者随时随地可以购买到需要的产品；②促使中间商展开竞争，使生产者有一定的选择余地，提高产品的销售效率。

宽渠道的不足之处在于：由于每个层次的同类中间商较多，各个中间商推销某一种产品不专一，不愿意花更多的时间、精力推销某一产品；同时，生产者与各中间商之间的关系比较松散，在遇到某些情况时关系容易僵化，不利于合作。

（2）窄渠道。这是指生产者在同一流通环节中只选择一个中间商销售自己的产品。其优点如下：①由于每一层次中同类中间商较少，生产者与中间商的关系非常密切，生产者可以指导和支持中间商开展销售业务，有利于相互协作；②销售、运货、结算手续大为简化，便于新产品的上市、试销，迅速取得信息反馈。

窄渠道的不足之处在于：①生产者对某一中间商的依赖性太强，情况一旦发生变化（如中间商不想再与生产者合作），容易使生产者失掉所占领的市场；②只限于使用一个中间商，容易使中间商垄断产品营销，或因销售力量不足而失掉消费者；③产品销售渠道范围较窄，市场占有率低，不便于消费者购买。因此，窄渠道适用于专业性较强、生产批量小的产品销售。

▶ **4. 根据企业采用分销渠道的多少划分**

（1）单渠道系统。单渠道系统是指企业只通过一条分销渠道销售产品。

（2）多渠道系统。多渠道系统又称复式渠道和混合渠道，是指企业对同一或不同细分市场，同时采用多条渠道的分销体系，并对每条渠道或至少对其中一条渠道拥有较大控制权。其主要有以下几种形式：①企业通过两条以上的竞争性分销渠道销售同一商标的产品；②企业通过多条分销渠道销售不同商标的竞争性产品；③通过多条分销渠道销售服务内容与方式有差异的产品，以满足不同消费者的需求。

第二节　中　间　商

一、中间商的作用

（一）调节生产者和顾客之间在产品数量上的差异

中间商一般采用化整为零和组零为整的方式进行数量上的调整。化整为零是指中间商将收集来的货物经过加工、分装出售给顾客的过程。组零为整是指中间商从生产企业那里收集货物，通过集中零散的货物，成批装运，降低成本。

（二）调整生产和消费之间在花色品种和等级方面的差异

中间商以分级和聚合的方式来调整其类别差异。分级是指将产品按照一定的规格与质量分成若干等级的过程。聚合是指将各种各样的产品按照其花色品种加以搭配，聚合起来，便于顾客购买。

二、中间商的类型

中间商在现代市场营销活动中所发挥的重要作用与其多种多样的形式是分不开的，也正是中间商的这一特点才满足了千变万化的市场营销需求，使其保持着旺盛的生命力，并不断向前发展。中间商的类型大致上可以用图 12-3 粗略表示。

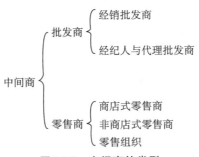

拓展阅读 12-2
只与最好的商店
销售商合作

图 12-3　中间商的类型

（一）批发商

从事批发业务的人或部门（公司、营业部、办事处等）统称为批发商，是在商品流转过程中，不直接服务于最终消费者，只是实现产品在空间上、时间上的转移，达到销售目的的中间商。批发商是批发这一行为的执行者，他们直接向生产者（或提供服务者）购进产品或服务，再转卖给零售商、批量产品消费者或其他批发商。批量产品消费者，主要是对产品进行再加工或业务使用的部门，如加工厂、宾馆酒店、公用事业单位、机关团体等。

从总体上讲，批发商主要有以下几种类型。

▶ 1. 经销批发商

经销批发商又称商业批发商，是指进行批发营销业务的独立法人。他们具有对所经销商品的所有权，并完全由自己来独立组织销售。这类批发商约占批发商总数的 50%，是批发商的主体。经销批发商又可分为完全服务批发商和有限服务批发商两大类。

1）完全服务批发商

完全服务批发商一般持有存货，有固定的销售人员，能提供收货、送货及协助管理等服务。它又分为以下两类。

（1）批发商人。批发商人是以零售商为服务对象的批发商，根据其经营范围又可分为以下三种。①综合商品批发商：可供应多条产品线的产品，如某些大型贸易（批发）公司；②综合产品线批发商：只经营一二条产品线产品，但产品的花色品种较全，如服装、鞋帽类批发商；③专用品批发商：专门经营某条产品线上的专门产品，如化妆品批发商、鲜活水产品批发商等。

（2）产业分销商。产业分销商是指专门向生产部门而不是向零售商供应商品（作为生产部门的原材料、半成品或零部件）的批发商。他们提供存货、交货及信贷服务。经营范围宽窄不一，有的可能只供应一种产品（如轴承）；有的则可能把该厂所需要的物资供应全包了；有的则集中在某些生产线上，如 MRO 项目（保养、维修与操作供应品）、OEM 项目（原设备制造供应品，如紧固件、小型橡胶部件、轴承、电机等）、设备（如手工和动力工具、叉式起重车等）。

2）有限服务批发商

顾名思义，有限服务批发商的服务项目较少。由于供销双方都有一个尽量降低成本的愿望，故有限服务对供销双方，特别是小批量、小存货（甚至是零存货）的企业还是受欢迎的。由于"船小好掉头"，故有限服务的方式还是较多的，有的批发商也兼营较大量的零售业务。该类批发商还可细分如下。

（1）现购自运批发商。这种批发商不提供送货服务，主要经销要求周转快的产品线。例如水产品市场的批发商，大多数都是由客户登门购货，当面支付现金（熟的客户也可以付支票），并自行运回。

（2）卡车批发商。在市场上有一批专门帮客户运货的车辆，车主自己有一批客户后，就可以增加一项业务——销售。有的企业也自备卡车进行送货上门的批发经营。特别像牛奶、面包、冷冻食品等半易腐商品，大多由生产厂商包给卡车批发商，由他们及时、迅速地将商品运到各零售点，当面收回或定期收回现金。

（3）承销批发商。这些批发商向零售商或其他客户征订商品，然后对供货市场进行优选，直接向生产商提货售给零售商（客户）。从收到订单起，承销批发商就拥有对货物的所有权并承担风险，直到将货物交给顾客为止。这种批发商通常经营大宗商品，如煤、木材、钢材和重型设备等。

（4）托售中间商。托售中间商即委托他人销售的批发商。他们在各零售店设立专柜，然后送货上门，自行定价，自行宣传，用合同规定被托售零售店的利益。他们拥有商品所有权，零售店则拥有商品保管与销售权，一般在顾客购买商品后定期向零售店收款。一些城市雪糕、冰棒的销售即采用该方法。其他产品线有玩具、图书、小五金、保健美容品等。

（5）邮购批发商。邮购批发商利用邮局、航空或其他运输工具进行批发经营。他们将产品目录及订单寄给零售店、制造商甚至大型企事业单位（现大多采用上网办法），收到订单后一面备货，一面向订货方要求预付款及其他条件，然后通过邮购等方式供货。

（6）生产者合作社。这是为了协调生产者，特别是像农产品生产者这样的季节性生产者的利益，由这些生产者共同组建所形成的批发机构。生产者合作社可以较大规模地将产品投放市场，协同改进产品质量，创出共同品牌，使各方获得较大利益。美国的新奇士橙汁、中国的吐鲁番葡萄干等均采用这种方式。

▶ 2. 经纪人与代理批发商

经纪人、代理批发商与经销批发商的区别是：前两者对商品没有所有权，只执行批发经营中的若干项职能。其主要职能是中介，为买卖双方提供信息与便利，并在成交后提取一定佣金，有的又称回扣，一般为 2%～10%。

1）经纪人

经纪人的职能是为买卖双方牵线搭桥，协助他们谈判，由雇用方付费，不备有存货，也不参与融资或承担风险。在我国牲畜市场历来有大量经纪人，故被称为"牙行"；在房地产市场的经纪人则被称为"中介"。此外还有食品经纪人、不动产经纪人、保险经纪人和证券经纪人等。

2）代理批发商

代理批发商是获得企业授权在某一地区进行代理产品购销业务的批发商。它可以代表卖方，也可以代表买方。

（1）制造商代理商。制造商代理商可以负责代理销售该制造商的全部产品，也可以只代理其中某一部分产品。双方一般要签订合同，明确双方权限、代理区域、定价政策、佣金比例、订单处理程序、送货服务及其他各种保证。制造商欲扩大市场而本身未建立分销点时，常以此来节省成本。

（2）销售代理商。销售代理商是指在签订合同的基础上，为委托人销售某些特定商品或全部商品的代理商，对价格、条款及其他交易条件可全权处理。它与制造商代理商的不同之处有以下两点。①每个制造商只能使用一个销售代理商，而且制造商将其全部销售工作委托给某一个销售代理商后，不得再委托其他代理商代销产品，也不得再雇用推销员去推销产品；而每一个制造商可以同时使用几个制造商代理商，还可以设置自己的推销机构。②销售代理商通常替委托人代销全部产品，而且不限定在一定地区代销，它在规定销售价格等销售条件方面有较大权利，即销售代理商实际上是委托人的独家全权销售代理商。

（3）采购代理商。采购代理商不是帮生产厂家销售产品，而是帮其采购所需物资（全部或部分）。他们不是代理批发某一类产品，而是专为一家或几家企业代理采购物品。采购代理商俗称"买手"，通常熟悉市场，消息灵通，能向企业提供质量高、价格低的采购品。采购代理商通常要负责代理采购、收货、验货、储运并将货物运交买主等业务。

（4）佣金商。佣金商又称为代办行，他们是实际拥有产品并处理商品销售的代理商。佣金商可以代理多家商品，代理时间长短也不定，甚至可以代生产商参加生意谈判。佣金商一般代生产商把货送到批发市场销售（一般价格均较低），扣除佣金和费用，将余款支付给生产商。一般生产商对佣金商也比较了解，放心将产品交给佣金商。他们常常从事于农产品的营销领域，受托于那些不愿自己出售产品和不属于生产合作社的农场主。

（5）拍卖行。拍卖行为买主和卖主提供交易场所和各种服务项目，以公开拍卖方式决定市场价格，组织买卖成交，并从中收取规定的手续费和佣金。

（二）零售商

零售商类型繁多，按其销售方式大致可以划分为商店式零售商和非商店式零售商两大类。

▶ 1. 商店式零售商

商店式零售亦称门市部零售，其共同点是设有摆放商品和顾客购物的店面，顾客的购买活动是在商店内完成的。根据其经营的产品线、规模、价格和服务方式的差异，又可以进一步将零售商店划分为不同类型。

1）专业商店

专业商店是专门经营某一类商品的零售店。专业商店又有两种类型：一种是按商品类别划分的，如书店、服装店、家具店、建筑材料店等；另一种是按服务对象划分的，如儿童商店、妇女用品商店、旅游用品商店等。

专业商店的规模可大可小，价格水平视目标顾客而定，档次较多。这类商店通常提供较多专业性服务，要求服务员业务较熟，除零售外，一般兼营批发。

2）百货商店

百货商店是经营多种商品的零售店。一般根据市场规模和营业面积大小确定其产品线数目，大多数百货商店都包括服装、食品、日用品、家用电器等。商品种类较齐全，花色品种不如专卖店多。百货商店规模大小差别很大，大型百货店营业面积超过 1 万平方米，而小百货店可能只有十几平方米。大型百货店通常价格较高，服务也较周到。

3）超级市场

超级市场中的全部商品开架销售，顾客自由挑选，一般服务员不导购，只负责摆货和计价收款。超级市场主要经营食品、家庭日用品、化妆品等。超级市场大多采用计算机管理，并以连锁店形式出现；以薄利多销、低毛利、周转快见长。其产品线可多可少，有单一的，也有多线的，商品全部包装好并有标价。

超级市场规模可从几十平方米到几万平方米不等，提供的服务较少，价格较低，适合家庭大量购买。

4）方便商店

方便商店是指靠近居民区的小型商店。营业时间长，商品范围有限，主要便利消费者做"补充"式采购。周转率高，能满足消费者"方便"的需要，多以连锁店形式出现。

方便商店的产品线可多可少，多为日用易耗品；规模一般均较小，营业面积从几平方米到几十平方米不等；价格一般偏高，不还价，但有的可以赊销。其服务水平一般，与顾客关系较密切。

5）超级商店

这类商店将超市和百货店结合起来，经营商品品种较多，规模较大，实行开架售货，除销售商品外还兼营服务，如洗衣、修鞋、快餐供应等，全计算机系统管理。一般产品线都在 3 种以上，不但有商品线，还有服务线。

超级商店规模较大，一般大于 3 000 平方米，有停车场；价格也高，明码标出；服务质量较高，有导购员导购。

6）联合商店

联合商店是一种带有专卖性质的超级商店，品种较集中，但花色较多，规模较大。产品线 1～3 种，也有服务线，特别是修理与咨询。允许客户独立经营，业主只进行物业与市场管理。

联合商店的营业面积通常大于 4 000 平方米，有停车场；产品、服务价格均较高；服务质量较高，有导购、送货中心和维修点。

7）特级市场

特级市场是一种规模最大的商场。它结合了超市、折扣和仓储零售的经营特色，利用场地大量陈列，尽量减少商店人员搬运，同时向愿意自运的大型商品的顾客提供折扣，全部实行计算机管理。产品线 5 种以上，有服务线、修理与咨询。

特级市场营业面积大于 7 000 平方米，有停车场；价格较低，并明码标出；服务质量有高有低，有导购、送货中心及维修点。

8）折扣店

商品按正常价格折扣（6～9 折不等）出售，比较便宜。靠低租金、仓库式设施降低成本，广告范围大，采用计算机管理。折扣店的产品线可多可少，但其深度较低。

9）工厂代销店

工厂代销店属降价商店，商品一般由一家或多家工厂提供，采用合约式经营，主要销售工厂停产的商品或次品，因此价格可降到一半以下。但其商品并非假冒伪劣商品，使用起来还是有保障的。

工厂代销店的产品线可多可少，规模可大可小。服务质量较好，有一套推销办法和专用语言，常向顾客演示商品。

10）独立减价零售店

独立减价零售店由个人拥有与经营（或为一大零售公司分支），产品线不定，有什么卖什么。货源也不稳定，不但从制造厂进货，也收购各商店压仓或结余的商品。然后以9元店、6元店、2元店名义出售，利润较低，有的为代销。

独立减价零售店的产品线不定，有多有少，有浅有深。还有一种专门收购倒闭企业（如餐厅）的商品，小修后再卖出。这类商店规模一般都不大，从十几平方米到几十平方米，价格非常便宜。

11）仓储俱乐部

仓储俱乐部实行会员制，向会员折扣售货。主要向小企业、政府机关团体、非营利性组织和大公司提供服务。其成本低，员工少，计算机管理，一般不送货，也不接受信用卡。

仓储俱乐部的产品线较宽，一般在5条以上，有一批固定供货单位。规模较大，一般在3 000平方米以上，价格低，比超市或折扣店还要便宜20%～40%。仓储俱乐部服务水平一般，由于员工少，效率较高，员工素质较高。

12）目录陈列室

目录陈列室用来陈列商品目录，配合送货上门、导购等服务，以小店面扩大产品线的宽度和深度，同时有样品陈列、样张（模型）陈列，计算机显示和录像陈列等。用多产品线、低价和优质服务来创造大量销售，加成高、周转快。

目录陈列室的产品线不定，但深度较深，其功能超过专卖店。经营规模较大，价格便宜；服务水平较高，有导购、配送、维修服务。

13）购物中心

由零售商店及其相应设施组成的商店群体，作为一个整体进行开发和管理，通常包括一个或多个大的核心商店，并有许多小的商店环绕其中，有庞大的停车场设施，顾客购物来去方便。购物中心占地面积大，一般在十几万平方米。其主要特征是容纳了众多各种类型的商店、快餐店、餐饮店、美容、娱乐、健身、休闲等，功能齐全，是一种超巨型的商业零售模式。

▶ **2. 非商店式零售商**

非商店式零售商是指不设店面的零售方式，又称无门市部零售。这类零售可分为直复零售、直接零售、自动售货和购买服务社等几种类型。

1）直复零售

直复零售是指利用现代通信工具、多种广告媒体传递销售信息，使之作用于消费者，通常需要消费者做出直接反应的一类零售方式。按利用的通信工具不同，直复零售又可分为以下几种。

（1）邮购。消费者通过各种广告获取信息后，向邮购部汇款并说明需购买的商品，邮购部收到汇款后即按时向消费者汇出商品，称为邮购。广告通常刊登在报刊或通过广播电视发出，也有由邮购部向潜在的消费者寄发信息的。

（2）电话购物。如果消费者不是用信函而是用电话向供货部求购商品，而供货部除邮寄商品外，还可通知求购者所在地的分部送货上门，这就是电话购物了。电话购物的关键是付款方法，如果不能保证供货者收到货款或方便求购者，就会影响电话购物的质量和效率。

（3）电视购物。如果邮购的信息是通过电视发布的，交易办法包括邮寄和送货上门，这就是电视购物了。电视购物同样要解决电话购物的难题。

（4）网络营销。如果商品的信息媒体是互联网，则就成了网络营销了。这是很有发展前途的一种零售方式。

2）直接零售

直接零售是指制造商生产的商品，不经过任何媒介，只是依靠人与人之间的联系，或由这种联系形成的网络直接销售给消费者，包括集市摆卖、上门推销、举办家庭销售会等。集市摆卖是历史悠久的农民和小商品生产者的传统自销方式。今天在我国和东南亚国家，仍是一个不可忽视的市场。上门推销源自古代和中世纪的行商，今天也仍然显示着其风采。例如，美国雅芳化妆品公司通过雅芳小姐推广其"家庭主妇的良友、美容顾问"概念，在全世界约有 100 万名直销商，每年创造 20 亿美元以上的销售额。家庭销售会是互相邀请举办家庭聚会，把产品带到这种聚会上去推销，往往能起到既推销了产品，又增加了聚会内容和热烈气氛的双重作用。美国图泼尔公司就是利用家庭销售会的方法取得推销成功的一家公司。

3）自动售货

自动售货是指采用自动销售设备进行的零售服务。这种方式又可分为以下三种。

（1）自动售货机售货。它已经被用在相当多的商品上，如饮料、烟、糖果、食品以及报纸、杂志、地图、胶卷、化妆品等。自动售货机可以放在商店，也可以放在其他公共场所。

（2）自动柜员机。它主要是供银行用于自动存取款、查询服务等。

（3）自动服务机。它可以自动向顾客提供游戏、点歌、问询、博彩等服务。

4）购买服务社

这是一种上门服务的无店面销售方式。例如，配送公司专为某些特定顾客，如学校、医院、工会和政府机关等大型组织的雇员提供购买服务。他们在服务中逐渐建立起网络，对顾客的需求有一定的了解，能在顾客有所求时把商品送上门，而且价格比一般零售价格要低。供需双方建立起一定信誉后，服务社的业务通常比较稳定。

▶ 3. 零售组织

目前，零售组织主要有公司连锁、自愿连锁商店和零售合作社、特许经营、消费合作社、销售联合大企业五种类型。

（1）公司连锁。公司连锁又称"团体连锁店"，这是由两个以上的独立零售店，按照一定的规则运作、连接起来，把现代化大生产的组织原则、管理原则、经营原则运用于商品流通领域，达到提高协调运作能力和规模经营的目的。它实行店名、品牌、店容、商品、服务的统一化和标准化；采购、送货、销售、决策、经营的专业化；信息汇集、广告宣传、员工培训、管理规范的一致化。从而可以雇用优秀管理人才，采用高科技现代化手段来处理定位、促销、销售、存货控制、销售量预测等，大大提高效率，降低成本。

（2）自愿连锁商店和零售商合作社。连锁店的优势与竞争使独立商店开始组成两种契约式联盟：一种是由批发商牵头组成的独立零售商店联盟，称为自愿连锁商店，盟员联合起来从事大量采购和共同销售业务；另一种则是独立零售商店组成的集中采购组织，称零售合作社，它也实行联合促销以降低成本，提高销售额。

（3）特许经营。特许经营又叫特许专卖，这是由特许人（生产商、批发商或服务机构）将自己的商品、商誉、商标、品牌、专利等，包括其独特的经营管理方式，通过契约授予零售商做特许人的一种契约性联合经营方式。特许人一般可按契约获得以下利益：首期使用费（又称承包费）、利润分成和对被特许人提供的设备装置核收的租金，有的还收取定期特许执照费和管理咨询费。特许经营主要多见于在快餐业、音像商店、保健中心、旅行社、理发美容、汽车租赁、汽车旅馆等。麦当劳公司就是一个非常成功的特许经营范例。

（4）消费合作社。这是社区居民自发组织的一种商店性合作社。居民出资联合开设商店，商店地址设在社区内，营销决策由投资者决定，价格与管理也采用民主决策，一般要做到价廉物美，年终根据每个人的购货多寡给予惠顾红利。

（5）销售联合大企业。这是以民主形式集中不同的零售方式组合在一起的企业，是一种自由形式的公司。这种多样化的零售能产生优秀的管理系统，并使所有独立零售商均能得到经济节约的好处。销售联合大企业成败的关键是优秀的管理者及其管理系统。

三、选择中间商应考虑的因素

（1）中间商的经营实力，包括中间商的资金状况、人员素质、营业面积、仓储设施等。

（2）中间商的经营水平，包括中间商适应市场变化的能力、推销商品的创新能力和对顾客购买商品的吸引力。

（3）中间商的资金运营能力，主要是指分析中间商筹集资金的能力、合理使用资金的能力、资金周转的能力、偿债能力，以及债权的收回能力等。

第三节　分销渠道决策

一、影响分销渠道选择的因素

（一）市场因素

市场因素包括以下几方面。

（1）目标市场范围。市场范围宽广，适用长、宽渠道；反之，适用短、窄渠道。

（2）顾客的集中程度。顾客集中，适用短、窄渠道；顾客分散，适用长、宽渠道。

（3）顾客的购买量、购买频率。购买量小，购买频率高，适用长、宽渠道；反之，购买量大，购买频率低，适用短、窄渠道。

（4）消费的季节性。没有季节性的产品一般都均衡生产，多采用长渠道；反之，多采用短渠道。

（5）竞争状况。除非竞争特别激烈，通常同类产品应与竞争者采取相同或相似的销售渠道。

（二）产品因素

产品因素包括以下几方面。

（1）物理化学性质。体积大、较重、易腐烂、易损耗的产品适用短渠道或采用直接渠道、专用渠道；反之，适用长、宽渠道。

（2）价格。一般来说，价格高的工业品、耐用消费品适用短、窄渠道；价格低的日用消费品适用长、宽渠道。

（3）时尚性。时尚性程度高的产品适宜短渠道；款式不易变化的产品，适宜长渠道。

（4）标准化程度。标准化程度高、通用性强的产品适宜长、宽渠道；非标准化产品适宜短、窄渠道。

（5）技术复杂程度。产品技术越复杂，需要的售后服务要求越高，适宜直接渠道或短渠道。

（三）企业自身因素

企业自身因素包括以下三方面。

（1）财务能力。财力雄厚的企业有能力选择短渠道；财力薄弱的企业只能依赖中间商。

（2）渠道的管理能力。渠道管理能力和经验丰富，适宜短渠道；管理能力较低的企业适宜长渠道。

（3）控制渠道的愿望。愿望强烈，往往选择短而窄的渠道；愿望不强烈，则选择长而宽的渠道。

（四）中间商因素

中间商因素包括以下三方面。

（1）合作的可能性。如果中间商不愿意合作，只能选择短、窄的渠道。

（2）费用。利用中间商分销的费用很高，只能采用短、窄的渠道。

（3）服务。中间商提供的服务优质，企业采用长、宽渠道；反之，只有选择短、窄渠道。

（五）环境因素

环境因素包括以下两点。

（1）经济形势。经济萧条、衰退时，企业往往采用短渠道；经济形势好，可以考虑长渠道。

（2）有关法规。如专卖制度、进出口规定、反垄断法、税法等。

二、分销渠道决策过程

分销渠道决策过程要求建立分销渠道目标和考虑限制因素，识别主要的分销渠道选择方案并对它们做出评价。

（一）建立分销渠道目标

分销渠道决策是一个系统工程，当企业具体实施分销渠道决策时，首先就是要建立分销渠道目标。如何建立某一特定的分销渠道目标呢？一般是在分析目标顾客对服务要求的基础上辨别顾客的分销需要。有效的分销渠道设计首先要决定达到什么目标，进入哪个市场。分销渠道经营目标因产品特性不同而不同，如表12-1所示。

表 12-1　分销渠道经营目标

目　　标	操 作 说 明
顺畅	最基本的功能，直销或短渠道较为适宜
增大流量	追求铺货率，广泛布局，多路并进
便利	最大限度地贴近消费者，广设网点，灵活经营
开拓市场	一般较多地倚重中间商，待市场成熟，再组建自己的网络
提高市场占有率	渠道保养至关重要
扩大品牌知名度	争取和维护客户对品牌的信任度和忠诚度
经济性	要考虑渠道的建设成本、维系成本、替代成本及收益
市场覆盖面和密度	多家分销和密集分销
控制渠道	厂家应切实培植自身实力，以管理、资金、经验、品牌或所有权来掌握渠道的主动权

（二）确定分销渠道长度和宽度

即确定分销渠道层次及每一层次中间商的数目。

▶ 1. 确定分销渠道的长度

分销渠道长度是指为完成企业的营销目标而需要的渠道层次的数目。确定分销渠道长度需要考虑的一个主要问题是资源运用与渠道控制的关系。分销渠道长度选择要受到市场因素、产品因素、生产企业因素和营销中介因素的影响。

▶ 2. 确定分销渠道的宽度

分销渠道宽度是指在渠道的每一层次上所需分销商的数目，它反映了在任一渠道层次上的竞争程度以及在市场领域中的竞争密度。决定渠道宽度有三个因素：所需的渠道投资水平、目标消费者的购买行为和市场中的商家数目。与消费品市场宽度相关的一个重要特性是分销机构的市场覆盖，如果市场覆盖太窄，厂商就难以实现销售目标。

渠道宽度又分为三个级别：独家分销、密集分销和选择性分销。三者之间的比较如表 12-2 所示。

表 12-2　独家分销、密集分销和选择性分销比较

分销类型	优 点	缺 点
独家分销	市场竞争程度低；厂家与经销商关系较为密切；适用于专用产品的分销	因缺乏竞争，顾客的满意度可能会受到影响；经销商对厂家的反控制力强
密集分销	市场覆盖率高；比较适合日用消费品分销	市场竞争激烈，渠道管理成本较高；厂商的营销意图不易实现
选择性分销	比密集分销更能取得经销商的支持；同时比独家分销能够给消费者带来更大方便	难以确定经销商区域重叠的程度

独家分销适用生产商想对分销商实行大量的服务水平和服务售点控制的情况。独家分销的特点是竞争程度低和市场覆盖程度低。一般情况下，只有当厂家想要与渠道伙伴建立更紧密的关系时才会使用独家分销。它比任何其他形式的分销都需要厂家与分销商之间建立更多的联系与合作。

密集分销是尽可能多地使用商店销售商品或劳务。当消费者需要在当地大量、方便地购买时，实行密集分销就至关重要。密集分销意味着渠道成员之间的激烈竞争和很高的产品覆盖率，它适用便利品的分销。

拓展阅读 12-3
航空运输销售渠道

选择性分销是利用一家以上但又不是所有愿意经销的分销商都来经营某一种特定产品，它能够使厂商获得足够多的市场覆盖率，且成本较低。

（三）分配渠道任务

▶ **1. 明确渠道成员的职责**

分销渠道成员的职责，主要包括推销、渠道支持、物流、产品修正、售后服务以及风险承担。

▶ **2. 分配渠道任务**

从生产制造商的角度出发，在渠道成员中分配任务的主要标准是：降低分销成本；增加市场份额、销售额和利润；分销投资的风险最低化和收益最优化；满足消费者对产品技术信息、产品差异、产品调整以及售后服务的要求；保持对市场信息的了解。

同时，在渠道成员之间分配渠道任务时，需要考虑以下因素：渠道成员是否愿意承担相关的分销渠道职能；不同的渠道成员所提供的相应职能服务的质量；生产制造商希望与顾客接触的程度；特定顾客的重要性；渠道设计的实用性。

（四）评估主要渠道方案

在这一阶段要对几种初拟方案进行评估，并选出满足企业长期目标要求的最佳方案。评估方案可以从经济性、可控性和适应性等方面进行。

拓展阅读 12-4
娃哈哈对终端的
评价内容与标准

第四节　分销渠道管理

一、选择渠道成员

选择渠道成员，实际上是在选择成本、选择利润，因为每一个成员的素质与行为直接影响着合作效率。当然，对于不少生产企业来说，没有多少选择渠道成员的余地，只要有人卖他们的产品就心满意足了。有实力的、高品牌知名度的企业则有充分的条件和理由对渠道成员进行选择。渠道成员的选择主要包括设计选择标准，寻找备选渠道成员，评价备选渠道成员，最终确定渠道成员四个步骤，而最为重要的应是前两个步骤。

（一）设计选择标准

在渠道成员选择之前，确定相应的标准是必要的。但是，这个标准依企业差异、产品特征而有所不同。通常财务实力、销售能力、管理效率、公司文化因素是互相制约的。因此，也有企业认为选择渠道成员有两个最重要的标准：可匹配的产品线和适宜的市场覆盖区域。再加上双方合作的意愿与相融性，也能选择出合适的渠道成员。一般情况下，企业选择渠道成员的共同标准是：财务实力、销售能力、产品组合特征、管理效率和公司文化(图 12-4)。

图 12-4　渠道成员选择标准

任何一个标准体系都是用于解决一般问题的，而不是解决特殊问题的。因此，生产商在设计自己的标准体系时，应该结合自身的渠道成员状况，而不应盲目地模仿与套用，这几乎是所有营销专家的建议。

(二)寻找备选渠道成员

寻找备选渠道成员的过程也就是招商的过程，招商过程的核心是编制一个好的招商方案，并保证该方案的实施，具体内容如表 12-3 所示。

表 12-3　寻找备选渠道成员程序表

程序	详细内容
1. 诉求点的确定	吸引中间商的卖点，如有效的促销计划
2. 成立招商部门	依具体情况确定岗位与规模
3. 确定信息发布渠道	内部人员举荐、顾客提供、交易中的伙伴、广告和招商会议、互联网
4. 确定招商层级	省级、地区级还是县级、乡级
5. 确定中间商政策	区域划分、价格折扣、付款规定、服务标准等
6. 选择招商的形式	(1)拍卖经销权：中间商通过竞标方式买断区域经销权，竞标价格为买权费而非货款； (2)经销招标：中间商通过竞标方式取得区域经销权，标的是首批进货额和一定时间的销售额承诺。竞标价格不是买权费而是进货款； (3)开放式招商：在报名的备选渠道成员中依评价标准进行评选
7. 确定招商流程	确定招商方案—配备招商人员—发布招商广告—处理应招信息—发出会议邀请—召开签约会议—督促履约—款到发货—将客户档案移交销售部—分销开始
8. 费用预算	设定总费额、并在招商广告、促销品、办公场地、人员开支、办公费等方面进行分配

（三）评估备选渠道成员

评估备选渠道成员时，可采用定性评价和定量评价两种方法，通常情况是给每一个标准组成因素设定一个权数，然后进行评价，得出各个备选渠道成员的总分数，选择最高者。

表 12-4 是生产者选择独家代理商所采用的评价方法。表中显示候选成员 2 优于候选成员 1。

表 12-4　候选成员评分标准

评价因素	重要性系数	候选成员 1		候选成员 2	
		分　数	加　权	分　数	加　权
1. 经营规模	0.20	85	17	80	16
2. 地理位置	0.15	70	10.5	85	12.75
3. 市场声誉	0.15	80	12	75	11.25
4. 合作诚意	0.10	75	7.5	85	8.5
5. 客流量	0.15	90	13.5	90	13.5
6. 信息沟通	0.05	80	4	75	3.75
7. 货款清算	0.20	65	13	60	12
总分	1.00	545	77.5	550	77.75

（四）最终确定渠道成员

无论是内部分销人员的招聘，还是外部分销合作伙伴的选择，都处在两难的境地——愿意合作者，常常不合乎你的要求；你认为最理想的渠道成员，他可能不热心与你合作。因此，最终确定渠道成员并非一厢情愿的事，而是双方达成共识的结果。这就需要生产商与渠道成员进行沟通，了解他们的需要，处理好相互间的利益关系。最终确定的渠道成员是双方理念相似、互相认同的备选者。

二、激励渠道成员

渠道成员最终确定后，就意味着组建了一个分销渠道网络。这个网络的有效运行需要渠道的每个成员做出贡献，保证每条渠道的低成本和顺畅。要做到这一点，需要对渠道成员进行激励。对渠道成员的激励是指：制造商为了实现渠道战略和分销目标所采取的一系列行动，这些行动确保渠道成员之间的合作。

伯特·罗森布罗姆先生提出了激励渠道成员决策过程的三个阶段：了解渠道成员的需要；满足他们的需要；提供持续指导。其本质就是了解成员的需要并满足他们的需要。这意味着生产者所采取的激励措施必须恰好满足渠道成员的急需，越是如此，激励效果越明显，反之则低效或无效。

（一）分析渠道成员的需要

从零售商选择生产商、销售人员选择企业所考虑的因素中，可以分析出渠道成员的一般需要，这些需要就是生产商确定激励措施的依据。

（1）零售商选择什么样的生产商。一个零售商并不经销所有生产商的产品，越是成功的零售商对生产商的选择越严格，但本质还是利益与权利的分割。这些利益与权利表现在双方关系中的若干具体方面，这些方面既是零售商选择生产商的标准，也是生产商激励零售商的最好手段。

（2）销售员选择什么样的企业。有人曾对施乐公司销售人员离开公司的现象进行分析，研究了他们要求离职的面谈记录，最终总结出五个最重要的原因。①报酬太低：对工资收入不满；②工作满意感：对所从事的工作不满；③人际关系：与领导或同事的人际关系不好；④发展前途：缺少晋升或发展的机会；⑤限制措施：过多的无成效行为限制。

工作水平不同的销售人员，对这五项因素的关注程度是不同的（表 12-5）。

表 12-5　销售人员离开公司的原因比较

次　序	一流的销售人员	末流的销售人员
1	限制过多	薪酬过低
2	工作不满意	发展前途黯淡
3	发展前途黯淡	工作不满意
4	薪酬过低	人际关系问题
5	人际关系问题	限制过多

一流的销售人员更关注工作中的自由发挥，能实现工作中的自我满足感和有一个好的事业前景；低水平的销售人员更关注报酬和事业前途。

（3）渠道成员需要的共性与差异性。这些需要无论对组织，还是个人来说都是有层次分别的，找到了相应的满足的层次和类别，也就找到了相应的激励措施。将前面分析的内容进行一下归纳，就会发现各个成员的需要无非是生存需要、关系需要和成长需要三大类，但由于各环节渠道成员的具体功能不同，他们的需要又各自表现出不同的形式（表 12-6）。

表 12-6　渠道成员需要的异同点

相同的需要	具体的表现		
	批　发　商	零　售　商	内部销售人员
生存需要	·能有维持企业生存的收益 ·关注购销差价及让利	·能有维持企业生存的收益 ·关注购销差价及让利	·能有维持日常生活的收入 ·关注月收入及提成
关系需要	批发商与合作伙伴、政府、团体、大众的关系，得到同行尊重	零售商与合作伙伴、政府、团体、消费者的关系，受到尊重	与领导、同事之间的关系
成长需要	为未来成就奠定基础，增强企业实力及积累发展经验	为未来成就奠定基础，增强企业实力及积累发展经验	打下职业提升、事业有成的基础，并逐步成为现实

正因为具体表现形式的不同，才要求有不同的激励工具。

（二）满足渠道成员的需要

了解渠道成员的需要是为了满足他们的需要，进而产生激励的效果。这里需要解决的问题是：为什么激励（目标），如何激励（原则），采取什么样的激励工具（措施）。

▶ **1. 确定激励的目标**

激励的目标是指鼓励渠道成员行动的方向，即向哪方面努力。它决定着激励的原则和措施。一般的激励目标是提高市场覆盖率或提高市场占有率，也有一些更为具体的目标，如寻找新客户、介绍新产品、提高士气、组建网络等。激励措施应该针对与此相关的行为给予激励。

对每一个渠道成员应制定明确的行动目标，而这个目标是成员能够努力达到的。要事先通告达到目标后的奖励，这样就会使渠道成员更积极地为实现目标而努力。这一激励过程依据的是预期理论。

▶ **2. 制定激励的原则**

并非任何激励都能达到正向效果或是明显的效果，因此在确定激励目标之后，一定要制定相应的激励原则。

（1）公平原则。根据公平理论，人们追求报酬公平。公平的标准是：一个渠道成员所得与所投入的比率基本上与另一个成员的这个比率一致，否则就是不公平。不公平，就会使报酬少的一方认为努力没有得到合理回报，感到前途黯淡；报酬多的一方会认为无须努力就获得了比别人多的报酬。从而使双方都不再努力，激励失效。因此，公平原则非常重要。

（2）内在原则。内在原则是指激励的对象是由于内在努力而获得的成功，而非靠运气或外在因素取得的成功。依据归因理论，渠道成员常常把成功归因于自己努力的结果，而把失败归因于所处区域不佳或运气差。应当倡导内在原则，促使渠道成员认识到，业绩与他们努力程度直接相关，奖励的是业绩，更是努力；否则，这个激励对于没有获奖的人无法产生激励作用。

▶ **3. 选择激励工具**

选择激励工具必须依据渠道成员的实际需要，从前面的分析得出结论：这些工具必须分别满足渠道成员生存、关系和成长三方面的需要。尽管一些管理学家认为，现代管理已从"物本管理"发展至"能本管理"阶段，但对于大多数渠道成员，特别是外部渠道成员来说，"物本管理"还是最有效的激励工具，而对于内部渠道成员则"能本管理"变得越来越重要。可见，物质激励和精神激励相结合的原则并没有过时，只是在特定的情况下，其各自作用有所不同。这里根据不同渠道成员的需要列出相应的激励工具（表 12-7）。

表 12-7　生产商对各种渠道成员的激励工具

成员需要	激励工具		
	对批发商	对零售商	对内部销售人员
生存需要	·提供畅销产品 ·保持一定的利润空间 ·给予广告和促销支持 ·特许一定区域 ·销售现金奖励	·提供畅销产品 ·保持一定的利润空间 ·给予广告和促销支持 ·指导商品陈列 ·销售现金奖励	·提供畅销产品 ·给予适当的工资及奖金 ·给予促销支持 ·股票期权 ·销售现金奖励
关系需要	发展感情：定期走访、联谊、答谢、生日祝福	发展感情：定期走访、联谊、答谢、生日祝福	发展感情：联谊、出游、聊天、沟通、互助
成长需要	·培训 ·发展咨询与诊断 ·提供成长机会	·培训 ·店铺咨询与诊断 ·合作开发新的机会	·培训 ·提职 ·表扬

三、评估渠道成员

对中间商的绩效需要定期评估。评估标准主要有：销售计划指标完成情况、平均存货水平、为客户送货时间、破损与遗失商品的处理情况、对企业促销与训练方案的合作程度、货款返回情况、中间商必须提供的顾客服务等。

四、调整分销渠道

为了适应市场与环境变化，现有的分销渠道经过一段时间的运作，往往需要修改和调整。促使企业调整渠道的主要原因是消费者购买方式的变化、市场变化或缩小、新的渠道出现等。另外，现有渠道结构不可能总是在既定成本下带来最高效的产出，随着渠道成本的递增，也需要根据理想的渠道结构加以调整。

生产企业调整分销渠道主要有以下三种方式。

（一）对某些分销渠道成员加以调整

分销渠道调整的最低层次是对渠道成员的调整，内容包括以下三方面。

▶ 1. 功能调整

功能调整，即重新分配分销渠道成员所应执行的功能，使之能最大限度地发挥自身潜力，从而提高整个分销渠道的效率。

▶ 2. 素质调整

素质调整，即通过提高分销渠道成员的素质和能力来提高分销渠道的效率。素质调整可以用培训的方式提高分销渠道成员的素质水平，也可以采用辅助的方式改善分销渠道成员的素质水平。

▶ 3. 数量调整

数量调整，即增减分销渠道成员的数量以提高分销渠道的效率。

（二）对某些分销渠道加以调整

如果对同一渠道的调整不能解决主要问题，就要考虑调整某些分销渠道。例如，某化妆品公司发现其经销商只注重成年人市场而忽视了儿童市场，导致儿童护肤品销售不畅。为了促进儿童化妆品市场开发，就需要增加新的分销渠道。这样也需要广泛地对可能的直接和间接反应以及效益进行系统分析。

（三）对整个分销渠道系统加以调整

由于企业自身条件、市场条件、商品条件的变化，原有分销渠道模式已经制约了企业的发展，就有必要对整个分销渠道系统做根本的、实质性的调整。这种调整涉及面广、影响大、执行困难，不仅要突破企业已有渠道本身的惯性，而且由于涉及利益调整，会遭到某些渠道成员的强烈抵制。这是分销渠道调整的最高层次，企业应谨慎行事，筹划周全。

上述调整方法，第一种属于结构性调整，立足于增加或减少原有渠道的某些具体成员、层次；第二种、第三种属于功能性调整，是将一条或多条渠道的工作在渠道成员中重新分析。企业现有的分销渠道是否需要调整、调整到什么程度，取决于分销渠道是否处于平衡和理想状态。

五、渠道成员间的矛盾协调

（一）渠道冲突及其原因

不管渠道设计如何精良，管理如何优秀，在渠道成员之间总会发生冲突和竞争，需要加以协调和解决。

▶ 1. 渠道冲突的主要类型

（1）垂直渠道冲突。垂直渠道冲突是指同一分销渠道内不同层次的中介机构之间的冲突。例如，零售商抱怨制造商产品品质不良，或者批发商不遵守制造商制定的价格政策等。

（2）水平渠道冲突。水平渠道冲突是同一分销渠道内同一层次的各中介机构之间的冲突。例如，某制造商的一些批发商可能指控同地区的另一些批发商随意降低价格，扰乱市场。

（3）多渠道冲突。多渠道冲突是指一个制造商建立了两条或两条以上的分销渠道，这些分销渠道在向同一市场销售其产品时产生的冲突。例如，某制造商决定通过大型综合商店出售其产品，这会招致该制造商原有的独立专业店的不满。

▶ 2. 渠道冲突的根源

（1）角色差异。渠道成员对自己角色的定位和对另一成员的责任及期望的理解不一样。例如：二级代理商可能认为一级代理商给予自己赞助是义务、责任，但一级代理商却不这么认为。各自角色不同，利益追求不同，冲突在所难免。

（2）观点差异。不同的成员可能会对同样的刺激做出截然不同的反应，对同一市场的看法以及开发、经营市场的理念、策略都会出现差异。

（3）期望差异。由于渠道成员对经济形势的预测，对市场发展、客户经营的预期不同，也会导致冲突。例如，生产制造商预测近期经济形势比较乐观，希望分销商经营高档商品，但分销商对经济形势的预期并不乐观，拒绝销售高档商品。又如，二级代理商认为一级代理商所定的销量目标过高，导致自己无法获得期望的返利额而产生不满；而一级代理商则认为二级代理商对目标的努力程度不够，从而对二级代理商采取惩罚措施等。

（4）目标差异。渠道成员有不同的目标也是产生冲突的一个主要原因。经销商的目标是零售商有更多的存货、更多的促销支出、更低的毛利，而零售商的目标是更快的周转、更低的促销支出、更高的毛利，当两者的目标值超出对方可接受范围时，冲突就有可能产生。

（5）决策权分歧。渠道成员间可能因一方的价格或库存方面的决策而引起冲突，如二级经销商未能对零售商执行调价补差、零售商有低价倾销行为等。

（6）沟通困难。由于迟缓或不精确的信息传递以及信息的不对称等原因，造成理解的失误而导致损失的一方产生不满，从而可能产生冲突。

（7）资源稀缺。当一贯的分销支持突然因为资源的短缺而不能充足供应时，渠道成员的一方可能会产生不满，这时解决的方法是取得对方的谅解。

（二）渠道冲突的解决

渠道冲突应该在分析冲突原因的基础上，找出合适的解决方法。渠道冲突的解决方法主要有如下五种。

▶ 1. 激励手段

利用对渠道成员的激励可以一定程度上解决渠道冲突。例如，对较懒散的渠道成员，可采用提高利润或补贴、展示宣传津贴、组织销售竞赛、销售奖励等方法达到缓和与解决渠道冲突的目的。

▶ 2. 说服协商

这种方法是指分销渠道成员相互将问题找出来，共同协商和沟通意见，共同寻求普遍接受的冲突解决方案。渠道成员各方也可以通过建立"超级目标"的方式，即找出共同点，签订一个各方都接受的基本目标的协议。

▶ 3. 适当惩罚

在激励和协商不起作用的情况下，可利用团体规范，通过警告、减少服务、降低经营援助，甚至取消合作关系等方法，迫使冲突某一方放弃不合作行为。

▶ 4. 分享管理权

一种方式是通过建立合同式垂直分销渠道系统，使自主活动的制造商、批发商和零售商，以契约的形式联合起来，实行有计划的管理，以减少成员内部的冲突；另一种方式是成立分销渠道的管理委员会，定期商议并决定分销渠道内部的管理事项，以增进相互理解和减少冲突。

▶ 5. 积极寻求合作

在解决分销渠道冲突时，制造商要主动争取与中间商的合作。制造商可采用提供适销对路的产品、加强广告宣传、援助中间商的促销活动、协助中间商进行市场调查、延长付款期限、协助经营管理等方法。同时，中间商也要认真搞好市场调查与预测，采取有效的促销方式，积极推销产品，及时将市场信息反馈给制造商。这样，才能减少渠道冲突，促进渠道合作。

拓展阅读 12-5
出牌前先看看
手中有几张牌

复习思考题

1. 如何理解分销渠道设计的过程？
2. 试描述一产品分销渠道设计与管理的过程。
3. 渠道成员管理包括哪些内容？
4. 你认为有必要对分销渠道进行评估吗？
5. 如何应用评估结果进行调整？

案例分析训练

三一重工混凝土机械销售模式

三一重工股份有限公司由三一集团投资创建于 1994 年，总部坐落于长沙经济技术开发区。自公司成立以来，三一重工每年产销额以 50% 以上的速度增长。2021 年，公司实现营业收入 339.55 亿元，同比增长 78.94%；净利润 56.15 亿元；2021 年 7 月，三一重工以 215.84 亿美元的市值，首次入围 FT 全球 500 强，成为唯一上榜的中国机械企业。

三一重工主要从事工程机械的研发、制造、销售，是中国最大、全球第六的工程机械制造商。三一重工的产品包括混凝土机械、挖掘机、汽车起重机、履带起重机、桩工机械、筑路机械。目前，三一混凝土机械、挖掘机、履带起重机、旋挖钻机已成为国内第一品牌，混凝土输送泵车、混凝土输送泵和全液压压路机市场占有率居国内之首，泵车产量居世界首位，是全球最大的混凝土机械制造企业。

三一秉承"品质改变世界"经营理念，将销售收入的 5%～7% 用于研发，致力于将产品升级换代至世界一流水准。公司拥有国家级技术开发中心和博士后流动工作站，目前，三一重工共拥有授权有效专利 120 余项。两次荣获国家科技进步二等奖，其中三一重工技术创新平台荣获 2021 年度国家科技进步二等奖，是中华人民共和国成立以来工程机械行业和湖南省唯一获此殊荣的企业，也是工程机械行业获得的国家级最高荣誉。三一重工执行总裁易小刚获评首届十佳全国优秀科技工作者，是工程机械行业和湖南省唯一获奖者。

目前，三一重工在全国建有 21 家 6S 中心（整机销售、配件供应、售后服务、专业培训、产品展示、市场信息反馈），在全球拥有 169 家销售分公司、1 774 个服务中心、6 133 名技术服务工程师。近年，三一重工相继在印度、美国、德国、巴西投资建设工程机械研发制造中心。自营的机制、完善的网络、独特的理念，将星级服务和超值服务贯穿于产品的售前、售中、售后全过程。

三一重工已通过国家 ISO 9000 质量体系认证、ISO 14001 环境管理体系认证、OHSAS 18001 职业健康安全体系认证和德国 TUV 认证。

三一的混凝土机械产品营销工作归口混凝土事业部，其中机械销售业绩占据三一重工销售额 50% 以上。

三一重工的客户和项目信息获取途径宽广，确保了信息的充足。例如，三一重工利用信息中介获取有效信息，给予中介人信息咨询费，大大提高了信息获取的效率和效果。另外，能给三一重工混凝土机械销售带来有效信息的是其服务体系，客户的口碑、连续购买和客户转介绍在三一销售中比较普遍，三一认为，真正的销售是起于服务的，这从三一的服务配置可见。

三一重工在混凝土机械的销售渠道上，以人员直销为主（包括派驻分公司驻点），以经销代理和关系代理为辅，多渠道覆盖，有重点渗透，销售效率高。特别要提到是的，三一重工在传统直销渠道做强的基础上，近几年重点发展其业内外首创的6S店模式，强化终端店面销售和服务。相比汽车4S店，集整车销售（sale）、零配件供应（sparepart）、售后服务（serve）、信息反馈（survey）、产品展示（show）、专业培训（school）六位一体的三一6S店，具有更宏大的店面（每个6S店占地近百亩），具备更加强大的营销和服务功能。

三一重工的混凝土机械成套齐全，包括输送泵、泵车、搅拌车、搅拌站等系列产品，往往可以为客户提供整体解决方案和一站式采购。

三一重工在付款方式上不断创新，一次性付款、分期付款、银行按揭和融资租赁多管齐下，不仅抢占现在的市场，更注重抢占未来的市场，对混凝土机械市场颇有杀伤力。

在内部管理上，为了不让销售力量碰车，三一重工实行信息登记备案制，谁先开发，谁先登记，客户由谁跟进，同时强化信息的全程跟进和管理，大大提高了成交率。

资料来源：中国工程机械行业龙头企业三一重工分析：国际市场销售高速增长［EB/OL］.（2022-01-13）［2023-01-20］. https://baijiahao.baidu.com/s? id=1721767707314203657&wfr=spider&for=pc.

分析与思考：

1. 三一重工的营销模式是怎样的呢？

2. 三一重工区别于同行业营销的创新之处是什么？

▎在线自测▎

扫描封底刮刮卡　　获取答题权限

第十三章 促销策略

学习目标

1. 列举人员推销的特点；
2. 列出广告的各种类型及营业推广的方式；
3. 列出公共关系的活动方式及促销途径；
4. 运用广告宣传策略进行宣传；
5. 运用营业推广的技巧解决实际问题。

引例

危机公关的正确姿态

2021年"双11"购物节后，国际化妆品巨头欧莱雅因为价格争议上了热搜。"双11"预售期间，欧莱雅的一款面膜，宣称给了某两位头部主播的直播间"全年最大力度"优惠，50片只要429元。结果"双11"当天，欧莱雅自己也卖同款产品，叠加优惠券和活动之后，只要257元，比"最大力度"还要便宜不少。

事件曝光后，几万名消费者认为欧莱雅涉嫌"虚假宣传"，要求退差价，欧莱雅也发布了道歉声明。不过，消费者并不买账，说欧莱雅的这份道歉简直是"废话文学"的天花板，通篇在说复杂的促销活动机制，既没有提到补差价，也没有给出明确的处理方案，甚至连公章都没盖。很显然，这份道歉并没有回应消费者的诉求。第二天，欧莱雅又发了一条说明，提出了补发优惠券的方案，但事件依然在发酵。

一般情况，当一个品牌出现负面事件，有一个标准动作就是公开发表道歉信。不过，品牌道歉虽然勤快，但真正有效的没有几个。问题轻一点的，围观群众集体上手改"作文"、抓漏洞；问题严重的，道歉这个行为本身还会引发新一轮的讨伐。

那么，那些有问题的道歉都是踩了哪些坑？

第一个坑，道歉来得太晚。

在传统媒体时代，危机公关有"黄金72小时"一说，就是负面事件要在72小时之内回应。但是，在今天的媒介环境下，24小时已经够舆论反转几次了，品牌的反应速度也必须跟上。2018年发生过一起网约车恶性事件，网约车平台直到事件发生4天后，才发出官方道歉信。经过4天发酵，群众的关注度和愤怒值都已经拉满，这时候再道歉，说什么都没用，写什么都是错。所以，要迅速，不要拖延。

第二个坑，看似在道歉，其实在"甩锅"。

比如，某品牌创始人在社交媒体发表不当言论，官方道歉信写，"非常抱歉，我们的创始人被盗号了。"再如，有人曝光了酒店卫生隐患，官方道歉时说，"非常抱歉，我们的个别工作人员未按要求进行清洁操作，我们已将其辞退。"

这样的"甩锅"式道歉，消费者难道听不出来吗？所以，要诚恳，不要辩解。

第三个坑，虽然认错了，但看不到处理方式和下一步的行动。

你经常会看到一种道歉信，开头是道歉了几句，但没有提出行动方案，而是话锋一转，开始讲我们创立品牌的初衷是啥，我们怎么发展，获得了什么奖，价值观如何如何，等等。总之，把一封道歉信变成了自我表扬信，消费者当然不买账。所以，要行动，不要空话。

我们来看看，一封正确的道歉信该怎么写。

2017年，海底捞有两家门店被曝出存在卫生安全问题，后厨有老鼠，员工用火锅勺通下水道。事件曝光3个小时后，海底捞马上发表了致歉信。反应时间上，没有掉队。

再来，他们在信中没有按照"惯例"，说"这是偶然现象""这是个别员工所为"，海底捞承认自己的卫生管理存在问题，说他们每个月都在处理类似的事件。这个态度，起码让消费者看到了认错的诚意。

这还不止，2个小时后，海底捞又发出一条通报，列出了7条措施。包括停业整顿、请第三方公司排查卫生死角、所有门店同时展开检查等。同时，海底捞也没有辞退涉事门店的员工，而是从管理层入手整改，并且公布了责任人的联系方式，邀请大众监督。

有人把海底捞这次道歉归纳为三个词：这锅我背、这错我改、员工我养。消费者上午还在愤怒，但下午已经平息了怒火。

《写作训练营》主理人罗砚老师总结了一个写道歉信的模板，你只需要往里面填空就行了。道歉信用清单体，共六条：

第一条，上来就要道歉；

第二条，说明道歉理由；

第三条，交代事件原因；

第四条，提出解决方案；

第五条，邀请公众监督；

第六条，再次诚恳道歉。

你看，只要照着这个格式写，就是一封诚意满满、可以被公众接受的道歉信。

所谓危机公关，就是要"化危为机"，反应对了，每个企业都有漂亮一次的机会，"但别忘记，只有一次"。

资料来源：什么是"灰度创新"[EB/OL]. [2023-04-12]. https：//www. dedao. cn/share/course/article? id = 3bezDG7wBonmJwg12NJvQKAg5PyO1x.

现代的市场营销不仅要求企业提供满足消费者需要的产品、制定有吸引力的价格，使产品易于被消费者所接受，还要求企业必须采取适当的促销方式，让消费者熟悉、了解企业及产品，建立良好的社会关系。因此，促销策略是市场营销策略中最重要的组成部分。

第一节 促销及促销组合

一、促销的含义及作用

(一) 促销的含义

促销即促进销售，是指企业通过人员或非人员推销方式，向目标顾客传递商品或劳务的存在及其性能、特征等信息，帮助消费者认识商品或劳务所带给购买者的利益，从而引起消费者的购买兴趣，激发消费者的购买欲望及购买行为的活动。促销的实际就是在企业和消费者之间进行影响态度和行为的传播，从本质上来讲，促销就是信息交流和传递的过程。

(二) 促销的作用

促销的作用主要表现在以下几方面。

▶ 1. 传递信息，强化认知

销售产品是市场营销活动的中心任务，信息传递是产品顺利销售的保证。只有将企业产品和劳务等信息传递给消费者，才能引起消费者的注意，才有可能产生购买欲望。沟通信息是争取顾客的重要环节，也是密切营销企业与生产者、经营者、顾客之间的关系，强化分销渠道中各个环节之间的协作，加速商品流通的重要途径。

▶ 2. 突出特点，诱导需求

企业通过各种促销形式，突出宣传本企业经营的商品不同于竞争对手商品的特点，以及它给消费者带来的特殊利益，显然有助于加深消费者对本企业商品的了解，帮助消费者从游移不定的状态中解脱出来，进行正确的购买决策，采取相应的购买行为。

▶ 3. 指导消费，创造需求

通过各种形式的沟通，让消费者了解产品的一般功能特性，了解产品最基本的操作和使用方法，对消费者起到一定的指导作用。需求是有弹性的，既可以扩大，也可以缩小；既可以诱发，也可以压抑。有效的促销活动不仅能够诱导和激发需求，而且能在一定条件下创造需求。

▶ 4. 滋生偏爱，稳定销售

在激烈的市场竞争中，企业产品的市场地位一般是不稳定的，致使有些企业的产品销售此起彼伏，波动较大。企业运用适当的促销方式，开展促销活动，可使较多的消费者对本企业的产品滋生偏爱，进而稳住已占领的市场，达到稳定销售的目的。

二、促销组合与促销策略

(一) 促销组合

在实践中，促销方式有很多种，一般可分为人员促销和非人员促销。其中，人员促销主要指人员推销；非人员促销主要有三种手段。具体来说，促销又可以分为四种方式：人员推销、广告、公共关系和营业推广。

企业在实际促销活动中，是采用一种促销方式，还是采用两种或两种以上的促销方式？这就需要选择。如果选择两种或两种以上的方式，就要涉及以哪种方式为主、以哪几种方式为辅的问题。把各种促销方式有机搭配和统筹运用的过程就称为促销组合。

（二）促销的基本策略

经过促销组合所形成的某种企业可实施的对策叫作促销策略，也叫作促销组合策略。也就是说，促销组合策略是促销组合的某种结果或具体表现形式。不同的促销组合形成不同的促销策略，诸如以人员推销为主的促销策略，以广告为主的促销策略。从促销活动运作的方向来分，有推式策略和拉式策略两种。

▶ 1. 推式策略（从上而下式策略）

推式策略中以人员推销为主，辅之以中间商营业推广，兼顾消费者的营业推广。把商品推向市场的促销策略，其目的是说服中间商与消费者购买企业产品，并层层渗透，最后到达消费者手中。一般情况下，单位价值高、分销环节少的产品，性能复杂、要对使用方法做示范的产品，根据用户特定的要求设计的产品，以及市场比较集中的产品等，应以推式策略进行促销。推式策略的主要方法有：举办产品技术应用讲座与实物展销；通过售前、售中、售后服务来促进销售；带样品或产品目录走访顾客。

▶ 2. 拉式策略（从下而上式策略）

拉式策略是对拳头产品进行广告促销，通过创意新、高投入、大规模的广告轰炸，直接诱发消费者的购买欲望，由消费者向零售商、零售商向批发商、批发商向制造商求购，由下至上，层层拉动购买。对于那些市场范围大、分销渠道长的产品，或需要及时将信息传递给广大顾客的产品，应以拉式策略进行促销活动。拉式策略主要是用广告拉动最终用户和激发消费者的购买欲望。

拉式策略的主要方法有：通过广告进行宣传，配合向目标市场的中间商发函联系，介绍产品的性能、特点、价格和征订办法，为产品打开销路；组织产品展销会、订货会，邀请目标市场客户前来订货；通过代销、试销促进销售；创名牌、树信誉、实行三包，增强用户对产品和企业的信任，从而促进销售。

两种策略的示意图如图 13-1 和图 13-2 所示。

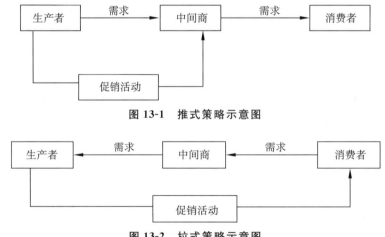

图 13-1　推式策略示意图

图 13-2　拉式策略示意图

而实践中通常是推拉结合，有推有拉。也就是说，一方面要用广告来拉动最终用户，刺激最终用户产生购买欲望；另一方面要用人员推销的方式向中间商推荐，以使中间商乐于经销或代理自己的商品，形成有效的分销链。当然，在进行促销组合的过程中，还要考虑产品的性质，并参照促销预算等有关因素进行组合。

三、制定促销策略需要考虑的因素

促销策略的制定和运用，必须综合考虑以下因素。

（一）产品生命周期阶段

随着产品生命周期的不断演变，各个阶段所采取的促销任务各不相同，促销的侧重点也有所不同。表 13-1 对产品生命周期不同阶段的促销方式做了比较。

表 13-1　产品生命周期与促销方式

产品生命周期	促销的主要目的	促销的主要方法
导入期	使消费者认识商品，使中间商愿意经营	广告介绍，由促销人员向中间商推销
成长期	使消费者感兴趣，扩大市场占有率，使消费者产生"偏爱"	扩大广告宣传，搞好营业推广和广告宣传
成熟期		
衰退期	保持市场占有率，保持老顾客和用户有一定增长	适当的营业推广，辅之广告，降价

（二）产品性质

产品性质不同，其促销组合就有差异。一般而言，低值易耗、性能简单的产品，适于以广告为主要的促销方式。而高质耐用、技术性能强、使用方法复杂的产品，则应以人员推销为主。生活消费品属于前者，且购买者数量多、分布广，广告促销效果就比较明显；生产资料属于后者，购买者数量少、分布比较集中、购买批量大，宜以人员推销为主。

（三）目标市场状况

企业目标市场状况的不同影响着促销手段的选择。目标市场的规模、地理位置和消费特征等因素决定了目标市场对信息的接受能力和反应规律。从市场规模来看，在规模大、地域广阔的市场，应多采用广告宣传和公共关系促销策略；在规模小、地域狭窄的市场，应以人员推销为主。从市场类型看，消费者市场购买者众多且零星分散，应主要采用广告宣传等方法去吸引顾客；生产者市场购买者较少且相对集中，购买批量大，技术性较强，宜以人员推销为主。

（四）促销预算

企业能用于促销的费用预算，也是决定促销策略的重要依据。促销预算的多少影响促销手段的选择，预算少，就不能使用费用高的促销手段。各种促销方法所需费用多少不同，为提高促销效益，应力求以促销费用尽可能少，促销效果尽可能好的方式去促销。

促销策略的选择和应用除了考虑上述因素外，还要考虑消费行为和消费习惯、经济状况、分销成本和分销效率、技术条件等因素。

第二节　人员推销

人员推销虽是一种传统的促销方式，但在现代企业市场营销活动中仍起着十分重要的作用。国内外许多企业在人员推销方面的费用要远远大于在其他促销方面的费用。实践表明，人员推销与其他促销手段相比具有不可替代的作用。

一、人员推销的概念

所谓人员推销，是指企业派出推销员以面谈的方式，向目标顾客推荐产品并说服其购买的活动。销售人员在企业和消费者之间起着关键性的纽带作用，因为销售人员同时服务于两个主体——买者与卖者。对于消费者而言，他们代表的是企业，因此他们的任务是必须发现新顾客，向他们介绍企业和产品的信息；对于企业而言，他们代表着消费者，把消费者的诉求传达给企业。

二、人员推销的特点

与其他促销方式相比，人员推销具有不可替代的作用，它是各种方式中使用最普遍、最有效的促销方式。人员推销具有以下几方面的特点。

▶ 1. 针对性强

与广告等促销方式相比，人员推销的针对性更强。首先，目标市场顾客更加明确；其次，可针对目标顾客的不同特性，采取相应的介绍和说服方法，促使其做出购买决策。

▶ 2. 灵活性强

由于推销人员与顾客直接联系，当面洽谈，因此推销人员可以通过交谈和观察了解顾客，进而根据不同顾客的特点和反应，灵活地变换自己的推销方式和技巧，回答和解决顾客在了解过程中存在的疑虑，进而促使其产生购买行为。

▶ 3. 双向沟通

销售人员在与顾客的直接接触中，一方面能将企业和产品的有关信息及时、准确地传递给顾客，另一方面又可以听取到顾客的意见和要求，并迅速反馈给企业，以指导企业经营，使产品更符合消费者的需要。因此，人员推销有利于企业了解市场，提高企业决策水平。

▶ 4. 消费指导

人员推销可以给消费者提供现场的消费指导，这是其他所有促销组合要素没有的特点。人员推销中，销售人员直接面对面地向顾客提供咨询和技术服务，当面向顾客展示产品特点，演示产品使用方法，解答顾客疑问。有的产品需要提供安装或操作服务，推销人员可当即解决，这有利于顾客放心大胆地购买。在复杂的产品和复杂的购买行为中，人员推销最能发挥这一优势。

▶ 5. 亲和力强

作为人际沟通工具，人员推销通过面对面的人际交往，易于联络顾客的感情，建立友谊，争取长期买主。推销人员与顾客的直接交往，有利于买卖双方的沟通、信任和理解，促使单纯的买卖关系发展成为友好的合作关系，为长期交易打下坚实的基础。

三、人员推销的任务

人员推销是由销售人员进行的，但若把销售人员的任务仅仅看成推销商品，则未免过于简单。作为企业和消费者之间相互联系的纽带，企业销售人员肩负着多方面的责任，其主要任务有以下几方面。

▶ **1. 寻找客户**

人员推销不仅要提供产品，满足消费者重复购买的要求，更重要的是在市场中寻找机会，挖掘和发现潜在需求，创造新需求，寻找新顾客，开拓新市场。

▶ **2. 传递信息**

通过与现实顾客和潜在顾客的交往，将有关产品的特点、性能、价格等信息传递给顾客，为顾客提供资料，引起顾客的购买欲望，从而促进产品销售。同时，推销员还肩负着收集和反馈市场信息的任务，应及时了解顾客需求、需求特点和变化趋势，了解竞争对手的经营情况，了解顾客的购后感觉、意见和看法等，为公司制定有关政策、策略提供依据。

▶ **3. 销售产品**

推销人员通过与消费者的直接接触，运用销售技巧，可以有效地分析顾客的需求及其所期望的最大利益，根据不同情况向他们提供各种奖励、折扣、优惠和服务等，从物质上和精神上满足对方需求，诱导其实现购买。

▶ **4. 提供服务**

销售产品不是人员推销的终点。人员推销过程中，不仅要把产品销售给顾客，而且在销售产品的同时，为顾客提供咨询、技术、信息、维修等多种售前、售中、售后服务，帮助顾客解决困难，满足顾客需求。推销中的良好服务能够增强顾客对企业及其产品的好感和信赖。

拓展阅读 13-1
奥芬香水的
直销大军

四、人员推销的策略与技巧

（一）人员推销的策略

推销人员在推销过程中，常用的推销策略有以下三种。

▶ **1. 刺激反应策略**

该策略主要是通过推销人员的"劝讲"来刺激顾客的反应的策略。其做法是：推销人员在不了解顾客需要的情况下，事先准备好几套介绍方法。在访问时，推销人员先讲（刺激），看顾客的反应；再讲，继续看顾客的反应；通过运用一系列刺激方法来引起顾客的购买行为。这一策略主要适宜于推销日用品。

▶ **2. "爱达"（AIDA）公式策略**

该策略主要是通过推销人员的说服工作，设法使顾客经历引起注意（attention）、产生兴趣（interest）、激起购买欲望（desire）、采取购买行为（action）这几个阶段，逐步引导顾客走向成交的一种策略。

▶ **3. 需要满足策略**

在这种方法中，推销人员先要设法准确地发现和唤起顾客的需要，然后说明所推销的产品如何能满足其需要，促使顾客接受所推销的产品。这是一种创造性推销策略，要求推销人员具有较高的推销技巧，才能使顾客感到销售人员了解他的需求，是他们购买决策的好参谋。

（二）人员推销的技巧

人员推销的技巧是指推销人员在实施推销过程中，针对不同的推销对象或顾客，为达到推销目标所运用的方式、方法、技能、谋略等综合举措。推销技巧的运用是否恰当、得体和成功，标志着推销人员素质观念、业务水平等能力的高低，关系到推销活动的成败。人员推销的技巧贯穿于推销工作的全过程，内容丰富。这里只介绍一个合格的推销人员应掌握的一些基本技巧。

▶ **1. 自我介绍的技巧**

推销有句名言：推销产品之前要先推销自己。推销自己简单地讲，就是在与顾客初次见面时，尽量消除顾客的紧张感和恐惧感，建立与顾客之间的亲密感和信任感，因此推销人员应特别重视与顾客的每一次见面。推销自己的方式除了从仪表、举止上迎合顾客的情感之外，自我介绍也必须要切中顾客的口味。

▶ **2. 交谈的技巧**

推销人员与顾客交谈必须要抓住对方的心，引起对方的共鸣，从而消除对方的紧张感和恐惧感。为此在交谈时应做到：一要顾及对方的自尊心，不能说出让对方厌恶或忌讳的话；二要注意关注和兼顾对方的利益；三要注意交流互相感兴趣的信息和经验；四要给顾客说话的机会；五要直视顾客的脸和眼睛，真诚、尊敬地聆听顾客的谈话；六要附和、赞美顾客的谈话。总之，与顾客谈话，应以引起顾客注意为目的，以顾客为中心，以尊敬、重视顾客为准则，这样才能消除顾客心中的紧张与恐惧，为下一步商谈奠定良好的基础。

拓展阅读 13-2
谈论对方感兴趣
的话题

▶ **3. 应付顾客拒绝的技巧**

被拒绝是推销人员的家常便饭，勇敢面对顾客的拒绝并不是一种厚颜纠缠，而是推销人员依据实际情况树立起来的必胜信心的表现。推销人员推销产品如果遭到拒绝，必须心平气和地面对。无论顾客以什么方式拒绝，都不能有丝毫的失望神态，而要采取积极的态度，分析原因，寻找应付顾客拒绝的技巧。应付顾客拒绝的技巧有以下几种。

（1）附和法。附和法即推销人员在遭到顾客因对产品某一方面不满而拒绝时附和顾客的看法，抓住某一方面的关键词，加以其他意义上的变化的阐释，从而直攻对方不满，消除其顾虑。

（2）转折法。转折法即顾客阐述了自己的看法后提出拒绝，不管其理由多么不充分，推销人员都不应采取否定回答，而附和顾客的看法，然后通过转折词语，再提出自己的看法。

（3）抹杀法。抹杀法即对顾客的拒绝避而不谈，悬而不论，用笑声或一些轻快的语句把话题引开，这样不仅可以缓和因顾客拒绝而造成的紧张和尴尬，而且可以显示出推销人员的大度和宽容。

（4）发问法。顾客提出拒绝自有其道理，为探究其原因，通过发问，推销人员的位置和态度就会发生转移，即由原来的守方变成了主动发问的攻方。这样，就为顾客的倾诉提供了机会，同样，推销人员也了解并把握住了顾客反馈回来的信息，如果及时对症下药，消除顾客的顾虑，那么推销成功就为时不远了。

（5）否定法。否定法即作为推销人员来讲，对顾客的诉说和要求，一般不要做出否定的回答，但是在适当的情况下，做出否定回答也是必要的，这样既可保持公司的形象，又可维护自身的荣誉。在做否定回答时，推销人员应注意语气和分寸，不能过于强硬，须增添适当的幽默加以调节，否则就会得罪顾客。

（6）举例法。举例法即顾客的拒绝有时是因为对产品认识的程度不高所致的缺乏自信，这时推销人员就需运用此方法，亦即举出类似顾客的例子，用以加强说明。如果有以前顾客对该产品称赞的实物证明，就可以有力地阻止顾客的拒绝。

（7）转换法。转换法即顾客的拒绝往往源于自己的主观印象，因此推销人员应抓住时机，将自己的主观说明转化为客观实在之物，即可出示有关产品的资料说明、获奖情况或产品实物、演示等。这样，就可把主观的拒绝转换成实物的诱导，让顾客看得见、摸得着，甚至亲自操作试用，既可引起顾客的兴趣和欲望，又可有效地抵制顾客的拒绝。

▶ 4. 排除顾客异议的技巧

推销人员在推销产品过程中常常会遇到顾客异议，因而排除顾客异议是顺利推销和达成交易的必备条件。有效地排除顾客异议，除了需要推销人员采取不躲避顾客异议、不轻视顾客异议的态度，有倾听顾客异议的气度，不与顾客争议、不为自己辩白、尊重顾客的立场之外，还要主动询问顾客的异议，分析顾客产生异议的原因，商量解决顾客异议的方案和对策。与此同时，必须选择有利于排除顾客异议的技巧，具体可采取以下方法。

（1）反驳处理法。反驳处理法即推销人员根据事实和道理来直接否定顾客异议的一种处理技巧。一般来说，在排除顾客异议时，推销人员应尽量避免与顾客发生直接冲突，尽量避免针锋相对的反驳，但在一定的条件下，推销人员也可以使用反驳处理法。

（2）"但是"处理法。"但是"处理法即推销人员根据事实和道理来间接否定顾客异议的方法。在实际推销面谈过程中，顾客往往会提出许多无效异议，直接妨碍成交，推销人员应该根据有关的事实和理由来否定各种无效的顾客异议。

（3）利用处理法。利用处理法即推销人员利用顾客的异议来处理异议的一种方法。推销人员利用顾客异议的特点来处理顾客异议，即肯定正确的一面，否定错误的一面，利用积极的因素，克服消极的因素，排除成交障碍，有效地促成交易。

（4）补偿处理法。补偿处理法即推销人员利用异议以外的优点来补偿或抵消顾客异议的一种方法，以使顾客达到一定程度的心理平衡，有利于排除障碍，促成交易。

（5）询问处理法。询问处理法即推销人员利用异议来反问顾客的一种处理技巧。推销人员在处理各种顾客异议时，应该认真分析有关顾客异议，找出产生异议的原因。但在实际工作中，推销员又往往不清楚顾客异议产生的根源，于是，可以通过询问来了解和掌握顾客产生异议的原因及性质，以便于处理。

（6）不理睬处理法。不理睬处理法即推销人员有意不理睬顾客异议的一种方法。

▶ 5. 成交的技巧

在实际推销工作中，顾客往往不愿主动地提出成交，即使心里想成交，为了杀价或保证实现自己所提出的交易条件，顾客也不会首先提出成交，好在成交的意向总会以各种方式表露出来。如顾客接待推销人员的态度逐渐好转、顾客主动提出更换面谈场所、顾客主动介绍其他相关人员、顾客的疑问和异议一个接一个等都可能是成交意向的表示。推销人员要不失时机地运用成交技巧，促成交易。其技巧方法有以下几种。

（1）请求成交法。请求成交法即推销人员直接要求顾客购买商品的一种技巧。这种技巧要求推销人员利用各种成交机会，积极提示，主动向顾客提出成交要求，努力促成交易。

（2）假定成交法。假定成交法即推销人员假定顾客已接受推销建议而要求顾客实现成交的技巧。假定成交法是一种基本的成交技巧，在整个推销面谈过程中，推销人员随时都可以假定顾客已经接受推销建议。假定成交法的力量来自推销人员的自信心，而推销人员的自信心又可以增强顾客的信心，以彼此互相影响促成交易。

（3）选择成交法。选择成交法即推销人员为顾客提供几种购买决策方案，并且要求顾客立即购买的一种成交技巧。

（4）小点成交法。小点成交法即推销人员利用次要问题来间接促成交易的一种技巧。此法用避重就轻的方法提示不太敏感的成交问题，先小点成交，后大点成交。

（5）从众成交法。从众成交法即推销人员利用顾客的从众心理来促使其立即购买商品的一种技巧。消费心理学认为，人的购买行为既是一种个别行为，又是一种从众行为。顾客在购买商品时不仅考虑自己的需要和问题，也要考虑符合社会的需要和规范。从众成交法正是利用了顾客的从众心理，创造一定的购买情境和购买气氛，说服这一部分顾客去影响另一部分顾客，从而促成交易。

（6）机会成交法。机会成交法即推销人员向顾客提示有利的机会促使成交的一种技巧。购买机会也是一种财富，也具有一定的经济价值，失去购买机会本身就是一种损失，有时还得支付一定的机会成本。机会成本原理是机会成交法的理论基础，推销人员可以利用这个基本原理，针对顾客害怕错过购买机会的心理动机，向顾客提示成交机会，限制顾客的购买选择权和成交条件，施加一定的机会成交压力，促使顾客购买推销品，达成交易。

（7）保证成交法。保证成交法即推销人员向顾客提供成交的保证条件来促成交易的一种技巧。推销心理学认为，顾客在成交时存在着害怕错误成交而拒绝成交的心理。推销人员针对顾客的这种心理，可以向顾客提供一定的成交保证，消除顾客的成交心理障碍，以增加顾客成交的信心而促成交易。

（8）异议成交法。异议成交法即推销人员利用处理顾客异议时的时机，直接向顾客提出成交要求的一种成交技巧。顾客异议既是成交的直接障碍，又是成交的明显信号。一般来说，只要推销人员能够成功地处理有关的顾客异议，就可以有效地促成交易，促使顾客立即购买产品。

▶ **6. 注意形象，培养感情**

推销人员在推销过程中同时扮演着两个角色：一方面是企业的代表；另一方面又是顾客的朋友。因此推销人员必须十分重视把握自身形象，在同顾客进行的交易活动中应避免惹人讨厌的倾力推销，努力创造亲密和谐的推销环境。同时推销人员应把推销过程当作与顾客交流情感的过程，重视发展同顾客之间的感情沟通，设法与一些主要的顾客群体建立长期关系，超越买卖关系建立起同他们之间的个人友情，形成一批稳定的主顾群。

五、推销人员的业务素质要求

现代企业对推销人员的素质要求较高，一般包括以下几方面。

（一）成熟的心理素质

出色的推销人员应具有强烈的事业心、进取心、责任感和广泛的兴趣，对现实世界及他人的认识是客观的、如实的，很少受主观偏见的影响。对事实持现实的态度，能承受各种挫折，对人不过分苛刻。

拓展阅读13-3
付给推销员麦克
的学费

（二）出色的推销能力

为实现促销目标，推销人员必须对各种变化反应灵敏，并有娴熟的推销技巧，能对变化万千的市场环境采用恰当的推销技巧。要能准确地了解顾客的有关情况，为顾客着想，尽可能地解答顾客的疑难问题，并能恰当地选定推销对象；要善于说服顾客（对不同的顾客采取不同的技巧）；要善于选择适当的洽谈时机，掌握成交机会，并善于把握易被他人忽视或不易发现的推销机会。

（三）丰富的推销知识

丰富的推销知识是推销人员做好推销工作的前提条件。高素质的推销员必须有较强的上进心和求知欲，乐于学习和掌握各种推销必备的知识。一般来说，推销人员应具备的知识有以下几方面。

▶ 1. 企业知识

推销人员必须对所代表的公司进行全面了解。熟悉公司发展史，对公司历年财务、人员状况、领导状况及技术设备都了如指掌，因为这些知识都有助于增强顾客对推销人员的信任感。推销人员还必须掌握公司经营目标和营销策略，并能够灵活运用和解释它们。

▶ 2. 产品知识

推销人员应该是产品专家，应全面了解产品从设计到生产的全过程，熟悉产品性能、特点、使用和维修方法，熟知产品成本、费用、出厂价格，还应全面掌握产品种类、设备状况、服务项目、定价原则、交货方式、付款方式、库存、运输条件等。另外，还必须了解竞争产品情况。只有对产品进行了充分了解才能使推销人员产生自信。

拓展阅读13-4
成功的防弹背心
推销员

▶ 3. 市场知识

推销人员了解市场的供求情况及竞争者的有关情况，以及目标市场潜在顾客数量、分布、购买动机、购买能力和有关法规等。

▶ 4. 法律知识

推销人员也应具备相应的法律素质，工作中要有强烈的法律意识和丰富的法律知识。拥有丰富的法律知识，还可以有效地运用法律武器保护自己及公司的合法权益。

▶ 5. 社会知识

优秀的推销人员还应具备良好的社会文化素质。对推销员来说，同行竞争的焦点往往是社会文化素质的差异。在社会文化素质方面，要求推销员具有一定的专业知识，如经济学、市场学、心理学、社会学等，除此之外，还应在文学、艺术、地理、历史、哲学、自然科学、国际时事、外语等方面充实自己。博学多才是推销人员成功的重要因素。

（四）高度的热忱和服务心

顶尖的销售员都把客户当成自己的终身朋友。关心客户需求，表现为随时随地地关心他们，提供给客户最好的服务和产品，保持长久的联系。成功的销售人员能看到客户背后的客户，能看到明天的客户。

（五）文明的仪表风度

推销实际上是一种交际活动。推销人员是公司的"外交官"，这就要求他们讲究必要的推销礼仪。

▶ 1. 在仪表方面

推销员留给顾客的第一印象往往取决于推销员的外表，顾客喜欢仪表优雅、风度翩翩的推销员，而不喜欢不修边幅、形象邋遢的推销员。

▶ 2. 在言谈方面

推销员应做到语言表达准确，避免措辞含糊不清；注意使用规范语言，除特殊场合外，一般应讲普通话和官方语言；使用礼貌语言，杜绝粗野语言；不要有口头语；还应注意讲话的语音语调，发音清晰，速度适中，避免病句和发音错误；讲话不应声嘶力竭或有气无力。总之，讲话要准确规范，富于表现力。

▶ 3. 在举止方面

应注意遵守一些基本的准则，如谈话时应不慌不忙，动作适度，站立时切忌双手背在身后，交换名片时应双手呈递和双手接受等。

▶ 4. 其他相关礼节

推销员还要懂得打招呼、接打电话、宴请等方面的礼仪、礼节。例如，要注意顾客身份、年龄，选择适当的话题，不要千篇一律地用同一种形式打招呼。打电话时语气要温和、礼貌，接电话时最好先自报姓名和单位；若拨错号码，要向对方表示歉意。

拓展阅读 13-5
推销人员拘小节

（六）良好的职业道德

推销人员还应具备良好的职业道德。能自觉守法、守纪、守信、守时，待人真诚、热情、谦恭，工作认真、勤勉、仔细，任劳任怨。

六、推销人员的管理

（一）推销人员的甄选与培训

由于推销人员素质的高低直接关系到企业促销活动的成功与失败，所以推销人员的甄选与培训十分重要。

▶ 1. 推销人员的甄选

甄选推销人员有多种方法，为准确地选出优秀的推销人才，应根据推销人员素质的要求，采用申报、笔试和面试相结合的方法。由报名者自己填写申请，借此掌握报名者的性别、年龄、受教育程度及工作经历等基本情况；通过笔试和面试可了解报名者的仪表风度、工作态度、知识广度和深度、语言表达能力、理解能力、分析能力、应变能力等。

▶ 2. 推销人员的培训

对当选的推销人员，还需经过培训才能上岗，使他们学习和掌握有关知识与技能。同时，还要对在岗推销人员，每隔一段时间进行培训，使其了解企业的新产品、新的经营计划和新的市场营销策略，进一步提高素质。培训内容通常包括企业知识、产品知识、市场知识、心理学知识和政策法规知识等内容。培训方法主要有三种：一是讲授培训；二是模拟培训；三是实践培训。当选的推销人员直接上岗，与有经验的推销人员建立师徒关系，通过传、帮、带，使受训人员逐渐熟悉业务，成为合格的推销人员。

（二）对推销人员的激励

激励推销人员的方法可分为物质激励和精神激励两类。

▶ 1. 推销人员的类型

对推销人员的激励首先要区分推销人员的受激励类型，然后选择合适的激励工具并保持适当的激励强度和频度。一般说来，按推销人员的受激励因素可以把他们分为竞争型、成就型、物质型、惯性型和有限目标型等。

拓展阅读 13-6
各类型推销人员的
激励方式

▶ 2. 推销人员的奖励

奖励推销人员有利于激励推销人员积极努力，保证企业销售目标的顺利实现，也有利于建设(吸收和维持)高素质的销售团队。

奖励推销人员的方式主要有以下几种。

（1）单纯薪金制。单纯薪金制亦称固定薪金制，是指在一定时间内，无论推销人员的销售业绩是多少，推销人员获得固定数额报酬的形式。具体说来就是：职务工资＋岗位工资＋工龄工资。

拓展阅读 13-7
单纯薪金制的
优点和缺点

（2）单纯佣金制。单纯佣金制是指按销售额或利润额的大小给予推售员的固定的或按情况可调整比率的报酬。单纯佣金制的具体形式又有单一佣金和多重佣金(累退制和累进制)、直接佣金和预提佣金之分。

（3）混合奖励制。绝大部分企业采用薪金和佣金混合的制度，以期保留两者各自的优点而又避免其缺点。这种制度适用于销售额大小与销售员努力密切相关以及管理部门希望适当控制销售员非销售职责的情况。采用混合制，在业务下降时，企业不会因销售成本固定不变的束缚而不能动弹，销售员也不会失去他们的全部收入。

拓展阅读 13-8
单纯佣金制的
优点和缺点

销售人员是直接为企业创造效益的中坚力量，也是企业中人员流动较为频繁的群体。"底薪＋提成"是目前被绝大多数企业广泛采用的业务人员的薪资结构。在实际操作中，"底薪＋提成"模式应该在不同企业、不同阶段加以调整，在变幻莫测的商海中，为销售人员量身定制的周全而严密的薪资结构将有效地巩固企业的前方阵地。

拓展阅读 13-9
混合奖励制的
主要形式

七、推销人员的考核与评价

为了加强对推销人员的管理，企业必须对推销人员的工作业绩进行科学而合理的考核与评估。推销人员业绩考评结果，既可以作为分配报酬的依据，又可以作为企业人事决策的重要参考指标。

（一）考评资料的收集

收集推销人员的资料是考评推销人员的基础性工作，全面、准确地收集考评所需资料是做好考评工作的客观要求。获得考评资料主要有四个来源途径。

▶ 1. 推销人员销售工作报告

销售工作报告，一般包括销售活动计划和销售绩效报告两部分。销售活动计划报告作为指导推销人员合理安排推销活动日程的依据，它可展示推销人员的地区年度推销计划和日常工作计划的科学性、合理性。销售绩效报告反映了推销人员的工作实绩，据此可以了解销售情况、费用开支情况、业务流失情况、新业务拓展情况等许多推销绩效。

▶ 2. 企业销售记录

企业的销售记录，因其包括顾客记录、区域销售记录、销售费用支出的时间和数额等信息，而使其成为考评推销业绩的宝贵的基础性资料。通过对这些资料进行加工、计算和分析，可以得出适宜的评价指标，如某一推销人员一定时期内所接订单的毛利。

▶ 3. 顾客及社会公众的评价

推销人员面向顾客和社会公众提供各种服务，这就决定了顾客和社会公众是鉴别推销人员服务质量最好的见证人。因此，评估推销人员时理应听取顾客及社会公众的意见。通过对顾客投诉和定期顾客调查结果的分析，可以透视出不同的推销人员在完成推销商品这一工作任务的同时，其言行对企业整体形象的影响。

▶ 4. 企业内部员工的意见

企业内部员工的意见主要是指销售经理、营销经理或其他非销售部门有关人员的意见。此外，销售人员之间的意见也作为考评时的参考。依据这些资料可以了解有关推销人员的合作态度和领导才干等方面的信息。

（二）考评标准的建立

评估推销人员的绩效，科学而合理的标准是不可缺少的。绩效考评标准的确定，既要遵循基本标准的一致性，又要坚持推销人员在工作环境、区域市场拓展潜力等方面的差异性，不能一概而论。当然，绩效考核的总标准应与销售增长、利润增加和企业发展目标相一致。

拓展阅读 13-10
推销人员绩效
考核指标

制定公平而富有激励作用的绩效标准，需要企业管理人员根据过去的经验，结合推销人员的个人行为来综合制定，并有待在实践中不断加以完善。

第三节 广　　告

广告是一种最重要的非人际沟通工具之一。广告方案是根据企业确定的目标市场和产品的市场定位来制定的。在广告管理活动中，企业营销人员首先要根据营销目标和营销战略确定广告目标，然后确定实现这一目标需要的费用，接下来是进行广告信息的设计和信息传播媒体的选择，最后要对广告效果进行衡量。

一、广告的含义

广告是"广而告之"的简称，有狭义与广义之分。狭义的广告专指专业广告，是以营利为目的的，是指通过各种媒体向目标市场服务对象传递商品或服务信息的宣传活动。广义的广告是指通过各种方式公开向公众传播广告主预期目标信息的宣传手段。除商业广告外，还包括各种社会性广告，如有关政治、法律、社会、文化、教育、市政等方面的公告、通知、启示等。

二、广告的作用

（一）介绍产品

传递信息、刺激需求是广告最基本的职能。企业通过实事求是的广告宣传，能增进消费者对有关产品的存在、优点、用途及使用方法等多种信息的了解，协助消费者通过所接受的信息，去选择适合自己需要的产品并产生购买欲望，采取购买行为。

（二）扩大销售

由于广告能广泛、经常地接近消费者，因而能在扩大销售方面起到开路先锋的作用。广告是沟通产销联系的纽带。由广告促进需求的扩大，由需求带动生产的发展。

（三）树立形象

通过精心设计的广告，宣传企业的产品、企业的价值观与企业文化，能使企业形象深入到消费者心中，有利于提高企业及企业产品的社会知名度，保持企业在市场竞争中的优势地位。

三、广告的种类

根据不同的划分方式，广告有不同的种类。

（一）根据传播媒介分类

▶ 1. 印刷类广告

印刷类广告主要包括印刷品广告和印刷绘制广告。印刷品广告有报纸广告、杂志广告、图书广告、招贴广告、传单广告、产品目录、组织介绍等。印刷绘制广告有墙壁广告、路牌广告、工具广告、包装广告、挂历广告等。

▶ 2. 电子类广告

电子类广告主要有广播广告、电视广告、电影广告、计算机网络广告、电子显示屏幕广告、霓虹灯广告等。

▶ 3. 实体广告

实体广告主要包括实物广告、橱窗广告、赠品广告等。

（二）根据广告进行的地点分类

▶ 1. 销售现场广告

销售现场广告是指设置在销售场所内外的广告，主要包括橱窗广告、货架陈列广告、室内外彩旗广告、卡通式广告、巨型商品广告。

▶ 2. 非销售现场广告

非销售现场广告是指存在于销售现场之外的一切广告形式。

（三）根据广告的内容分类

▶ 1. 商业广告

商业广告是广告中最常见的形式，是广告学理论研究的重点对象。商业广告以推销商品为目的，是向消费者提供商品信息为主的广告。

▶ 2. 文化广告

文化广告是以传播科学、文化、教育、体育、新闻出版等为内容的广告。

▶ 3. 社会广告

社会广告是指提供社会服务的广告，如社会福利、医疗保健、社会保险以及征婚、寻人、挂失、招聘工作、住房调换等。

▶ 4. 政府公告

政府公告是指政府部门发布的公告，也具有广告的作用，如公安、交通、法院、财政、税务、工商、卫生等部门发布的公告性信息。

（四）根据广告目的分类

▶ 1. 产品广告

产品广告是指向消费者介绍产品的特性，直接推销产品，目的是打开销路、提高市场占有率的广告。

▶ 2. 公共关系广告

公共关系广告是指以树立组织良好社会形象为目的，使社会公众对组织增加信心，以树立组织卓著声誉的广告。

（五）根据广告的表现形式分类

▶ 1. 图片广告

图片广告主要包括摄影广告和信息广告，表现为写实和创作形式。

▶ 2. 文字广告

文字广告是指以文字创意而表现广告诉诸内容的形式。文字广告能够给人以形象和联想余地。

▶ 3. 表演广告

表演广告是指利用各种表演艺术形式，通过表演人的艺术化渲染来达到广告目的的广告形式。

▶ 4. 说词广告

说词广告是指利用语言艺术和技巧来影响社会公众的广告形式。大多数广告形式都不可能不采用游说性的语言，重点宣传企业或产品中某一个方面，甚至某一点的特性，在特定范围内利用夸张手法进行广告渲染。

▶ 5. 综合性广告

综合性广告是把几种广告表现形式结合在一起，以弥补单一艺术形式不足的广告。

（六）根据广告阶段性分类

▶ 1. 倡导广告

倡导广告又称始创式广告，目的在于向市场开辟某一类新产品的销路或某种新观念的导入。此种广告重点在于使人知晓。

▶ 2. 竞争广告

竞争广告又称比较式广告，是通过将自己的商品与他人的商品作比较，从而显出自己商品的优点，使公众选择性认购。此种广告的重点在于突出自己商品的与众不同。许多国家在广告立法上对于比较式广告有一定限制。

▶ 3. 提示广告

提示广告又称提醒广告、备忘式广告，是指在商品销售达到一定阶段之后，商品已经成为大众熟悉的商品，经常将商品的名称提示给大众，以促进商品销售。

除上述分类之外，广告还有许多其他分类方法。例如，按广告诉求的方法，可将广告分为理性诉求广告和感性诉求广告；按广告产生效果的快慢，可将广告分为时效性广告和迟效性广告；按广告对公众的影响，可将广告分为印象型广告、说明型广告和情感诉说型广告；按广告的目标对象，可将广告分为儿童、青年、妇女、高收入阶层、工薪阶层的广告；按广告在传播时间上的要求，可将广告分为时机性广告、长期性广告和短期性广告等。

四、广告媒体及其选择

广告媒体也称广告媒介，是广告主与广告接受者之间的连接物质。它是广告宣传必不可少的物质条件。广告媒体并非一成不变，而是随着科学技术的发展而发展。科技的进步，必然使得广告媒体的种类越来越多。

（一）广告媒体的种类及其特性

广告媒体的种类很多，主要有电视、新闻报纸、直邮、杂志、广播、户外广告和互联网社群广告。每种媒体都有优点和局限性，如表 13-2 所示。

表 13-2　各种广告媒体的特性

媒　　体	优　　点	局　限　性
电视	良好的大众营销覆盖面；较低的单次曝光成本；结合图像、声音和动作；感染力强	绝对成本高；混乱；曝光时间短；受众选择少
互联网社群广告	专注于个人和顾客社区；及时性；个性化、交互和参与能力；社交分享权；低成本	狭窄的影响；很难管理和控制；个人和顾客可以自主制作、上传广告内容
新闻报纸	灵活性；及时性；良好的本土市场覆盖；广泛的可接受性；较高的可信度	短暂的生命期；再现能力差；较少被传阅
直邮	较高的受众选择性；灵活性；同一个媒体里没有广告竞争；允许个性化	单次接触成本高；垃圾邮件的形象
杂志	较高的地理和人口选择性；信誉和声望；方便读者传阅	广告采购提前期长；成本高；没有版面保证
广播	本地接受度高；较高的地理和人口选择性；低成本	只有声音；接触短暂；注意力低下（隐约听到的媒体）；听众分散
户外广告	灵活性；高重复曝光；低成本；竞争少；良好的位置选择	受众选择性有限；创意受限

（二）广告媒体的选择

不同的广告媒体有不同的特性，这决定了企业从事广告活动必须正确选择媒体，否则将影响广告效果。正确地选择广告媒体，一般要考虑以下影响因素。

▶ **1. 产品的性质**

不同性质的产品有不同的使用价值、使用范围和宣传要求。广告媒体只有适应产品的性质，才能取得较好的广告效果。生产资料和生活资料、高技术产品和一般生活用品、价值较低的产品和高档产品、一次性使用产品和耐用品等都应采用不同的广告媒体。通常，对高技术产品进行广告宣传，因面向专业人员，多选用专业性杂志；而对一般生活用品，则适合选用能直接传播到大众的广告媒体，如广播、电视等。

▶ **2. 目标顾客接触媒体的习惯**

选择广告媒体，还要考虑目标市场上消费者接触广告媒体的习惯。人们在接受信息时，一般是根据自己的需要和喜好来选择媒体。例如，受教育程度高的人，接受信息的来源往往偏重网络和印刷媒体；老年人则有更多的闲暇时间看电视和听广播；在校大学生偏爱上网。分析目标顾客的媒体习惯，能够更有针对性地选择广告媒体，提高广告效果。

▶ **3. 媒体的传播范围**

媒体传播范围的大小直接影响广告信息传播区域的广窄。适合全国各地使用的产品，应以全国性发放的报纸、杂志、广播、电视等做广告媒体；属地方性销售的产品，可通过地方性报纸、电台、电视台、霓虹灯等传播信息。

▶ **4. 媒体的影响力**

广告媒体的影响力是以报刊的发行量和电视、广播的视听率高低为标志的。选择广告媒体应把目标市场与媒体影响程度结合起来。能影响到目标市场的每一个角落的媒体是最佳选择。这样，既能使广告信息传递效果最佳，又不会造成不必要的浪费。

拓展案例

国家平台成就国家品牌

"国家平台成就国家品牌"是 2017 年中央电视台出现频率很高的一句宣传用语。中央电视台是中国最重要的舆论传播阵地。回望改革开放第一个 30 年，央视平台培育了无数中国品牌，促进了中国经济的发展，推动了公益力量的壮大。在新的 30 年已经启航的今天，中国经济的发展，比任何时候都需要一批能够在全球市场上代表国家形象来参与商业竞争、文化交流的国家品牌。经过四个多月的广泛调研、集思广益及深入论证，中央电视台依据"国家平台成就国家品牌"的新定位，于 2016 年 9 月 20 日，正式发布了"国家品牌计划"。

"国家品牌计划"分两部分：一是公益部分；二是商业部分。公益部分有两个项目：一是"广告精准扶贫"项目。该项目旨在对习近平总书记提出的"精准扶贫战略"，用广告的形式来贯彻落实，通过优惠的广告销售政策，助力贫困地区名优农产品和有潜力的中小企业登陆央视，以品牌传播撬动地方产业发展，以产业发展推动地区脱贫。公益部分的第二个项目是"重型装备制造业品牌传播"项目。想通过定制化传播方案塑造、传播大国重器的品牌形象，以品牌建设驱动产业升级。"国家品牌计划"商业部分也有两个项目构成，一是"国家品牌计划 TOP 合作伙伴"；二是"国家品牌计划行业领跑者"。要求入选这两个项目的企业必须符合下列条件：①企业所属行业是国家支柱性或民生广泛需要的行业；②企业及其产品具有高尚品质，能够支撑起国家品牌形象，居于行业领先地位；③企业有打造顶级品牌的梦想和胸怀，能够在市场营销方面投入足够的努力和资源；④企业需在中国境内生产和销售，并有获得中国消费者最广泛认同的品牌诉求。同时，国家品牌计划商业部分当年内设置行业排他条款。

"国家品牌计划"的提出，体现了央视对国家电视台的平台自信、价值自省和使命自觉，也是央视广告经营方式的一场变革，推动经营由广告销售向品牌服务升级，将经营工作提升到服务国家品牌战略大局的高度。"国家平台成就国家品牌"！通过央视这一独一无二的国家平台，将传承、发现、培育一批能够代表中国各行业顶尖水平的国家品牌集群亮相世界，代表中国力量征战下一个 30 年的全球经济竞争。国家平台成就国家品牌：一个国家的梦想是中国梦；一个民族的梦想是复兴梦；一个国家电视台的梦想正是记录、见证、传播这个伟大的梦。

资料来源：王月辉，杜向荣，冯艳．市场营销·习题·案例·经典推介[M]．北京理工大学出版社，2018.

▶ 5. 媒体的费用

各广告媒体的收费标准不同，即使同一种媒体，也因传播范围和影响力的大小而有价格差别。考虑媒体费用时应该注意其相对费用，即考虑广告促销效果。例如，如果使用电视做广告需支付 2 万元，预计目标市场收视者 2 000 万人，则每千人支付广告费是 1 元；若选用报纸作媒体，费用 1 万元，预计目标市场阅读者 500 万人，则每千人广告费为 2 元。相比较结果，应选用电视作为广告媒体。

拓展阅读 13-11
诺亚舟广告投放：
立体交叉，一次结合

总之，要根据广告目标的要求，结合各广告媒体的优缺点，综合考虑上述各影响因素，尽可能选择使用效果好、费用低的广告媒体。

五、广告设计原则与宣传策略

(一) 广告的设计原则

信誉是企业的生命，广告作为一种宣传手段，直接关系到企业及其产品在顾客心目中的形象。广告的设计必须对消费者负责，为消费者提供商品信息，引导消费者产生购买动机，促使消费者购买。为此，广告设计应遵循下列原则。

▶ 1. 真实性

广告的生命在于真实，虚伪、欺骗性的广告必然会使企业丧失信誉。广告的真实性体现在两方面。一方面，广告的内容要真实，包括：广告的语言文字要真实，不宜使用含糊，模棱两可的言辞；画面也要真实，并且两者要统一起来；艺术手法修饰要得当，以免使广告内容与实际情况不符。另一方面，广告主与广告商品也必须是真实的，如果广告主根本不生产或经营广告中宣传的商品，甚至连广告主也是虚构的单位，那么，广告肯定是虚构的、不真实的。企业必须依据真实性原则设计广告，这也是一种商业道德和社会责任。

拓展阅读 13-12
雅培奶粉夸大
宣传被罚

▶ 2. 社会性

广告是一种信息传递。在传播经济信息的同时，也传播了一定的思想意识，必然会潜移默化地影响社会文化、社会风气。从一定意义上说，广告不仅是一种促销形式，而且是一种具有鲜明思想性的社会意识形态。广告的社会性体现在广告必须符合社会文化、思想道德的客观要求。具体来说，广告要遵循党和国家的有关方针、政策，不违背国家的法律、法令和制度，有利于倡导社会主义精神文明，有利于培养人民的高尚情操，严禁出现带有中国国旗、国徽、国歌标志、国歌音响的广告内容和形式，杜绝损害我国民族尊严的，甚至有反动、淫秽、迷信、荒诞内容的广告等。

▶ 3. 针对性

广告的内容和形式要富有针对性，即对不同的商品、不同的目标市场要有不同的内容，采取不同的表现手法。由于各个消费者群体都有自己的喜好、厌恶和风俗习惯，为适应不同消费者群体的不同特点和要求，广告要根据不同的广告对象来决定广告的内容，采用与之相适应的形式。

▶ 4. 感召性

广告是否具有感召力，最关键的因素是诉求主题。广告的重要原则之一，就是广告的诉求点必须与产品的优势点、目标顾客购买产品的关注点一致。不难想象，产品有很多属性，有的是实体方面的（如性能、形状、成分、构造等），也有的是精神感受方面的（如豪华、朴素、时髦、典雅等），但目标顾客对产品各种属性的重视程度却是不尽一致的。这就要求企业在从事广告宣传时，应突出宣传目标顾客最重视的产品属性或购买该种产品的主要关注点，否则，就难以激发顾客的购买欲望。

拓展阅读 13-13
广告要对准
顾客需要

▶ 5. 简明性

广告不是产品说明书，它受播放时间和刊登篇幅的限制，不允许有太长的解说。这就要求广告的文字、图画以及其他部分，都必须统一在特定的主题下，用最通俗和最鲜明的方式协调和谐地表达出来，力求文字简洁、语言精练、词语易记，图画清晰易懂，使消费者一听就懂、一目了然，并能在看后留下深刻的印象。例如，宝洁公司的海飞丝的宣传语是"头屑去无踪，秀发更出众"，飘柔是"头发更飘、更柔"，潘婷则是"拥有健康，当然亮泽"。显然，简明性的广告，使广告接受者能够在较短的时间理解广告主的传播意图，了解品牌个性，有利于提高广告传播效果。

还需说明的是，互联网广告（尤其是旗帜型网络广告）更应注意简明性。广告内容的句子要简短，尽可能采用目标受众熟悉的语言，直截了当，避免长句，也不宜过于文绉绉等。

▶ 6. 艺术性

广告是一门科学，也是一门艺术。广告把真实性、思想性、针对性寓于艺术性之中。利用科学技术，吸收文学、戏剧、音乐、美术等各学科的艺术特点，把真实的，富有思想性、针对性的广告内容通过完善的艺术形式表现出来。只有这样，才能使广告像优美的诗歌，像美丽的图画，成为精美的艺术作品，给人以很高的艺术享受，使人受到感染，增强广告的效果。这就要求广告设计要构思新颖，语言生动、诙谐；图案美观大方，色彩鲜艳和谐；广告形式不断创新。

（二）广告宣传策略

广告宣传策略是指企业根据市场分析、消费者分析和产品分析等，在企业营销战略和广告目标的指导下，对广告活动的开展方式、媒体选择和宣传劝说重点的总体原则做出的决策。企业的广告宣传策略，应与企业的整个市场营销活动密切配合。不同的企业、不同的产品、不同的营销目标应选用不同的广告宣传策略。

▶ 1. 标题创新策略

标题是广告的名称，一个好的广告必须有引人注意的标题。一个别致、新颖、独特、醒目的广告标题，有助于唤起消费者的兴趣，引起消费者的注意，突破广告单调的结构，起到画龙点睛的作用。因此，企业总是在广告标题上不断创新，推出多种多样的广告标题策略。

拓展阅读 13-14
广告标题的
主要类型

▶ 2. 广告文字创新策略

广告正文是广告的主要部分和精髓。它是对标题的证实。广告正文的创新要求广告者要具有充分的信心，拿出最关键、最具说服力的证据和事实，阐明产品的优点，诱导消费者购买。

企业究竟选择什么样的广告正文，要依据企业性质、营销目标、产品和媒体特点来决定，而不能随心所欲、任意选择。

拓展阅读 13-15
广告正文的
表达方式

▶ 3. 广告画面创新策略

一个好的广告往往有一个好的广告画面。广告画面创新的关键是要通过画面给人带来美感，鼓励消费者加入购买队伍。优美的广告画面，不仅具有强烈的经营意图和思想，而且具有色彩配合、画面分割、视觉规律等艺术享受。企业只有根据广告的主题、正文进行广告画面创新，才能达到预期的广告促销效果。广告画面创新策略很多，通常可供选择的有以下几种。

（1）写实画面，即用图画或图片真实地再现产品的局部、外观和使用产品时的情形。

（2）对比式画面，即通过画面，把革新前后的产品加以对照比较，使消费者产生不同的感触。

（3）夸张式画面，即把广告中所宣传的产品在某一特定部分加以夸大，以较为新奇的手法给人以强烈印象。

（4）寓意式画面，即广告画面不直接表现广告主题，而是同所介绍产品的某种含义紧密相连，用象征性手段加深对这种含义的印象。

（5）比喻式画面，即用大家熟知和明白的形象，来比喻说明广告中产品的形象或特长。

（6）卡通式画面，即通过广告画面中滑稽、有趣的人物，充满人情味的小动物等，进行说明和表演。

（7）黑影式画面，即采用黑白相间的色调，表现人物的形态和动作。

（8）悬念式画面，即用非常规的画面和构思，造成观众的惊奇和悬念，使人想一探究竟。

（9）连续式画面，即用连环画的形式，以企业或产品为主体，用故事情节加以串联，构成引人入胜的连环画面。

（10）装饰式画面，即通过色彩配合、画面分割来烘托、调节整个广告的气氛，使整个广告更具美感。

六、广告效果评价

广告效果评价是运用科学的方法来鉴定广告的效益。广告效果主要包括三个方面，即传播效果、促销效果和心理效果。传播效果是广告被认知和被接受的情况，如广告的覆盖面、接触率、注意度、记忆度和理解度等，这是广告效果的第一层次；促销效果是广告所引起的产品销售情况，这既是广告最为明显的实际效果，也是广告效果的第二层次；心理效果是广告所引起的广告受众的心理反应，使消费者对企业的好感增强，从而建立品牌忠诚度这是广告效果的第三层次，也是最高的效果层次。

（一）广告效果评价方法

广告效果评价方法分为事先评价和事后评价两种。

▶ **1. 事先评价法**

事先评价是在广告设计完成之后和投入传播之前，在小范围内进行的传播效果测试。事先评价主要是采用德尔菲法和残像测试法。

（1）德尔菲法，即组织消费者小组或广告专家小组观看各种广告，然后请他们对广告做出评定。表 13-3 是广告效果评分表，与会者对每一广告的吸引性、可读性、认知力、影响力和行为力予以评分（每项最高为 20 分）。总分 0～20 分为劣等广告，21～40 分为次等广告，41～60 分为中等广告，61～80 分为好广告，81～100 分为最佳广告。

表 13-3　广告效果评分表

指　标	内　容	打　分
吸引力	此广告吸引读者的注意力吗？	
可读性	此广告有促使读者进一步细读的可能性吗？	
认知力	此广告的中心内容是否交代清楚？	
影响力	此广告诉求点的有效性如何？	
行为力	此广告有引起购买行为可能性吗？	
总分		

（2）残像测试法，即将已设计好的广告向选定的受众进行短暂的展示，作品撤走后，立即询问受众对该广告的残留印象。如果受众的残留印象正是广告所突出的主题，说明广告是成功的，否则是失败的。

▶ **2. 事后评价法**

事后评价法主要包括记录法、回忆法、即时监测法和比较法四种类型。

（1）记录法。记录法即选择一些固定的调查对象，发给他们事先设计好的调查表，让其逐日将接触过的媒体类型、节目类型、接受时间填入调查表，定期收回调查表进行统计分析，掌握受众对媒体的接收情况，了解广告的视听率。

（2）回忆法。用随机抽样的方法访问被调查者，让其凭自己的记忆讲述在指定时间内所接受的节目，并可让其回忆是否注意某一广告，以及他对广告的残留印象。

（3）即时监测法。在广告播发的同时，利用一些先进技术设备对广告接受情况进行监测。例如，用摄像机跟踪受众者视线移动、脸部表情、目光停留时间等用以分析。

（4）比较法。比较法即在广告实施之前和之后，分别对同类指标在同样范围内进行调查，根据前后情况对比来了解广告实施的效果。

（二）广告效果的评价

根据广告效果的三个层次，评价也分为三个方面。

▶ **1. 广告传播效果评价**

衡量广告传播效果主要利用以下指标。

（1）接收率，是指接收某种媒体广告信息的人数占该媒体总人数的比率。

（2）认知率，是指接收到广告信息的人数中，真正理解广告内容的人所占的比率，这一指标真正反映出广告传播的深度。

▶ **2. 广告促销效果评价**

广告的促销效果比传播效果更难测量。因为除了广告因素外，销售还受到许多其他因素的影响，如产品特色、价格等。这些因素越少，或者越是能被控制，广告对于销售的影响也就越容易测量。所以采用邮寄广告方式时广告销售效果最容易测量，而品牌广告或企业形象广告的销售效果最难测量。人们一般利用以下办法来衡量广告的促销效果。

（1）广告增销率。广告增销率是一定时期内广告费的增长幅度与相应期销售额的增长幅度之比较；

（2）广告费占销率。广告费占销率是指一定时期内企业广告费的支出占该企业同期销售额的比例。

▶ **3. 广告形象效果评价**

广告形象效果评价是对广告所引起的企业或产品知名度和美誉度的变化情况所进行的检测和评价。广告效果并不仅仅反映在对产品销售的促进方面，因为尽管有些消费者接触了广告后并不马上会产生对产品的购买欲望，但毕竟会给他们留下一定的印象，这种印象可能导致将来产生购买欲望。

企业形象一般用知名度和美誉度两项指标来衡量，通过广告前后对固定对象的调查，可了解企业形象的变化。

第四节　公 共 关 系

随着经济的发展，市场营销活动的深入开展，如何处理好与社会公众的关系，做好公关，对现代企业的生存和发展具有越来越重要的意义。正是基于这一点，菲利普·科特勒在其 4P 营销理论组合的基础上，加入公共关系和权利，提出了"大市场营销"概念，即在产品、价格、流通渠道、促销之后又加了权利和公共关系，形成了 6P 营销理论。

一、公共关系促销的含义及特点

（一）公共关系的含义

公共关系是指企业利用各种传播手段与社会公众进行沟通，以树立良好的企业形象和信誉，唤起人们对企业及其产品的好感，赢得公众的信任和支持，为企业销售提供一个良好的外部环境为目的营销活动。公众指与企业经营管理活动发生直接或间接联系的社会组织和个人，包括中间商、社区民众、政府机构以及新闻媒体等。

（二）公共关系促销的特点

较之人员推销、广告宣传和营业推广，公共关系促销具有如下特点。

▶ **1. 传递信息的全面性**

企业开展公共关系活动，通过一定媒介把企业的信息有计划地传递给公众，是为了塑造良好的企业形象，取得公众的信赖与支持，因此，它所传递的信息是大量而全面的，既传递企业技术、设备、财务等方面的信息，又传递企业职工福利、企业前途及社会责任等方面的信息，甚至还传递企业素质、人才培养、股票价值方面的信息。总之，公共关系能够把一个立体的企业形象完整地呈现在公众面前。

▶ **2. 对公众影响的多元性**

一个企业周围的公众是多元的，主要有六种，即顾客（用户）、供应厂商、社区、媒介、政府和企业内部职工等。在公众面前，企业必须做到两点：一是积极顺应公众的意见；二是努力影响公众的意见，从而树立企业在公众中的正面形象。

▶ **3. 成效的多面性**

从心理学的角度来看，人们的感情普遍存在一种由此及彼的扩展和迁移特性。由于人们对某人、某物的主要方面感情很深，因此对与此相关的其他方面也产生相应的情感。公共关系正是恰到好处地把握了人们的这种心理，通过集中力量塑造企业形象，使公众热爱企业。这样，不仅能促进产品销售，而且能起到鼓励和吸引投资、吸引优秀人才等多方面的作用。

二、公共关系的活动方式

（一）发现和创造新闻

企业公关人员要善于发现和创造对组织及其产品有利的新闻，以吸引新闻界和公众的注意，增加新闻报道的频率，扩大企业及其产品的影响和知名度，使顾客加深印象，激发推销人员及其他职工的工作热情。

拓展阅读 13-16
员工"大游行"

（二）介绍情况、回答问题和发表演讲

企业营销人员要利用各种场合和机会，介绍企业和产品，或发表演讲、回答问题，以提高企业知名度。

（三）参与社会活动

企业积极参与赞助、捐赠、救灾扶贫活动，树立企业关心社会公益事业、承担社会责任和义务的良好形象。

（四）策划专门性公共关系活动

通过新闻发布会、研讨会、展览会、庆典活动等，与公众沟通信息、增进了解、沟通感情、扩大宣传、强化形象。

拓展阅读 13-17
北欧世家皮革
公司的公关活动

（五）导入 CIS

导入 CIS 就是指综合运用现代设计和企业管理的理论和方法，将企业的经营理念、行为方式及其个性特征等信息加以系统化、规范化和视觉化，以塑造具体的可感受的企业形象。

（六）散发宣传材料

制作各种宣传资料广为散发和传播，向公众传递有关企业及产品的信息。

三、公共关系促销的途径

（一）运用公共关系宣传促销

企业营销的成功，需要综合运用营业推广、广告宣传、人员推销、公共关系等促销手段，其中营业推广、广告宣传、人员推销是促销的重要手段和策略，但它们往往给人"王婆卖瓜，自卖自夸"之感，容易引起用户或顾客的逆反心理。与此相反，消费者越来越倾向于新闻界或第三者对企业及商品的赞赏和评价报道，并据此决定市场行为。他们认为新闻界超脱于企业利益之外，是与企业和消费者无关的第三者，因此能站在公众的立场上对企业产品和企业形象做出真实、准确的评价。因此，充分利用公共关系加以宣传，既能提高企业产品的知名度，又能提高顾客对产品的信任程度。

（二）运用公共关系，通过塑造企业形象促销

企业市场营销的成功仅仅靠自身是不够的，还需要社会各界的大力支持和协作。为此，企业应借助公共关系，促使公众把自己看作遵纪守法、为公众和社会做贡献、注重社会利益的"公民"。作为社会组成部分的企业，必须担负起义不容辞的社会责任，通过积极开展公共关系活动，实行开放式的经营，为社会公众和社会谋福利，为科学文化教育事业做出力所能及的贡献，扭转人们对企业只是"赚钱机器"的传统看法，从而扩大企业的声誉，获得公众对企业销售活动的支持，借以扩大销售。

（三）运用公共关系，保证企业市场营销真正以消费者为中心

站在企业的立场上，可以认为企业实施的方针、政策是完全正确的，但站在消费者的立场上，也许就会发现企业问题的症结。为了密切企业与公众之间的感情，公关部门必须与消费者建立联系，听取和收集各种不同的公众对企业市场营销政策和活动的意见及要求，对任何来访、来电、来信、来人均给以迅速、礼貌、准确和友好的答复。通过公共关系活动，增进企业与公众感情交流和融合，可以保证企业市场份额的不断扩大。

（四）运用公共关系，通过纠正企业营销的失误促销

企业经营的产品千千万万，接待的顾客千差万别，各种交易活动纷繁复杂，难免会出现市场营销失误，如产品的质价不符、广告言过其实等，因而可能受到社会舆论的谴责。对这些情况稍一疏忽，就会给企业带来无可挽回的损失，使企业声名狼藉。企业在市场营销中如出现这样的事件，明智之举是企业本着实事求是的态度，坦率地检讨本企业营销策略的失误及其他过失，尽快向社会表明本企业正在虚心听取各方面的意见并予以改正。对于由于公众不了解真实情况而对企业产生误解的情况，企业绝不能一声不吭，而应对公众的误解给予必要的解释和说明，以正视听。当一些企业采取不正当竞争手段诋毁本企业形象时，受诋毁的企业应公开发表声明，予以揭露，使真相大白于公众，求得社会舆论的支持，维护企业声誉，借以恢复和扩大企业产品销售。

第五节 营 业 推 广

一、营业推广的含义及特点

（一）营业推广的含义

营业推广又称销售促进，它是指企业运用各种短期诱因鼓励消费者和中间商购买、经销或代理企业产品或服务的促销活动。美国市场营销协会定义委员会认为，销售促进是指除了人员推销、广告、宣传以外的刺激消费者购买和提高经销商效益的各种市场营销活动。例如，陈列、演出、展览会、示范表演以及其他推销活动。在美国的日用消费品销售领域，销售促进占到促销总预算的 $60\%\sim70\%$，每年的增长率为 12%，营业推广在促销活动中起着越来越重要的作用。

（二）营业推广的特点

概括来说，营业推广有如下特点。

▶ 1. 针对性强、销售效果明显

企业营业推广是一种以激励消费者购买和调动经销商经营积极性为主要目标的辅助性、短暂性的促销措施。大多是通过提供某些优惠条件，调动有关人员的积极性，刺激和诱导顾客购买。因而，企业的营业推广见效快，对一些消费者具有较强的吸引力。

▶ 2. 灵活多样，适应性强

可根据顾客心理和市场营销环境等因素，采取针对性很强的营业推广方法，向消费者提供特殊的购买机会，具有强烈的吸引力和诱惑力，能够唤起顾客的广泛关注，立即促成购买行为，在较大范围内收到立竿见影的功效。

▶ 3. 有一定的局限性和副作用

有些方式显现出卖者急于出售的意图，容易造成顾客的逆反心理。如果使用太多或使用不当，顾客会怀疑此产品的品质及产品的品牌，或产品价格是否合理，给人以"推销的是水货"的错觉。

二、营业推广的方式

（一）针对消费者的营业推广

针对消费者的营业推广，可以鼓励老顾客继续使用，促进新顾客使用，动员顾客购买新产品或更新设备，引导顾客改变购买习惯，或培养顾客对本企业的偏爱行为等。

针对消费者的营业推广方式可以采用以下几种。

▶ 1. 免费样品

向消费者赠送样品或试用样品。样品可以挨户赠送，在商店或闹市区散发，在其他商品中附送，也可以公开广告赠送，赠送样品是最有效也是最昂贵的介绍新产品的方式。

拓展阅读 13-18
哈雷机车的
营业推广

▶ 2. 折价赠券

折价赠券是指可抵充购买款项的赠券。为吸引顾客上门购买，企业可以分发"产品优惠券""产品折价券"，当顾客购买某一产品时给予优惠。

▶ 3. 返现

拓展阅读 13-19
瑞幸咖啡，你一杯，
他一杯

返现（现金返还）与优惠券相似，不同的是在购买后才退款，而不是在零售店内减价。消费者将购买证明寄给制造商，制造商再将部分购买金额返给消费者。例如，Toro 公司为其扫雪机做了一次高明的季前促销，如果购买者的市场区域内积雪低于平均水平，给予现金返还。

▶ 4. 廉价包装

廉价包装是在商品包装或招贴上注明：比通常包装减价若干，它可以是一种商品单装，也可以把几件商品包装在一起。

▶ 5. 包装兑现

包装兑现即采用商品包装来兑换现金。例如，收集到若干某种饮料瓶盖，或积累一整套标志，可兑换一定数量的现金或实物，借以鼓励消费者购买该种饮料。

▶ 6. 现场示范

企业派专人在销售现场大量陈列某种产品，并当场示范吸引消费者注意。这种方式一方面可以把技术性较强的产品的性能特点和使用方法介绍给消费者；另一方面也可以使消费者直观地看到产品的使用效果、直接激发消费者的购买欲望。

▶ 7. 组织展销

企业将一些能显示企业优势和特征的产品集中陈列，边展边销。

▶ 8. 有奖销售

在产品销售时设立若干奖励，对一次购买量达到一定数额的消费者按规定发给奖券，定期开奖或当场兑奖。如果奖品比较丰厚，则有一定的吸引力。这种方法利用人们的侥幸心理，刺激作用较大，但得奖的毕竟是少数，因此促销作用难以持久。

▶ 9. 会员卡制

拓展阅读 13-20
盖章卡之
"次次优惠"

会员卡制即通过首次办卡免费，持卡消费优惠、积分等的一种促销方式。有些企业会员卡还可以升级为"金卡"或"银卡"，"金卡"或"银卡"可以享受更多的折扣，从而吸引顾客经常消费，成为企业的常客。

▶ 10. 附送赠品

在顾客购买某种产品时，附带赠送一些物品。所赠的物品可以与购买品一致，也可以是其他物品，多半很廉价。

▶ 11. 以旧换新

以旧换新是指消费者在购买新商品时，如果能把同类旧商品交给商店，就能折扣一定的价款。对于使用以旧换新促销的厂家来说，回收来的旧商品通常没有多大经济价值，以旧换新的目的，主要是消除旧商品形成的销售障碍，免得消费者因为舍不得丢弃尚可使用的旧商品，而不购买新产品。

（二）针对中间商的营业推广

针对中间商开展营业推广，其目的是鼓励批发商大量购买，吸引零售商扩大经营，动员有关中间商积极购买或推销某些产品。其方式可以采用：

▶ 1. 经销折扣

企业为争取批发商或零售商多购进自己的产品，在某一时期内可给予购买一定数量本企业产品的批发商一定的折扣，从而促进与中间商的长期合作。

▶ 2. 推广津贴

企业为促使中间商购进企业产品并帮助企业推销产品，还可以支付给中间商一定的推广津贴。

▶ 3. 销售竞赛

根据各个中间商销售本企业产品的实绩，分别给优胜者不同的奖励，如现金奖、实物奖、免费旅游度假奖等。

▶ 4. 展览会或博览会

企业在推出新产品时，针对中间商进行展览和展示。例如，举办展览会、博览会等，由于这类展览会或博览会能集中展示优质产品，并能形成对促销有力的现场环境效应，对中间商有很大的吸引力，往往能促成交易。

▶ 5. 服务促销

企业可以为中间商提供各种服务支持以调动中间商的积极性，包括业务会议、发行企业刊物、培训销售人员、采购支持、退货保证等措施。

（三）针对推销员的营业推广

针对推销员开展营业推广，鼓励他们热情推销产品或处理某些老产品，以及促使他们积极开拓新市场。可以采用以下三种方式。

▶ 1. 企业培训

企业利用培训为推销员提供各种培训、提高的机会。

▶ 2. 推销手册

为指导推销员有效地进行推销，企业可以请有关专家精心编制推销手册，其中的内容包括销售激励项目、企业资料、产品资料、价目表、订单等，既丰富又实用，为推销员提供了有力的促销工具。

▶ 3. 销售竞赛

在一定的时间内，企业在推销员中开展形式多样的销售竞赛活动，对成绩优良者给予一定奖励，这是企业常用的营业推广方法。

三、营业推广的实践要点

（一）制定促销目标

每一项特定的营业推广方案都应有明确的目标，同时，还应制定一定时期内营业推广活动的目标。营业推广的目标应该具体，尽可能数量化。应注意的问题是：营业推广的目标必须与一定时期促销组合的目标相适应，同时，某项营业推广方案的具体目标应该在深入了解当前市场状况，尤其是潜在购买者状况的基础上制定。

（二）选择营业推广工具

营销人员在选择推广工具时应综合考虑以下诸因素：市场类型、营业推广目标、竞争状况和每种推广工具的成本效应。市场环境状况和促销目标的不同，营业推广工具的选择也应有所差别。

（三）制订详细的实施方案

一个营业推广实施方案至少应包括下述基本内容。

▶ **1. 额外利益的大小**

若要取得促销效果，提供一定水平的额外利益是必不可少的。额外利益太小，不足以刺激顾客购买；额外利益太高，企业又难以承受。

▶ **2. 促销对象的范围**

通常企业需要对参加促销活动者的资格做出某些规定。

▶ **3. 告示顾客**

如何使更多的顾客知道及参加促销活动是设计营业推广方案的一个重要环节。它包括两类情况：一类营业推广活动需在特定销售现场进行，主要的问题是如何利用广告吸引顾客到现场；另一类营业推广活动则需由主办者把营业推广用品（如样品、礼品、优惠券等）直接送给消费者，因此主办者需研究分发营业推广用品的方式。

▶ **4. 持续时间**

营业推广的时间如果太短，许多顾客可能来不及参加；如果太长，营业推广也就失去了吸引力，而且企业可能要花费过高成本。

▶ **5. 制定预算**

计算一项营业推广活动所需的费用，可使用下例中所示的方法。

假设某种品牌的洗发香波正常零售价为每瓶 10.90 元，其中生产厂家毛利为 4.00 元；该企业准备在某一段时期实行优惠券促销，凭券购买可获 0.90 元的优惠；企业希望在此期间售出 10 万瓶洗发香波。那么，此项营业推广活动所需费用的计算方法如下：

总费用＝预期销量×单位费用＝$10×0.9=9$（万元），即费用为 9 万元，但通常还要加上无法摊到单位产品上的各种杂项费用。

（四）预试营业推广方案

推广方案要经过测试，才能确定推广工具选择是否恰当、额外利益大小是否恰当、顾客是否能产生预期反应等，以便做出改进。对于那些将在大范围内实行的推广方案，尤其有必要预试。

四、在营业推广中应注意的问题

营业推广在实施过程中必须和其他营销沟通工具结合在一起才能创造强有力的协同作用。例如，广告提供消费者消费某种产品的理由，营业推广工具则配合广告刺激消费者购买。

营业推广与其他营销沟通工具相比有明显特征。通常信息比较直接，容易引起消费者注意，把他们引向产品，采取让利、诱导或免费赠送的办法给顾客某些好处；产生更强烈、更快速的反应，迅速扭转销售量下降的局面。但是，这种影响常常是短期的，对建立长期的品牌偏好影响不是很大，因此，营业推广要与其他营销沟通工具配合起来共同实现营销沟通目标。

五、营业推广的技巧

（一）先予后取

先予后取即先让顾客真正获益，让商品站稳脚跟，扩大知名度，吸引更多的顾客慕名而至，然后适当收网，从而带来滚滚财源。

（二）亏此盈彼

做生意，既要勇于赚钱，还要善于亏本。"堤内损失堤外补"，亏是为了赚，赚是因为亏得恰到好处。

[**案例 13-6**] 日本大阪百货公司董事长小林，在公司开设了一家物美价廉的咖喱饭馆，售价降低四成，每天补贴餐馆 5 万日元。四面八方的顾客蜂拥而至，惜时如金的人们在等待就餐的时间里采购其他商品，公司的销售额一下子增长了 5 倍。

（三）放水养鱼

做"一锤子买卖"无异于竭泽而渔，做生意一定要舍得长线投资，着眼于将来。

（四）迂回侧进

直取不胜，不妨绕道而行。明修栈道，暗度陈仓。

（五）借风洒雨

借别人之口宣传自己，更容易让人相信。

拓展阅读 13-21
咖喱饭馆：
亏此盈彼

拓展阅读 13-22
可口可乐公司的
长线投资

拓展阅读 13-23
设置免费阅读栏
的餐厅

▎复习思考题 ▎

1. 什么是促销组合？主要有哪几种促销方式？
2. 简述人员推销的特点、策略与技巧。
3. 简述推销人员的业务素质要求。
4. 广告宣传有哪些特点？
5. 广告设计应遵循哪些原则？
6. 公共关系促销有哪些特点？有哪几种活动方式？
7. 营业推广有哪几种方式和技巧？

▎案例分析训练 ▎

"昼夜"双卡促销

日本东京的韩式人气料理店——吾照里二子玉川店为了加大优惠宣传力度，针对日间和夜间用餐需求推出了两种卡，其绝妙的创意和让人心动的优惠价格赢得了众多消费者的心。

促销方式一：凡来店消费的客人，每次来店消费就可在"午餐卡"上贴一个印花。集齐

5 张印花，所有午餐一律半价优惠；集齐 10 张印花，免费享用午餐。"午餐卡"根据平日档午餐设计，是一种简单的盖章卡。每张卡可以享受两次优惠。

　　促销方式二：提供多种优惠形式的"会员卡"，这是一种积分卡，按每 100 日元（不含税）积 1 分计。会员人数约 1.5 万人。这种"会员卡"在吾照里旗下各门店一律通用。二子玉川店晚间来店用餐者，每位客人平均花费 2 500～3 000 日元。来此用餐的团体客也很多，有时一次就能集齐所有点数。二子玉川店采用优惠分级制度——"消费满 100 点，赠送 500 日元餐券一张"；"消费满 500 点，赠送 3 000 日元餐券一张"；消费超过 1 000 点，除了赠送餐券，还有各种赠品供客人挑选。例如：消费满 5 000 点，客人可以从价值 25 000 日元的餐饮券、自行车、身体脂肪测量仪等豪华赠品中任选一种。积分从低到高，赠品种类多样，分别针对"希望早点领取赠品的客人"和"希望赚取豪华赠品的客人"设计，极大地提高了积分卡的揽客效果。

　　资料来源：8 个经典案例，告诉你人气餐厅都是怎么吸引顾客的！［EB/OL］.［2023-02-10］. http：//www. 360doc. com/content/18/0115/18/34440108 _ 722182596. shtml.

　　分析与思考：

　　1. 试分析吾照里二子玉川店的促销策略。

　　2. 如果你是企业的管理人员，你还能想出什么促销手段？

在线自测

扫描封底刮刮卡　获取答题权限

第十四章　国际市场营销

学习目标

1. 理解国际市场营销的含义；
2. 区分国际市场营销与国内市场营销、国际贸易的不同；
3. 列举进入国际市场的战略；
4. 分析国际市场营销组合策略。

引例

寻找"带头牛"商店

20世纪70年代，日本索尼公司为把彩电打入美国市场而绞尽脑汁。在当时的美国人眼里，索尼彩电是受人歧视的杂牌货。为此，索尼公司国外部部长卯木肇费尽心思，但一筹莫展。

一天，他偶尔路过一处牧场，当时夕阳西下，一个稚气的牧童牵着一头雄壮的大公牛走进牛栏，一大群牛紧随其后，温驯地鱼贯而入。眼前这种景象使卯木肇灵感大发，他暗自思忖，何不找一家"带头牛"商店率先销售索尼彩电呢？

卯木肇选定了当地最大的电器推销商作为主攻对象。第二天上班时，他兴冲冲地赶到马希利尔公司求见经理，但吃了闭门羹。在连续碰了三次壁后，经理终于同意接见，但甩下一句硬邦邦的话："我们不卖 Sony 的产品，你们的产品像瘪了气的足球，踢来踢去没人要，只能降价拍卖。"

卯木肇始终不泄气，他打算继续说服这位经理，并在当地报纸上重新刊登广告，再塑商品形象。谁知马希利尔公司经理又提出："Sony 的售后服务太差。"卯木肇没有争辩，而是马上设立特约服务部，负责维修等售后服务，并在报上公布特约服务部的地址和电话，并保证随叫随到。

然而，在第三次会面时，马希利尔公司的经理仍在挑剔："Sony 在当地形象不佳，知名度不够，不受消费者欢迎。"拒绝销售。尽管如此，卯木肇仍然没有气馁，他看到了希望。因为，这位经理挑剔的由头越来越少，这是成交的先兆，他持续地努力着。卯木肇立即召集三十多位工作人员，规定每人每天拨 5 次电话，向马希利尔公司订购索尼彩电。这接连不断的求购电话，把马希利尔公司的职员搞得晕头转向，在忙乱中误将索尼彩电列入"待交货名单"，使得经理十分恼火。

在这种情况下，卯木肇十分镇静地面对经理，大谈索尼彩电的优点，并诚恳地说："我三番五次求见你，一方面是本公司的利益，同时也考虑了贵公司的利益，索尼彩电一定会成为马希利尔公司的摇钱树。"精诚所至，金石为开，经理被说动了心，同意代销两台试试。卯木肇大喜过望，当即送上了两台彩电，并选派了两名年轻能干的推销员和店员一起推销。卯木肇给这两名推销员立下了"军令状"：如果一周之内卖不掉这两台彩电，就不要回索尼公司了。

出乎意料的是，当日下午四点，两台彩电已经售出，马希利尔公司又订购了两台。至此，索尼彩电挤进了芝加哥市"带头牛"商店，一月之内竟然卖出七百余台。

有"带头牛"开路，芝加哥地区的一百多家商店也纷纷要求经销索尼彩电。没过多久，美国其他城市的销路也随之打开。

资料来源：牛亮．寻找"带头牛"——"索尼"打入美国市场的开拓之路[EB/OL].[2023-02-20]. https://kns.cnki. net/KCMS/detail/detail. aspx?dbcode＝CJFD&filename＝JYZZ199502008.

国际市场营销是指企业跨出国境，在本国以外的市场进行的营销活动。随着世界经济一体化趋势增强，跨国贸易和投资数不断增加，国际市场营销问题越来越引人注目。同时，我国加入世界贸易组织后，广大企业更是面临"国内市场国际化、国际竞争国内化"的现实。因此，把握国际市场营销的特点，积极开展国际营销活动，对于开拓国际市场、扩大规模经济、取得竞争优势，具有更加积极的意义。

第一节　国际市场营销概述

一、国际市场营销的概念

国际市场营销是指企业在两个或两个以上的国家，以全球性资源优化配置为手段，从事跨国界的生产经营活动。它作为进军国际市场的企业行为，是世界经济发展的必然产物。

进入 20 世纪以来，新的政治经济秩序使世界经济迅速增长。随着经济的高速增长，科学技术也以前所未有的速度迅速发展，反过来又进一步促进了世界经济的发展。

拓展阅读 14-1
国际市场营销的
四个阶段

国际市场营销是在国际经济交流日益频繁、国际竞争日益激烈的形势下产生和发展起来的。各企业营销目标、经济实力以及营销经验不同，其国际营销开展的程度也会不同。

二、国际市场营销的理论基础

国际市场营销是在国际贸易的基础上产生的，许多关于国际贸易的理论可用以解释国际市场营销活动的产生和发展。

（一）重商主义与国际营销

重商主义主要研究国际贸易如何为一国增加财富，强调国家应大力干预经济，扩大出口、限制进口以保证贸易顺差，是最早的保护贸易理论。在资本的原始积累时期，重商主义为资本主义开展对外贸易，进行海外掠夺提供了理论依据。为了更好地开展对外贸易，资本主义国家建立了大量的海外贸易公司，标志着国际市场营销出现了萌芽。

（二）马克思主义经济学说与国际营销

马克思主义经济学认为：国际分工是社会生产分工跨越国界的产物，是一国内部生产社会分工的空间扩展，是各个国家参与世界资源配置的国际生产专业化，任何国家参与国际分工和国际贸易都会从中获得一定的利益。马克思的劳动价值理论和剩余价值理论是马克思经济学的核心，也是马克思国际贸易理论的基石。

价值规律客观地要求国际商品交换比例或贸易价格必须以商品的国际价值作为衡量价值的尺度。国际分工与国际价值理论，为国际营销中贯彻"双赢"原则奠定了理论基础。

（三）比较利益学说与国际营销

比较利益学说认为各国应根据生产成本进行国际分工，主张实行自由贸易，为国际市场营销提供较宽松的大环境，促使更多的国家参与到国际贸易中来。自由贸易也为各国进行营销手段创新提供了动力。

（四）产品生命周期理论与国际营销

产品生命周期理论认为，如同人的生命从出生到死亡有一个周期一样，产品在市场上的变化也要经历一个导入、成长、成熟、衰退的过程。国与国之间在生产结构、技术条件、管理水平及市场因素等方面存在的差异，决定了同一产品在不同国家存在生命周期发展的不同阶段。只有当产品在所有国家都经历了饱和与衰退期后，该产品的全球生命周期才宣告结束。

三、国际市场营销与国际贸易的异同

把国际市场营销界定为国际贸易的企业行为，这本身就点明了国际市场营销与国际贸易两个范畴既有联系又有区别。

（一）国际市场营销与国际贸易的联系

国际市场营销与国际贸易具有相联系或相同性质的一面，是因为两者涉及的都是跨国界的贸易活动，从总体上看都属于国际贸易范畴，从企业运作看则属于国际市场营销范畴。换言之，国际市场营销与国际贸易事实上是一个问题的两个方面，是从不同角度和视野上看的跨国界的商品交易活动。

（二）国际市场营销与国际贸易的区别

▶ 1. 角度不同

国际贸易从跨国界交易活动的总体上来研究国与国之间的贸易关系，如对外贸易理论与政策、国际贸易惯例与法规以及外贸实务等。国际市场营销则站在企业的角度，从微观上研究企业跨国界的商品交换问题，如营销环境分析、制定营销组合策略等。

▶ 2. 范围不同

国际贸易涉及的是国际间的商品流通或商品交易的问题，而国际市场营销涉及的则是这种跨国界的商品交易的具体策略以及与此相关的问题，如市场预测、产品开发、售后服务等问题。

▶ 3. 流向不同

国际贸易涉及商品交易的两个方面，即涉及本国产品向外国的销售和本国购买外国的产品这一卖一买的两个方面，涉及两个流向的商品交易。而国际市场营销涉及的一般只是本国产品如何向国际市场销售这一单一流向的交易。

▶ 4. 对象不同

国际贸易的对象是外国厂商或政府，一般不涉及最终购买者；国际市场营销的对象则是外国的最终消费者。前者从总体上来把握交易的对象，后者则从具体的营销手段来把握营销的对象。

四、国际市场营销与国内市场营销的异同

(一)国际市场营销与国内市场营销的联系

国际市场营销与国内市场营销从本质上来说并无根本的不同,市场营销的基本原则对两者是适用的。具体而言,国际市场营销和国内市场营销都要进行环境分析、选择目标市场,都要做出营销决策,完成商品和劳务的交换,实现商品从生产者到消费者的转移。但是,国际市场营销和国内市场营销毕竟处于两个不同的营销地域,前者与后者相比,有跨国界、异国性、多国性的特点;在具体的营销过程中,国际市场营销又有不同于国内市场营销的操作层面。

(二)国际市场营销与国内市场营销的区别

国际市场营销与国内市场营销的区别主要表现在以下方面。

▶ 1. 复杂性

各国由于特定的社会文化、政治法律和技术经济环境不同,使国际市场营销的复杂性远远大于国内不同地区的市场营销。社会文化不同表现在语言障碍、文化差异、风俗习惯、社会制度、宗教信仰等不同,给国际营销带来市场调查不易,了解贸易对手困难,交易双方沟通障碍,交易接洽不便等诸多困难;政治法律不同表现在政治体制、海关制度及有关贸易法规不同等,给国际市场营销带来障碍;技术经济环境不同表现在居民收入水平不同、经济发展水平不同、经济体制不同等,对国际市场营销也产生极大影响。

▶ 2. 风险性

国际市场营销由于进行跨国界的交易活动,很多情况不易把握,产生的风险如信用风险、汇兑风险、运输风险、政治风险及商业风险等要远远大于国内市场营销。

▶ 3. 激烈性

进入国际市场的企业都是各国实力强大的企业,参与的国际竞争比国内市场的竞争更为激烈,也更为残酷。在国际市场上,营销的参与者与国内也有很大不同,除国内市场竞争的常规参与者外,政府、政党、有关团体也往往介入营销活动中,政治力量的介入,使国际市场的竞争更加微妙,竞争的激烈程度也比国内市场大为提高。对于发展中国家的企业来说,参与国际竞争必然要承受巨大的竞争压力。

五、我国企业走向国际市场的动因

(一)国内市场竞争激烈

我国实行改革开放 40 多年来,社会主义市场经济迅猛发展。特别是近些年来,国内市场逐渐形成供过于求的买方市场格局,家用电器、汽车、手表、服装、鞋类等产品供过于求的趋势尤为突出。这既是国内生产力发展的结果,也是某些行业重复引进及重复生产引起产业结构不合理而造成的。此外,国外产品通过各种渠道大量涌入国内市场,使国内市场呈现饱和状态,企业为实现产品价值的竞争日益激烈。因此,许多企业,尤其是有实力的大企业积极寻求向国际市场拓展的机会,以获取比较多的利益。

(二)获取国外先进科学技术及先进的管理技术

我国属发展中国家,要使我国从发展中国家过渡到经济发达国家,需要先进的科学技

术及先进的管理技术。发展我国经济，一方面主要通过国内自力更生、奋发图强；另一方面通过对外贸易与经济合作途径，了解、学习和引进国外先进科学技术及先进的管理技术，实现技术的自主创新。我国出口企业及在国外投资企业是了解和掌握国际市场信息、国外先进科技及先进管理技术的主要力量。

（三）利用两种资源与两个市场获取国外低成本的生产资源及引进外资

通过企业出口外贸，可以探测及发现国外成本低的原材料及劳动力，以降低产品成本，提高规模经济效益。同时，通过出口为国家创外汇，还可以引进外资。据商务部公布的 2023 年 1 月份我国实际使用外资情况显示，截至 2023 年 1 月，我国实际利用外资金额 1 276.9 亿元。引进外资有利于弥补国内建设资金的不足，有利于引进先进科技，有利于吸取先进管理经验，有利于扩大国内就业，从而有利于加速我国经济的发展及增强我国经济的综合竞争实力。

第二节　国际市场营销环境

一、国际经济环境

经济环境是进行国际市场营销时要优先考虑的因素之一。有四方面的特征足以说明一个国家作为国际营销对象有多大的吸引力。

（一）人口与收入

一国的市场规模大致等于该国人口与人均收入的乘积。所以，人口多的比人口少的、人均国民收入高的比收入低的国家更有吸引力。其中，生活必需品受人口基数影响较大，奢侈品受收入水平影响较大。

（二）收入的分配

国民收入不仅有高低之分，还有分布或构成的不同，也影响到消费需求构成的不同。它有以下几种类型：

（1）家庭收入低而平均；

（2）家庭收入高低悬殊，极少数人极为富有；

（3）家庭收入较均匀地分为高、中、低三档；

（4）大部分家庭收入中等。

显然，收入结构不同会影响一国市场对商品需求的构成，如在第一种情况下，人们的需求会非常趋同，且所需商品品种十分有限；而在第三种情况下，市场需求会形成明显的层次和递进关系，对商品、服务的需求范围很广。

（三）资源配置及一国的产业结构

各国自然资源禀赋差异形成的比较优势一直是国际贸易的动因之一。在现代，包括自然、技术、资金及劳动力等各种生产要素在内的资源的配置，更是影响一国的产业结构以及对外资的吸引力。

拓展阅读 14-2
产业结构的
四种类型

（四）经济运行状况

除上述特征外，在制定近期国际营销策略时，考察一国的经济运行状况也十分必要。

简而言之，一国经济处于繁荣或恢复期，市场潜力较大；反之，一国经济处于衰退期或萧条期，市场潜力较小。一国通货膨胀严重又得不到控制，或连年贸易逆差，国际收支状况恶化，都会增加国际营销的风险，从而减弱该国市场的吸引力。

二、国际政治法律环境

政治与法律是一国政府及国民整体意志的集中体现，它们对企业的营销活动正在产生越来越广泛的影响。鉴于国际间并无一个统一的政治和法律制度，企业在进入某一国开展营销活动前，有必要先对该国的政治、法律环境做一番考察。

（一）政局的稳定性

国际营销者最关心的是目标国的政局稳定。因为政局的动荡和政府的更迭可能干扰该国经济的正常运转，可能影响该国有关政策的连续性，从而大大增加经营风险，如企业的财产和人员得不到保护、合同被终止、货款收不回、资金被冻结等。

（二）政府之间的关系

国家之间的良好关系是鼓励企业进入一国市场的因素之一；反之，若两国关系紧张，阻力要大些。

（三）政府对国际营销的态度与政策

一国政府对进出口贸易和外资投入的政策与态度极大地影响外国企业在该国从事营销活动的效果。如一国政府可以通过进口配额、外汇控制使所需物资商品不能自由进口，利润和资本不能任意汇回；通过要求有本国资本参与、本国人参加管理等规定阻止外国企业进入；也可以通过税收减免，允许盈余资金自由流入、流出，提高办事效率，鼓励和吸引外国投资。

（四）法律

各国的法律千差万别，而法律又是现代社会维持商品交易活动秩序的主要手段，其中与国际营销活动有关的主要是保护正当竞争和消费者权益的各种法律条例，如专利法、商标法、合同法、反垄断法、环境保护法、投资法、商品卫生检疫和技术标准条例等，还有一些国家有着特殊的法令条规。由于法律条文的繁杂和各国法律在具体内容上的千差万别，为谨慎起见，企业在决策参与国际营销活动前最好求得通晓国际商法问题的律师们的帮助。

拓展阅读 14-3
绿色低碳发展的
理念与责任

三、国际文化环境

每个国家有各自不同的社会结构、价值观念、语言、风俗和禁忌，这些不同使得各国消费者在购买、需求、偏好、态度和行为方面有很大差异。

（一）社会因素

例如，社会阶层的划分在各国差异很大，各阶层的消费倾向也有很大不同。又如，家庭结构、家庭成员结合的紧密程度、家庭内的决策模式、男女在家庭和社会中的地位与角色及社会群体行为等，亦因国别而不同。

（二）语言与审美

各国语言文字的差异构成了国际营销的一大障碍，特别是在广告、促销活动中，如果不能娴熟、准确地使用国际通用的语言文字，就可能丧失营销机会，甚至闹出笑话。人与人之间的沟通除了语言交流外，还有人类学家称为身体语言的姿势、手势和表情等，这些差异在上门推销或洽谈业务时须十分注意。不同文化背景下的民族对音乐、色彩、造型等的审美偏好也有差异，在产品、包装、商标和广告的设计上须考虑到这些不同。

（三）教育水准和物质文明程度

世界各国居民受教育的水准和物质文明的发展程度也相去甚远。如日、韩等国成年居民的识字率高达 99%，一些落后国的成人识字率仅有 20%～30%；发达国家大学生和科技人员占人口的百分比高于落后国数十倍，甚至上百倍。文明和受教育水准的差异影响不同国家对所需产品的种类、性能、数量的不同，还影响企业所需提供的售后服务内容、促销方式、媒体，甚至市场调查方式的选择。

（四）宗教信仰与价值观念

世界上有许多不同的宗教，而且宗教目前在许多国家和地区都有极大的影响力。宗教影响人们生活和活动方式、信仰和价值观念，从而影响人们的消费选择和购买行为。如各国的节假日大多有宗教背景，而一些节假日演变成了购物的旺季。各种宗教又都有一些禁忌，这些也是从事国际营销时要特别注意的。

第三节　进入国际市场的战略

一、进入国际市场的战略要素

（一）评估产品与外国市场

企业在进入国际市场之前，首先应对外国市场进行评估，尽可能地缩小选择范围，减少调查研究时人力、财力的消耗，以便迅速地找到适当的目标市场。初选时可采用排除法，一步一步缩小选择范围。先从最明显的因素开始，考虑一个因素，排除一批；然后再考虑下一个因素，再排除一批，直到剩下几个对象作为初选的目标市场。但是初步筛选要力求避免两个错误。

（1）忽视为企业主要产品提供好前景的国家，防止漏掉巨大的市场机会。

（2）在前景不好的国家花费太多的调研时间。因此，初选工作必须面向所有国家。同时，初选的速度要快、要经济，尽可能从大量公开资料中获取数据。

进行初步筛选时，可以对外国市场的规模进行直接和间接的评估，依据评估结果做出选中或是放弃的决策，初步确定目标市场的备选国家。

（二）确定目标市场

国际营销企业在对若干初选的目标市场进行深入调查，了解各个市场的市场容量和潜在容量之后，接着就要依据各个市场的竞争强度和企业自身实力初步核算开拓这个市场的成本和收益，进一步评估企业的进入能力，在此基础上做出目标市场的选择决策，最终确定一个或若干目标国家来开展国际市场营销活动。

（三）选择进入市场模式

在确定了目标市场之后，接下来所要解决的问题就是以何种方式进入这些市场。进入模式大体上可以分为四种：出口贸易、对外合作、直接投资以及战略联盟模式。每种模式各有其利弊，企业究竟选择哪一种模式，主要应当依据产品特征、国际市场营销环境、风险程度以及企业自身条件综合分析决定。

（四）制订营销规划

企业对于特定产品和目标国家的市场进入战略的制定，不但要选择进入模式，而且还要制订营销规划。进入模式旨在将产品进入国外目标国家，营销规划旨在将产品进入国外目标市场。营销规划的具体内容包括：销售量目标、利润目标、投资收益率目标。此外还有营销努力目标，例如设立营销网络、实现一定的广告目标、产品定位等。

为了制订营销规划，企业必须在产品、定价、分销、促销以及服务等方面做出决策。

二、进入国际市场的模式

企业进入国际市场的模式一般可归纳为四大类型，即出口贸易、对外合作、直接投资和国际战略联盟。

（一）出口贸易

▶ **1. 直接出口**

直接出口是指厂商直接将产品出售给国外市场的经销商、进口商或用户。其优点在于：

（1）可以不受国内中间商销售和业务范围的限制，在更大范围内选择目标市场；

（2）可以通过与国际市场的直接联系及时获取市场信息，从而改进企业的生产经营；

（3）可以增强对营销活动的控制，有利于改进营销工作；

（4）直接出口的合同期限一般较短，企业易于调整目标市场及进入市场的方式，因而具有一定的灵活性。

其局限性在于：

（1）企业独立与国外客商签订合同，会增加国际营销业务机构及专业人员，因而成本随之提高；

（2）企业独立完成出口营销，工作量大，责任较重，面临的风险也相对增大。

直接出口主要有三种途径：

（1）建立独立的出口经营机构，将产品直接出口给国外经营者和消费者；

（2）设立驻外分支机构和国外营销分公司，派出销售人员直接在国外从事营销活动；

（3）设立海外市场商业代表，与国外进口商、批发商、经纪人乃至零售商、消费者建立业务关系，将产品直接销往海外市场。

直接出口的企业既可自行建立销售系统，也可利用国外中间商。总之，直接出口是一种普遍采取的营销方式。

相对应的营销方式主要有国外包销、代理、寄售、拍卖、展卖、投标、易货贸易等。近年来，发展中国家普遍采用加工贸易和补偿贸易来扩大出口，这是其复杂形式。

▶ **2. 间接出口**

间接出口是指企业不从事出口业务，而将出口产品卖给国内中间商或委托国内的外贸代理机构把产品推向国际市场的一种方式。其优点是：

（1）可以利用本国出口贸易机构的渠道和经验，有利于商品的顺利销售；

（2）企业不需要亲自完成市场选择、市场调研、产品定价等出口业务，因而不需要从事出口的专门机构和人员，可能节约营销费用；

（3）企业不直接与国际市场联系，不承担国际市场销售的风险，有较大的灵活性；

因此，间接出口对刚刚开始跨国经营的企业是很有价值的。同时，对那些潜力不大的市场也可采取间接出口的方式。

其缺点是：

（1）由于企业并没有真正从事国际营销活动，缺少市场信息反馈，不利于产品及整个营销战略的改进；

（2）企业通过本国中间商进行国际市场销售，最终销售渠道不由自己控制，极易丧失市场份额；

（3）企业将产品出售给本国中间商即算完成出口，利润所得往往较低。

因此，间接出口是一种进入国际市场最脆弱的方式，多为无力在国际市场上建立销售网络的小企业所采用。计划经济国家一般采取此种方式。

间接出口主要有三种途径：

（1）企业将产品销售给出口商，再由出口商以自己的名义将产品销往国外；

（2）企业与出口贸易机构签订代销合同，由后者协助寻找国外销路，企业承担风险，产品售出后付给出口贸易机构一定比例的佣金；

（3）与国内中间商合作经营，由中间商提供信息，寻找买主，实行风险共担。

一般说来，本国生产商只与本国中间商联系，而由后者与国际市场买主发生联系的出口均属间接出口。

（二）对外合作

出口贸易仅体现商品的国际化，而对外合作则涉及商品、商标、技术、生产、资金等方面的跨国流动。对外合作的形式多种多样，主要包括以下几种。

▶ 1. 合作经营

合作经营是一种契约安排，即由合营双方通过签订协议或合同，具体规定各方的权利和义务。一般由外方提供资金、技术和设备，东道国提供场地、原料和劳务，产品销售额或利润按合同规定进行分配。合作经营不需要建立具有法人地位的经济实体，因此简单易行，除了具有合资经营的好处以外，投资方式还更灵活，适应性更强。

▶ 2. 技术转让

技术转让是一种有偿的技术转移，指技术的输出方将某项技术的使用权作价出售给技术的输入方。许可证贸易是技术转让的最基本和最重要的方式，即拥有专利权、商标权或专有技术的一方作为许可方，向被许可方授予某项权利，允许被许可方取得许可方所拥有的权利，如商标和专有技术的使用权、产品制造权和销售权等。

▶ 3. 特许经营

特许经营是指制造商通过中间商签订合同，授予其经营某种享有盛名或流行商标产品的特许权。产品由制造商提供，享有特许经营权的中间商负责经销。对大公司而言，通过发展其特许经营组织，可以控制大量分散的中小企业，扩大公司的市场份额；对中小企业而言，可通过特许经营与大公司联营，提高企业知名度，扩大销售，增加收入。

▶ 4. 合同生产

合同生产是指企业为了开拓目标市场，与当地企业签订订货合同，要求对方按合同规定的质量、数量、时间生产本企业所需要的产品或零部件，交由本企业并用本企业的品牌销售。实际上是把生产设置在目标市场国，当地生产，当地销售。

（三）直接投资

直接投资是指企业把资金以及管理、技术、销售、财务等方式转移到目标市场或地区，建立受本企业控制的子公司，在当地生产产品，并在国际市场销售，从而进入国际市场。

拓展阅读 14-4
直接投资进入国际
市场的两种形式

一般来说，通过直接投资进入国际市场必须解决好两大问题：一是在所有权类型方面，以独资还是合资的形式进入国际市场；二是在以独资形式进入国际市场时，是收购国外企业，还是在国外创建新的企业。

一般来说，影响股权选择的因素有两个：一是企业的自身情况，新进入国际市场的企业大多选择建立合资企业；二是进口国的情况，如果进口国是发展中国家、最好采取合资方式，当地企业如果有可利用的资源、技术、与政府的关系等，也可采用合资方式。

拓展阅读 14-5
安踏 371 亿元
国际化收购

（四）国际战略联盟

国际战略联盟是指在两个或两个以上的国家中，两个或更多的企业为实现某一共同的目标而建立的一种互为补充、互相衔接的合作关系。

国际战略联盟是弥补劣势、增强竞争优势的重要形式，可以迅速开拓新市场、获得新技术，提高生产效率，降低营销成本，谋求战略性竞争优势。国际战略联盟有两种类型：互补型联盟和接受型联盟。

▶ 1. 互补型联盟

互补型联盟大多由西欧、北美和日本等市场经营发达国家的企业之间结成。它们为了应对全球性的竞争，而在技术设计、加工过程和营销服务方面，进行技术、资金和人员等方面的互补和配合。

▶ 2. 接受型联盟

接受型联盟按经济体制和经济发展水平的不同，还可以进一步细分为东西方联盟和南北方联盟。东西方联盟是指市场经济体制为主的西方发达国家和一些原属计划经济体制为主的转型国家的企业之间的联盟；南北方联盟则主要是指发达国家企业与发展中国家企业之间的联盟。

以上所述的四种市场进入模式，实际上代表了国际营销从低到高的四个主要阶段，应用它们的目的和条件各不相同。出口贸易方式，基本上由处于国际营销初级阶段的企业采用，主要目的是消化过剩的生产能力，使产品赢得更广阔的市场，因此企业的国际营销概念与意识应该说是不自觉的、朦胧的，产品出口经营也带有不稳定和多变的特征。对外合作方式则前进了一步，有意识、有步骤、有针对性地在国际市场充分发挥企业的经营优势，对回避国际贸易壁垒也颇有心得，但对如何深入国际市场的战略性操作还在探索中，所以基本上不涉及国际营销中关键的股权问题。投资进入方式属高级阶段，以直接投资方式表明企业渴望在目标市场国掌握自身命运，参与要素活动，瓜分国际市场，以使货币资本和技术资本获得更广阔的运作舞台。只有国际化很成熟的企业才采用国际战略联盟的方式，在激烈竞争的国际市场上，企业之间协同竞争，实现优势互补。正因为如此，任何企业在不同的发展阶段，所采用的市场进入方式也不同。

拓展案例

"一带一路"数字化经济战略联盟成立 中外企业抱团"走出去"

"一带一路"数字化经济战略联盟于 2017 年 11 月 2 日在山东正式成立。这也是中外科技巨头联合发起成立的首个"一带一路"融合式平台。未来这一联盟将创新和整合全球科技和金融资源，助力"一带一路"相关国家信息化建设。

在两百多名中外嘉宾的共同见证下，中国企业浪潮集团与思科、IBM、迪堡多富、爱立信四家国际科技巨头在山东济南结盟，共同成立"一带一路"数字化经济战略联盟。中外企业抱团合作，携手国家政策性金融机构一起"走出去"，是该联盟的一大亮点。

中国企业加上 IT 业巨头 IBM、思科、迪堡多富、爱立信，就是中国企业跟国外企业一块抱团出去，从总体上提高能力，赢得所在国家信任。光有技术还不够，还要有资金。在此基础上，又联合中国进出口银行、中国国家开发银行、中国出口信用保险公司，是技术加资金形成的一个大联盟。

据介绍，"一带一路"数字化经济战略联盟将可以为"一带一路"相关国家信息化建设提供"数据中心＋云服务"、智慧金融、智慧家庭、智慧税务、智慧城市等领域世界一流的整体技术解决方案和金融资金支持。

美国思科公司表示，目前思科正在和中国多个地方政府合作推进智慧城市建设，比如粤港澳大湾区、广州番禺等。这个联盟的成立将有助于思科获得更多智慧城市项目的机会。思科认为合作伙伴关系很重要，相信一起共同关注和创新，可以主导数字化转型，助力产业转型和政府的信息化建设。思科非常有幸成为联盟的一员，在这里可以得到一个生态系统的支持，将有助于参与"一带一路"建设，开辟新的市场。

来自赞比亚、坦桑尼亚等十多个国家的驻华使节、海外客户当天也表示，欢迎联盟各方积极到本国投资，推动当地信息化建设。尼日利亚卡诺州州政府代表卡毕汝说："在智慧城市、安全城市、超级计算机这些领域，尼日利亚都将可以从中受益。这个倡议非常棒，联盟旨在全球或世界范围发挥作用，包括尼日利亚在内的很多发展中国家都会从中受益，受益于你们的经验、支持和合作。"

另据透露，这一联盟将率先在泰国、孟加拉国、马来西亚、赞比亚、肯尼亚等亚洲、非洲国家开展项目，打造样板工程，继而在"一带一路"相关国家全面推广。联盟也将吸引更多 IT 和互联网企业、金融机构加入，打造更完整、更先进的信息化整体解决方案，让"一带一路"各国享受数字经济发展红利。

资料来源：肖中仁．"一带一路"数字化经济战略联盟成立 中外企业抱团"走出去"［EB/OL］．［2022-11-03］．http：//www.sohu.com/a/202074635-115239.

第四节　国际市场营销组合策略

一、国际市场产品策略

在国际市场营销的产品必须适应国际目标市场的需求。无论产品的设计、包装及商标、新产品开发等，都必须符合特定国家和地区的社会文化以及消费者购买偏好。因此，国际营销产品策略主要有产品标准化和产品差异化策略两种。

（一）国际产品标准化策略

▶ **1. 国际产品标准化策略的含义**

所谓产品的标准化策略是指企业在国际营销中向世界不同国家或地区的国际市场提供相同的产品。美国哈佛大学教授西奥多·莱维特提出了"市场全球化"和"全球营销"的营销新理论。他认为，世界正经历着一个全球化的过程，所有文化将融合成一个公共的全球文化；人们的需求也变得越来越一致。处在世界三大经济区（北美、欧洲、日本）的消费者，出现了一个新的顾客群体，他们所受的教育、收入水平、生活方式及休闲方式极其相似，因此消费的共性化为产品的标准化提供了客观基础。

▶ **2. 国际产品标准化策略的意义**

在经济全球化迅速发展的今天，企业在国际营销中采用产品标准化策略，对企业开拓国际市场、取得全球竞争优势有着重要意义。

（1）有利于企业获得规模经济效益，大幅度降低成本。企业根据国际市场消费者需求趋同的特点，研制、开发、生产、销售同一种产品，可以大大降低研制、开发费用，降低生产成本，减少促销费用。例如，可口可乐公司在全球的广告采用标准化策略，仅此一项在 20 年内就节省了 9 000 亿美元。

（2）有利于企业的产品在全球树立统一的形象。企业把标准化产品打入国际市场，使用统一的品牌、统一的促销方式，使国际市场的消费者无论走到哪个国家，都能看到熟悉的品牌、熟悉的标志，享受到相同的产品利益和服务。产品的知名度会大大提高。例如，美国的"肯德基"和"麦当劳"，无论消费者到哪一个国家都能看到相同的标志，既能方便消费者买到自己想要的产品，产品的统一形象也深深地印在顾客的心中。

（3）有利于技术含量高的产品进入国际市场。技术含量高的产品若利用标准化策略，容易受到国际市场消费者的青睐。例如，美国通用汽车公司的高级轿车，日本索尼、松下的家用电器，在世界各国都很畅销。

（4）有利于企业在国际市场上调节产品的供求矛盾。在各个国家销售标准化产品，比较便于管理。特别是当有些市场出现供大于求，而另一些市场出现供小于求的状况时，管理者可进行调剂，不会为产品的差异而困惑。

（5）有利于企业加强对国际营销的管理和控制。企业用同一广告在数以百计的国家对产品进行宣传促销，比用不同风格的广告在不同的国家宣传同一产品要简单得多，成本要低得多，而且也容易管理。企业使用标准化策略，使进入国际市场的产品质量、产品价格、产品经销、产品促销相同或相似，便于企业制定和执行全球营销战略。

▶ **3. 实施国际产品标准化策略需要考虑的因素**

并非所有打入国际市场的产品都适合实施产品标准化策略，因此企业在选择产品标准化策略时应考虑如下一些因素。

（1）产品的需求特点。在国际市场上销售的产品一般可分为两大类：一类是与各国的文化和消费者风俗习惯紧密联系的个性化需求，如不同国家消费者对食品的需求；另一类是与国别和消费习惯无关的共性需求，如工业品中的生产设备，消费者使用的化妆品、保健品、洗涤用品、旅游用品及各国在全球有独特优势的代表国家形象的产品，如苏格兰威士忌、法国香水、中国丝绸和陶瓷，对于共性需求的产品可以采用产品标准化策略。

（2）产品的生产特点。若产品的技术含量高，技术可以在全球通用，这样的产品采用标准化策略可以获得规模经济效益，如飞机、汽车、计算机、药品等，还可以大大降低研制、开发费用，降低生产成本，减少促销费用。

（3）企业的国际营销目标。若企业的实力不是很雄厚，只想将产品打入与本国相邻的其他国家，因需求的相似性而可以选择标准化策略。

（4）国际市场的竞争情况。若在国际市场上的竞争状况不激烈，在目标市场上没有竞争对手或竞争对手实力较弱，而本企业又有独特的技术、生产及产品品牌优势，则可以采用产品标准化策略。例如，我国的景泰蓝工艺品进入国际市场就可以选择标准化策略。

（二）国际产品差异化策略

▶ 1. 国际产品差异化策略的含义

所谓国际产品差异化策略，是指企业在开拓国际市场时，根据各个国家和地区的消费者的个性化需求，为不同国家的消费者提供不同产品和服务的营销方式。产品的差异化可能表现在产品的不同形式上。如在核心产品上增加或精简产品的功能，在形式产品上改变产品的款式、包装和商标，在附加产品上改变服务的方式等。

▶ 2. 国际产品差异化策略的优点

（1）增加产品的适应性。不同国家的地理环境、气候条件、温湿度不同。如洗涤产品在不同硬度的水质条件下产生的效果不一样，为此洗涤剂的制造商就需要根据不同地区的水质来调整产品配方，使产品更好地适应当地的环境和消费需求。

（2）满足不同消费水平的购买要求。产品进入国际市场，还要考虑当地的经济环境和消费水平及购买者的支付能力。生产不同档次的产品，以不同的价格进入不同的国际市场，这样才能更好地满足不同收入水平消费者的需求。

（3）满足不同消费者的习惯。苏格兰的威士忌风靡欧洲和美国，但日本人却认为要在纯威士忌酒中兑5～10倍的水才好喝，那么威士忌酒进入日本市场必须改变酒水的比例才能迎合日本人的偏好。

（4）符合各国政府的有关规定和要求。各个国家的政府为了保护本国消费者的利益，对进入本国的产品会有一些规定和要求，若选择产品的差异化策略，应根据不同规定和要求生产产品，这样才容易出口。如美国政府制定了《防污染法》，要求出口到美国的汽车，必须有防污染装置；而出口到其他国家的汽车，可以不加防污染装置。这就要求汽车生产商采用产品差异化策略。

▶ 3. 国际产品差异化策略的缺点

产品差异化策略也会存在一些问题。它不仅增加了产品的研制开发、生产的工作量和销售费用，而且也增加了工厂风险。一旦某目标市场的产品没有销路，就无法调剂到其他国际市场去销售。

（三）国际产品差异化策略和标准化策略的综合应用

在国际营销中，消费需求既有差异性，又有同一性，因此企业往往要综合应用产品差异化和产品标准化策略。产品的标准化部分，应是产品的核心或功能部分，差异化部分一般针对产品的款式、色彩、包装和品牌。通用汽车公司的一位高级主管说过："有谁知道，打开车盖，里面全是一样的。"荷兰飞利浦公司的电子产品有五百多种型号，但其零部件和半成品则是标准化的。这就说明产品的标准化策略和产品的差异化策略不是相互独立的，而应有机结合，共同完成产品的开发、生产和销售。企业实施标准化和差异化策略的方式是：先将产品可以标准化的部分标准化处理，这样可以规模生产和降低生产成本；然后根据国际市场的消费特点和一些国家政府的有关规定和限制，对产品进行差异性调整，使产品满足不同国际市场的差异化需求。

二、国际市场营销价格策略

（一）影响国际市场营销定价的因素

国际市场环境比国内市场更为复杂，产品定价也受诸多因素影响。

▶ 1. 成本

除生产成本外，产品的国际市场营销成本还包括关税和其他税收、国际中间商成本、运费、保险费以及营销业务费等。

▶ 2. 国外法规

关税和非关税壁垒、反倾销法、反托拉斯法、价格控制法、产品安全法等国外法规，对产品定价有诸多影响。

▶ 3. 国际市场供求及竞争

国际市场基本属于买方市场，竞争激烈，制定国际营销产品价格，必须考虑市场供求及竞争状况。

▶ 4. 经济周期与通货膨胀

国外市场经济的周期变动，会导致不同产品的价格升降；通货膨胀则会增加产品成本，引起产品价格上升。

▶ 5. 汇率变动

国际市场营销活动中使用的计价货币是可以选择的，在实行浮动汇率的情况下，汇率变动使产品价格相对发生变动，极大地影响营销的收益。

（二）国际市场营销的定价策略

▶ 1. 统一定价策略

统一定价策略是指企业的同一产品在国际市场上采用同一价格。这一方式简便易行，但难以适应国际市场的需求差异和竞争变化。

▶ 2. 多元定价策略

多元定价策略是指国际营销企业对同一产品采取不同价格的策略。采用这一策略时，企业对国外子公司的定价不加干预，各子公司完全根据当地市场情况做出价格决策，这一策略使各个国外分支机构有最大的定价自主权，有利于根据市场情况灵活机动地参与市场竞争，但易引起内部同一产品盲目的价格竞争，影响公司的整体形象。

▶ 3. 控制定价策略

控制定价策略是指企业对同一产品采取适当控制价格的策略。采用这种策略是为了利用统一定价与多元定价的优点，克服其缺点，对同一产品的定价实行适当控制，既不采用同一价格，也不完全放手由各子公司自主定价，而是对内部竞争进行控制，同时又准许子公司根据市场状况进行灵活定价。这一策略既让定价适应了市场变化，又避免了公司内部的盲目竞争，但采用这一策略也会增大管理的难度和成本。

▶ **4. 转移价格策略**

转移价格策略是指国际营销企业通过母公司与子公司、子公司与子公司之间转移产品时确定某种内部转移价格，以实现全球利益最大化的策略。采用这一策略，母公司与子公司、子公司与子公司之间转移产品时，人为提高内部结算价格，造成总公司内部一个企业的利润或亏损转移到另外一个企业的状况，但从整体上使总公司的利益达到最大化。

转移价格策略常用的方法如下。

（1）当产品由 A 国转移到 B 国时，如 B 国采用从价税且关税高，则采取较低的转移价格，以减少应纳的关税。

（2）当某国所得税较高时，进入该国的产品价格定高，转出该国的产品价格定低，以少纳所得税。

（3）当某国出现高通货膨胀时，也采用高进低出的转移价格，避免资金在该国大量沉淀。

（4）在外汇管制国家，高进低出的转移价格，既可避免利润汇出的麻烦，又可少纳所得税。

转移价格策略有利于实现公司整体利益的最大化，但可能会损害某些国家的民族利益。

拓展阅读 14-6
转移定价策略

三、国际分销渠道策略

（一）国际分销渠道结构

国际分销渠道是指通过交易将产品或服务从本国生产者转移到目标国最终消费者手中，所经过的途径以及与此有关的一系列机构和个人。在国际分销系统中，一般有三个基本的要素：生产厂商、中间商和最终用户。生产厂商和最终用户分别居于分销系统的起点和终点，然后通过各种性质不同的中间商完成商品的流通过程。由于各国商业习惯不同，产品的分销方式也有很大差异。这样，就会形成许多复杂的分销渠道结构，如图 14-1 所示。

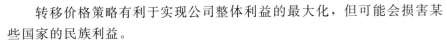

从图 14-1 中可以看出，国际分销系统的结构是由出口国和进口国两部分组成的。出口生产企业的产品不通过出口中间商直接进入进口国的渠道形式可称为直接出口形式，而通过出口中间商进入进口国的渠道形式则可称为间接出口形式。图中第①～⑤渠道结构是直接出口形式，第⑥～⑨是间接出口形式。

当企业选择通过国外中间商进入国际市场时，称为国际间接分销渠道，当企业、出口中间商通过邮购或在进口国直接设立销售机构等方式把产品卖给最终消费者时，称为国际直接渠道。如图 14-1 所示，①、⑥是国际直接渠道，其他方式都是国际间接渠道。

需要注意的是，上述国际分销渠道的结构是一般出口产品的流向，并不意味着每一次交易行为都必须经过所有的流程。在现实国际市场中，不同国家、不同产品的国际分销渠道结构往往是很复杂的。一般来说，同一产品在不同目标国家中的分销渠道是不同的，在同一目标国家中不同产品的分销渠道也是不同的，同一产品在同一目标国家的分销渠道也可能是不同的。因此，国际营销人员不能以本国的产品分销习惯去衡量其他国家的渠道结构。调查了解某一产品在某一国家适合采用哪些中间商，从而选择正确的分销渠道是国际营销人员的重要任务之一。

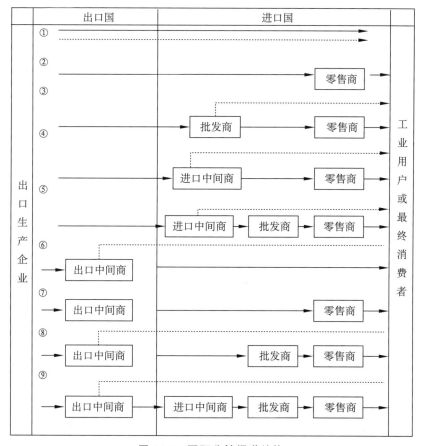

图 14-1　国际分销渠道结构

（二）国际分销渠道的参与者

国际分销渠道的参与者是指国际分销渠道的成员。在国际市场上，产品从出口国的生产商流转到目标国最终消费者的手中，既要经过出口国国内的营销渠道，又要经过进口国国内的营销渠道。在经过这些环节时，企业要与国内外不同的中间商打交道。因此，企业必须了解中间商的性质、经营范围以及不同种类中间商的优劣，通过比较分析，选择适合企业本身特性及经营目标的中间商。常见的国际市场上的进出口中间商可分为出口中间商、进口中间商和兼营进口的中间商三种。

▶ **1. 出口中间商**

出口中间商是指在本国经营出口产品业务的贸易商。按其是否对产品拥有所有权分为两大类：凡是对产品拥有所有权的中间商称为出口经销商；凡是以委托人的名义买卖货物并收取佣金，不拥有产品所有权的中间商称为出口代理商。除了上面两种出口中间商外，还有一种既不属于出口经销商也不属于出口代理商的厂商自设出口机构，用来承担企业出口中间商的任务。出口中间商以国内为基地，提供国际营销服务，其局限是远离目标市场，因而在提供市场情报和开发海外市场方面不及国外中间商。

1）出口经销商

凡以自己的名义在本国市场上购买产品然后再以较高的价格将产品卖给国外买主，从中赚取价差的贸易商，统称为出口经销商，简称出口商。出口商具有购买和销售产品的双重任务，因而与全能批发商相似，只是经营对象是国外客户。出口商一般都具有制造商所不具有的某些优势，例如，他们与国外的中间商有着长期的合作关系，具有较完善的信息网络，具有丰富的国际营销经验和良好的商誉等。出口商可以自行处理一切有关业务，并自担风险、自负盈亏。

出口商经营出口业务，主要有两种方式：第一种方式是先接受国外客户的订货，然后再向国内有关企业采购。这种方式风险较小，积压资金也少，但可能因组织货源不及时而违约。第二种方式是先在国内买进货物，然后卖给国外客户。这种方式风险较大，占用资金也较多，但有利于快速成交。常见的出口商主要有以下几种类型。

（1）出口行。出口行是本国专门从事出口业务的批发商。他们熟悉国际市场，精通国际商务。其经营的特点是：从众多的出口生产企业那里购买产品后运销国外市场，从事国际营销活动，其分销网络包括自设的分销机构和其他的中间商，可以同时经营不同企业生产的竞争性产品，根据盈利高低经营供应商的产品，不与某一供应商建立长期的合作关系。

（2）国际贸易公司。即主营进口和出口业务的进出口公司。日本、韩国称为"综合商社"，我国一般称为"外贸公司"或"进出口公司"。一般而言，国际贸易公司在国外都拥有庞大的分销网络和信息系统，具有丰富的国际营销经验和良好的商誉，以及完备的物质条件。许多中小企业，甚至一些大型生产企业，都是通过国际贸易公司将产品打入国际市场的。

对于中小企业和刚刚进入国际市场的企业来说，利用出口商出口产品比自己直接进入国际市场有很多优势。①可利用出口商的特长为自己的产品在国际市场上打开销路。出口商具有国际营销的经验、信誉、分销网络和专门人才，这些正是某些出口生产企业所不具备的。通过该渠道出口产品，成功的机会就大得多。②可减少国际营销的资金负担。通过出口商，出口生产企业就不必支出外销人员和设立机构的费用。③可减少国际营销的经营风险。出口生产企业与出口商之间是一种买卖关系，商品的所有权已经转移，国际营销的经营风险都由出口商承担。④可及时收回资金。交易发生在本国，不存在外汇风险，商品卖出后可及时解决资金周转的问题。

但利用出口商外销产品也存在不可避免的缺陷。①企业远离国际市场，对市场的控制力很弱，或根本无法控制。这种国际营销活动完全由出口中间商负责，企业无法控制产品在国际市场上的销售状况，也难以利用国际市场反馈回来的信息开发适销对路的产品。②企业很难在国际市场上建立自己的商誉。③企业的产品难以得到足够的重视。出口商同时经营多种产品，有些甚至是竞争性的同类产品，除非给经销商特殊的利益，否则它不会不惜代价地关照某一企业的产品。

2）出口代理商

出口代理商不拥有商品的所有权，他们接受本国卖主的委托，以委托人的名义，在规定的条件下，向国外市场销售商品，收取佣金。出口代理商可以是法人，也可以是自然人。在国际市场上，出口代理商主要有三种。

（1）销售代理商。销售代理商代理委托企业经营出口业务，委托企业按销售额付一定比例的佣金作为报酬。销售代理商通常为出口企业提供全面的出口业务服务，如海外广告，接洽客户，拟订销售计划，提供商业情报，等等。他们要负责资金融通和单证的处理，有时还要承担信用风险。在国际市场上，食品、服装、木材和金属制品常使用销售代理。在纺织品、煤炭等竞争激烈的行业中，销售代理的使用更为普遍。此外，出口企业如果缺乏国际市场的销售能力和销售经验，也多采用销售代理的形式出口产品。

（2）厂商出口代理商。厂商出口代理商又叫厂商出口代表，他们接受厂商的委托，从事商品出口经营业务，相当于执行厂商出口部的职能。他们接受生产企业的委托，为其代理出口业务，以佣金形式获得报酬。厂商出口代理商是以自己的名义而非厂商的名义开展业务的，他们所提供的服务一般要少于销售代理商，他们不负责出口资金、信贷、运输、出口单证等方面的业务。在国际市场上，中小企业大多使用厂商出口代理商。此外，在开拓新市场或推广新产品时，也多使用厂商出口代理人。

（3）出口经纪人。出口经纪人的职能是联系买卖双方并为之牵线搭桥达成交易。他们既不拥有货物所有权，也不实际持有货物，也不代办货物运输工作，只是根据卖方所定的价格和条件联系买方，在找到交易对象后，让双方在完全公开的环境中，聚集在一起就交易的各方面进行谈判。出口经纪人在双方达成交易后收取佣金，佣金率一般不超过货物总值的2％。出口经纪人与买卖双方一般没有长期、固定的关系。大宗货物或季节性产品的出口，如机械、大宗农产品等多用这种方式出口。

出口生产企业利用出口代理商外销产品，相对于利用出口商来说，具有以下优点：可适当控制国际市场营销活动；可在国际市场上建立自己的商誉；可得到代理商的密切配合；可灵活地进行出口经营活动。但是利用出口代理商也有缺点：由于商品的所有权未发生转移，生产企业必须承担国际营销的一切风险；所需资金较多，主要包括商品出口业务活动的费用、商品运输费用、促销费用以及代理商的佣金等。

3）厂商自设出口机构

这些出口机构是各生产厂商从事直接出口业务的部门，承担起出口中间商的任务。企业建立自己的外销机构直接出口，其目的是更稳定地占领市场，获得更多的利润，对海外市场的销售实行更有力的控制。

▶ 2. 进口中间商

企业可通过自设的海外出口机构或者通过选择国外的进口中间商进行产品分销。国外的进口中间商与产品消费者同处一个国家，熟悉当地的市场环境和消费者的购买习惯，可以解决语言、运输、财务、广告及促销等一系列国际营销方面的问题。因此，为了进一步扩大国际市场规模，实现企业的长远发展，生产厂商越来越多地选择国外进口中间商。与国内出口中间商类似，可以根据其是否拥有产品的所有权，将进口中间商分为进口经销商和进口代理商。

1）进口经销商

进口经销商是指从外国购进商品向其所在国市场出售的中间商。进口经销商拥有商品所有权，实际占有商品并承担商品经营的风险。其主要类型有两种。

（1）进出口公司。进口国的进出口公司与出口国的进出口公司是同一种类型的中间商，当它们从海外购进商品时，就成为进口商。进口商熟悉所经营的商品和目标国的市场，并掌握专门的商品挑选、分级、包装等技术和销售技巧。进口商一般没有商品的独家经销权。

（2）国外经销商。这是一种与出口国的供应商建立长期合作关系，并享有一定价格优惠和货源保证的从事进口业务的企业。它们从国外购买商品，再转卖给国内的批发商、零售商等中间商，或直接出售给消费者。经销商是在特定的地区或市场上，在购买和转售产品方面获得独家经销权或优先权的进口商。出口企业可以同它们建立密切的伙伴关系，对价格、促销、存货、服务进行适当的控制。还有一类经销商，专门从事工业品和耐用消费品的独家经销，它们所经营的商品主要来自单独的供应商或出口企业。

2）进口代理商

进口代理商是接受卖方的委托，代办进口，收取佣金的贸易服务企业。它们一般不承担信用、汇率兑换和市场风险，不拥有进口商品的所有权。其主要类型有三种。

（1）国外经纪人。经纪人是对提供低价代理服务的各种中间商的统称。它们主要经营大宗商品和粮食制品的交易。它们通常只根据委托人的产品目录或样品代签订单。它们熟悉当地市场，往往与客户建立良好的、持久的关系，它们是初级产品市场上最重要的中间商。

（2）融资代理商。这是近几年发展起来的一种代理商。这种代理商除具有一般代理商的全部功能外，还可以为销售以及为生产厂商在生产的各个阶段提供融资，为买主或卖主分担风险。

（3）厂商代理商。这是指接受出口国制造商的委托，签订代理合同，为制造商推销产品收取佣金的进口国的中间商。其名称很多，如销售代理人、独家代理人、佣金代理人、订购代理人等。它们为委托人提供全面的市场信息，并为企业开拓国际市场提供良好的服务。但它们不承担信用、汇率兑换和市场风险，不负责安排运输、装卸，不实际占有货物。当企业无力在进口国设立自己的销售机构，又希望对出口业务予以适当的控制时，可以考虑选择使用厂商代理商。

▶ 3. 兼营进口的中间商

兼营进口的中间商是指那些兼营进口业务的批发商与零售商。进口国的一部分批发商和零售商也可以直接进口产品，兼营进口业务。

1）兼营进口的批发商

兼营进口的批发商从国内外购进商品，然后批发给其他中小批发商和零售商。进口国的批发商绕开进口中间商和出口中间商直接从国外进口商品，这样可以减少中间环节，降低成本，获取更大的利润。例如，美国埃克逊公司就是兼营进口的大批发商，它从世界各国进口约 1800 种商品，这些商品必须按其要求进行生产、包装，并贴上该公司的商标，然后批发给遍布美国和加拿大的零售商。

2）兼营进口的零售商

进口国的零售商直接向国外购买商品，这在欧美等发达国家和地区是一种新的趋势。大型零售商兼营进口业务，可以降低流通费用，同时能够与生产厂商直接沟通市场信息，使购进的产品更加适销对路。这类零售商主要有以下三种。

（1）大型百货公司。如美国的西尔斯、沃尔玛等，这些百货公司都是大型的零售商，其经营范围广，种类繁多，覆盖面大。1996 年，沃尔玛拥有 2 133 家分店、248 家超级市场和 469 家货仓式会员商店，营业额达 1 050 亿美元。在这些公司中，一般设有进口采购部，它是出口生产企业与之接洽和谈判的主要部门。美国每年出版发行的《百货公司指南》所列出的各公司进口采购部及其主管人员名单，可供选择参考。

（2）超级市场。各国大型超级市场有足够的能力直接进口商品。在美国，超市的总部一般设有采购委员会，其成员包括部门经理和商品经理（各条产品线的负责人），他们负责决定商品的购买，其中起决定作用的是商品经理。另外，各分店经理也拥有本店直接采购商品的权利。

（3）邮购公司。邮购业盛行于欧美等国。它存货量大，品种多，经营规模并不亚于百货商店，常采用直接进货的办法来降低成本。在欧洲，邮购公司可将商品邮购到其他国家，成为跨国销售的一种形式。由于邮购公司是靠商品目录来介绍商品，并吸引消费者的，因此，出口生产企业要在商品质量、规格、包装、交货期等方面严格把关，报价也要相对稳定；最好在同一地区市场与一家邮购公司建立业务关系，以免引起内部竞争。

（三）国际分销渠道策略的制定

一般来说，国际营销的分销渠道较国内营销要长，企业须从整体的观念看其渠道决策。企业在国际营销渠道决策中最重要的是了解并选择进入国的进口商和国内配销渠道，而在这一点上各国的情况千差万别。例如，大规模连锁店主宰着美国的零售市场，而在众多发展中国家，露天市场上的小商小贩多如牛毛；有的国家渠道层次少，有的国家却多而长；有的国家进口商分工很细，有的国家则由经营范围几乎无所不包的综合商社垄断了进口。因此，制定国际营销渠道策略应从以下几方面着手。

▶ 1. 了解进入国的营销组织结构及行为方式

例如，以大型零售商店占主导地位、渠道短而宽为特色的美国企业在进入日本市场时，曾很不习惯后者层次多而复杂的渠道结构。在一些国家，几乎所有批发商都在全国范围经营；而在另一些国家，由于政府法令的限制、市场分散、运输落后，几乎没有全国性的批发商。

▶ 2. 了解进入国消费者的地理分布和购买行为特点，以便选择适当的中间商

例如，人们的购买行为受其经济及文化传统影响，超级市场在欧美发达国家深受消费者欢迎，体现为降低成本、开架售货、一次购齐，节约了购物时间。但在一些发展中国家却不符合人们的购买习惯，那里的人们收入低，习惯每天出去购物，每次只购少量商品，数量限制在能手提肩挑或能用自行车载回家的重量。此外，他们家中也没有储存和冷藏设备可供大量食品保鲜；为保持商品价格低廉，他们也不欢迎昂贵奢华的包装。

▶ 3. 构筑分销渠道系统

企业在构筑渠道系统时，一般总是先考虑使用进入国现成的渠道，成本较低，风险较小，特别是在分销体系已十分发达的国家。选择中间商最重要的条件是看其是否有能力为企业完成分销任务，重点考查其推销能力、服务能力、财务状况和商誉。当现有渠道不足或已被竞争对手占据时，企业不得不创建新渠道，这一般只在估计该进入国市场潜力确实很大，开发前景很好时才会采用。

▶ 4. 渠道评价

分销系统建立后，还要定期对其运行情况进行评估。评估内容主要有以下方面。

（1）渠道覆盖面是否达到了企业的全部目标市场。

（2）渠道费用。包括渠道开发费用和日常经营费用，因这两项费用直接关系到商品在分销阶段的加价和企业盈利水平，故特别受到关注。

（3）渠道控制情况。中间商是否认真执行企业营销政策，及时反馈市场变化趋势，并保持控制长期业务关系。

（4）经营效果。考查渠道成员是否实现了预期销售额、市场占有率和利润率等营销目标。

四、国际促销策略

国际促销的主要任务是实现国际营销企业与外国客户之间的沟通。国内市场促销策略中有关人员推销、公共关系、营业推广、广告宣传的策略，很多同样适用于国际市场促销。但是，由于国际市场营销环境的复杂性，国际市场促销策略的运用比国内市场要复杂得多。

（一）人员推销

在国际市场上，人员促销因其选择性强、灵活性高、能传递复杂信息、有效激发购买欲望、及时反馈信息等优点而成为国际营销中不可或缺的促销手段。然而国际营销中使用人员促销往往面临费用高、培训难等问题，因此在使用这一促销手段时须尽力招聘有潜力的优秀人才，严格培训并施以有效的激励措施。

▶ **1. 营销人员来源**

营销人员的来源主要有三种：一是企业的外销人员，其优势是易与公司沟通，忠诚度高；二是母公司所在国移居国外的人员，其优势是懂得两国的语言和文字；三是国外当地人员，其优势是在当地有一定社会关系，且熟悉目标市场的政治经济和社会文化。

▶ **2. 营销人员培训**

对营销人员的培训集中在适应性和技能性两个方面。一是要使营销人员熟悉当地的社会、政治、经济、法律，特别要适应当地的文化，包括价值观、审美观、生活方式、宗教信仰、商业习惯等；二是要使营销人员熟悉营销的技能和技巧，提高他们市场营销的能力。

▶ **3. 营销人员激励**

除对营销人员进行精神激励外，在物质上可采用以下激励方式：一是固定薪金加奖励；二是佣金制；三是固定薪金与佣金混合制。

（二）公共关系

国际市场营销中，公共关系促销的作用日益加强，特别是进入一些封闭性较强的市场，公共关系好坏直接关系到能否进入市场，并在进入后能否取得较好的经济效益。

在国际市场营销中，公共关系应特别重视以下工作。

（1）与当地政府保持良好关系，争取当地政府的支持和帮助。

（2）利用有关传媒正面宣传企业经营活动和社会活动，树立良好的企业形象。

（3）建立多条意见沟通渠道收集各阶层公众对企业的意见，及时消除相互间的误解和矛盾。

（三）营业推广

营业推广的手段非常丰富，但在运用时要考虑有关法律和文化习俗因素。此外，国际市场营销中，博览会、交易会、巡回展览等营业推广形式对产品促销具有十分重要的作用。

拓展阅读 14-7
法国开发
工业旅游

（四）广告宣传

国际营销企业的产品进入国际市场初期，广告通常是促销的先导，它可以帮助产品实现预期定位，也有助于树立国际营销企业的形象。

国际广告促销要注意以下几个问题。

▶ **1. 广告限制因素**

在国际市场上进行广告活动有诸多限制因素，需要国际营销企业认真分析，择善而行。一是法律限制，不同国家对广告有不同法规，必须遵守这些国家的广告法及有关法规；二是媒体限制，不同国家广告媒体的可利用性、质量覆盖面及成本不同，须根据媒体情况做出适当选择；三是观众限制，不同国家的居民有自己的价值准则和审美观、宗教信仰，必须认真进行分析，使广告真正切合当地消费者的需求动机及文化背景。

▶ 2. 广告标准化及差异化

广告标准化是指在不同的目标市场对同一产品进行同一广告，这种选择突出了国际市场基本需求的一致性，并能节约广告费用，但缺点是针对性不强。广告差异化则充分关注国际市场需求的差异性，对同一产品在不同目标市场进行不同的广告，针对性强但广告成本较高。

▶ 3. 广告管理

国际广告管理方式有集中管理、分散管理，以及集中管理与分散管理相结合三种。这三种方式中，集中管理有利于总公司控制成本；分散管理使广告决策权分散到国外各子公司，有利于开展差异化广告促销；集中管理与分散管理相结合，则试图按目标市场的具体情况，分情况采取集中或分散的管理方式，使国际广告形成有效的管理方式。

复习思考题

1. 企业为什么要开拓国际市场？
2. 分析国际市场营销环境应从哪几个方面入手？
3. 企业进入国际市场的模式有哪些？
4. 实施国际产品标准化策略需要考虑哪些因素？
5. 简述国际产品差异化策略的优缺点。
6. 国际市场营销的定价策略有哪些？
7. 国际分销渠道有哪些参与者？

案例分析训练

丰田进入美国市场

提起丰田汽车，人们便很容易想起"皇冠"牌小汽车和"车到山前必有路，有路必有丰田车"这一广告用语，这是因为丰田公司如今已享有很高的知名度。然而谁能想到几十年前，当丰田首次向美国出口小汽车时，仅售出223辆呢？

丰田首次向美国推出的产品名叫"丰田宝贝"，它的外形很像一个方盒子，整个产品存在严重的缺陷，发动机开起来像卡车一样响，内部装修既粗糙又不舒服，灯光也非常暗。"丰田宝贝"失败后，丰田公司针对消费者的需求对美国市场进行了大量的调查和研究。

丰田公司发现美国人把汽车作为地位象征的传统倾向在减弱，其态度正变得实用化，汽车在很大程度上被看成一种交通工具。美国人喜欢腿部活动空间大、容易驾驶且行驶平稳的美国车，但又希望能大幅度地减少拥有汽车的花费，如最初的购置费少、耗油少、耐用和维修方便等。丰田还发现消费者也认识到交通拥挤状况的日益恶化，因此希望能有停靠方便和转弯灵活的小型车。丰田还发现大众公司的成功很大程度上是由于该公司建立了一套卓越的服务系统。例如，提供维修服务就能成功地打消顾客对外国车买得起、用不起、很难买到零部件的顾虑。

经过研究分析，丰田制定了一整套打入美国市场的营销战略。其中丰田的产品战略是生产小型的、经过改装的"底特律"式小汽车。这种美国化的做法在于增加产品的可接受性。新推出的"皇冠"牌小汽车满足了各方面的要求，比竞争对手大众公司的"甲壳虫"小汽车在发动机功率和性能上都提高了一倍，并且容易操纵、省油，还具备了小型车的各种便利。此种车外部造型优美，内部装备了所有美国人都渴望的部件，如柔软舒适的座椅、柔色的玻璃、侧壁有白圈的轮胎等。这种车作为一种交通工具出口，从这个意义上说，它几乎完美无缺，就连扶手的长度和腿部活动空间的大小都是按美国人的身材设计的。丰田甚至对一些不大引人注意的细节也给予了充分的重视，无论是在打入美国市场之前还是之后，丰田都在不断进行市场调查和研究，力图使各种问题得到妥善解决。这样，丰田的"皇冠"很快就建立了质量信誉，顾客对车不满意的频率从 1969 年的每百辆 4.5 辆下降到 1973 年的每百辆 2.3 辆。

丰田车在美国市场站住脚以后，就转而采取市场扩张战略，并不断改进产品以满足顾客需要，作为其产品策略，1970 年和 1974 年，丰田对"皇冠"产品系列的设计进行了两次大的修改，扩大车身，加宽踏板，同时提高了稳定性能。所有这些改变都是为了满足美国消费者的偏好。

丰田将质量理解为"适合顾客需要"，产品改变从顾客的角度出发而不是将其看成产品自身的要求。在广泛的调查研究和收集顾客反馈意见的基础上，丰田公司综合顾客的要求，尽可能提供与之相适应的产品。丰田将提高产品质量的努力集中在对生产过程质量的控制上，采取了各种质量控制方法，如通过"无缺陷"概念来寻找不合格产品的原因，通过"QC 小组"鼓励员工为改进产品和生产过程献计献策，等等。此外，丰田还在相互高度信任的基础上，培养了与零部件供应商之间强有力的协作关系，从而把住了协作公司零部件的质量关。

时至今日，丰田在美国的年销售量在美国市场上居领先地位，成为当今世界最大的汽车制造商之一。

资料来源：争夺汽车市场，日本启动战略资本主义［EB/OL］.（2018-09-19）［2023-02-20］http://mp.ofweek.com/auto/a545673022446.

分析与思考：

1. 美国市场的汽车文化发生着什么样的变化？与日本的汽车文化有什么不同？

2. 随着国际营销环境的不同，丰田公司在美国市场上采取了哪些不同的产品策略？

3. 丰田公司将质量理解为"适合顾客需要"，并与零部件供应商建立强有力的协作关系，这对当今经济全球化时代的国际营销者有何启示？

▎在线自测▎

扫描封底刮刮卡　获取答题权限

第十五章 市场营销的新领域与新概念

学习目标

1. 理解绿色营销的特点及实施步骤；
2. 理解整合营销及整合营销传播的含义；
3. 掌握关系营销的含义，列出企业营销中所面临的几种关系；
4. 学会运用体验营销策略；
5. 了解网络营销及"互联网＋"的特点；
6. 学会运用各种微营销工具。

引例

ACS 的整合营销设计

美国癌症协会(ACS)是美国顶尖的公益团体之一，以从事研究、教育及服务工作，协助人们和癌症搏斗并控制癌症的发展闻名。为了将功能发挥到极致，该协会借由传播方法，将信息传达给各类公众：癌症患者、医生、护士、立法委员，以及所有能借由早期发现和预防，降低致癌风险的人士。

ACS 在伊利诺伊州传播部门指定一家整合广告——营销传播公司发展一套预防皮肤癌的整合策略，芝加哥伊登(DDB Needham)公司成为合作伙伴。ACS 指派了一个简单的工作：发展一个持续性的整合营销传播计划，宣传 SPF15 防晒油用来协助解救那些因为缺乏预防资讯而可能罹患皮肤癌丧生的人们。

ACS 整合传播的任务是对每一位能影响产品销售的人产生冲击(impact)，创造一个印象。这些目标被分成五群：第一群为产品制造商、各类零售店、中间商、批发商和经纪人；第二群为一般开业医师、皮肤科医师、护士、药剂师；第三群为救生员、体育老师、网球教练、美容师等；第四群为潜在使用者的双亲；第五群为潜在使用者，年龄为12～18岁的少男少女。每一群都有一个特定的购买动机。

除了发现这些购买动机外，通过和每一群的讨论，ACS 也发现了如何以最有效的方式和他们接触。ACS 寻出他们如何购买、如何使用这个防晒油。在正常时日、假期和周末，他们都接触什么样的媒体，以及何时是他们的心思与产品概念最接近，也就是与他们沟通的最佳时机。

伊登公司的整合性创意工作组(integrated creative group)进行了相关的创意设计：使用 SPF15 的防晒油，可以让你很安全地获得过人的外表，其销售标语(selling-line)：就是15分美丽。充当广告代言人的模特儿来自《运动画报》年度泳装专号。这位模特儿实际上即是 SPF15 防晒油的使用者。他们还使用了招贴、卖点广告、30秒电视广告等方式进行传播。

这个活动将预防、早期治疗、医疗和 ACS 的教育支援成功地整合在一起，制造商和零售商也开始加入活动行列，甚至医药协会和学校单位也加入其中。

ACS 经过整合营销传播，已成功推介了一个新的产品，也因宣传倡导预防皮肤癌而拯救了成千上万人。

整合营销传播活动一方面协助 ACS 打破内部的各自为政，使内部达成一致；另一方面也达到了该协会增进社会福祉的根本目的。

资料来源：ACS 的整合营销[EB/OL].[2023-01-10]. https：//wenku. baidu. com/view/bca22095baf3f90f76c66137 ee06eff9aef849b3. html? _ wkts _ =1681437611267&bdQuery=ACS%E7%9A%84%E6%95%B4%E5%90%88% E8%90%A5%E9%94%80%E8%AE%BE%E8%AE%A1.

20 世纪 90 年代以来，市场营销学的新概念层出不穷，也指导了市场营销实践的发展。近几年我国市场营销学界密切关注市场营销的新领域和新发展，中国高等院校市场学研究会从 1994 年起，就锲而不舍地组织专家学者研究跨世纪的市场营销，提出了有关市场营销的一些新动向、新问题，出现了不少探讨市场营销新领域、新概念的文献、著作。众多学者在历届中国高校市场学研究会年会上提交的论文，无疑对我国市场营销理论的发展做出了贡献。本章将介绍绿色营销、整合营销、关系营销、体验营销、网络营销及微营销等几个方面。

第一节　绿色营销

一、绿色营销的内涵

英国威尔斯大学肯·毕提（Ken Peattie）教授在其所著的《绿色营销——化危机为商机的经营趋势》一书中指出："绿色营销是一种能辨识、预期及符合消费的社会需求，并且可带来利润及永续经营的管理过程。"绿色营销观念认为，企业在营销活动中，要顺应时代可持续发展战略的要求，注重地球生态环境保护，促进经济与生态环境协调发展，以实现企业利益、消费者利益、社会利益及生态环境利益的协调统一。从这些界定中可知，绿色营销是以满足消费者和经营者的共同利益为目的的社会绿色需求管理，以保护生态环境为宗旨的绿色市场营销模式。

除此之外，一些专家、学者还对绿色营销给出了几种解释。

概念 1：所谓绿色营销，是指企业在生产经营过程中，将企业自身利益、消费者利益和环境保护利益三者统一起来，以此为中心，对产品和服务进行构思、设计、销售和制造。

概念 2：绿色营销是指企业以环境保护为经营指导思想，以绿色文化为价值观念，以消费者的绿色消费为中心和出发点的营销观念、营销方式和营销策略。它要求企业在经营中贯彻自身利益、消费者利益和环境利益相结合的原则。

概念 3：所谓"绿色营销"，是指社会和企业在充分意识到消费者日益提高的环保意识和由此产生的对清洁型无公害产品需要的基础上，发现、创造并选择市场机会，通过一系列理性化的营销手段来满足消费者以及社会生态环境发展的需要，实现可持续发展的过程。

概念4：关于绿色营销，广义的解释是指企业营销活动中体现的社会价值观、伦理道德观，充分考虑社会效益，自觉维护生态平衡，自觉抵制各种有害营销。

绿色营销的核心是按照环保与生态原则来选择和确定营销组合的策略，是建立在绿色技术、绿色市场和绿色经济基础上的、对人类的生态关注给予回应的一种经营方式。绿色营销不是一种诱导顾客消费的手段，也不是企业塑造公众形象的"美容法"，它是一个导向持续发展、永续经营的过程，其最终目的是在化解环境危机的过程中获得商业机会，在实现企业利润和消费者满意的同时，达成人与自然的和谐相处，共存共荣。

二、绿色营销的特点

（一）综合性

绿色营销综合了市场营销、生态营销、社会营销和大市场营销观念的内容。市场营销观念的重点是满足消费的需求，"一切为了顾客需求"是企业制定一切工作的最高准则；生态营销观念要求企业把市场要求和自身资源条件有机结合，发展也要与周围自然的、社会的、经济的环境相协调；社会营销要求企业不仅要根据自身资源条件满足消费者需求，还要符合消费者及整个社会目前需要及长远需要，倡导符合社会长远利益，促进人类社会自身发展；大市场营销是在传统的市场营销四要素（产品、价格、渠道、促销）基础上，加上权力与公共关系，使企业能成功地进入特定市场，在策略上必须协调地运用经济、心理、政治和公共关系等手段，以取得外国或地方有关方面的合作和支持。绿色营销观念是多种营销观念的综合，它要求企业在满足顾客需要和保护生态环境的前提下取得利润，把三方利益协调起来，实现可持续发展。

（二）统一性

绿色营销强调社会效益与企业经济效益统一在一起。企业在制定产品策略的实施战略决策时，既要考虑到产品的经济效益，同时又必须考虑社会公众的长远利益与身心健康，这样，产品才能在大市场中站住脚。人类要寻求可持续发展，就必须约束自己，尊重自然规律，实现经济、自然环境和生活质量三者之间的相互促进与协调。社会公众绿色意识的觉醒，使他们在购买产品时不仅考虑对自己身心健康的影响，还考虑对地球生态环境的影响，谴责破坏生态环境的企业，拒绝接受有害于环境的产品、服务和消费方式，只有国家、企业和消费者三者同时牢牢树立绿色意识并付诸实施，绿色营销才能蓬勃发展。

（三）无差别性

绿色标准及标志呈现世界无差别性。绿色产品的标准尽管世界各国不尽相同，但都是要求产品质量、产品生产及使用消费及处置等方面符合环境保护要求，对生态环境和人体健康无损害。

（四）双向性

绿色营销不仅要求企业树立绿色观念、生产绿色产品、开发绿色产业，同时也要求广大消费者购买绿色产品，对有害产品进行自觉抵制，树立绿色观念。绿色营销也是降低资源消耗、提高经济效益的重要途径。日本推出节省25％燃油，少排80％废气的绿色汽车；美国研制出燃烧效率比现有汽车高3倍的小型汽车，推出装有计算机闲置部件"安眠"的电流控制芯片，推行低辐射的节能电视机……越来越多的事实证明，只有发展清洁技术，生产绿色产品，推进生产全过程控制和预防，才能建立节能、降耗、节水、节地的资源节约型经济，实现生产方式的变革，加速工业、交通及通信业发展模式的全面转换，实现以尽可能小的代价和最少的能源、资源消耗，获得最大的经济发展效益。国际商会和联合国环境规划署联合在巴黎召开的可持续发展商务宪章委员会提出的第一条基本原则就明确指出，要把可持续发展和保护环境作为企业发展的首要目标，只有"绿色企业"才有竞争力。绿色营销的兴起与发展，进一步培育了消费者的环保观念。大量绿色食品的出现，已掀起热爱绿色食品的浪潮，促进了绿色消费意识的形成；可降解餐饮用具的使用，不仅减少了"白色污染"，也增强了人们保护环境、防止污染的意识；可回收电池的应用也大大促进了人们节约资源、回收废物的观念……消费者环保观念的进一步培育与加强又直接作用于可持续发展的进程。人们在思索，在期盼，希望绿色营销能让世界真正回归自然，回归绿色。

三、绿色营销的兴起

伴随现代工业的大规模发展，人类以空前的规模和速度毁坏自己赖以生存的环境，也给人类的生存和发展造成了严重的威胁。大自然的报复使人类醒悟，绿色需求便逐步由潜在转化为现实，消费需求转向物质、精神、生态等多种需求与价值并重。绿色需求是绿色营销得以形成的推动力，并决定了绿色市场规模的形成与发展。

1968年，在意大利成立的罗马俱乐部指出：人类社会的进步并不等于GDP的上升。1972年6月，联合国首次召开了斯德哥尔摩人类环境会议，通过了全球性环保行动计划和《人类环境宣言》，向全世界发出呼吁：人类只有一个地球。

进入20世纪90年代，一些国家纷纷推出以环保为主题的"绿色计划"。日本在1991年推出"绿色星球计划"和"新地球21"计划；英国于1991年执行"大地环境研究计划"，着重研究温室效应；加拿大于1991年推出五年环保"绿色计划"等。在20世纪70年代，美国人对环保的狂热引来了地球日的诞生。如今美国人对环境的热爱范围越来越广，并已深深根植于生活的细微之处，许多城市已大力推行强制回收体系。1987年德国首先执行"蓝色天使"计划，1997年产生400多种绿色产品，如今已达4 500多种。2021年5月12日，日本农林水产省最终确定了绿色食品系统战略。该战略旨在：到2050年实现农业净零排放，鼓励进口以可持续和合乎道德的方式生产原料。

中国的绿色工程始于绿色食品开发，1984年在广州出现了全国第一家无公害蔬菜生产基地。1992年11月，国务院批准成立"中国绿色食品发展中心"，制定了《绿色食品标志管理办法》，开始实施绿色食品标志制度。1993年5月，中国绿色食品发展中心加入了"国际有机农业运动联盟"。除了绿色食品，我国绿色产品的研制与开发也扩展到了其他的领域。1990年研制成功高容量胶体电池；1994年成功研制绿色农药苦参烟碱乳剂，获得日内瓦博览会金奖。1994年，农业部提出发展绿色食品的三项基本原则，并正式决定采用由太阳、植物叶片、蓓蕾构成的绿色食品标志。1994年3月25日，国务院通过《中国21世纪议程——中国21世纪人口、环境与发展白皮书》，从中国的具体国情和环境与发展的总体出发，提出促进经济、社会、资源、环境以及人口、教育相互协调、可持续发展的总体战略和政策措施方案。1995年年初，全国有28种绿色食品的生产和开发。随着各种绿色产品的开发，绿色商店在一些大城市相继建立。2021年中国绿色食品行业有效用标单位数量达23 493家，较2020年增加了4 172家，同比增长21.59%。绿色食品品牌影响已从国内扩展到海外，绿色食品标志商标已在美国、日本、韩国、俄罗斯、英国以及世界知识产权局等 11 个国家、地区和国际组织成功注册，来自澳大利亚、印度尼西亚等国家和地区的知名企业先后获得绿色食品标志使用权。

四、绿色营销的实施

绿色营销实施的步骤，一般包括树立绿色营销观念、收集绿色信息、分析绿色需求、制定绿色营销战略和绿色营销组合。

（一）树立绿色营销观念

绿色营销观念是在绿色营销环境条件下企业生产经营的指导思想。习近平同志指出，"走向生态文明新时代，建设美丽中国，是实现中华民族伟大复兴的中国梦的重要内容。中国将按照尊重自然、顺应自然、保护自然的理念，贯彻节约资源和保护环境的基本国策，更加自觉地推动绿色发展、循环发展、低碳发展。"[①]企业生产经营研究的首要问题不是在传统营销因素条件下，通过协调三方面关系使自身取得利益，而是首先协调与绿色营销环境的关系。

与传统的社会营销观念相比，绿色营销观念注重的社会利益更明确地定位在节能与环保，立足于可持续发展，放眼于社会经济的长远利益与全球利益。

（二）收集绿色信息

收集绿色信息是制定绿色营销战略的前提和基础，主要包括宏观信息和微观信息，如国家相关的绿色计划、企业的绿色资源等。

（三）分析绿色需求

对市场消费者需求的研究，是在传统需求理论基础上，着眼于绿色需求的研究，并且认为这种绿色需求不仅要考虑现实需求，更要放眼于潜在需求。

随着资源短缺、环境的进一步恶化、淡水的枯竭、大气层的破坏、地球变暖等生态及环保问题的加剧，人们将生态观念，HSE 管理体系的健康、安全、环保观念根深蒂固地根植于自己的思维理念中，继而形成习惯，也就是绿色习惯，从而由绿色习惯催生出绿色需求。分析绿色消费需求所在及其需求量的大小，为绿色营销战略的制定提供依据。

（四）制定绿色营销战略

实施绿色营销战略是与企业的长期发展规划和战略分不开的。企业对于绿色营销的实施和开展必须要有充足的准备，以便为绿色营销提供必要的条件。这些都要求企业在深入进行目标市场调研的基础上，将企业产品和品牌进行合理的市场定位，分析潜在市场容量和潜在顾客购买能力，对绿色营销资源有效整合，发挥绿色营销独特的作用，扬长避短，实现绿色营销的综合效益最大化。

绿色营销战略应以满足绿色需求为出发点和归宿，既要满足现有与潜在绿色需求，还要促进绿色消费意识和绿色需求的发展。绿色营销战略要导入企业形象识别系统（CIS），争取获得绿色标识，制定绿色企业形象战略。绿色营销将带来更高的边际收益，实现合理的"绿色盈利"，从长远看这是绿色营销战略实施的必然结果。

（五）绿色营销组合

▶ 1. 设计绿色产品

产品策略是市场营销的首要策略，企业实施绿色营销必须以绿色产品为载体，为社会

---

① 习近平. 习近平谈治国理政（第一卷）[M]. 北京：外文出版社，2014：211.

和消费者提供满足绿色需求的绿色产品。所谓绿色产品是指对社会、对环境改善有利的产品，或称无公害产品。这种绿色产品与传统同类产品相比，至少具有下列特征。

（1）产品的核心功能既要能满足消费者的传统需要，符合相应的技术和质量标准，更要满足对社会、自然环境和人类身心健康有利的绿色需求，符合有关环保和安全卫生的标准。

（2）产品的实体部分应减少资源的消耗，尽可能利用再生资源。产品实体中不应添加有害环境和人体健康的原料、辅料。在产品制造过程中应消除或减少"三废"对环境的污染。

拓展阅读 15-1
凯德晶品购物
中心的绿色营销

（3）产品的包装应减少对资源的消耗，包装的废弃物和产品报废后的残物应尽可能成为新的资源。

（4）产品生产和销售的着眼点，不在于引导消费者大量消费而大量生产，而是指导消费者正确消费而适量生产，建立全新的生产美学观念。

▶ **2. 制定绿色产品的价格**

价格是市场的敏感因素，定价是市场营销的重要策略，实施绿色营销不能不研究绿色产品价格的制定。企业在为绿色产品进行定价时，要充分地将环保成本，研发设计成本，其他诸如绿色包装、绿色材料、绿色渠道、绿色服务等成本考虑在内，从而制定出对于企业和消费大众都比较合理的市场价格，逐步在消费者心目中灌输一种"污染者付费""环境有偿使用"的现代观念。

企业制定绿色产品价格，一方面应考虑上述因素，另一方面还应注意到，随着人们环保意识的增强，消费者经济收入的增加，消费者对商品可接受的价格观念会逐步与消费观念相协调。所以，企业营销绿色产品不仅能使企业盈利，更能在同行竞争中取得优势。

▶ **3. 绿色营销的渠道策略**

绿色营销渠道是绿色产品从生产者转移到消费者所经过的通道。选择恰当的绿色销售渠道是拓展销售市场，提高绿色产品市场占有率，扩大绿色产品销售量，成功实施绿色营销的关键，企业可以通过创建绿色产品销售中心，建立绿色产品连锁商店，设立一批绿色产品专柜、专营店或直销。

（1）在大中城市建立绿色产品销售中心。

（2）建立绿色产品连锁商店。

（3）借助社会渠道，建立一批绿色产品专柜或专营店。

（4）直销。对于一些易腐烂变质或丧失鲜活性的绿色食品，如蔬菜、水果等要尽量缩短流通渠道，以免遭受污染和损失，可以采取直销方式。

▶ **4. 搞好绿色营销的促销活动**

绿色营销是通过绿色促销媒体，传递绿色信息，指导绿色消费，启发引导消费者的绿色需求，最终促成购买行为。绿色促销的主要手段有以下几方面。

拓展阅读 15-2
云南的绿色消费

（1）绿色广告。通过广告对产品的绿色功能定位，引导消费者理解并接受广告诉求。在绿色产品的市场投入期和成长期，通过量大、面广的绿色广告，营造市场营销的绿色氛围，激发消费者的购买欲望。

（2）绿色推广。通过绿色营销人员的绿色推销和营业推广，从销售现场到推销实地，直接向消费者宣传、推广产品绿色信息，讲解、示范产品的绿色功能，回答消费者的咨询，宣讲绿色营销的各种环境现状和发展趋势，激励消费者的消费欲望。同时，通过试用、馈赠、竞赛、优惠等策略，引导消费兴趣，促成购买行为。

（3）绿色公关。通过企业的公关人员参与一系列公关活动，诸如发表文章、演讲，影视资料的播放，社交联谊、环保公益活动的参与、赞助等，广泛与社会公众进行接触，增强公众的绿色意识，树立企业的绿色形象，为绿色营销建立广泛的社会基础，促进绿色营销业的发展。

▶ **5. 绿色管理**

绿色管理是融环境保护观念于企业营销活动过程中的管理方式。企业通过绿色管理原则，建立绿色发展战略，实施绿色经营管理策略，制定绿色营销方案，才能加快企业绿色企业文化的形成，推动企业绿色技术、绿色生产，生产出满足公众绿色需求的产品，实现社会和企业经济的可持续发展。

第二节　整 合 营 销

一、整合营销和整合营销传播

（一）整合营销的内涵

整合营销是一种对各种营销工具和手段的系统化结合，根据环境进行即时性的动态修正，以使交换双方在交互中实现价值增值的营销理念与方法。整合就是把各个独立地营销综合成一个整体，以产生协同效应。这些独立的营销工作包括广告、直接营销、销售促进、人员推销、包装、事件、赞助和客户服务等。战略性地审视整合营销体系、行业、产品及客户，从而制定出符合企业实际情况的整合营销策略，包括旅游策划营销、事件营销等相关门类。

整合营销是以消费者为核心重组企业行为和市场行为，综合协调地使用各种形式的传播方式，以统一的目标和统一的传播形象，传递一致的产品信息，实现与消费者的双向沟通，迅速树立产品品牌在消费者心目中的地位，建立产品品牌与消费者长期密切的关系，更有效地达到广告传播和产品行销的目的。

现今互联网上，微博、博客、微信、论坛、贴吧等都是企业关注的营销"面包"，每一种营销渠道的出现必然带动行业小浪潮。国家工商总局公布的一组数据显示：寿命在 5 年以上的企业不足 4 成。以互联网为载体，以符合网络传播的方法和理念来展开实施的营销活动，成为企业延伸品牌的公信度与品牌影响力、增强经济效益的有效途径。整合营销正切合当下企业营销需求，达到最佳营销效果，是领先的营销方式，未来也将主宰互联网营销。

菲利普·科特勒在《营销管理》一书中从实用主义角度揭示整合营销实施的方式，即企业里所有部门都为了顾客利益而共同工作。这样，整合营销就包括两个层次的内容：一是不同的营销功能——销售、广告、产品管理、售后服务、市场调研等必须协调；二是营销部门与企业其他部门，如生产部门、研究开发部门等职能部门之间的协同。

尽管对于整合营销的定义仍存在很大争议，但它们的基本思想是一致的，即以顾客需求为中心，变单向诉求和灌输为双向沟通。树立产品品牌在消费者心目中的地位，建立长期关系，达到消费者和厂家的双赢（win-win）。

拓展阅读 15-3
水平整合和
垂直整合

一般来说，整合营销包含两个层次的整合：一是水平整合；二是垂直整合。

（二）整合营销传播的含义

广义整合营销传播是指企业或品牌通过发展与协调战略传播活动，使自己借助各种媒介或其他接触方式与员工、顾客、其他利益相关者以及普通公众建立建设性的关系，从而建立和加强与他们之间互利关系的过程；狭义整合营销传播是指确认评估各种传播方法战略作用一个增加价值的综合计划（如一般的广告、直接反应、促销和公关），并且组合这些方法，通过对分散信息的无缝结合，以提供明确、连续一致和最大传播影响力。

整合营销概念最初是以整合营销传播（integrated marketing communication，IMC）形式出现的。1991 年，美国市场营销学教授唐·舒尔茨（Don Schultz）提出了"整合营销"传播的新概念，认为整合营销传播是一个"管理与提供给顾客或者潜在顾客的产品或服务有关的所有来源的信息的流程，以驱动顾客购买企业的产品或服务并保持顾客对企业产品、服务的忠诚度"。

舒尔茨认为，传统的以 4P 为核心的营销框架，重视的是产品导向而非真正的消费者导向，制造商的经营哲学是"消费者请注意"。面对 20 世纪 90 年代市场环境的新变化，企业应在营销观念上逐渐淡化 4P、突出 4C（消费者、成本、便利和沟通）。制造商的经营哲学更加"注意消费者"。

舒尔茨认为，整合营销传播的核心思想是以整合企业内外部所有资源为手段，再造企业的生产行为与市场行为，充分调动一切积极因素以实现企业统一的传播目标。IMC 强调与顾客进行多方面的接触，并通过接触点向消费者传播一致的清晰的企业形象。它具有如下特征。

（1）在整合营销传播中，消费者处于核心地位。

（2）以建立资料库为基础，对消费者深刻全面地了解。

（3）整合营销传播的核心工作是培养真正的"消费者价值观"，与那些最有价值的消费者保持长期的紧密联系。

（4）以本质上一致的信息为支撑点进行传播。企业不管利用什么媒体，其产品或服务的信息一定得清楚一致。

（5）以各种传播媒介的整合运用为手段进行传播。凡是能够将品牌、产品类别和任何与市场相关的信息传递给消费者或潜在消费者的过程与经验，均被视为可以利用的传播媒介。

随后，整合营销传播开始扩展为整合营销。

二、整合营销传播的执行

（一）整合营销传播的操作思路

▶ 1. 以整合为中心

着重以消费者为中心，并把企业所有资源综合利用，实现企业的一体化营销。

▶ 2. 强调协调统一，系统化管理

企业营销活动的协调性，不仅是企业内部各环节、各部门的协调一致，而且强调企业与外部环境协调一致，整体配置所有资源，形成竞争优势，实现整合营销目标。

（二）影响整合营销传播执行的技能

▶ 1. 营销贯彻技能

为使营销传播计划的贯彻执行快捷有效，必须运用分配、监控、组织和配合等技能。分配技能是指营销各层面的负责人对资源进行合理分配，在营销活动中优化配置的能力。监控技能是指在各职能、规划和政策层面上，建立系统的营销计划结果的反馈系统并形成控制机制。组织技能是指开发和利用可以依赖的有效的工作组织。配合技能是指营销活动中，各部门及成员要善于借助其他部门以至企业的外部力量，有效实施预期的战略。

▶ 2. 营销诊断技能

营销传播执行的结果偏离预期的目标或是执行中遇到较大的阻力时，需确定问题的症结所在并寻求对策。

（1）问题评估技能。营销执行中的问题可能产生于营销决策，即营销政策的规定；可能产生于营销规划，即营销功能与资源的组合；也可能产生于行使营销功能方面，如广告代理、经销商。发现问题后，应评定问题所处层面及解决问题所涉及的范围。

（2）评价执行结果技能。将营销活动整体的目标，分解成各阶段和各部门的目标，并对各分目标完成结果和进度及时进行评价。这是对营销活动实施有效控制和调整的前提。

（三）整合营销传播执行过程

在整合营销传播执行过程中，还涉及资源、人员、组织与管理等方面。

▶ 1. 资源的最佳配置和再生

实现资源最佳配置，既要利用内部资源运用主体的竞争，力求实现资源使用的最佳效益；又要利用最高管理层和各职能部门组织资源共享，避免资源浪费。

▶ 2. 人员的选择、激励

人是实现整合营销目标的最能动、最活跃的因素，要组成有较高的合作能力和综合素质的非正式团队保证圆满完成目标；通过激励措施不断增强人员信心，调动积极性，促使创造性变革的产生。

▶ 3. 学习型组织

整合营销团队具有动态性特点，而组织又要求具有稳定性，要建立组织中人们的共同愿景，保持个人与团队和企业目标的高度一致，并强化团队学习，创造出比个人能力总和更高的团队，形成开放思维，实现自我超越。

▶ 4. 监督管理机制

高层管理力求使各种监管目标内在化，通过共同的愿景培养成员、团队的自觉服务精神，通过激励、塑造企业文化，通过团队人员、职能设置强化团队自我管理能力。团队自身也承担了原有监管应承担的大量工作，在最高层的终端控制下，自觉为实现企业目标努力协调工作。

第三节　关系营销

一、关系营销及其本质特征

关系营销的概念最早由学者贝瑞（Berry）于 1983 年提出，他将其界定为"关系营销是吸引、保持以及加强客户关系"。1996 年他又进一步把关系营销定义为"关系营销是为了满足企业和相关利益者的目标而进行的识别、建立、维持和促进同消费者的关系并在必要时终止关系的过程，这只有通过交换和承诺才能实现"。

所谓关系营销，是把营销活动看成一个企业与消费者、供应商、分销商、竞争者、政府机构及其他公众发生互动作用的过程，其核心是建立和发展与这些公众的良好关系。具体来说，关系营销包含三方面的含义：建立关系是指企业向顾客做出各种许诺；保持关系的前提是企业履行诺言；发展关系是指企业履行以前的诺言之后，向顾客做出一系列新的许诺。

关系营销具有以下本质特征。

（1）信息沟通的双向性。社会学认为关系是信息和情感交流的有机渠道，良好的关系即是渠道畅通，恶化的关系即是渠道阻滞，中断的关系则是渠道堵塞。交流应该是双向的，既可以由企业开始，也可由营销对象开始。广泛的信息交流和信息共享，可以使企业赢得更多、更好的支持与合作。

（2）战略过程的协同性。在竞争性市场上，明智的营销者应注重与利益相关者建立长期的、彼此信任的互利关系。可以是关系的一方，自愿或主动地按照对方要求调整自己的行为；也可以是关系的双方都调整自己的行为以实现相互适应。各具优势的关系双方互相取长补短，联合行动，协同运作去实现对各方都有益的共同目标，可以说是协调关系的最高形态。

（3）营销活动的互利性。关系营销的基础，在于交易双方相互之间有利益上的互补。如果没有各自利益的实现和满足，双方就不会建立良好关系。关系建立在互利基础上，要求互相了解对方的利益要求，寻求双方利益的共同点，并努力使共同利益得到实现。真正的关系营销，需要达到双方互利互惠的境界。

（4）信息反馈的及时性。关系营销要求建立专门的部门，用以追踪各利益相关者的态度。关系营销应具备一个反馈的循环，连接关系双方，企业可由此了解环境的动态变化，根据合作方提供的信息，改进产品和技术。信息的及时反馈可使关系营销具有动态的应变性，有利于挖掘新的市场机会。

二、关系营销的流程系统

关系营销把一切内部和外部利益相关者都纳入研究范围，并用系统的方法考察企业所有活动及其相互关系（图 15-1）。表现更积极的一方称为营销者，另一方称作目标公众。

企业与利益相关者结成休戚与共的关系，企业发展要借助利益相关者的力量，后者也要通过企业来谋求自身的利益。

（1）企业内部关系。内部营销起源于这样一个观念，即把员工看作是企业的内部市场。任何一家企业，要想让外部顾客满意，它首先得让内部员工满意。只有工作满意的员

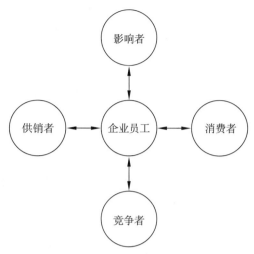

图 15-1　企业营销基本关系

工,才可能以更高的效率和效益为外部顾客提供更加优质的服务,并最终让外部顾客感到满意。内部市场不只是企业营销部门的营销人员和直接为外部顾客提供服务的其他服务人员,它包括所有的企业员工。因为在为顾客创造价值的生产过程中,任何一个环节的低效率或低质量都会影响最终的顾客价值。

(2)企业与竞争者的关系。企业之间拥有的资源条件不尽相同,往往各有所长、各有所短。为有效地通过资源共享实现发展目标,企业要善于与竞争者和睦共处,争取与那些拥有与自己具有互补性资源竞争者的协作,实现知识的转移、资源的共享和更有效的利用。例如,在一些技术密集型行业,越来越多的企业与其竞争者进行了研究与开发的合作,这种方式的战略联盟可以分担巨额的产品开发费用和风险。种种迹象表明,现代竞争已发展为"协作竞争",在竞争中实现"双赢"的结果才是最理想的战略选择。

(3)企业与顾客的关系。顾客是企业存在和发展的基础,市场竞争的实质是对顾客的争夺。最新的研究表明,企业在争取新顾客的同时,还必须重视留住顾客,培育和发展顾客忠诚。例如,争取一位新顾客所花的费用往往是留住一位老顾客所花费用的 6 倍。企业可以通过数据库营销、发展会员关系等多种形式,更好地满足顾客需求,增加顾客信任,密切双方关系。

(4)企业与供销商的关系。因分工而产生的渠道成员之间的关系,是由协作而形成的共同利益关系。合作伙伴也存在着矛盾,但相互依赖性更为经济。企业必须广泛建立与供应商、经销商的密切合作的伙伴关系,以便获得来自供销两个方面的有力支持。例如,生产 1 辆汽车需要 8 000~10 000 个零配件,任何一个企业都不可能单独生产全部零部件,必须通过其他供应商进行专业分工协作生产。麦道飞机公司生产的 100 座喷气式客机中,有 18 种重要的零部件是由供应商负责设计的,公司因此而节省了 2 亿美元的生产成本;IBM 公司曾花费 1 亿美元为其 PCjr 做广告,结果还是以失败而告终,原因在于作为第三方的供应商和零售商反对该产品,IBM 公司投入了大量的资源去争取顾客,而忽略了与零售商、经销商等对产品的销售起关键作用的个人或组织建立积极的关系,扼杀 PCjr 的正是分销商一类的市场基础设施。

(5)企业与影响者的关系。金融机构、新闻媒体、政府、社区,以及诸如消费者权益保护组织、环保组织等各种各样的社会团体，对于企业的生存和发展都会产生重要的影响。因此，企业有必要把它们作为一个市场来对待，并制定以公共关系为主要手段的营销策略。

三、关系营销的主要形态

关系营销是在人与人之间的交往过程中实现的，而人与人之间的关系绚丽多彩，关系复杂。归纳起来大体有以下几种形态。

（一）亲缘关系营销形态

亲缘关系营销是指依靠家庭血缘关系维系的市场营销，如以父子、兄弟姐妹等亲缘为基础进行的营销活动。这种关系营销的各关系方盘根错节，根基深厚，关系稳定，时间长久，利益关系容易协调，但应用范围有一定的局限性。

（二）地缘关系营销形态

地缘关系营销是指以公司（企业）营销人员所处地域空间为界维系的营销活动，如利用同省或同县的老乡关系或同一地区的企业关系进行的营销活动。这种关系营销在经济不发达，交通邮电落后，物流、商流、信息流不畅的地区作用较大。在我国社会主义初级阶段的市场经济发展中，这种关系营销形态仍不可忽视。

（三）业缘关系营销形态

业缘关系营销是指以同一职业或同一行业之间的关系为基础进行的营销活动，如同事、同行、同学之间的关系，由于接受相同的文化熏陶，彼此具有相同的志趣，在感情上容易紧密结合为一个"整体"，可以在较长时间内相互帮助，相互协作。

（四）文化习俗关系营销形态

文化习俗关系营销是指公司（企业）及其人员之间以具有共同的文化、信仰、风俗习俗为基础进行的营销活动。由于公司（企业）之间和人员之间有共同的理念、信仰和习惯，在营销活动的相互接触交往中易于心领神会，对产品或服务的品牌、包装、性能等有相似需求，容易建立长期的伙伴营销关系。

（五）偶发性关系营销形态

偶发性关系营销是指在特定的时间和空间条件下突然发生的机遇形成的一种关系营销，如营销人员在车上与同坐旅客闲谈中可能使某种产品成交。这种营销具有突发性、短暂性、不确定性特点，往往与前几种形态相联系，但这种偶发性机遇又会成为企业扩大市场占有率、开发新产品的契机，如能抓住机遇，可能成为一个公司（企业）兴衰成败的关键。

四、关系营销的层次

（一）一级关系营销

一级关系营销是指企业通过价格和其他财务上的价值让渡吸引顾客与企业建立长期交易关系。如对那些频繁购买以及按稳定数量进行购买的顾客给予财务奖励的营销计划。

（二）二级关系营销

二级关系营销是指企业不仅用财务上的价值让渡吸引顾客，而且尽量了解各个顾客的需要和愿望，并使服务个性化和人格化，以此来增强公司和顾客的社会联系。二级关系营销的主要表现形式是建立顾客俱乐部。

（三）三级关系营销

三级关系营销是指企业和顾客相互依赖对方的结构性变化，双方成为合作伙伴关系。三级关系营销的建立，在存在专用性资产和重复交易的条件下，如果一方放弃关系将会付出转移成本，关系的维持具有价值，从而形成"双边锁定"。这种良好的结构性关系将会提高客户转向竞争者的机会成本，同时也将增加客户脱离竞争者而转向本企业的利益。

五、关系营销的具体实施

（一）关系营销的组织设计

为了对内协调部门之间、员工之间的关系，对外向公众发布消息、处理意见等，通过有效的关系营销活动，使企业目标能顺利实现，企业必须根据正规性原则、适应性原则、针对性原则、整体性原则、协调性原则和效益性原则建立企业关系管理机构。管理机构要代表企业，有计划、有准备、分步骤地开展各种关系营销活动，使各职能和部门各司其职，协调配合。

关系管理机构是营销部门与其他部门之间、企业与外部环境之间联系、沟通和协调行动的专门机构。其作用是收集信息资料，充当企业耳目；综合评价各职能部门的决策，充当企业的决策参谋；协调内部关系，增强企业凝聚力；向公众输送信息，通过沟通促进企业与公众之间的理解和信任。

（二）关系营销的资源配置

人力资源配置主要是通过部门间的人员转化、内部提升和跨业务单元的论坛和会议等进行。信息资源共享方式主要是：利用计算机网络、制定政策或提供帮助消减信息超载、建立"知识库"或"回复网络"以及组建"虚拟小组"。

（三）关系营销的文化整合

关系各方环境的差异会影响关系的建立以及双方的交流。跨文化间的人们在交流时，必须克服文化所带来的障碍。对于具有不同企业文化的企业来说，文化的整合，对于双方能否真正协调运作有重要的影响。如果合作伙伴的文化敏感性非常强，就能使合作双方共同有效地工作，并相互学习彼此的文化。

文化整合是企业营销中处理各种关系的高级形式。不同的企业有不同的企业文化。推行差别化战略的企业文化，可能是鼓励创新、发挥个性及承担风险，实施成本领先战略的企业文化，也可能是节俭、纪律及注重细节。如果关系双方的文化相匹配，就能有力地巩固企业与各子市场系统的关系，并建立竞争优势。

第四节　体验营销

2001 年，美国著名未来学家阿尔文·托夫勒（Alvin Toffler）预言：服务经济的下一步是走向体验经济，人们会创造越来越多的跟体验有关的经济活动，商家将靠提供体验服务取胜。人们的消费需求和欲望也随着体验经济的渐进发展而发生新的变化，人们更加期待某些不同寻常的产品或经历，并乐于体会由此产生的心灵感受。因此，面对新的消费心理和需求，企业应洞察先机，积极开展体验营销，提供能满足消费者体验方面需求的产品和服务，争得市场竞争中的优势地位。

一、体验营销的概念

体验是指因某些刺激而使消费者产生的内在反应或心理感受。体验营销是指企业以顾客需求为导向，向消费者提供一定的产品和服务，通过对事件、情景的安排设计，创造出值得消费者回忆的活动，让消费者产生内在反应或心理感受，激发并满足消费者的体验需求，从而达到企业目标的营销模式。

体验营销建立在对消费者个性心理特征认真研究、充分了解的基础上。以激发顾客情感为手段，使整个营销理念更趋于完善，目的是为目标顾客提供超过平均价值的服务，让顾客在体验中产生美妙而深刻的印象或体验，获得最大限度的精神满足。

体验营销并非只是一种营销手段，确切地说也是一种营销心理、一种营销文化和一种营销理念。在消费需求日趋差异化、个性化、多样化的今天，顾客关注产品和服务的感知价值，比以往更重视在消费中获得"体验感觉"。我们经常看到这样的现象，消费者在购买很多产品的时候，如果有"体验"的场景和气氛，那么对消费者的购买决策就能产生很大影响。例如购买服装，如果服装店不能试穿的话，很多顾客就会马上离开；购买计算机如果不能体验性能，大多数消费者就会对其质量产生怀疑；购买手机，如果销售人员不愿意让顾客体验效果，顾客就会扬长而去。因此，对企业来说，提供充分的体验，就意味着获得更多出售货物的机会。

二、体验营销的特征

（一）顾客参与

在体验营销中，顾客是企业的"客人"，也是体验活动的"主人"。体验营销成功的关键，就是引导顾客主动参与体验活动，使其融入设定的情景中，透过顾客表面特征去挖掘、发现其心底真正的需求，甚至是一种朦胧的、自己都说不清的、等待别人来唤醒的需求。发现它，唤醒它，消费者自然就愿意和你互动。在企业与顾客的互动中，顾客的感知效果便是体验营销的效果。顾客参与程度的高低，直接影响体验效果。例如在采摘体验中，积极的参与者会获得比较丰富的体验。

（二）体验需求

体验式营销的感觉直观，形象生动，极易聚集人流、鼓舞人心，促使消费者即时做出购买决定，具有立竿见影的促销效果。但体验营销的思想仍是"顾客至上"，强调消费者理性感性兼具。企业不仅要从理性角度开展营销活动，而且要考虑顾客情感的需要，从物质上和精神上全面满足顾客。

（三）个性特征

在体验营销中，由于个性的差异和精神追求的个性化，每个人对同一刺激产生的体验不尽相同。体验又是个人所有的独一无二的感受，无法复制。因此在传统营销活动中，与强调提供标准化产品和服务以满足消费者大众化的需求有所不同，企业应加强与顾客的沟通，发掘其内心的渴望。从顾客体验的角度，在营销活动的设计中体现较强的个性特征，在大众化的基础上更加独特、另类和独具一格，满足他们追求个性、讲究独特品位的需求。

拓展阅读 15-4
小米的人性化
体验营销

三、体验营销的原则

（一）适用适度

体验营销要求产品和服务具备一定的体验特性，帮助顾客获得购买和消费过程中的"体验感觉"。应该看到，中国经济和消费水平与西方发达国家尚有一定的差异，也有很多的消费者虽然逐步从温饱需要向感性需求发展，但未必会达到可以为愉悦的体验而付出更多金钱的程度。因此，实践体验营销要把实质的利益充分考虑进去，让消费者在进行愉悦体验的同时获得实质的利益，活动才更容易成功。

（二）合理合法

体验营销能否被消费者接受，还与地域差异关系密切。各个国家和地区由于风俗习惯和文化不同，价值观念和价值评判标准也不相同，评价的结果会存在差异。因此体验营销活动的安排，必须适应当地市场的风土人情，既富有新意又合乎常理。同样，各个国家和地区的法律体系，如消费者权益保护法、反不正当竞争法、广告法、商标法、劳动法、公司法、合同法等，既存在差别又极其复杂。体验营销实施过程中具体的操作环节和内容，应该在政策、法律法规允许的范围内。

四、体验营销的策略

（一）感官式营销策略

感官式营销是通过视觉、听觉、触觉与嗅觉建立感官上的体验。它的主要目的是创造知觉体验的感觉。感官式营销可以区分公司和产品的识别，引发消费者购买动机和增加产品的附加值等。以宝洁公司的汰渍洗衣粉为例，其广告突出"山野清新"的感觉：新型山泉汰渍带给你野外的清爽幽香。公司为创造这种清新的感觉做了大量工作，后来取得了很好的效果。

（二）情感式营销策略

情感式营销是在营销过程中，通过诱发触动消费者的内心情感，创造情感体验，其范围可以是一个温和、柔情的正面心情，如欢乐、自豪，甚至是强烈的激动情绪。情感式营销需要真正了解什么刺激可以引起某种情绪，以及能使消费者自然地受到感染，并融入这种情景中来，促进营销活动顺利进行。情感营销的一个经典就是哈根达斯，无论在世界任何地方，哈根达斯冰激凌的营销，总是如同营销浪漫情感一样。

（三）思考式营销策略

思考式营销是通过启发人们的智力，创造性地让消费者获得认识和解决问题的体验。它运用惊奇、计谋和诱惑，引发消费者产生统一或各异的想法。在高科技产品宣传中，思考式营销被广泛使用。1998年苹果公司的IMAC计算机上市仅六个星期，就销售了27.8万台，被《商业周刊》评为1998年最佳产品。IMAC的成功很大程度上得益于一个思考式营销方案。该方案将"与众不同的思考"的标语，与许多不同领域的"创意天才"，包括爱因斯坦、甘地和拳王阿里等人的黑白照片相结合。在各种大型广告路牌、墙体广告和公交车身上，随处可见该方案的平面广告。当这个广告刺激消费者去思考苹果公司计算机的与众不同时，也同时促使他们思考自己的与众不同，以及通过使用苹果公司计算机而使他们有成为创意天才的感觉。2018年，微信创造就业岗位超2 200万个，其中小程序拉动就业超过

180 万个，较上年增长近 80％。随着微信生态日益壮大，围绕小程序、公众平台、企业微信、微信支付聚集了大量开发者、运营者、服务商等生态合作伙伴，微信也始终在与这些合作伙伴同行，共创价值。

（四）行动式营销策略

行动式营销是通过偶像，角色如影视歌星或著名运动明星来激发消费者，使其改变生活形态，从而实现产品的销售。在这一方面耐克可谓经典。该公司的成功主要原因之一是有出色的"JUST DO IT"广告，经常地描述运动中的著名篮球运动员迈克尔·乔丹，从而升华身体运动的体验。

（五）关联式营销策略

关联式营销包含感官、情感、思考和行动营销的综合。关联营销超越私人感情、人格、个性，加上"个人体验"，与个人对理想自我、他人或是文化产生关联。让人和一个广泛的社会系统产生关联，从而建立某种偏好，进而让使用该品牌的人形成一个群体。关联式营销策略特别适用于化妆品、日常用品、私人交通工具等领域。美国市场上的"哈雷"牌摩托车，车主们经常把它的标志文在自己的胳膊上，乃至全身。他们每个周末都去全国参加各种竞赛，可见哈雷品牌的影响力不凡。

第五节　网络营销和"互联网＋"

随着现代科技的飞速发展和网络经济时代的全面到来，越来越多的国内外企业希望利用互联网获得更多的商业机会。在互联网给企业和消费者带来无限商机的同时，企业如何利用互联网来提高知名度和实现企业利益最大化，网络营销已成为企业营销中必不可少的重要内容。

一、网络营销概述

（一）网络营销的定义

网络营销是基于互联网和社会关系网络连接企业、用户及公众，向用户与公众传递有价值的信息和服务，为实现顾客价值及企业营销目标所进行的规划，实施及运营管理活动。网络营销的实质是将互联网贯穿于企业经营的整个过程，顾客足不出户就可以通过任何一部联网的计算机进入其中，从浏览、挑选、下订单到支付货款都在网上完成，之后等待送货上门的一种营销方式。

（二）网络营销的功能

互联网的出现使世界变得越来越小，使企业、团体、各种组织以及个人能够跨越时空地联结在一起，相互之间的信息交流十分便利。实践证明，随着网络技术的不断发展以及企业对互联网的认识和应用的不断深入，网络营销的功能也得到不断拓展。

▶ **1. 信息搜索功能**

信息的搜索功能是网络营销进击能力的一种反映。在网络营销中，将利用多种搜索方法，主动地、积极地获取有用的信息和商机；主动进行价格比较；主动了解对手的竞争态势；主动通过搜索获取商业情报，进行决策研究。搜索功能已经成了营销主体能动性的一种表现，一种提升网络经营能力的进击手段和竞争手段。

▶ 2. 信息发布功能

发布信息是网络营销的主要方法之一，也是网络营销的一种基本职能。无论哪种营销方式，都要将一定的信息传递给目标人群。但是网络营销所具有的强大信息发布功能，是古往今来任何一种营销方式所无法比拟的。

▶ 3. 商情调查功能

网络营销中的商情调查具有重要的商业价值。对市场和商情的准确把握，是网络营销中一种不可或缺的方法和手段，是现代商战中对市场态势和竞争对手情况的一种电子侦察。在激烈的市场竞争条件下，主动地了解商情、研究趋势、分析顾客心理、窥探竞争对手动态是确定竞争战略的基础和前提。通过在线调查或者电子询问调查表等方式，不仅可以省去大量的人力、物力，而且可以在线生成网上市场调研的分析报告，趋势分析图表和综合调查报告。其效率之高、成本之低、节奏之快、范围之大，都是以往其他任何调查形式所做不到的。这就为广大商家提供了一种市场的快速反应能力，为企业的科学决策奠定了坚实的基础。

▶ 4. 销售渠道开拓功能

网络具有极强的进击力和穿透力。传统经济时代的经济壁垒、地区封锁、人为屏障、交通阻隔、资金限制、语言障碍、信息封闭等，都阻挡不住网络营销信息的传播和扩散。新技术的诱惑力，新产品的展示力，图文并茂、声像具显的昭示力，网上路演的亲和力，地毯式发布和爆炸式增长的覆盖力，将整合为一种综合的信息进击能力，可快速的打通封闭的状态，疏通种种渠道，打开进击的路线，实现和完成市场的开拓使命。这种快速、神奇、生动是任何媒体以及其他手段都无法比拟的。

拓展阅读 15-5
消费者对 5 类产品
颜色的关注
情况调查

（三）网络营销的特点

相对于传统的营销方式而言，网络营销具有许多鲜明的特点。

▶ 1. 营销成本低，营销环节少

传统的营销方式往往要花大量的经费用于产品目录、说明书、包装、储存和运输，并设专人负责向顾客寄送各种相关数据。而运用网络营销的企业只需将产品的信息输入计算机系统并上传网络，顾客就可自己查阅，无须设专人寄送数据，电子版本的产品目录、说明书等不必再印刷、包装、储存和运输。这就大大节约了营销费用，降低了营销成本。

在网络营销中，获取营销数据不必再求助出版商，企业可以直接安排有关数据上网供顾客查询，潜在的顾客也不必再等企业的营销人员打电话告诉他们所要咨询的信息。他们自己就可以在网络上查找。网络营销的运用使企业的营销进程加快，传播速度更快，电子版本的产品目录、说明书等随时可以更新。对于软件、图书、歌曲、影视节目等知识产品来说，已经没有海关和运输问题，人们可以直接从网络上下载并采用电子方式付款。

▶ 2. 营销方式新，可以实现个性化营销

在购买的同时，顾客可以自行控制购买过程。现今顾客的需求多种多样，他们在购买

产品时，希望能够掌握更多有关产品信息，得到更好的售后服务。聪明的营销者运用多媒体展示技术和虚拟现实技术，使顾客坐在家中就可以了解最新产品和最新价格，选择各种商品，做出购买决策，自行决定运输方式，自行下订单，从而获得最大的消费满足。

在这个基础上，网络营销使建立高度目标化的小群体营销甚至个体行销成为可能。它改变了工业时代大规模、标准化生产方式所形成的大规模营销方式，推动消费者实现小批量、个性化的商品和服务，满足消费者价值取向的多元化生活方式，从而真正实现消费者的个性回归。

▶ 3. 营销国际化，营销全天候

互联网络已经形成了一个全球体系，企业运用网络进行营销，能够超越时间和空间的限制，随时随地提供全球性的营销服务，使国外的顾客与本企业在网上达成交易，实现全球营销。全球消费者可以在任意时间选择世界上任何地点的商品，通过网络银行的电子支付方式和快速物流，坐等商品送上门。

▶ 4. 推动行业和企业快速变革

网络营销改变了企业的竞争方式、竞争基础和竞争形象，直接使得行业结构发生变化。例如，传统的渠道直接受到挑战；企业各个部门都能运用信息化接触顾客；企业组织和部门跨国家、地区合作和协调，甚至大量员工可以在家工作等。

▶ 5. 网络营销是对传统营销的继承和发展

网络营销在传统营销的基础上，强化了由市场导向向顾客导向的转变；进一步加快了同质化、大规模营销转变为个性化、一对一营销；把异动单向的市场营销转变为同步互动的市场营销；促进营销管理从分散、独立的过程发展到统一协同的工作过程。这些变化和观念的融合，在各个方面又激发了一些市场营销新领域、新观念的发展，比如推动了品牌的娱乐化传播，推动了体验营销和口碑营销的传播，推动了移动商务和移动社区的发展，甚至直接和新技术结合发展，创新产生有如"微博营销"这类全新的营销方法和手段。

拓展阅读 15-6
独树一帜的
搜索引擎

(四) 网络营销中的营销组合

市场决定着市场营销战略，在互联网的巨大影响下，市场必然要求市场营销战略的更新。企业必须以市场为生命，从市场营销因素最基本的 4P 来调整、更新自己的营销战略。

▶ 1. 产品/服务策略

目前，适合在互联网络上销售的产品通常有如下六种。

(1) 与高科技或计算机含义和概念相关的产品，如手机等电子产品。

(2) 目标市场为网络用户的产品，如网络服务，游戏、搜索服务等。

(3) 市场需求地理范围广的产品，如产地约束但是需求广泛的乡土、特色产品。

(4) 设店销售有困难的特殊产品，如团购权利、娱乐活动权利和票卡等产品。

(5) 消费者依据网络信息就可做购买决策的产品。

(6) 实体价值不显著的商品，如游戏点卡、话费卡等。

互联网络所提供的产品主要在于信息的提供，除可充分显示产品的性能、特点、质量以及售后服务等内容外，更重要的是能够对需求进行一对一的营销设计和营销服务，如比较流行的互联网预约销售，打车、订餐等消费服务。企业要根据用户对产品提出的具体或特殊要求进行产品的生产供应，最大限度地满足消费者的需求。在网络上可开展以下工作。

（1）提供消费者之间、消费者与企业之间的互动讨论区，借以了解消费者需求、市场趋势等，以作为企业改进产品开发的参考。

（2）充分利用视频展示、文字图片介绍、产品虚拟空间展示等功能，介绍产品的特点，让消费者有购买欲望。

（3）在网络上建立消费者意见调查区，了解消费者对产品特性、质量、包装及样式等方面的意见，以协助企业产品的开发与改进。

（4）建立网上消费者自助设计区，提供顾客化的产品与服务，如顾客可以自行设计服装的款式和花色，购车者可以自行决定所需颜色和配件等。

▶ **2. 价格策略**

企业制定产品价格应在核算产品成本的基础上，适当增加无形成本的含量，精确计算产品中的无形价值量，科学合理地制定产品网上交易价格。由于网络交易能够充分互动沟通，并完全掌握消费者的购买信息和决策心理，因此应该以理性的方式制定价格战略。网络定价可以采取下列方法。

（1）消费者可通过网络价格查询功能，查询市场相关产品的价格，进而理性地购买价格合理的产品，即可以"货比三家"。因此企业一定要在对网上企业相关产品价格和竞争情况进行认真调研的基础上，增加服务和技术含量的附加值，合理估计本企业产品在消费者心目中的形象和估值，进而确定产品的价格。

（2）可以开通网络会员制，依据会员过去的交易记录与偏好、购买数量的多少，给予顾客折扣，鼓励消费者上网消费，形成忠诚行为或者习惯行为。

（3）建立网络议价系统，与消费者直接在网上协商价格。

（4）建立自动调价系统，可以依季节变动、市场供求形势、竞争产品价格变动、促销活动等，自动调价。

（5）制定发展团购价格、集团客户价格体系。

▶ **3. 分销策略**

互联网直通消费者个人，使得销售针对性加强，将商品直接展示在顾客面前，并直接接受顾客订单，使任何一个用户对企业都具有重要意义。

（1）设立虚拟商店橱窗，使消费者如同进入实际的商店一般，同时商品的橱窗可以因季节、促销活动、经营战略的需要迅速地改变设计。虚拟橱窗不占空间，可 24 小时营业，服务全球顾客，并由服务售货员回答任何专业性的问题，这样的优势决非一般商店可以比拟的。

（2）可以结合相关企业的相关产品，共同在网络上组织商品展销，消费者通过网络浏览各种商品，增强上网意愿与消费动机，加强使用产品的方法教育。

（3）在存在实体渠道店铺条件下，适当考虑产品种类的差异性，避免恶性竞争。促成实体商店重视体验、网络商店重视产品的合作共赢模式。

（4）采取灵活的付款方式。在支付宝、微信钱包等互联网络金融的帮助下，企业可以依赖金融机构的专业信息优势，针对不同的用户采取灵活的付款方式，达到刺激和方便消费者购买的目的。

（5）可以在网络上以首页方式建立虚拟经销商或虚拟目录，提供各类商品目录及售后服务。除部分产品可以自网上取货（如计算机软件、电子图书等）外，大部分产品采用送货上门或邮寄等方式。

▶ 4. 促销策略

网络促销具有一对一服务和消费者需求导向的特点，除了可以作为企业广告外，也是发展潜在顾客的最佳渠道。但网上促销基本是被动的，因此如何吸引消费者上网，并提供具有价值诱因的商品信息，对于企业来说，是一个重大的挑战。常用的促销方法有如下几种。

（1）利用网上聊天的功能，举行消费者联谊活动或网络记者招待会。这种方式可以跨越时空进行沟通，同时也是一种低成本的促销活动。

（2）网络促销可以利用诱因工具，如进行网上竞赛、提供折扣券与赠品券、样品赠送、发放奖券和进行抽奖等，提高消费者上网搜索及购买产品的意愿。

（3）网络广告目前已成为最普遍的商业方式，可以用企业与产品信息阐释企业理念和企业文化，说明售后服务与质量保证措施等，进而提高企业在消费者中的知名度与美誉度。

拓展阅读 15-7
完美日记玩转
社交媒体

（4）外文版页面和网络广告也是企业产品国际化不可或缺的促销活动。

（5）可以利用邮件、手机信息、手机应用程序（App）的方式，向特定客户推送促销信息。

二、"互联网＋"和智能营销

（一）"互联网＋"

▶ 1. "互联网＋"的概念提出

"互联网＋"代表着一种新的经济形态，它指的是依托互联网信息技术实现互联网与传统产业的联合，以优化生产要素、更新业务体系、重构商业模式等途径来完成经济转型和升级。"互联网＋"计划的目的在于充分发挥互联网的优势，将互联网与传统产业深入融合，以产业升级提升经济生产力，最终实现社会财富的增加。

"互联网＋"概念的中心词是互联网，它是"互联网＋"计划的出发点。"互联网＋"计划具体可用两个层次的内容来表述。一方面，可以将"互联网＋"概念中的文字"互联网"与符号"＋"分开理解。符号"＋"意为加号，即代表着添加与联合。这表明了"互联网＋"计划的应用范围为互联网与其他传统产业，它是针对不同产业间发展的一项新计划，应用手段则是通过互联网与传统产业进行联合和深入融合的方式进行；另一方面，"互联网＋"作为一个整体概念，其深层意义是通过传统产业的互联网化完成产业升级。互联网通过将开放、平等、互动等网络特性在传统产业的运用，通过大数据的分析与整合，试图厘清供求关系，通过改造传统产业的生产方式、产业结构等内容，来增强经济发展动力，提升效益，从而促进国民经济健康有序发展。

国内"互联网＋"理念的提出，最早可以追溯到 2012 年 11 月易观第五届移动互联网博览会。易观国际董事长兼首席执行官于扬首次提出"互联网＋"理念。他认为"在未来，'互联网＋'公式应该是我们所在行业的产品和服务，在与我们未来看到的多屏全网跨平台用户场景结合之后产生的这样一种化学公式"。2014 年 11 月，李克强总理出席首届世界互联网大会时指出，互联网是大众创业、万众创新的新工具。其中"大众创业、万众创新"则是政府工作报告中的重要主题，被称作中国经济提质增效升级的"新引擎"。

"互联网＋"是创新2.0下的互联网发展的新业态，是知识社会创新2.0推动下的互联网形态演进及其催生的经济社会发展新形态。

"互联网＋"是互联网思维的进一步实践成果，推动经济形态不断地发生演变，从而带动社会经济实体的生命力，为改革、创新、发展提供广阔的网络平台。通俗地说，"互联网＋"就是"互联网＋各个传统行业"，但这并不是简单的两者相加，而是利用信息通信技术以及互联网平台，让互联网与传统行业进行深度融合，创造新的发展生态。它代表一种新的社会形态，即充分发挥互联网在社会资源配置中的优化和集成作用，将互联网的创新成果深度融合于经济、社会各域之中，提升全社会的创新力和生产力，形成更广泛的以互联网为基础设施和实现工具的经济发展新形态。

▶ 2."互联网＋"的特征

（1）跨界融合。跨界融合就是跨界、变革、开放、重塑融合。通过跨界为创新提供更坚实的基础；通过融合协同，来实现群体智能。融合本身也指代身份的融合、客户消费转化为投资、伙伴参与创新等。

（2）创新驱动。粗放的资源驱动型增长方式必须转变到创新驱动发展这条正确的道路上来。这正是互联网的特质，用所谓的互联网思维来求变、自我革命，也更能发挥创新的力量。

（3）重塑结构。信息革命、全球化、互联网业已打破了原有的社会结构、经济结构、地缘结构、文化结构。权力、议事规则、话语权不断在发生变化。"互联网＋"社会治理、虚拟社会治理会是很大的不同。

（4）尊重人性。人性的光辉是推动科技进步、经济增长、社会进步、文化繁荣的最根本的力量，互联网的力量之强大最根本地也来源于对人性的最大限度的尊重、对人体验的敬畏、对人的创造性发挥的重视。例如，用户生成内容（UGC）、互动百科、卷入式营销、分享经济等。

（5）开放生态。就是把过去制约创新的环节化解掉，把孤岛式创新连接起来，让研发由人性决定的市场驱动，让创业并努力者有机会实现价值。

（6）连接一切。连接是有层次的，可连接性是有差异的，连接的价值相去甚远，但是连接一切是"互联网＋"的目标。

▶ 3."互联网＋"的发展战略

2015年7月4日，国务院印发《关于积极推进"互联网＋"行动的指导意见》（以下简称《意见》），是推动互联网由消费领域向生产领域拓展，加速提升产业发展水平，增强各行业创新能力，构筑经济社会发展新优势和新动能的重要举措。这是我国国家层面对"互联网＋"的最权威最全面的概括和战略指导。《意见》提出了11个具体行动："互联网＋"创业创新、协同制造、现代农业、智慧能源、普惠金融、益民服务、高效物流、便捷交通、绿色生态、电子商务、人工智能。

2021年，我国互联网行业迎来高质量发展新阶段，互联网企业在主营业务持续拓展的同时，抢抓科教兴国战略和创新驱动发展战略的机遇，全方位推进科技创新、企业创新、产品创新，中国互联网企业综合实力明显提升。

▶ 4."互联网＋"的实践应用

在实践应用中，"互联网＋"已经涉及许多领域，主要有以下方面。

（1）"互联网＋"在工业领域的发展。"互联网＋工业"即传统制造业企业采用移动互联网、云计算、大数据、物联网等信息通信技术，改造原有产品及研发生产方式，与"工业互联网""工业4.0"的内涵一致。主要有"移动互联网＋工业""云计算＋工业""物联网＋工业""网络众包＋工业"等。

（2）"互联网＋"商贸。商贸领域与互联网融合的历史相对较长，多年来，电子商务业务伴随着我国互联网行业一同发展壮大，目前仍处于快速发展、转型升级的阶段，发展前景广阔，主要有B2B电子商务、企业自营电商、出口跨境电商。

（3）"互联网＋"在金融领域的发展。"融资难、融资贵"是长期制约我国实体经济，尤其是中小微企业发展的瓶颈。"互联网＋金融"可以整合企业经营的数据信息，使金融机构低成本、快速地了解借款企业的生产经营情况，有效降低借贷双方信息不对称程度，进而提升贷款效率。主要有：互联网供应链金融、众筹、互联网银行等。此外，在商贸、教育、医疗、智慧城市、旅游、政务等传统领域，"互联网＋"激发了无数创新产品和创新企业的出现，并且在配合产业基金、风险投资基金的支持下，优势的企业或者产品在飞速成长。

"互联网＋"不是"＋互联网"，互联网不仅仅是一个传播工具，更是社会操作系统。

在"＋互联网"模式下，互联网仅仅被看作一种传播工具、传播手段、传播渠道和传播平台，是在人们固有的发展逻辑和社会运动逻辑的基础上增加的一种手段。

而"互联网＋"则不同，它把互联网视为构造社会、构造市场和行业全新格局的建构性的要素和力量，是在互联网所造就的这种全新的基础上，按照互联网的法则和逻辑来重新整合运作模式和管理模式。

（二）智能营销

智能营销又称智慧营销，是通过人的创造性、创新力以及创意智慧将先进的计算机、网络、移动互联网、物联网等科学技术的融合应用于当代品牌营销领域的新思维、新理念、新方法和新工具的创新营销新概念。

"智能"是指人的智慧和行动能力、智谋与才能。《管子·君臣上》："是故有道之君，正其德以莅民，而不言智能聪明。"《汉书·高帝纪下》："今天下贤者智能岂特古之人乎？"即智与能的结合，智为知，能为行，知行合一。"知行合一"是明朝思想家王守仁提出来的，讲究不仅要认识（"知"），尤其应当实践（"行"），只有把"知"和"行"统一起来，才能称作"善"。

"智能营销"的内涵就是讲究知与行的和谐统一，人脑与计算机、创意与技术、企业文化与企业商业、感性与理性结合，创造以人为中心、网络技术为基础、营销为目的、创意创新为核心、内容为依托的消费者个性化营销，实现品牌与实效的完美结合，将体验、场景、感觉等消费者主观认知建立在文化传承、科技迭代、商业利益等企业生态文明之上，最终实现虚拟与现实的数字化商业创新、精准化营销传播，高效化市场交易的全新营销理念与技术。

在营销4.0时代，进入智能营销阶段，主要是以消费者无时无刻的个性化、碎片化需求为中心，满足消费者动态需求，建立在工业4.0（移动互联网、物联网、大数据及云计算）、柔性生产与数据供应链基础上的全新营销模式，将消费者纳入企业生产营销环节，实现全面的商业整合，如Uber、小米、库特智能/魔幻工厂等。该阶段市场权利高度集中于消费者手中，产生的主要理论包括工业4.0理论、人工智能科技、机器学习、3E工具论、Glocal营销（全球本地化）理论等。

三、电子商务概述

（一）电子商务的概念

电子商务是以信息网络技术为手段，以商品交换为中心的商务活动。也可理解为在互联网、企业内部网和增值网上以电子交易方式进行交易活动和相关服务的活动，是传统商业活动各环节的电子化、网络化、信息化。电子商务通常是指在全球各地广泛的商业贸易活动中，在互联网开放的网络环境下，基于浏览器/服务器应用方式，买卖双方不谋面地进行各种商贸活动，实现消费者的网上购物、商户之间的网上交易和在线电子支付以及各种商务活动、交易活动、金融活动和相关的综合服务活动的一种新型的商业运营模式。

狭义上讲，电子商务是指以计算机网络为基础所进行的各种商务活动，包括商品和服务的提供者、广告商、消费者、中介商等有关各方行为的总和。人们一般理解的电子商务是指狭义上的电子商务。

广义上讲，电子商务就是通过电子手段进行的商业事务活动。通过使用互联网等电子工具，使公司内部、供应商、客户和合作伙伴之间，利用电子业务共享信息，实现企业间业务流程的电子化，配合企业内部的电子化生产管理系统，提高企业的生产、库存、流通和资金等各个环节的效率。

联合国国际贸易程序简化工作组对电子商务的定义是：采用电子形式开展商务活动，它包括在供应商、客户、政府及其他参与方之间通过任何电子工具，如 EDI、Web 技术、电子邮件等共享非结构化商务信息，并管理和完成在商务活动、管理活动和消费活动中的各种交易。

（二）电子商务的模式

电子商务涵盖的模式很广，一般可分为：代理商、商家和消费者（agent、business、consumer，ABC），企业对企业（business to business，B2B），企业对消费者（business to consumer，B2C），个人对消费者（consumer to consumer，C2C），企业对政府（business to government，B2G），线上对线下（online to offline，O2O），商业机构对家庭（business to family，B2F），供给方对需求方（provide to demand，P2D），门店在线（online to partner，O2P）等九种模式，其中最主要的有 B2B，B2C 两种模式。消费者对企业（consumer to business，C2B）也开始兴起，并被一些商界人士认为是电子商务的未来。随着国内互联网使用人数的增加，利用互联网进行网络购物并以银行卡付款的消费方式已日渐流行，市场份额也在迅速增长，电子商务网站也层出不穷。

拓展阅读 15-8
京东商城的营销策略

第六节　微　营　销

微营销是以营销战略转型为基础，通过企业营销策划、品牌策划、运营策划、销售方法与策略，注重每一个细节的实现，通过传统方式与互联网思维实现营销新突破。微营销是传统营销与现代网络营销的结合体，实现微营销的工具有博客营销、微博营销、微信营销等。

一、博客营销

（一）博客及其特性

"博客"的英文名称为"blog"，一般认为是彼得·莫霍尔兹（Peter Merholz）于 1999 年命名的。中文名称则是由王俊秀和方兴东在 2002 年推出的"博客中国"网上传播开始的。博客是 2004 年全球最热门的互联网词汇之一，博客营销的概念也由此兴起。博客具有知识性、自主性、共享性等基本特征，正是博客这种性质决定了博客营销是一种基于个人知识资源（包括体验等表现形式）的网络信息传递形式。

（二）博客营销的概念

博客营销的概念最早是由冯英健博士在从事博客营销实践的基础上首次提出，至今没有明确定义，但大部分学者认为，博客营销就是通过博客这种网络应用形式开展的网络营销。

博客营销是通过博客网站或博客论坛接触博客作者和浏览者，利用博客作者个人的知识、兴趣和生活体验等传播商品信息的营销活动。许多明星或一些商品通过博客营销较成功。如南非 Stormhoek 公司博客卖葡萄酒、五粮液结缘博友共赏美酒等都是博客营销成功案例。

（三）博客营销的基本形式

博客具有多方面的网络营销价值，博客营销的这些价值只有通过企业博客所发布的每一篇博客文章体现出来，而且可能需要一个长期的资源积累过程。

虽然说博客营销对于不同领域、不同企业而言没有统一的模式，不过有关博客营销思想是相通的，因此可以作为研究制定博客营销操作模式时参考。根据网上营销新观察（www.marketingman.net）对博客营销现状的研究认为，博客营销主要表现为三种基本形式。

（1）利用第三方博客平台的博客文章发布功能开展的网络营销活动。

（2）企业网站自建博客频道，鼓励公司内部有写作能力的人员发布博客文章以吸引更多的潜在用户。

（3）有能力运营维护独立博客网站的个人，可以通过个人博客网站及其推广，达到博客营销的目的。

（四）博客营销的优势

▶ **1. 细分程度高，广告定向准确**

博客是个人网上出版物，拥有其个性化的分类属性，因而每个博客都有其不同的受众群体，其读者往往也是一群特定的人，细分的程度远远超过了其他形式的媒体。而细分程度越高，广告的定向性就越准。

▶ **2. 互动传播性强，信任程度高，口碑效应好**

博客在我们的广告营销环节中同时扮演了两个角色，既是媒体（blog）又是人（blogger），既是广播式的传播渠道又是受众群体，能够很好地把媒体传播和人际传播结合起来，通过博客与博客之间的网状联系扩散出去，以扩大传播效应。

每个博客都拥有一个相同兴趣爱好的博客圈子，而且在这个圈子内部的博客之间的相互影响很大，可信程度相对较高，朋友之间互动传播性也非常强，因此可创造的口碑效应和品牌价值非常大。虽然单个博客的流量绝对值不一定很大，但是受众群明确，针对性非常强，单位受众的广告价值自然就比较高，所能创造的品牌价值远非传统方式的广告所能比拟。

▶3. 影响力大，引导网络舆论潮流

随着多起博客门事件的陆续发生，证实了博客上评论意见的影响面和影响力度越来越大，一些博主通过博客渐渐成为网民们的"意见领袖"，引导着网民舆论潮流，他们所发表的评价和意见会在极短时间内在互联网上迅速传播开来，对企业品牌造成巨大影响。

▶4. 大大降低传播成本

口碑营销的成本由于主要仅集中于教育和刺激小部分传播样本人群上，即教育、开发口碑意见领袖，因此成本比面对大众人群的其他广告形式要低得多，且结果也往往能事半功倍。

如果企业在营销产品的过程中巧妙地利用口碑的作用，必定会达到很多常规广告所不能达到的效果。例如，博客规模盈利和传统行业营销方式创新，都是现下社会热点议题之一，因而广告客户通过博客口碑营销不仅可以获得显著的广告效果，而且还会因大胆利用互联网新媒体进行营销创新而吸引更大范围的社会人群、营销业界的高度关注，引发各大媒体的热点报道，这种广告效果必将远远大于单纯的广告投入。

（五）博客营销技巧

▶1. 强化互动性

博客的魅力在于互动，拥有一群不说话的粉丝是很危险的，因为他们慢慢会变成不看你内容的粉丝，最后更可能是离开。因此，互动性是博客持续发展的关键。最应该注意的问题就是，企业宣传信息不能超过博客信息的 10%，最佳比例是 3%~5%。更多的信息应该融入粉丝感兴趣的内容之中。

▶2. 博客专业化水平

企业博客定位专一很重要，但是专业更重要。同市场竞争一样，只有专业才可能超越对手，持续吸引目光关注，专业是一个企业博客重要的竞争力指标。博客不是企业的装饰品，如果不能做到专业，只是流于平庸，还不如不去建设企业博客，因为，作为一个"零距离"接触的交流平台，负面的信息与不良的用户体验很容易被迅速传播开，为企业带来不利的影响。

▶3. 注重方法与技巧

很多人认为，博客就是短信，是随笔，甚至是聊天，但是担当这样使命的企业博客在经营上自然也更困难与复杂。企业可以在多个人气旺的博客网站同时开博，如新浪、搜狐、网易、腾讯等，而后一份博文稿可以分别发在各大博客上，这样就可以大大提高传播效率，分摊经管成本。

拓展阅读 15-9
新形势下博客
的商业价值

二、微博营销

（一）微博营销的概念

微博是微型博客（microblog）的简称，即一句话博客，是一种通过关注机制分享简短实时信息的广播式的社交网络平台。微博营销是利用微博平台实现企业信息交互的一种营销方式，是企业借助微博这一平台开展的包括企业宣传、品牌推广、活动策划及产品介绍等一系列的市场营销活动。

该营销方式注重价值的传递、内容的互动、系统的布局、准确的定位，微博的火热发展也使得其营销效果尤为显著。微博营销涉及的范围包括认证、有效粉丝、朋友、话题、名博、开放平台、整体运营等。自2012年12月后，新浪微博推出企业服务商平台，为企业在微博上进行营销提供一定帮助。

从2009年8月新浪微博出现开始，微博的商业化与产业化进程就一直备受关注。微博以其社交性、互动性、个性化、自主性、即时性、低成本等特征，成为营销界新宠，营销价值被不断挖掘。在微博上，可以通过有意义的社交，获取并理解客户反馈信息，影响客户行为，以实现提高客户获得、客户保留、客户忠诚和客户创利的目的，同时从社会化媒介上获得的客户意见、关系网络、消费倾向等信息，可为企业提供产品的设计与完善、价格的设定、营销渠道的拓展、促销的方法与时机等的参考价值。然而，微博的发展也面临着盈利模式不明朗、用户流失等问题。例如，俄罗斯索契冬奥会是一次全球性体育盛会，吸引了全球目光，而在2月8日凌晨开幕式却出现了戏剧性一幕，奥运五环有一个环没有打开，敏感的企业开始抓住机会进行借势营销，红牛也借势推广其"能量"诉求，吸引体育爱好者目光。红牛围绕"能量"诉求深入人心，"五环变四环：打开的是能量，未打开的是潜能"，五环变四环是一次失误，是不完美和瑕疵，社交媒体上对此出现了很多的"负能量"话语。红牛翻转网友"负能量"认知，从"能量""潜能"等正能量的角度出发，对这次事件给出正面、积极的看法，并把产品功能进行了很好的传播。

（二）微博营销的特征

微博营销是以传播学理论为基础，以营销学经典理论与案例为指导，集成以往网络媒介营销手段的一种营销途径。但是微博营销依然表现出极具个性的特征。

▶ 1. 注册简单，操作便捷，运营成本较低，方便实现"自营销"

微博具有媒体属性，是将信息广而告之的媒介，但是与其他媒体相比，微博注册免费、操作界面简洁、操作方法简易（所有操作基于信息发布、转发、评论）、又有多媒体技术使信息呈现形式多样，而运营一个微博账号，不必花大价钱架构一个网站，不必有多专业的计算机网络技术，也不需要专门拍一个广告，或向报纸、电视等媒体支付高额的时段广告费用等，充分利用微博的"自媒体"属性，做好"内容营销"即是微博营销的王道。

▶ 2. 微博营销的"品牌拟人化"特征更易受到用户的关注

社交媒体时代，微博传播强调人性化与个性化，"官方话"和"新闻稿"除了在严肃事件中扮演信用角色外，在这样一个社交与娱乐至上的场所就显得格格不入。企业用一个很人性化的方式去塑造一个自身的形象，不仅可以拉近和受众的距离，达到良好的营销效果，而且品牌的美誉度和忠诚度也会大大提高。

品牌拟人化是指通过饱含个性、风趣、人情的语言，使品牌账号富有"人"的态度、性格与情感，真正与消费者互动，从而获得消费者的认可，这种认可不是传统的单纯的买卖关系，也不是粉丝的追捧，而更像是建立并维系一种"友情"关系。这样品牌的忠诚度和美誉度就很强，用户就会支持这个企业的产品，而且还会主动地参与到这个品牌的塑造过程中来，成为实现口碑营销的绝佳途径。在互联网 3.0 时代即智能互联网时代，用户消费行为模型 SICAS 提供全面、精细化消费者行为模式，通过"口碑"将网络与实体相互融合，弱化品牌商家主观推送信息的概念，强调消费者的需求与接纳度，并将忠实顾客与品牌忠诚度作为传播的核心。在 SICAS 模式下，品牌拟人化更能够在每一项消费环节中发挥作用。

▶ 3. 多账号组成的微博矩阵，便于针对不同的产品受众进行精准营销

微博矩阵是指在一个大的企业品牌之下，开设多个不同功能定位的微博，与各个层次的网友进行沟通，达到 360°塑造企业品牌的目的。换句话说，矩阵营销是内部资源在微博上的最优化排布，在保持整体协作的企业文化的同时，以达到最大效果。

▶ 4. 微博造星，可以借助知名微博主的影响力进行营销

微博的传播机制建立在六度分格、二级传播等人际传播理论的基础之上。换句话说，微博中的社交关系是现实社交关系链的扩张性虚拟迁徙。微博的影响力同时也代表了一种关系的信用值，按照新浪微博的计算方法，微博影响力由活跃度（原创微博、转发次数、评论次数、私信数）、传播力（原创被转发与被评论数）和覆盖度（粉丝数）共同决定。借助拥有大量粉丝人气和较高影响力的微博主的平台，一则可以和更多的潜在用户接触，发生关联，达到广而告之的效果；二则扮演意见领袖的人往往也具有消费引导的功能，或是具有某些专业领域的特征，或是一些生活趣味的汇集，或是提供娱乐讯息，或是对社会热点有明晰的评论与态度，或是仅仅是靠语言个性魅力打动人……微博是无可争议的自媒体，借助有大量粉丝受众的微博账号做推广，也是一种打广告的方法。值得一提的是，这种方法和渠道多为营销公关公司利用，开展专业的微博营销有偿服务业务，且根据粉丝量的多少制定收费标准。

（三）微博营销的技巧

微博营销除了有博客营销相同的技巧之外，还具备以下的技巧。

▶ 1. 注重价值的传递

企业博客经营者首先要改变观念——企业微博的"索取"与"给予"之分，企业微博是一个给予平台。截至 2022 年 12 月，微博月活跃用户为 5.86 亿个，同比净增约 1 300 万个用户，其中移动端用户占月活跃用户数的 95%。只有那些能对浏览者创造价值的微博自身才有价值，此时企业微博才可能达到期望的商业目的。企业只有认清了这个因果关系，才可能从企业微博中受益。

▶ 2. 注重微博个性化

微博的特点是"关系""互动"，因此，虽然是企业微博，但也切忌用一个官方发布消息的窗口那种冷冰冰的模式。要给人感觉像一个人，有感情，有思考，有回应，有自己的特点与个性。

一个浏览者觉得你的微博和其他微博差不多，或是别的微博可以代替你，都是不成功的。这和品牌与商品的定位一样，必须塑造个性。这样的微博具有很高的黏性，可以持续积累粉丝与关注，因为此时的你有了不可替代性和独特的魅力。

▶ 3. 注重发布的连续性

微博就像一本随时更新的电子杂志，要注重定时、定量、定向发布内容，让大家养

成观看习惯。当其登录微博后，能够想着看看你的微博有什么新动态，这无疑是成功的最高境界，虽很难达到，但我们需要尽可能出现在他们面前，先成为他们思想中的一个习惯。

▶ 4. 加强互动性

微博的魅力在于互动，企业应将更多的信息应该融入粉丝感兴趣的内容之中。

"活动内容＋奖品＋关注(转发/评论)"的活动形式一直是微博互动的主要方式，但实质上奖品比你那个企业所想宣传的内容更吸引粉丝的眼球，相较赠送奖品，你的微博能认真回复留言，用心感受粉丝的思想，才能换取情感的认同。如果情感与"利益"(奖品)共存，那就更完美了。

▶ 5. 进行系统性布局

任何一个营销活动，要取得持续而巨大的成功，都不能脱离了系统性，单纯当作一个点子来运作，很难持续取得成功。企业想要微博发挥更大的效果就要将其纳入整体营销规划中来，这样微博才有机会发挥更多作用。

▶ 6. 准确的定位

微博粉丝众多是件好事情，但是，对于企业微博来说，"粉丝"质量更重要。因为企业微博最终的商业价值，或许就需要这些有价值的粉丝来实现。很多企业抱怨：微博人数都过万了，可转载、留言的人很少，宣传效果不明显。这其中一个很重要的原因就是定位不准确。假设自己为玩具行业，那么就围绕一些你产品目标顾客关注的相关信息来发布，吸引目标顾客的关注，而非是只考虑吸引眼球，导致吸引来的都不是潜在消费群体。在这个起步阶段很多企业博客陷入这个误区当中，完全以吸引大量粉丝为目的，却忽视了粉丝是否为目标消费群体这个重要问题。

▶ 7. 注重控制的有效性

微博不会飞，但是速度却快得惊人，用极高的传播速度结合传递规模，其所创造出的惊人力量有可能是正面的，也可能是负面的。因此，必须有效管控企业微博这把"双刃剑"。例如，从 2020 年新冠疫情突发开始，微博这样一个社交平台逐渐成为全网关注疫情的主要舆论场。从疫情热搜不断到肺炎患者超话求助，从权威媒体 24 小时发声到专业科普意见领袖助力。虽然山川异域，但都在微博场域聚力共鸣，只为战胜我们共同的敌人。

▶ 8. 注重方法与技巧

想把企业微博变得有声有色，持续发展，单纯在内容上传递价值还不够，必须讲究一些技巧与方法。例如，微博话题的设定，表达方式都很重要。如果你的博文是提问性的，或是带有悬念的，引导粉丝思考与参与，那么浏览和回复的人自然就多，也容易给人留下印象；反之，会带来如新闻稿一样的博文，让粉丝想参与都无从下手。

三、微信营销

(一) 微信营销的概念

2011 年 1 月 21 日，腾讯推出即时通信应用微信，支持发送语音短信、视频、图片和文字，可以群聊。2012 年 3 月 29 日，时隔一年多，腾讯微博宣布微信用户突破 1 亿大关，达到新浪微博注册用户的 1/3。在腾讯 QQ 邮箱、各种户外广告和旗下产品的不断宣传和推广下，微信的用户也在逐月增加。截至 2022 年 12 月 31 日，微信及 WeChat 的合并月活跃账户数超过 13.1 亿个，同比增长 3.5%。

微信营销是网络经济时代企业或个人营销模式的一种，是伴随着微信的火热而兴起的一种网络营销方式。微信不存在距离的限制，用户注册微信后，可与周围同样注册的"朋友"形成一种联系，订阅自己所需的信息，商家通过提供用户需要的信息，推广自己的产品，从而实现点对点的营销。

微信营销主要体现在以安卓系统、苹果系统的手机或者平板电脑中的移动客户端和 App 进行的区域定位营销，商家通过微信公众平台，结合转介率微信会员管理系统展示商家微官网、微会员、微推送、微支付、微活动，已经形成了一种主流的线上线下微信互动营销方式。

微信开店——这里的微信开店（微信商城）并非微信"精选商品"频道升级后的腾讯自营平台，而是由商户申请获得微信支付权限并开设微信店铺的平台，公众号要申请微信认证，以获得微信高级接口权限。商户申请了微信支付后，才能进一步利用微信的开放资源搭建微信店铺。

（二）微信营销的特点

▶ 1. 点对点精准营销

微信拥有庞大的用户群，借助移动终端、天然的社交和位置定位等优势，每个信息都可以推送，能够让每个个体都有机会接收到这个信息，继而帮助商家实现点对点精准化营销。

▶ 2. 形式灵活多样

用户可以发布语音或者文字然后投入微信"大海"中，如果有其他用户"捞"到则可以展开对话。

（1）位置签名。商家可以利用"用户签名档"这个免费的广告位为自己做宣传，附近的微信用户就能看到商家的信息。

（2）二维码。用户可以通过扫描识别二维码身份来添加朋友、关注企业账号；企业则可以设定自己品牌的二维码，用折扣和优惠来吸引用户关注，开拓 O2O 的营销模式。

（3）开放平台。通过微信开放平台，应用开发者可以接入第三方应用，还可以将应用的标识（logo）放入微信附件栏，使用户可以方便地在会话中调用第三方应用进行内容选择与分享。

（4）公众平台。在微信公众平台上，每个人都可以用一个 QQ 号码，打造自己的微信公众账号，并在微信平台上实现和特定群体的文字、图片、语音的全方位沟通和互动。

▶ 3. 强关系的机遇

微信的点对点产品形态注定了其能够通过互动的形式将普通关系发展成强关系，从而产生更大的价值。通过互动的形式与用户建立联系，互动就是聊天，可以解答疑惑、可以讲故事甚至可以"卖萌"，用一切形式让企业与消费者形成朋友的关系，你不会相信陌生人，但是会信任你的"朋友"。

（三）微信营销的策略

▶ 1."意见领袖型"营销策略

企业家、企业的高层管理人员大都是意见领袖，他们的观点具有相当强的辐射力和渗透力，对大众而言有着重大的影响作用，可潜移默化地改变人们的消费观念，影响人们的消费行为。微信营销可以有效地综合运用意见领袖型的影响力和微信自身强大的影响力，刺激需求，激发购买欲望。

▶ 2."病毒式"营销策略

微信即时性和互动性强、可见度、影响力以及无边界传播等特质特别适合"病毒式"营销策略的应用。微信平台的群发功能可以有效地将企业拍的视频，制作的图片，或是宣传的文字群发到微信好友。企业更是可以利用二维码的形式发送优惠信息，这是一个既经济又实惠，更有效的促销好模式。使顾客主动为企业做宣传，激发口碑效应，将产品和服务信息传播到互联网和生活中的每个角落。

▶ 3."视频、图片"营销策略

运用"视频、图片"营销策略开展微信营销，首先要在与微友的互动和对话中寻找利用市场，发现有利市场，为特定市场潜在客户提供个性化、差异化服务，其次，善于借助各种技术，将企业产品、服务的信息传送到潜在客户的大脑中，为企业赢得竞争的优势，打造出优质的品牌服务形象。只有让微信营销更加"可口化、可乐化、软性化"，才能更加地吸引消费者的眼球。

拓展阅读 15-10
微信红包

复习思考题

1. 绿色营销的含义和特点是什么？如何开展绿色营销活动？
2. 什么是整合营销和整合营销传播？
3. 关系营销的主要着重点是什么？
4. 如何实施体验营销？
5. 什么是网络营销？它有哪些功能和特点？
6. "互联网＋"的特征是什么？
7. 电子商务的模式有哪些？
8. 微营销对现代企业的发展有何影响？

案例分析训练

抖音短视频营销助力综艺宣发

新型冠状病毒疫情给综艺市场带来了一定影响，但厚积薄发的综艺市场在后疫情时代回归正轨，涌现出众多精品综艺节目。在助力综艺宣发上，抖音短视频营销提供了强力支持。

抖音依托碎片化时代应运而生，以十几秒到几分钟的碎片化的有趣内容，成功抓住了人们的眼球。与一般综艺正片相比，抖音综艺营销的短视频内容是节目精华的集中展现，更容易获得用户青睐，且黏性极高。

根据抖音发布的《2020抖音娱乐白皮书》，2020年抖音综艺视频总播放量超1100亿次，点赞量超30.2亿次，海量用户为其带来了良好的传播效果，让综艺节目进一步出圈。抖音深度合作的综艺达132档，并助力众多综艺成为2020年爆款，这让抖音综艺宣发的价值进一步凸显。

抖音海量的综艺用户和活跃的内容创作者为综艺节目带来了更多流量和内容支持。根据抖音发布的数据，2020年，抖音娱乐用户突破5.4亿个，其中综艺用户占近1/5，达到1.05亿个。综艺用户的高关注快速提升了综艺节目的知名度和影响力，比如《奔跑吧》在抖音收获近850万粉丝和1.3亿点赞；《王牌对王牌》节目官方抖音账号视频总播放量超40亿次、点赞超1亿次，粉丝增长400万。

不仅如此，在抖音上，综艺内容创作者已经累计达22万人，较2019年增长146.09%；累计投稿49万篇以上，较2019年增长204%。此外，众多二次创作内容进一步提升了节目的影响力。在《王牌对王牌》播出期间，节目组曾与抖音联动推出"反手涂口红挑战""拇指跳远"等大热挑战赛，撬动了众多明星达人、抖音创作者、素人用户参与到互动和内容创作中，各类相关创作视频收获3.5亿次播放量，为节目赢得了更多抖音综艺用户的关注。

2020年，抖音深度合作的132档综艺节目中，涵盖了备受网友和粉丝推崇的《乘风破浪的姐姐》《这就是街舞3》《奔跑吧》等热门综艺，通过抖音平台的流量加持和创新玩法，这些综艺节目快速在综艺用户和大众人群中传播和扩散。其中，《乘风破浪的姐姐》相关热议话题累计冲上抖音热搜261次，主话题播放量近160亿次，成功助力"浪姐"成为2020年综艺市场的"巨浪"之一。同时，通过在抖音发起《无价之姐》的姐姐舞挑战，进一步带动全网参与，话题播放量高达18亿次。这种通过抖音推行的"综艺＋挑战赛"带来的良好宣发效果，也在《王牌对王牌》《天赐的声音》等众多综艺节目中被完美复刻。

经过5年的快速发展，抖音已然成为综艺娱乐营销收获更多关注和曝光的新窗口，越来越多的综艺节目全程在抖音做短视频营销宣发，而抖音不断创新的内容与玩法也让短视频营销越来越深入人心。

抖音强大的用户基础为综艺宣发提供了强大的流量基础，也撬动越来越多创作者在抖音进行二次创作。综艺用户与内容创作者的支持，抖音与综艺节目的深度联动，让平台的宣发价值进一步凸显，并得到综艺节目的肯定。亮眼的数据和众多成功案例，吸引着越来越多的综艺节目在抖音宣发，也为综艺节目提供了更多高效、可复制的营销参考。

资料来源：抖音综艺内容收获超千亿播放，短视频内容营销时代正式开启[EB/OL]．(2021-01-21)[2023-03-15]．http：//d.youth.cn/newtech/202101/t20210121_12674966.htm．日活用户破6亿，抖音的娱乐营销版图如何构建？[EB/OL]．(2021-01-21)[2023-03-15]．http：//k.sina.com.cn/article_5592412189_14d55701d00100r7cc.html．

分析与思考：

1. 请结合材料，归纳抖音短视频营销的特点。

2. 请结合材料，查阅相关资料，思考抖音为什么这么火以及抖音是如何盈利的。

▎在线自测 ▎

扫描封底刮刮卡　　测试　　获取答题权限

参 考 文 献

[1] 科特勒，阿姆斯特朗. 市场营销：原理与实践[M]. 北京：中国人民大学出版社，2015.

[2] 吴健安. 市场营销学[M]. 5版. 北京：高等教育出版社，2014.

[3] 吕一林，冯蛟. 现代市场营销学[M]. 北京：清华大学出版社，2012.

[4] 郭国庆，陈凯. 市场营销学[M]. 5版. 北京：中国人民大学出版社，2015.

[5] 朱嫒玲. 市场营销学[M]. 上海：上海财经大学出版社，2015.

[6] 陈雄鹰. 市场营销原理与实务[M]. 北京：中央民族大学出版社，2013.

[7] 李海琼. 市场营销理论与实务[M]. 2版. 北京：清华大学出版社，2015.

[8] 邵继红. 市场营销学[M]. 武汉：武汉大学出版社，2015.

[9] 马进军. 市场营销理论与实务[M]. 上海：上海大学出版社，2014.

[10] 刘美鸽，郭利. 市场营销学[M]. 天津：天津大学出版社，2015.

[11] 唐赤华，戴克商. 消费者心理与行为[M]. 2版. 北京：北京交通大学出版社，2011.

[12] 贺继红，白建磊. 市场营销学通理[M]. 北京：清华大学出版社，2012.

[13] 陆剑清. 市场营销学[M]. 北京：清华大学出版社，2014.

[14] 姚飞. 客户关系管理[M]. 北京：机械工业出版社，2014.

[15] 万晓. 市场营销学[M]. 北京：机械工业出版社，2016.

[16] 孔庆新. 市场营销[M]. 2版. 北京：清华大学出版社，2016.

[17] 卞志刚，盛亚军，董慧博. 市场营销学[M]. 北京：清华大学出版社，2016.

[18] 梁文玲. 市场营销学[M]. 北京：清华大学出版社，2013.

[19] 胡晓峰. 市场营销学[M]. 天津：天津大学出版社，2015.

[20] 康晓光. 市场营销学[M]. 上海：上海社会科学院出版社，2015.

[21] 郑玉香，范秀成. 市场营销管理[M]. 北京：中国经济出版社，2014.

[22] 卓骏. 市场营销学[M]. 杭州：浙江大学出版社，2015.

教师服务

感谢您选用清华大学出版社的教材！为了更好地服务教学，我们为授课教师提供本书的教学辅助资源，以及本学科重点教材信息。请您扫码获取。

>> 教辅获取

本书教辅资源，授课教师扫码获取

>> 样书赠送

市场营销类重点教材，教师扫码获取样书

 清华大学出版社

E-mail: tupfuwu@163.com
电话：010-83470332 / 83470142
地址：北京市海淀区双清路学研大厦 B 座 509

网址：https://www.tup.com.cn/
传真：8610-83470107
邮编：100084